QIDAI TANSUO YIZHONG KEXUE DE YUREN LINIAN

期待探索一种科学的育人理念

——王占宝教育思想及其办学实践

王占宝 著

我一辈子就做一件事
——基础教育，
东奔西跑，
上下求索。

江苏人民出版社

图书在版编目（CIP）数据

期待探索一种科学的育人理念：王占宝教育思想及
其办学实践 / 王占宝著. -- 南京：江苏人民出版社，
2022.3

ISBN 978-7-214-26997-3

Ⅰ.①期… Ⅱ.①王… Ⅲ.①中学－办学经验 Ⅳ.
①G637

中国版本图书馆CIP数据核字（2022）第005956号

书　　名　期待探索一种科学的育人理念——王占宝教育思想及其办学实践
著　　者　王占宝
责 任 编 辑　张蕴如
责 任 监 制　王　娟
出 版 发 行　江苏人民出版社
地　　址　南京市湖南路1号A楼，邮编：210009
照　　排　江苏凤凰制版有限公司
印　　刷　南京新洲印刷有限公司
开　　本　718毫米×1000毫米　1/16
印　　张　26
字　　数　430千字
版　　次　2022年3月第1版
印　　次　2022年3月第1次印刷
标 准 书 号　ISBN 978-7-214-26997-3
定　　价　98.00元

（江苏人民出版社图书凡印装错误可向承印厂调换）

创造一所理想的学校

王占宝

每一个校长，可能都有一个梦想——创造一所理想的学校。

一所理想的学校是什么样的呢？

美国《新闻周刊》曾对全世界的学校作过大规模的调查，最后评出十所最好的学校。这十所学校分别是：新西兰特卡波湖学校、意大利迪亚纳学校、荷兰格雷达莫斯学校、日本东京四谷第六小学、荷兰埃克纳顿学校、美国匹兹堡市威斯汀霍斯中学、德国安克库敦考勒中学、美国加州大学伯克利分校、瑞典斯德哥尔摩职业培训中心以及德国科隆地区教育部。

这些学校中，新西兰特卡波湖学校注重学生阅读能力的培养，意大利迪亚纳学校学前教育效果特别显著，荷兰格雷达莫斯学校的数学教学出类拔萃，德国安克库敦考勒中学崇尚工艺，瑞典斯德哥尔摩职业培训中心十分注重学生就业能力的培养……

这十所学校之所以被认为是世界教育的成功典范，其实并不是因为这些学校在各方面都非常强大或者综合实力超越一般的学校，而在于它们独树一帜，标新立异，以办学特色赢得了教育的成功。

一所理想的学校，不一定是完美的，但一定有着它独特而优秀的品质。

30多年前，当我第一次站在讲台上，我就在思考，作为一名教师，我要让学生享受怎样的课堂，享受怎样的成长，让家长收获怎样的期望？后来，当我走上教育领导者的岗位，我也一直在思考，作为一所学校，她应该让老师遇见怎样的同仁，让校友拥有怎样的记忆，让同行得到怎样的借鉴，让社会收获怎样的思考？我想，如果把这些问题想清楚，也就知道了在自己的心目中，什么才是理想的学校，以及她独特的办学品质。

在我心中——

这所学校的老师，应该是具有梦想与热情、专业与专注的，能够不断超越自己、享受教育、热爱生活的……

这所学校的学生，应该是志存高远，心怀家国，真正享受学校、享受课堂、享受学习的……

这所学校，应该是高度与温度并存，既是一个让老师、学生和家长休戚与共的温暖家庭，也是一个有着公正制度、充满机会和挑战、每个人都将责任和荣誉作为最高使命的命运共同体……

这里的教育，应该有着"花动一山春色"的明丽与生机……

这样的学校在哪里呢？

2001—2010年间，我曾荣幸担任南京师大附中的校长。

还记得，大约是在2001年6月22日，就任南京师大附中校长的第二天，我独自一人来到顶楼安静的老校史馆，透过灰尘，阅读校史中的每一幅图片与每一个文字；坐在地上，瞻仰一位位先贤，想象着当年的高远与朴实、艰辛与风骨，吟诵着学校办学传统"慎聘良师、锐意实验、校风诚朴、善育英才"，不禁泪眼婆娑唏嘘不已。内心升腾起一个自问——怎样才能不负校史、不负后人，而且恍惚间好像看到自己在一片原野里漫步，思考如何在这里建设一所新的学校……

十年附中路，步步有记忆。怀抱着创造一所理想学校的梦，任职期间，我指导创办了南京师大附中集团下属的南京树人国际学校、南师附中江宁分校、南师附中国际文凭课程学校（High School Affiliated to Nanjing Normal University International Baccalaureate School）、南师附中新城初级中学、南京树人国际学校宿迁分校等5所学校。创办的过程是一个个理想不断实现的过程，也是一个个在事后不断发现遗憾的过程，反思中常常有这样的追悔"当时要是……就好了"。我做中学校长时间比较早，在过去的教育生态中，自己在学校中的角色逐步成了一个设计者——甚至是宏观设计者，自我感觉有些不接地气。所以当深圳市政府、市教育局要求深圳中学创办深圳市第六高级中学（开学前改名为深圳科学高中），并且要我兼任校长的时候，我是欣欣然而从之——可以下海游泳，从头开始规划设计，实现创造理想学校之梦了。

深圳在改革开放初期，大多是依靠引进名校合作办学的方式来拓展优质教育资源。这次是依靠本土学校培植优质教育资源的一个尝试。我深知，这是肩负使命，也是透明度很高的一场考验——深圳教育人能不能自己办出一所"好学校"？

国家呼唤人才培养模式创新，期待高中多样化发展，深圳市第六高级中学应该办成一所怎样的学校呢？因为地处华为总部附近，我就想到了科学技术，加之国人科学技术素养普遍较低，而放眼国际，发达国家的科学高中（科技高中）办学历史悠久，对国家和人类科技进步的贡献巨大，于是在论证以后，我们就确立了以科学高中作为办学定位。在有关部门领导的支持下，开学前，学校改名为深圳科学高中。中国第一所科学高中呱呱坠地了。

从 2012 年 3 月 1 日成立筹建工作小组，到 2014 年 5 月 4 日离职，我一直沉浸在兴奋与感动之中，如同一个年过半百的人怀抱着新生的孩子，不知其苦，不觉其累，看不够，忙不停，乐不休。总在想，这将是一所美好的学校，这将是一所伟大的学校，这将是科技精英的摇篮，这将是中国的 STEM 教育的实验田。设计好办学理念啊，选好老师啊，设计好课程啊，建好组织与机制啊，培育好校风、教风啊，美化好校园啊……每一个"啊"都是从心底发出，它是期待，更是欣赏，而且飘向遥远的未来——每做一件事，都会想象，它在十年、五十年、一百年以后的模样。这也许是经历了百年历程的南京师大附中给我带来的感触，又或许是树人之业本身的规律决定的吧！

一个新的任务，创造一个新的审美体验。知天命之年，感谢深圳给了我这样一个新的体验。

未来，不是我们要去的地方，而是我们要创造的地方。

理想的学校，在创造中逐步清晰起来……

我们以"科学"为定位，以"理解"为核心，以"创造"为旨归，设计了全面而系统的学校办学理念系统。

围绕"科学"开发了相关课程，学以致用，以用导学。

"工程技术"创新课程——依托"工程技术"专用教室，让学生通过一项项设计任务的完成享受创造的乐趣，师生合作的获得国家专利授权的 25 项创新实用发明就诞生在这里。

"未来医学"体验课程——依托"未来医学"专用教室，让学生体会到多学科领域知识整合创新的魅力，在体验中领略前沿科技，感受学科前沿的应用。

"数字化探究"体验课程——利用数据自动采集与数据处理功能，帮助学生及时、准确地对实验结果进行分析处理，让学生通过探究实验对科学规律进行再发现。

"未来教室"创新体验课程——基于无线网络环境下的 BB(Blackboard) 系统平台，使用苹果 iPad 移动终端，通过线上和线下的交互使用，为学生和教师创建一种灵活的、可个性化定制的、移动无边界的学习体验环境。

"科学"以外，人文、体育、学术活动方面也各具特色。

建设"春住园"文化，润物无声，以文化人。

学校打造春风化雨、春暖花开、春华秋实的"春住园"文化，融人文于自然，校园处处体现教育的力量，让每一位科高人感受到尊重与激励。

建校之初，学校就成立了弦乐团、合唱团、舞蹈团等三大艺术团体，重视学生艺术素养的提升。

人文教育在理工和数学见长的学生成长中具有不可替代的作用，文科人才也需要增强科学素养，因此我们在深圳科学高中荣誉体系里设置了高层次文科实验班，探索科学与人文教育相结合的有效内容与方式。

"春熙堂"国学体验课程引导学生诵读中华传统经典，领略圣贤之大美，培养人文之精神，追求格物致知、即物穷理之科学精神，锻造和而不流、敢为人先之学术品格。

设计"科高三项"体育特色课程，融办学理念于体育课堂。

"科高三项"是全市中学首家正式公布的体育特色组合项目，也是科高体育教育的主要特色。"科高三项"由师生长跑、武术、男生引体向上与女生仰卧起坐组成，是我校学生体育课程的必修项目，也是体育比赛的传统项目。

我们还开发了全国首个以学校特色为健身项目的课程——"理山功夫"，这也是学校国际课程中的选修项目（理山，是深圳科学高中校园内的一座人造小山，以校训含义命名）。

开展"理山论坛"等系列学术活动，学术立校，学术立人。

"理山论坛"，科高人的学术论坛。开校第一周的周末我们在简陋的饭堂举行了第一期，此后"理山论坛"就成了科高人举行学期结束工作会议、开学工作会议、专题研讨的特别形式。在学科老师以外，我们还邀请生活老师、学生在论坛上发言分享。我们相信，教育是专业的，需要研究；教育是生活的，需要实践；教育是全面的，需要全员参与。

"科高大讲堂"，邀请国内外各学科领域的学者名师前来，为学生和老师开设讲堂，带领大家领略学术之美。

"走近大师"课程，让学生和老师们走出校门，与诺贝尔奖得主、国内外一流知名学者交流对话，感受大师风采。

怎样把办学定位落实在培养师生的学术素养、专业精神与审美情趣上，深圳科学高中一直在探索……

一所有特质的学校——这不正是我心中理想的学校吗！

还记得，开校时学校还是一片工地，学生、老师、家长挤在饭堂，心潮澎湃地见证了这所学校的开校开学典礼。来自五湖四海的老师们，年轻的面孔上溢满着兴奋与梦想。

开学了，每一级学生都会在校园里"种下一棵理想树"。一棵树代表一个班级，满载着他们的理想与回忆，同时以此活动作为"自我领导"课程的第一课，培养学生自我规划的意识与能力。

超强台风"天兔"来袭，学校领导和老师们彻夜与学生在一起，屋外狂风暴雨，屋内暖意融融。

每周一的下午，校长和师生们一起在操场上迎着阳光尽情奔跑，互相鼓劲一起加油；无数个黄昏，篮球场上校长、老师和同学们挥洒汗水，一起分享运动的快乐。

中秋佳节，年轻老师们不能回家团圆，学校给每一位老师家里寄去月饼和温馨卡片。

老师们在科高过得好不好？学校专门为老师们拍摄科高生活照并镶好相框，寄回老家，让亲人相隔千里却如在眼前。

周末，工会组织在校的年轻老师们一起攀登梧桐山，畅游杨梅坑，笑声洒满深圳。

年轻老师们结婚了，学校送上精心设计的新婚礼物和美好问候，期待以后的生活中充满"理解"。

每一期的"理山论坛"之后，大家聚在一起，在食堂一边享受着学校精心准备的自助餐，一边畅谈着刚刚论坛上未尽的话题。白桌布、高脚杯、闪闪发光的精致餐具，笑语盈盈——老师、员工们感受到学术活动是受到尊重而且是享受成长的。

教工休息室里，咖啡飘香，电影精彩，褪下工作的疲惫，原来生活也可以多一分欣赏。

学校没有榜样，学生没有学长，我们就在校园遍植果树，用果实的力量让学生感受到成长之美、收获之美。

科学素养调查，家长、学生、老师一起走上街头，分发问卷，感受一所学校的办学特色对社会的意义。

学生处在每周末都会发给家长一封信，与家长及时交流与分享；事务中心有一个意见簿，每一个家长、学生和老师的意见都会被记录，转发有关部门，每一周有处理情况反馈。

每一次学生、老师、家长的贡献，学校都会准备好精美的感谢卡、捐赠卡、纪念卡、收藏证书，让尊重看得见……

第一届学生录取分数线并不算高，怎样让他们在这所学校里自信、快乐、成长？怎样让进步看得见？

我们通过"任务成就梦想"的项目活动让学生为自己制定目标，向梦想靠近；

我们让学生勇敢地走出校门，走出国门，去参加和体验国内外高端学术活动，和诺贝尔奖获得者们近距离接触，与境内外名校师生交流沟通；

我们把每一位科高人的名字、科高建校以来取得的成绩镌刻在墙上，以"荣耀科高"的形式铭记每一位开拓者。

……

还有许许多多，在这个年轻的校园里，领导、老师、学生、家长组成了一个大家庭，因为对这所新生学校共同的情感与热望而互相鼓励，共同分享，一路扶持。

面对着来自世界各地的宾朋，学生们总是这样介绍自己：我来自中国第一所科学高中……

一所有温度的学校——这不正是我心中理想的学校吗！

深圳科学高中是一所年轻的、前所未有的学校，老师们也大多刚走出大学校门。发挥优势才能创造出新的优势——年轻，就是我们的优势！年轻，就应该立足前沿，敢为人先，想他人所未想，行他人所未行。

我们组织老师参加哈佛大学"为理解而教"培训课程，建立与世界前沿同步的教育观念。

我们让最年轻的科组参加高品质的学术交流活动，和国内优秀资深的老师们同台展示课例，让他们登高望远，茁壮胆识。

我们通过编写与发布《年度全球学科前沿发展报告》《深圳科学高中课程标准》，编制与调研《深圳市公众与中学生科学素养调查报告》，让老师和学生参与其中，建立起老师对学科和课程的深度认知和全面把握，让学生能够从更高远的视角理解学习和学校的意义。对一所中学来说，这些都是中国的第一次。

……

当我们的老师研究美国的 2061 计划、美国的 21 世纪技能，研究世界发达国家和地区科学高中的课程与教学，关注全球的学科前沿发展，关注科学高中课程标准……

当我们的学生勇敢地走出课堂，走出校门，走出国门，走近大师；当他们走上街头，走进真实的世界和生活，参与和推动公众与中学生科学素养调查；当他们走出书本，和老师一起动手完成 25 项国家创新发明专利……

当我们的学生在建校两周年时无比自豪地说出：哪里有科学，哪里就有我们……

我想，这就是这所年轻学校赠送给所有老师和学生的，最美好也是最重要的礼物——眼界与格局。

千岩万壑不辞劳，远看方知出处高。

溪涧岂能留得住，终归大海作波涛。

一所有高度的学校——这不正是我心中理想的学校吗！

同时，它又是诗意和美丽的——

"若有人知春去处，唤取归来同住。"一所以科学教育为特色的学校，却拥有"春住园"这样优美诗意的名字；

校园中的理山，无论春朝夏夜，抑或月满云遮，约二三子登山远眺，使人心旷神怡，忘忧解愁；

芒果、莲雾、荔枝、青枣、柠檬……遍植校园的果树，四季均可见枝头果实硕美，师生共度赏果节，在采果品果中感受春华秋实之美，体味成长与收获的快乐；

青铜面具、古字画、苏州刺绣、南京云锦……图书馆也是博物馆，馆里奇珍古品，活色生香，馆外锦鲤娇憨，修竹青翠，让人如入异境，流连忘返；

还有教学楼前灿烂莹润的初心石，理山脚下高耸入云的母亲树，每一届学生亲手种下的理想林……书声琅琅处，青枝幽幽然。

一所有魅力的学校——这不正是我心中理想的学校吗！

啊，深圳科学高中——

你虽然年轻却走在教育的最前沿，让每一个老师和学生都能登高望远，博览群山；

你虽然资浅却能敢为人先，勇于实践，为中国的科学高中探索课程标准、教材、实验室建设，探索教与学的改革；

你虽如朝阳初生却有兼济天下的情怀，利用自己的办学特色，服务社会，并在服务中不断提升自己；

你虽然是一所科学高中，校园却是那么的曼妙迷人；

你尽管才刚刚建校，而那缀满四季的花果和每一处历史的镌刻，显得那么厚实与沉静；

你拥有着独特的品质与气质，创造了师生终生难忘的记忆；

你，在创造着未来……

桃李不言，下自成蹊。

2014 年 5 月 4 日，我，中国第一所科学高中——深圳科学高中的创校校长，完成了我的任务，卸任校长之职。

深夜，静谧的校园，月光灯光殷勤照我，我与每一栋建筑、每一棵小草告别……

走到理山，苍老的声音悠悠传来：

葬我于高山之上兮，

望我故乡；

故乡不可见兮，

永不能忘。

……

不禁和曰：

葬我于理山之上兮，

望我科高；

科高之日见兮，

伴君成长。

……

魂归理山，不要墓碑，只求化作养料，与山同存。滋养每一棵果树，守望每一颗星辰，等候每一缕晨曦，聆听每一声晚钟，永远陪伴我心中这所唯一而唯美的学校。

余愿足矣！

感谢深圳中学，您的博大、专业与先锋令人高山仰止，您派出的创校团队和导师团队当之无愧；深中校园里的"起步石"告诉历史和未来，深圳科学高中当年是从这里起步；科高校园里理山之上的凤凰木如同游子远望，报我心安报我成长。

感谢我的家人，是他们一直的鼓励、支持与奉献，才能让我专注于学校校长的事业。

感谢深圳科学高中，给予我最美的体验与记忆——这是一个共同的记忆，中国第一所科学高中的创校记忆。

祝福科高！

是为序。

2015 年 5 月 4 日写于凤凰木下

2021 年 8 月 22 日修改于南京

目录
CONTENT

学术性发言

名家评点

媒体访谈

理论思维

　　长期以来，我一直在重点中学、四星重点高中工作，面对的都是一个城市、一个地方学业最优秀的学生。怎么样培养卓越人才，怎么样培养精英人才，怎么样培养领军人才，自然就成了我围绕教育如何发展进行深入思考的主题。这些思考，大体上有两个方面：一是学习当今教育发达国家的理论和实践，结合中学卓越教育的尝试，努力提升自己的理论境界、思维层次和专业能力；二是对理论思索指导下的教育教学改革实践的总结、分析和再思索，如卓越教育如何超越应试教育的一些设计，深圳中学建设学术性高中的一些探索。

　　"教育寻思录"，半是思索闪光的零星记录，半是曾经触动我心灵的教育金句、诸贤灵光的备忘录。

充分发展：教育价值的新领域

　　学校教育的基本价值根植于作为整体生活的价值之中，学校教育主要面对的是人，人是在实践中不断生成的。教育的目的不仅是促进人的发展，更重要的是应该有效地促进人的充分发展，从而提升人的生命价值，关注人的生活意义。充分发展并不是马克思主义意义上的人的"自由个性"全面实现的理想状态，而是基于每一个原有发展基础上的"尽可能"的潜力的挖掘和个性的充分释放，另外，原有基础并不是无视学生差异的均衡发展，而是相对于学生自身发展的可能性的实现和提升，也就是说，是学生在当下的自身基础和既有条件能够达到的一种现实的状态。因此，作为关注人的生活意义的教育，理应自觉地去建构教育价值，正视和尊重每一个学生充分发展的可能性和现实性，从而更好地实现学生个性的自由、和谐发展。

一、走出"知识人"的困境

　　长期以来，学校教育皈依的一个基本信条"塑造知识人"[1]。的确，知识在人的发展过程中起着非常重要的作用，然而，随着人类认识的不断深入，"工具理性"（求用）逐渐淡出人们的视野，"纯粹理性"（求真）与"实践理性"（求善）成为教育价值追求的理念[2]，人自身的充分发展和自我实现愈来愈成为教育关注的焦点，成为学校教育追求的新目标。教育是人为的活动，同时也是为人的活动，人的活动理应以求真为基础，求善为旨归，实现人的充分发展。所以，教育的价值不仅着眼于人的知识和能力的获取，更要关注人存在的意义。人存在的意义是在生活中积累和展现的，因此，提升人的生活意义才是学校教育的目的。知识和能力仅仅是获得生活意义的手段，生活本身才是人发展和存在的意义和目的。在某种意义上可以说，对手段和目的的置换，在很大程度上制约了教育的发展，迷失了教育的自我意识。对于一个现实生活中的人来说，是生活规定了他对知识的态度和追求，对知识的皈依是一种教育发展过程中出现的僭越，违背了教育的根本目的。正是这种对知识和能力的过度强调，违背了人的发展的根本，使人们离开了自己的生活，离开了对生活根本意义的探询，去索取知识、使用知识，知识往往成为生活的主宰。

知识对人的发展无疑有着非常重要的意义，但是知识的获得仅仅是实现自由、快乐生活的途径和手段。以此来裁定今日的学校教育，学校教育已经没有了生活的意味，留下的只有不断异化的生活世界。"本真的教育应该是一种既授人以生存的手段与技能，使人把握物质世界的教育，又导入以生存的意义与价值，使人建构自己意义世界的教育"[3]。教育的真正意义在于提升人存在的价值，是为美好的生活和幸福的生活做准备。教育不仅应该提供给每一个人公平受教育的机会，更应该体现公正和正义。教育要给每一个学生发展的机会，这个机会不仅仅是要学生获得更多的知识和更强的能力，更是为了使每一个人成为他自己，成为具有完整人格和健康发展的个体，使得学生未来的生活更有意义。社会只是生活的必需条件，而生活本身的意义和质量才是生活的目的。人生活在一个意义世界，意义世界是人的特性的展现。长久以来的学校教育在过度崇尚知识的同时，无形当中忽视了体现人存在意义的生活世界。生活世界在某种程度上被知识和技术所"殖民化"，生活世界本身的多样性、丰富性被剔除，学生的发展在某种程度上被窄化，违背了人存在的真实状态。

二、基于日常生活的自我超越

关注日常生活就是关注人类最本真的生存状态。人的存在不是单维的自我存在，人存在的意义必须在实践中展现，必须进行自我创造。学校教育是学生生命历程的一个重要组成部分。在学校教育阶段，学生不仅要学会各种知识和文化，还要在多元文化和多元价值体系的现代社会学会生存以及具有社会责任。而这些方面的素质，是知识教育无法全部给予的。知识固然是学生获得发展的必需，然而并不是学生生活的全部，学生的自我发展和个性完善理应成为学校教育的核心。在多元社会中，表面上社会的各种因素处在同一个时代的发展水平。然而，各个组成部分的内部却充满着极大的差异，社会结构分化深刻、各种社会力量并存、不同的价值观甚至互相对立，也就是说，整个社会是分裂的（不是在政治的意义上，而是在社会的意义上）[4]。在这样一个表面统一而深层断裂的社会中，责任、选择、适应、和谐、合作等等显得愈为重要。因此，学校教育的目的不能仅仅停留在学生知识和技能的发展上面，更为重要的是发掘学生的潜能，培养学生的各方面素质，特别是在尊重学生个性基础上对学生生命意识和生命意义的激发。

学校教育除了关注学生的知识和能力的获得之外，更应该重视学校中的日常生活，包括为学生发起的各种活动提供更为便利的条件。学生是来自不同家庭，具有不同的文化背景，学校教育应该在尊重学生已有文化背景的前提下，制定适合每一个学生的生活规划，通过学校的努力，去尽量缩短由于文化资本差异造成的既有不平等，为每一个学生的潜在发展设计合适的课程。学校生活应该是丰富多彩的，每一个学生在其中都能体会到愉悦，感受到进步，尝试成功的体验。学校教育应该给学生提供更多的参与社会活动的机会，提高他们的社会适应能力和参与生活经验的积累。学校教育阶段是学生人生历程的一个非常关键的阶段，学校教育的目的是为了让学生适应未来的生活变化。现代社会的飞速发展，使得学生步入社会适应的时间和周期不断缩短，这对学校教育提出了更为严格的要求，必须让学生学会应付未来的生活，具有多方面的能力和素质。因此，追求学生的充分发展就恰恰符合了教育具有相对"超越性"的要求。

人的生命的目的是创造辉煌，成就伟大，使其竭尽所能地发展，给予学生更多的发展机会，不仅是未来生活的需求，更是人的内在生命的要求。培养生命的尊严，提升生活的意义，关注人的生存状态和生存环境，建立一个适合每一个人发展的场域，使人的生命在人生的历程中彰显出更多的可能性，呈现出更多丰富的个性，进而提升人存在的意义。这是教育的基本内涵，也是实现学生卓越发展的必需。这将成为学校各种改革不可改变的使命。教育的民主化就是使最不利者也可以在学校生活中学到最必要的文化，也就是说，教育改革理应尽量使这些处于不利地位的学生通过学校生活，可以获得不断扩大的生活领域和拓展他们的视界，而不再是依赖某种社会特权的逻辑。正如布迪厄所指出的，教育体制之所以成为阶级体制的帮凶，其原因在于文化。在布迪厄看来，经济能力所造成的不利反而是其次的。换句话说，文化上的不利才是这些处于不利地位的学生处于弱势的根本。学校教育在追求普遍进步的同时，更应该关注每一个学生的差异，实行个性化教育。个性教育就是尊重学生发展需要的同时，更加注重人自身潜能的开发和人自身特长的充分发展，使每个个体的自主性、独立性和创造性得到充分发挥。"在学制上维持相同形式的教育机会，只是教育正义的必要条件，教育机会的真正均等，尚须进一步从课程的改革着手，唯有学校教育的内容与过程皆能呼应不同群体的需要，教育之实质正义才有彻底实现的一天"[5]。在教育过程中，还要尽可能地让学生学会宽容。人的存在意义不仅是自我创造的释放和激发，更是在与他人的和谐共处中拓展自身的价值。学会合作，不仅意味着尊重和接纳他人的差异，而且要在此基础上，学会与他人协商与沟通。这都需要学生具有理智的判断能力和成熟的情感控制能力，需要学生具有推己及人的高尚品德。

三、可能性生活：生存的意义

人性是生成的，教育活动的根本目的就是促进人的生成，教育"始于生命，达于意义"。教育活动必须关注人的自然生命，又要提升人的生命境界和高扬人的存在意义。人首先是作为自然物存在的，其次他还为自己而存在，观照自己，思考自己，特别是在社会结构发生剧烈变化的时期。"随着固有的社会价值体系的解体，人被抛入一个固有秩序、价值和道德伦理不断被拆解的境遇中，人无法通过相应的规范判断自己，组织自己的行动，在精神向度和人格行为上成为一个无可依附的、漂浮的人"[6]。正是在这样的社会中，关注人存在的意义，提升生活的意义，就成为学校教育的首要追求。追求充分发展，无疑为学生的成长找到了新的教育空间，教育不应该只满足于对人的教育，更应该重视和挖掘人的多方面智慧，从而展示人生存的多种样态，提升人存在的意义。"人类寻求自我意识的关键：必须以理性的眼光去展望未来，必须审视自己的现在和过去，审视自己的生活，不仅获得对自身过去、现在的认识，而且形成自己的理想形象，在走向未来的过程中塑造自身"[7]。学校教育本身就是一种生活，人在生活中展现着自己的生命历程。生命是一个不可抑制的永恒冲动，它处于不断的生成流变之中。因此，学校教育在追求学生充分发展时，绝对不能忽视学生生命的特性。

（一）整体性的参与

在学校教育中，对任何一种活动的参与，都需要学生以一个完整的生命体来介入。学生来到学校，并不是为了成为"知识人"和"技能人"，而是为了个性的发展和人格的完善，为了在与他人的交往中，体验作为人的意义和价值。学校不能仅仅成为规训的场所和身份固着的空间，而应该成为学生的乐园。在这里，学生既可以习得知识和技能，又可以参与各种不同的活动，在形形色色的活动中，展示生命的丰富多彩。学校在课程的设置上要依循学生的特点和合理需要，设计灵活多样的课程。教师也要在专业发展的基础上，进一步追求充分发展。教师的发展样态会潜移默化地影响到学生。要实现学生的充分发展，必须有教师的充分发展与其同行。因为，学校场域是教师与学生互动生成的场所，需要教师和学生同时在场，相互协作。

（二）可能性的释放

学生的发展是一个动态的过程，其中孕育着各种可能性。人又是相对隋性的存在，因此，人的潜能需要不断刺激和诱发。学生作为发展中的人，具有极强的可塑性和不确定性。因此，学校教育一定要重视对学生的可能性的激发，尽量把学生的可能性导向利于其成长和发展的方向。人是一种可能性的存在，人的潜能是无法预料的，教育对人的规定绝不仅仅是停留在已有的种种规定之上，而是不断创造出各种新的规定性和发展的契机。生命可能性的释放，是一个不断延展的过程，在这个过程中，学生勾勒着各种发展的可能性。正所谓"教育是人之自我建构的实践活动"[8]，教育绝不仅仅是他者的规定，教育更是不断地建构，不断地打破已有的规定，寻找各种发展的可能的方式。

（三）超越性的诉求

学生发展过程中呈现出的各种可能性，为教育的发展带来了无穷的生机和更多的挑战。因此，教育需要一定程度的乌托邦，也就意味着教育过程是一个现在与未来同在的过程，教育的发展是需要考量学生的未来发展的。因此，教育是需要超越的，需要从应然的立场来进行长远规划，并且会随着学生发展的进程来不断提升这种超越性。人的自然本性永远不会只满足于现有的生存状态，人对自由的向往和对充分发展的追求不会停歇，人总是不断迈向更高的目标和更真实的存在。这种不断超越的过程，实际上就彰显了人的自我创造的特性。正是这种创造的热情使得人不断超越肉体的存在，使生命的存在向具有更高意义的精神世界绽放。伴随着教育的这种超越，人会不断地走出自我存在的封闭，走向更为开放和动态的生命世界。

真正的教育必须触及人的生命和存在的意义，实现充分发展在一定的意义上就是关注学生的整个生命历程和生活过程，从真实的存在去把握学生发展的意义和生活的真谛。教育的价值就是去引导和迁构适合学生个性自由发展的有意义的生活，为理解教育和人的关系寻找新的空间和研究的视域。人是自己生活的主宰者和践行者，为人的教育理应为人的充分发展创造更好的条件，开辟更广的视野。人永远过的是一种"可能的生活"，人一直在路上。

参考文献

[1] 鲁洁：《一个值得反思的教育信条：塑造知识人》，《教育研究》，2004年第6期。

[2] 徐继存：《教学技术化及其批判》，《教育理论与实践》，2003年第2期。

[3] 鲁洁：《教育的返璞归真——德育之根基所在》，《华东师范大学学报》（教育科学版），2001年第4期。

[4] 孙立平：《断裂：20世纪90年代以来的中国社会》，北京：社会科学文献出版社，2003年。

[5] 张建成：《批判的教育社会学研究》，台北：学富文化事业有限公司，2002年。

[6] 周保欣：《沉默的风暴》，合肥：安徽教育出版社，2004年。

[7] 金生鈜：《理解与教育——走向哲学解释学的教育哲学导论》，北京：教育科学出版社，1999年。

[8] 鲁洁：《教育：人之自我建构的实践活动》，《教育研究》，1998年第9期。

（刊于《江苏高教》2007年第3期）

论卓越教育的可能与策略

1894 年，意大利社会党人朱泽培·卡内帕（Giuseppe Canepa）请求恩格斯为 1894 年 3 月在日内瓦出版的周刊《新纪元》找一段题词，用简短的字句来表述未来的社会主义纪元的基本思想，以别于但丁曾经概括的"一些人统治，另一些人受苦"的旧纪元。恩格斯认为，"除了《共产党宣言》中的下面这句话，我再也找不出合适的了：'代替那存在着阶级和阶级对立的资产阶级旧社会的，将是这样一个联合体，在那里，每个人的自由发展，是一切人的自由发展的条件'"[1]。虽然革命导师的这一论断是用来描述共产主义的美好前景及引导社会前进的方向，但用来概括我们的教育旨归，也是十分贴切的。每个学生的自由发展，即是在其原有基础上的最充分的发展，在这里，我们将其称为卓越发展。

一、卓越发展：可能、空间与范围

文化多样性与人的存在及发展的多样性使得教育区别于工厂里的生产流水线。面对着具有多样性、复杂性发展潜能的学生，教育唯有实现每个学生在其已有基础上的最充分的发展，才能实现其本真的使命。

（一）多元智力理论：卓越教育何以可能

多元智力理论的创造者霍华德·加德纳 (Howard Gardner) 教授在《智力的结构》(Frames of Mind) 一书中将人类所有能力分成了八个综合性类别——言语、智能、逻辑—数学智能、空间智能、肢体—动觉智能、音乐智能、人际智能、内省智能和自然观察者智能，并指出每个人都同时拥有这八种智能，即每个人在八种智能方面都具有潜质。尽管这八种智能对每个人都以独特的方式——一些人看起来在所有或大部分智能方面都处于极高的水平，而另一些人看起来却几乎丧失了除最基本智能外的大部分智能——在起作用，但是他认为大多数人都有可能将任何一种智能发展到令人满意的水平，而这只要给予适当的鼓励，提供丰富的环境与指导。值得注意的是，这种智能的每一种都存在多种表现方式。在某种特定领域中，不存在标准化的、必然被认为是具有智慧的属性组合。因此，"一个可能不会阅读的人，由于故事讲得很棒或具有大量的口语词汇而具有较高水平的言语能力；同样，一个人可能在比赛场上很笨拙，但当她织地毯或做一个嵌有棋盘的桌子时，却拥有超常的肢体—动觉智能"[2]。

加德纳教授还认为，智力是"在一定的社会文化背景下，个体用以解决自己面临的真正难题和生产及创造出社会所需的有效产品的能力"[3]，即智力具有文化关联性，它不是可以跨越不同文化用同一个标准来衡量的某种特质，而是随不同文化背景而有所不同的能力。他认为，不同社会文化环境下人们的智力模式和智力发展方向有着鲜明的区别：以航海为生的文化重视的是空间智力，生活在这种文化环境下的人们以空间认知和辨认方向能力的相对发达为智力发展的共同特征；以机械化和大规模复制产品为主要特征的工业社会重视的是言语—语言智力和逻辑—数理智力，生活在这种社会环境下的人以语言表达能力和逻辑运算能力的相对发达为智力发展的共同特征[4]。

加德纳教授关于八种智能的论述及智力的文化关联性的观点为着眼于学生卓越发展的教育提供了理论支持。我们需要重新审视什么是"聪明"，这里不仅包括了几种智能复杂的组合与显现，更有着这种独特表现背后深刻的文化关联。教育无法用一杆标尺去衡量一切学生的各种表现，因为来自不同文化背景的人群其智力组成和智力特色不尽相同，所以人们学习、认识事物的方式也是各不相同的。教育要使每一个学生都能得到最大限度的发展，就必须考虑学生的文化背景以及他们独特的智能组合。着眼于学生卓越发展的教育的宗旨就是让不同的学生都能接受平等的教育并在教育中实现自己最大限度的发展。多元智能理论让我们认识到每个学生都有发展的空间与可能，这其中不仅包括了传统意义上的"优秀学生"，更包括了"一般学生"（包括我们所说的"后进生"），这样不同文化背景的人的智能才能受到尊重，我们的教育才会是平等而指向多元发展的。

（二）最近发展区理论：卓越教育的可能空间

所有的学生都有发展的可能与空间。这样的空间究竟有多大？苏联心理学家维果茨基的最近发展区理论，让我们对于这一发展空间有了更加深刻的认识。

维果茨基特别关注儿童发展的潜能，强调教学对认知发展的促进作用。维果茨基认为，教学必须符合儿童的年龄特征，必须以儿童的一定成熟为基础。当我们试图确定儿童的发展过程与教学的可能性的实际关系时，就需要确定儿童的两种发展水平：第一种水平指儿童到今天为止已经达到的发展水平，即儿童在独立活动中所达到的解决问题的水平；第二种水平指现在仍处于形成状态的、刚刚在发展的过程，即儿童在有指导的情况下借助成人的帮助所达到的解决问题的水平。这两种水平之间的差异即"最近发展区"[5]。例如，两个儿童接受 8 岁儿童心理测定标准的测验，在标准化的辅助下，第一个儿童达到 9 岁儿童的水平，而第二个儿童达到 12 岁儿童的水平，那么第一个儿童的最近发展区是 1 年，而第二个儿童的最近发展区是 4 年[6]。维果茨基认为"教学应当走在发展的前面"，即教学应当以创造最近发展区为己任，因此，各种教学形式与教学方法的采用应考虑到对儿童发展的最大效果。教学不能仅停留在儿童已有的发展水平，而应着眼于儿童今后的心理发展，并合理地影响这种发展。

"最近发展区"理论给我们提供了一个使学生充分发展的区间，教学只有落在这个区间内才是最有效的。但是由于每个学生的"最近发展区"都有各不相同的起始点，不能一概而论，否则就会产生无效或低效的教学，从而影响学生的发展。只有使"最近发展区"的利用率最大化，才能实现每个学生的充分发展。此外，"最近发展区"还让我们认识到，儿童的发展主要是通过与成人或更有经验的同伴的社会交往而获得的。在这个"跳一跳，能够到"的区间内，如能得到成人帮助，儿童比较容易吸收单靠自己无法吸收的东西。而这样的帮助的实际形式是多样的：如用模仿的方法示范、列举实例、启发式提问、集体活动等。

（三）成功智力理论：卓越教育可能空间的广泛适用性

在教育过程中，我们常常看到一些教师无可奈何地放弃了一些令他们和家长无望的学生，对于他们的学业，甚至连学生本人都认为是一个绝望而无法改变的事实，因此，从某种程度上说，要做到"让平常者不平庸"有相当的困难。但这一切，都是以传统的智力观念为基础的，教师、家长甚至学生自己失去信心都是在经历了各种标准测试后得出的。这种测试的分数从某种程度上已成了智商的象征，学业失败者的分数也屡屡向他们"证明"，他们是不可能成功的。那么，如何使这样的学生实现他们自身的充分发展？如何使教师和学生具有发展的信心？耶鲁大学心理系教授斯腾伯格 (R.J.Sternberg) 的"成功智力"给了我们很大的启示。

斯腾伯格认为，通常我们所指的能够使人在标准化测试中取得优异成绩的智力，仅仅是智力的一部分，而且是无关紧要的一部分，故他称之为"呆滞的智力"[7]，真正使人走向成功的是"成功智力"。具备成功智力意味着"能够很好地从三个不同方面进行思维：分析的、创造的和实践性的"，通常学校课堂中及测试中所看重的仅仅是分析的能力。但是，"这种学校里为推崇视之为聪明的能力，在许多日后的现实生活中却要比创造和实践的能力来得相对无用"。

具体地来说，"分析性的思维用来解决问题和判定思维成果的质量；创造的能力可以帮助我们一开始就形成好的问题和思想；实践的能力则可在日常生活中将思想及其分析的结果以一种行之有效的方法来加以使用"[8]。

斯腾伯格认为，这三个方面是彼此联系的，只有当这三方面协调、平衡时才最为有效，因此他说："知道什么时候以何种方式来运用成功智力的三个方面，要比仅仅具有这三个方面的素质来得更为重要"，具有成功智力的人"应该学会思考在什么时候、以何种方式来有效地使用这些能力"，而不仅是具备它们[9]。在此基础上，斯腾伯格又明确指出，需要"用分析性智力发现好的解决办法"，"用创造性智力找对问题"，"用实践性智力来解决实际工作中的问题"。

至此不难发现，斯腾伯格的"成功智力"理论并非只适合于学业平平或失败的"一般学生"，因为即使是在学校的标准化测试中表现优异的"优秀者"——只被证明拥有较高分析性思维的学生——也同样可以通过发展其"创造的能力"和"实践的能力"从而变得更优秀。在成功智力的视域中，每个拥有不同智力结构的学生都同等地拥有在自己原有基础上变得更加优秀的可能性潜质。

二、卓越教育的策略：教学、课程与评价[10]

理论上的种种可能只有付诸实践才能从理想走向现实而不单单是开放在彼岸的花朵，策略即为这两者之间的桥梁。这里试图提供一些卓越教育实施的引导性策略，具体包括教学、课程、评价三方面。

（一）卓越教育的教学应是个别化指导的

教学的个别化指导是根据多元智力理论确认每一个学生的智能倾向，在课程实施中有针对性地加以指导，即"长善救失"和开掘潜能。一是根据每一个学生的"智慧专长"加以指导，使其更好地发展成为学生的"特长"；二是针对学生的某些不足，加以弥补，使其达到或超过国家规定的培养目标，从而与其"特长"相辅相成，均衡发展；三是根据学生的特定需要，帮助学生开掘其希望拥有的潜能，使"潜"转化为"显"，成为学生在实际生活中能够运用的智能。此外，还可以用学生擅长的模式来学习。如果某个学生"语文智慧"比较弱，那么教师就要加以指导，如具体指导该生"阅读"；如果某个学生"音乐智慧"尚未成为该生的"特长"，而该生又想开掘自己这方面的潜能，那么教师也应给予积极指导，甚至在后续的众多学科学习以及社会实践活动中，有意识地指导该生用"音乐智慧"来解决问题。

个别化指导无论在大班教学还是小班教学中都能实施，只是大班教学（通常是50人以上，甚至70、80乃至更多）更难实施，而小班教学因其人数少，教师对学生的个别化指导能够落到实处，其方式方法也多样，因而常常可以满足个别化教学的需求。小班教学由于有优于大班教学的时空及资源条件，因此更易于实施当前基础教育课程改革倡导的"自主·合作"的教学，也更易于对学生进行个别化指导。所以，以"多元智力理论"为理论基础的"自主·合作"学习以及个别化指导是一个行之有效的教学策略。具体而言，在教学中，提倡学生按照自己适合的方式自主学习，可以是接受式，也可以是研究式、体验式等等；在自主学习的基础上或同时加强合作学习。在合作学习中，根据学生们的"智能基础"进行分组，既可以使学生们在解决学习问题时"智能互补"，又可以使学生们在交流、沟通中取长补短。

（二）卓越教育的课程应是多元的、综合的、生本的

设计多元智力课程，是适应学生多元智能发展的有效途径。这里必须指出，根据加德纳的"多元智力理论"，我们很容易用过去"分科课程"模式去思考多元智力课程设计，如根据"某元智力"需要设计相应课程。的确，为了培养学生具有"特长"的个性以及培养学生"需要发展"的个性，我们是需要设计"适应性"课程，但是，如果从全面发展的角度，从

培养学生获得"成功智力"来看，我们更需要开发出综合课程，因为"全面发展"的素质以及"成功智力"不是一种单一的智力，它是一种"综合智力"。因此，多元智力课程设计的最佳策略应该是：以"多元智力理论"为理论基础的综合课程及生本课程。

综合课程因其打破学科界限、融多学科知识为一体，且多以社会问题、学生实际经验为主题而成为 21 世纪课程设计上的大趋势，我国新一轮基础教育课程改革也以此为"亮点"。多元智力课程采用综合课程的策略是指：以综合课程形式，用主题或专题统整多学科知识及多元的智能，以供学生进行学习。具体而言，由真实世界中具有个人和社会意义的问题作为组织中心，这些问题通过师生互动转化成学习主题，它的解决需要多学科的知识及多元的智力相配合，学生透过与知识的应用有关的内容和活动将课程经验统整到他的意义架构中，并亲身体验解决问题的方法，最终达成经验和知识的统整。在这里，学科知识不再是分离的、抽象的和"去脉络化的"，而是"统整"于一体，在学习的脉络中重新定位，成为组成主题、活动的一种资源，成为一种活的、有生命、有意义的、能有效解决实际问题的知识；而多元智力也不再是相互分离的，而是围绕某一个主题"统整"于一体的。

以"多元智力理论"为理论基础的生本课程也是卓越教育的课程策略之一。所谓"生本课程"是针对学生的个别差异而专门为某一类或某一个学生设计的课程。这一概念至今并未被学界所接受，但有学者已经提出，抛开争论不谈，我们只要将其看成是"校本课程"的逻辑延伸，就可以理解。实际上，在现实的教育实践中已经存在着"生本课程"。如在小班教学或"分层教学"中，教师能够与学生充分互动，了解学生的"智能"倾向，针对不同学生的"多元智力"，有时间也有精力去设计旨在发展学生独特的具有"特长"的个性以及发展其"需要发展"的个性的"多元课程"，并有充分的时空及资源的保障去有效地实施这些课程。在这方面，美国许多一线教师开发的多元智力课程的实践为我们提供了有益的启示 [11]。

（三）卓越教育的评价应是发展性、过程性、多元性、主体性的统一

当前，我国教学评价存在诸多误区，如评价对象的窄化（只评学生的学业成绩），目标唯量化（以量化的形式给学生定位），手段单一化（以考试

或练习、作业代替其他形式的评价），主体局限化（只有教育行政部门及教师是评价主体）等。这些都是不利于学生的充分发展的，而对学生充分发展更为有利的评价策略则是发展性、过程性、多元性、主体性的统一。

"发展性"是指在评价观念上，确立"为促进学生全面发展而评价"的基本观念，即让一切评价围绕"促进学生发展"这一宗旨，以激励性评价为主，帮助学生认识自我，建立自信，充分发挥评价的教育功能，促进学生在原有水平上不断发展，而不是像传统评价那样给学生定位，以及过多地筛选、选拔对学生造成伤害。

"过程性"是指，改变过去过于注重"结果性评价"的做法（只关注学生的学业成绩），在评价对象上，既要评学生的学业成绩，同时，对学生在学习过程中表现出的情感、意志、人格等方面的发展，以及学生的需求、潜能等也要给予适度评价，从而促进其全面发展；从评价方法上讲，"档案袋评价法"是过程性评价的一种有效形式。

"多元性"主要是指评价方法和手段多元化，即改变单一化倾向，除了考试、测验及作业以外，还应设计多种方法，如"档案袋评价法"、研讨法、游戏化的竞赛、自由创作、答辩等，这些都是有效的评价手段。一般讲，过程性评价中以"档案袋评价法"及研讨法为主，阶段性及终结性评价中，以非选拔性的考试、测验为主，其余手段为辅。

"主体性"是指在评价主体上，应确立学生应有的主体地位，特别是在面广量大的过程性评价中，充分让学生以主体身份参与教育教学的评价，学生可以自评，也可以互评，可以个人评，也可以小组评，总之应把教师评价与学生评价结合起来，以学生为主。

参考文献

[1]《马克思恩格斯全集》第 1 卷，人民出版社，1995 年。

[2]〔美〕Thomas Armstrong 著，张咏梅、王振强等译：《课堂中的多元智能——开展以学生为中心的教学》，中国轻工业出版社，2003 年。

[3]Gardner H.,*Frames of Mind:The Theory of Multiple Intelligences*（2nd Edition），NewYork, Basic Books, 1993.

[4]霍力岩、李敏谊：《多元智力理论与多元文化教育》，《比较教育研究》，2005 年第 11 期。

[5]邵瑞珍：《教育心理学》，上海教育出版社，1997 年。

[6] 伊凡·伊维奇著，梅祖培译：《世界著名教育家》，中国对外翻译出版公司，1996年。

[7][8][9]R.J.斯腾伯格：《成功智力》，华东师范大学出版社，1999年。

[10] 吴永军：《再论小班教学的理念及其相关策略》，《现代教育论丛》，2003年第1期；《人大复印资料（中小学教育）》，2003年第7期。

[11]Linda Campbell, Bruce Campbell, Dee Dickinson 著，郭俊贤、陈淑惠译：《多元智慧的教与学》，台北远流出版事业股份有限公司，2001年。

（刊于《学术界》（双月刊）总第123期）

多样化可选择课程背景下的课程评价和课程管理模式

2003 年国家教育部颁布的《普通高中课程方案（实验）》，突出具有"时代性、基础性、选择性"的课程内容，强调"重基础、多样化、有层次、综合性"的课程结构，符合社会发展、文化进步的需要，是学校全面实施素质教育的保证。

南京师大附中从 1980 年开始，一直致力于"多样性、有层次、可选择"的课程结构改革，积累了一些经验，为实施普通高中新课程做了铺垫。在江苏全面推进高中新课程的背景下，学校继承 25 年来课程结构改革的传统，注重课程改革的深化和创新，从历史和传统出发，根据师资和生源的情况，制定出"高质量地实施素质教育、促进每一位学生卓越发展"的学校工作方针，创造性地实施高中新课程，完善可选择课程背景下的课程管理模式，创新多样化课程背景下的课程评价模式，取得了比较显著的成效。

一、完善可选择课程的管理模式

高中新课程在课程结构方面的重大变化，是为学生选择最适合自己发展的课程提供了可能。我校的课程超市，就是为了满足学生个体卓越发展的需要而建立起来的校本课程资源库以及管理系统。

课程超市系统。因为拥有优秀的生源，在充分实施国家规定的必修课程、选修 I 课程外，我校逐步形成了满足学生个体需要，促进学生卓越发展的校本课程体系。课程体系包括：主题教育类选修课程和学科选修类课程；学科选修类课程又围绕"国际意识""信息素养""创新教育"三个校本选修课程目标开发；各个课程又注意利用社会资源，特别注重聘请大学和研究机构专家帮助建设和开发课程，以及与大学合作开设可供我校学生修习的大学课程。

满足学生选择课程的权利。从高一年级开始,我校就允许学生选择,包括体育与健康领域(根据运动项目组建教学班级)、艺术领域(音乐、美术、综合艺术)、技术领域(必修与选修结合)的课程;我校的校本选修课程从高一年级下学期开设,到高二下学期,共3个学期,每周至少2学时,保证每个学生至少有6学分;为了满足超常学生发展,我校还增加国际课程、竞赛课程,同时实行必修课程免修制度;因为学生的多样性,部分学科从高一年级开始分层辅导,高二年级开始分层次教学;落实教育部"每学年各领域有学分"的要求,高三年级的学生必须在所有领域,包括艺术、技术领域,选学至少1学分课程。

重视校本选修课程建设。高中新课程中,校本选修课程(选修 II 课程)对学校的课程能力提出了相当高的要求,学校和教师不仅要执行课程,还应当能够开发课程。多年来,校本选修课程开发中经常容易出现两个问题,一是课程开设随意性大,缺少校本的选修课程目标;二是课程标准和教材建设不规范。我校在新课程准备期间,就着手进行下列两方面工作:第一,高度重视校本选修课程的课程目标研究,从分析我校学生的发展方向出发,从促进学生卓越发展的角度,设定我校的校本选修课程目标,包括培养学生的创新思维、适应国际环境的交流与发展、信息素养等。这个研究项目已经申报为全国教科学"十五"规划教育部规划课题"普通高中选修课程开发与实验研究"的子课题。第二,学校已经通过招标,投入资金,聘请专家指导,进行第一期20门校本选修课程的纲要和教材建设。

高中新课程允许学生选择课程,是满足不同层次学生需要、满足社会多样化需求的重要措施。但是,大多数中学生在选择课程时,会出现很多迷茫,产生很多问题。我校立足于从高一年级就开始,向学生提供人生规划和课程选择的指导。

注重生涯规划教育。我校的生涯规划教育,目标在于引导学生从学业、职业、事业三个层面思考和规划自己的人生。学校结合学生特点和学校特色,充分发掘有利资源,开展生涯辅导活动,唤醒学生自主意识,培养学生的生涯规划能力及生涯决策能力,挖掘每个学生的潜能,使每个学生都能早立志,立大志。

建立学生发展辅导中心和导师制。学校为了更好地引导学生发展,成立了学生发展辅导中心,由专业辅导教师和各学科资深教师担任辅导员,辅以每个学生配备导师的方法,对学生的发展进行指导。

编写选课指导手册。我校在新课程实施前,组织编写了《选课指导手册》,对课程标准规定的科目、模块以及校本选修课程的模块作了介绍,也提供了我校的课程结构、选择课程的方法、课程评价的要求、保证课程实施的规定等方面的内容。

指导学生做成长记录:学校进一步完善了学生成长记录。我校的学生成长记录分为电子版本和成长档案袋两个方式,电子版本适用于学生、家长、教师交互参与,成长档案袋则由学生自己填报与保存,毕业时存入校史馆,以完善和提高成长记录的质量,让学生承担起对自己成长的责任,促进学生提高自我教育的能力。

高中新课程在教学管理方面有相当高的要求,特别是领域、科目与模块允许选择以后,教学班级的管理问题突显,包括选课排课、成绩和学分登记、教学组织乃至教室管理等,迫切要求对新课程教学组织实现计算机和网络的管理。为此,我们着力在以下两个方面进行创新性的探索:

开发教学管理软件。江苏省教育厅委托我校开发与组织培训的普通高中新课程教学管理系统,包括四大特点:有基于模块教学的制订教学计划、选课、排课功能;有基于模块教学的成绩登记与分析功能;有学生教育教学活动记录定时入库上报,实现学生成长记录的相对权威性,创造高校招生改革条件;有加强教育行政部门对学校课程实施的管理,实现对学校课程实施和学生学业、学分、过程记录的查询。

完善电子考勤系统。为了新课程下部分课程走班的考勤需要,也为了对学生课外自主活动与体育锻炼进行考勤,学生建起一卡通,将考勤结果及时向相关教师和教学管理部门发布。在学生个性化课程实施中一卡通系统可以发挥强大的课程管理作用。

二、创新多样化课程下的评价模式

新课程实施后,因为允许学生选择科目和模块,相同年级甚至班级的学生可能面对不同的试卷,面对不同的学业评价要求,这样就给学生、教师和学校的学业成绩评价带来了很多新问题:不同科目和模块的成绩无法比较,选择课程后多次组合的教学班学业变化难以显现,学生选择课程时难以根据学业成绩做出判断。

如何对目前的多样化课程下学生学业成绩进行评价?如何妥善解决新课程"三维目标"与传统的"一次性""统一考试"分数评价之间的矛盾?

我校在高中学生学业评价方面作了如下探索：

标准分：我校希望结合多年以来分层次教学和近 5 年使用校内标准分的实践，继续研讨多样化课程体系下的学业评价体系，即通过不同教学班级成绩处理与分析的相对科学性，实现对学生学习的过程性评价和发展性评价的可操作。本项工作包括：第一，应用标准分记录学生各个模块的学业情况，以便实现横向与纵向的比较，即实现科目之间、模块之间、多次考试之间的学业状况相对合理的可比；第二，应用标准分均分记录各个教学班的学业情况，可以实现不断组合的教学班在学业评价方面的相对科学性。

完整的评价体系：评价的目标，不仅仅在于筛选，更是为了保证学生符合国家的全面素质的要求，又学有特长、具有创造性人格的教育目标。为此，我校实行完整的评价体系：学生有人生规划与执行记录，在学校中参与活动的记录，导师的评价（ABC 级别），有利于学生规划人生和选择发展方向；有学生在课程学习中的学业成绩记录，任课教师对学生在学习过程中表现出来的学业态度、能力、方法的评价（ABC 级别），有利于了解学业和选择学业；有学生参加适应自己发展的特长课程、研究性学习和活动课程的记录，阅读书目的记录；有指导教师对学生的评价（ABC 级别），家长的建议，有利于学生个性的发展。

毕业和选择学生的依据：学生成长记录，不仅有利于学生、家长和学校教师的及时相互了解，有利于沟通和确定发展方向，而且，为了充分发挥评价的作用，学校在学生毕业和选拔过程中，将新课程提倡的评价方法作为依据之一。学校规定：学生毕业基本要求是国家规定学分加学校规定学分；选拔优秀学生的基本条件是：学业前（标准分表示）+ 特长显著（竞赛和其它特长记录）+ 三项教师评价中表现优秀（AAA）。

这样的探索，力求适应可选择课程结构的需要，适应对学生进行过程性、发展性评价的需要，为促进每一位学生的卓越发展提供了基本的保证。

（刊于《江苏教育研究》2006 年第 1 期）

促进每一位学生卓越发展

——基于心理学和教育学的多重追索

著名教育家苏霍姆林斯基曾说过："教学过程中，最主要的是在每个孩子身上发现最强的一面，找出他作为人发展源泉的'机灵点'，做到使孩子能够最充分地显示和发展他的天赋素质，达到他的年龄可能达到的最卓越成绩。"这段话中就蕴含着"促进每一位学生卓越发展"之意。在我国大力提倡素质教育、深入推进新课程的今天，我们教育工作者更应该身体力行，通过自己的不懈努力来促进每一位学生卓越发展。

一、命题之内涵分析

"促进每一位学生卓越发展"包括"促进发展""每一位学生"和"卓越"三个要素。其中，"促进发展"是核心，"每一位学生"要求卓越发展的促进方式适合每一位同学，或者针对每一位同学具有不同的促进卓越发展的方式，而"卓越"则体现发展的程度和性质。具体来看：

"促进发展"说明发展是个体在原有基础上的进步，体现一种连续性和成长性。尊重个体原有的发展水平本身就是"发展"的预先假定之一。然而，在 20 世纪 50—70 年代的大部分时间内，教育和教学理论还局限于固定的、统一的、针对全体的思路之中，并没有充分尊重个体原有发展水平。从 80 年代开始，关于个体发展的理论取得了一定的发展，从强调个体发展普遍性和阶段性，如弗洛伊德、埃里克森、皮亚杰和科尔伯格等人的观点，转向强调个体发展的领域性，例如艾略特·特里尔（Elliot Turiel）等人提出的个体发展主要是领域性的发展。在这些最新心理学研究成果的基础上"促进"个体发展，可以避免在实践中拔苗助长或重复教育。

"每一位学生"既是一种教育目标，也是一种教育理念。其教育理念表现为重视教育中的差异性，并有针对性地实施教育策略；而教育目标表现为，在此基础上所达到的教育成效体现在每一位学生个体身上。有研究者提出的"教育权利""教育平等",实际上也是建立在这个意义之上的。心理学领域和教育学领域中与"每一位学生"相似的主题是研究"个体差异",从 20 世纪 70 年代开始,这种"个体差异"的研究开始得到很多理论家的重视。鉴于"个体"的复杂多样以及由此带来的相对性和理想化等问题,也有研究者从"类"的角度探讨个体差异问题,将某些类似表现的个体归为一类,例如最近 30 年兴起的"认知风格"(心理学中称"认知风格",教育学中多称为"学习风格")方面的研究就说明了这一典型趋势。不管怎样,尊重个体差异并在实践中有效地利用个体差异是教育所应该坚持的目标之一,而"促进每一位学生的发展"已成为近 30 年来国际教育研究的主要理念之一。

"卓越"体现了发展的性质和强度。从语义层面分析,卓越有超越之义,优秀之义。优秀体现在客观标准下的优秀,而超越体现主体内在的超越和发展。其中后者突出个体的主体性,符合当今许多教育理论的思潮。超越,体现发展的主动权在于受教育者,具有超越意识、超越精神与超越能力等几个层次。在心理学的研究中,马斯洛的研究为个体发展如何体现超越本质做出了自己的解释。

二、面向"每一位学生"源自学生的个体差异

面向"每一位学生"就是要求教育工作者重视学生的个体差异,而关于个体差异的问题,我们可以从心理学角度做不同层面的分析。与教育有关的个体差异表现主要包括:

(一)智商的差异

首先,我们应该承认学生的智商存在着差异。研究表明,人类智力水平的分布大致为:68% 的人的智商在 85~115 之间,他们聪明程度属于中等水平;智商高于 115 和低于 85 的各为 16%,其中,智商超过 130 和低于 70 的人各占 2% 左右。心理学家对智商和学习成绩之间的相关性进行了大量的统计分析,结果发现,智商与学业成绩存在中等程度的相关,其相关系数在小学阶段为 0.6~0.7,在中学阶段为 0.5~0.6,在大学阶段为 0.4~0.5。研究表明,儿童的智力水平不仅影响他们的学习数量,而且也影响他们的学习质量。智力水平高的学生一般形成学习定式的速度快,容易学会解决问题的策略,易于自行纠正错误和验证答案,较多使用逻辑推理,他们的

学习方法更有效，也较能持久地学习。

（二）智力的类型差异

个体的智力差异不仅表现在量上，同时在智力的类型上也存在很大差别。"瓦拉赫效应"就有力地说明了这种现象。奥托·瓦拉赫是 1910 年诺贝尔化学奖获得者。在开始读中学时，父母为他选择的是一条文学之路，不料一个学期下来，教师为他写下了这样的评语："瓦拉赫很用功，但过分拘泥。这样的人即使有着完美的品德，也绝不可能在文字上发挥出来。"此后，他改学油画，成绩却在班上倒数第一，学校的评语更是难以令人接受："你是绘画艺术方面的不可造就之才。"面对如此"笨拙"的学生，绝大多数老师认为他已成才无望，只有化学老师认为他做事一丝不苟，具备做好化学实验应有的品格，建议他学习化学。这下，瓦拉赫智慧的火花一下被点燃了，并最终获得诺贝尔化学奖。瓦拉赫的成功，说明这样一个道理：学生的智能发展都是不均衡的，都有智能方面的优势和劣势。

对此，有心理学家做出理论上的详细说明，其中成果最突出者是美国哈佛大学的加德纳（H.Gardner）。他于 20 世纪 80 年代提出的多元智力理论，认为人类拥有七种以上的智力，它们分别是：语言智力、音乐智力、逻辑数理智力、空间智力、身体运动智力、自我认知智力、人际关系智力（后来加德纳又加入观察自然的能力作为第八种智力）。我们知道，任何个体都不可能在这八种智力上同样突出，而往往是其中一个或几个方面比较出色。这八种智力间的不同组合方式和结构形式构成了个体间的智力和潜能差异，使每个学生表现出自己的独特性。教育实践也告诉我们，有的学生不善言辞，但独立思考能力却很好；有的学生学习成绩不佳，但动手能力却很强；有的学生数学成绩较差，但绘画特别有天赋……

从素质教育的视角来看，学生之间的这些智力类型差异并不存在优劣之分。它们是蕴藏于不同学生之中的教育潜能和教育资源。

（三）学习风格的差异

学习风格指学习者持续一贯的带有个性特征的学习方式，是学习策略和学习倾向的总和。这里的"学习策略"指学习方法，"学习倾向"指学习者的学习情绪、态度、动机、坚持性以及对学习环境、学习内容等方面的偏爱。有些学习策略和学习倾向会随学习任务、学习环境的不同而变化；有些则表现出一贯性，成为一种相对稳定的个性特征。那些持续稳定地表现出来的学习策略和学习倾向就构成了学习者具有的学习风格。

学习风格的差异可以从生理、心理、社会三个层面进行分析。① 学习风格的生理要素。如，有的学生需要在安静的环境中学习，有的则喜欢在背景音乐中学习；在时间节律方面，有些人喜欢清晨学习，有些人则喜欢在晚上或深夜学习。② 学习风格的心理要素。包括认知、情感和意志三个方面。认知要素具体表现在认知过程中归类的宽窄、场依存性与场独立性、分析与综合、沉思与冲动等方面。情感要素具体表现在理性水平的高低、学习兴趣或好奇心的高低、成就动机水平的差异、内控与外控以及焦虑性质与水平的差异等方面。意志要素则表现为学习坚持性的高低、言语表达力的差异、冒险与谨慎等等。③ 学习风格的社会要素。包括个体在独立学习与结伴学习、竞争与合作等方面表现出的特征。例如，有些人喜欢独立学习，有些人则喜欢和他人一起学习。

（四）个性特征的差异

现代心理学认为，不同个体由于其遗传素质和所受环境影响的不同，在个性特征方面也表现出两种差异：其一是非稳定性的个性差异，具体包括需要、兴趣、动机等的不同；其二是稳定性的个性差异，具体包括气质、性格等的不同。尽管一个班级的学生都处于同一年龄阶段，心理发展的阶段也大致相同，但个体之间仍然存在不同程度的差异。在非稳定性、发展性个性方面，有的学生心理需要层次发展较慢，可能处于寻求安全、爱等缺失性需要满足阶段；而另一些学生则心理层次发展较快，可能处于寻求归属感、自尊等成长性需要满足阶段。在稳定性个性方面，在气质上，学生之间存在着多血质、胆汁质、抑郁质和黏液质四种类型并具有不同的行为特征。其中，多血质者灵活但好动，胆汁质者勇敢但固执，抑郁质者则敏感而谨慎，黏液质者则勤勉而欠灵活。在性格上，存在内向与外向、冷静与暴躁、犹豫与果断等不同。这些个性特征上的差异对学生的发展都将产生不同程度的影响。

（五）思维的个体差异

思维是人脑对客观事物的本质和事物内在的规律性关系的概括与间接的反映，是个体最重要的心理特征之一。人类的思维，就其发生和发展来看，既服从于一定的共同规律，又表现出人与人之间的个体差异，因此，思维也被心理学家、教育学家看作一个重要的个体差异变量。思维的个体差异，主要表现在思维的品质上，即思维的敏捷性、灵活性、深刻性、独创性和批判性。也就是说，思维的品质就是思维活动中表现出来的个体差异。

（六）家庭导致的个体差异

家庭和父母不仅是孩子价值观和社会态度形成的源泉，还影响孩子的学习能力、学习习惯和学习兴趣。父母的遗传因素、家庭的营养状况、在孩子早期发育中提供的信息刺激的丰富程度、早期教育开始的时间以及给孩子提供的实践动手机会的多寡等，都可能影响孩子的学习能力。孩子独立、思辨以及专心的学习习惯与父母的教育方式和家庭氛围密不可分。父母的职业和专业兴趣会影响孩子的学习兴趣，同时，创造学习型的家庭氛围、拓展学习的场所、多与孩子交流、让孩子在学习中发挥更多主动性等教育方式均有利于孩子学习兴趣的养成。

除此之外，另外还有由于意志品质、原有知识基础不同等诸因素造成的学生之间的种种个体差异，限于篇幅，不再一一详述。

三、"促进学生卓越发展"的层次、途径及依据

将"促进发展"和"卓越"两个主题因素放在一起阐述，是因为这两个主题在实际的教育引导中密不可分。另外，鉴于"卓越"兼具"优秀"之义，实质上也将大多数发展促进观包括其中。

（一）"卓越发展"的层次分析

任何一个个体都不是从一出生就表现出卓越的一面，走向卓越的过程需要刻苦的训练和超常的能力。所以，追求卓越需要经过从不卓越到卓越的过程。在这个过程中，我们认为存在两个发展维度：基于学生特长的某项能力的单一卓越发展，以及整个个体从单一能力卓越走向以单一能力为主的多项能力的全面发展。

前一个维度的存在理由在于每个个体都具有不同于他人的潜质，充分利用该潜质是对教育资源和个体资源的充分利用的表现，也是教育的目标之一。教育的责任不是去鉴别出哪些学生聪明哪些学生不聪明，而是要去发现每个孩子身上的潜能，即他在哪些方面可以变得更聪明，从而采用适当的方法促进他的个性化发展。加德纳的多元智力理论对此做出了很好的论述。他认为几乎所有的学生都有他们突出的智力类型，有的同学语文成

绩不好而数学却名列前茅，这说明他的逻辑数理智力较高；有的同学文化课成绩平平但人缘很好，这说明他的人际关系智力突出。而且，用多元智力理论的观点看我们当前的教育，不难发现目前的片面注重语言智力和逻辑数理智力的教学评价体系不尽合理和公正。

第二个维度的考虑基于两种观点。一方面，从心理学的角度看，个体可以同时具备多项的优势智力，基于教育平等和教育权利之考虑，个体应该接受多种智能方面的教育，以促进他所有优势智能得以全面的卓越发展。另一方面，基于教育之社会学的考虑，教育需要培养个体获得在非优势智能上至少一般的发展水平，以适应于社会化的要求。例如，学生的人际关系智力得不到正常的发展，即使其他各项智能都发展卓越，他同样不能正常地融入社会，这也是我们教育工作者所不愿看到的。

（二）促进卓越发展的教育途径及其心理学依据

目前我国的教育强调"实施素质教育"，促进学生全面发展。学生的全面发展是指学生身心的健康成长，是使学生在身体、智慧、情感、态度、价值观和社会适应性等方面实现和谐发展与全面提高。而在促进学生全面发展的同时，我们尤其要注意在全面发展的基础上针对每个学生的特点，促进其卓越发展。我们所要追求的是要实现学生生命的潜能，首先要找到其最近发展区。

1. 最近发展区理论

最近发展区理论是由苏联心理学家维果斯基于 20 世纪 30 年代初提出的，最近发展区（Zone of Proximal Development）是指"学生独立解决问题的实际发展水平与在成人指导下或在有能力的同伴合作中解决问题的潜在发展水平之间的差距"。维果斯基把学生不能独立完成但在他人帮助指导下能完成的任务范围叫作最近发展区。学生只有尽力去解决最近发展区内的任务，才能促进自己的认知发展。

当更有能力的他人帮助学生完成困难的任务时，他们常常采用支架的技术来进行。"支架"的概念来源于建筑行业的脚手架，当学生能力有所发展时，就可以逐渐撤去"支架"。常用的支架技术包括：① 与学生一起制定一个解决新问题的方案；② 以学生易于模仿的方式演示如何完成任务；③ 简化任务；④ 将复杂的任务分解为几个更简单的小任务；⑤ 通过提问，让学生以适当方式思考如何完成任务；⑥ 将学生的注意维持在任务的相关方面；⑦ 激发并维持学生完成任务的动机；⑧ 提示学生完成任务的目标。

维果斯基还提出了"教学最佳期"这一概念，并指出传统的教学处于教学的最低界限，好的教学应该处于"教学最佳期"（即最低教学界限与最高教学界限之间的期限）。而"教学最佳期"是由最近发展区决定的，对每个学生而言，最近发展区会因其所处的环境、背景、原有的知识经验的不同而不同。最近发展区作为一种可能性，对学生而言不可能一致，而是因学生心理发展阶段以及心理发展内容而存在各种差异。教师应该清楚地了解学生所处的发展阶段以及他们所面对的各类问题，只有这样才能使他们的教学超前于发展并引导发展，从而消除学生的现有发展水平与他们潜在发展水平之间的差距。学生的最近发展区可以为我们勾画出学生动态发展的全貌。最近发展区理论为对学生施加合理的教育和教学影响提供了科学的心理学依据。

2. 需要层次理论与高峰体验

要实现学生生命的潜能，使其得到卓越的发展，就要关注每一位学生的合理需要。按照人本主义心理学家马斯洛提出的需要层次理论，人有七种基本需要，即：基本生理需要、安全需要、归属和爱的需要、尊重的需要、认知需要、审美需要和自我实现的需要。按其满足的先后，可由低级到高级排成一个需要序列。前4级需要属缺失需要，在这些需要尚未满足前，它们一直推动人从事满足需要的行为；但一旦满足，行为暂时停止。后面3级需要属成长需要（又称丰富性需要），它们是在适当程度的满足以后才产生的，而且不会暂时终止，因此将一直推动人去从事满足这些需要的行为。学生天生有学习、求知和实现自己价值的愿望，关键是要善于引导，使其潜能得到充分发挥。在马斯洛看来，教育的目的追根究底就是人的自我实现，即帮助人达到他能够达到的最佳状态，是人所能达到的最高的发展。人具有一种与生俱来的潜能，发挥人的潜能、超越自我是人的最基本要求。环境具有促使潜能得以实现的作用。然而，并非所有的环境条件都有助于潜能的实现，只有在一种和睦的气氛下，在一种真诚、信任和理解的关系中，潜能才能像得到了充足阳光和水分的植物一样蓬勃而出。这正是我们当代的教育所要努力做到的。

马斯洛认为，自我实现的人，即处于需要金字塔顶层的人，更可能产生高峰体验。"高峰体验"，是指在日常生活、学习、工作、文艺欣赏或投身于大自然时，感受到一种奇妙、着迷、忘我并与外部世界融为一体的美好感觉。这种使人情绪饱满、高涨的"高峰体验"往往难名其状。处于高峰体验的人具有最高程度的认同，最接近其真正的自我，达到了自己独一无二的人格或特质的顶点，潜能发挥到最大程度。高峰体验者被认为是更具有创造性、更果断、更富有幻想、更加独立，他们更少关注物质财富和地位，他们更可能去寻找生命的意义。高峰体验是学生卓越发展的一个目标和一种愿景。当教育使学生成为卓越发展的人的时候，高峰体验将会不期而至。当然应该着重指出的是，按照马斯洛的观点，在其他各心理层次的需要没有得到满足时，个体并不能体会到高峰体验。例如，在学习中，学生总是处于追赶的疲惫状态，或者存在其他心理需求得不到满足，自然就不能体会高峰体验的存在。

四、"促进每一位学生卓越发展"之教育对策

"促进每一位学生卓越发展"的教育理念和目标具有多层次的实现方式。学校和班级是集体性的教学形式，与"一对一"的教学方式在如何有效面对个体差异的问题上不可同日而语，而比较恰当的途径是采用"类"的方式区别对待。结合目前教育现状，我们认为，以下多种教育对策是可行的。

（一）考虑学生的智力差异并采取适应措施

为适应学生的智力差异开展教育，可供选择的措施主要有：① 根据考分进行分校。这样做虽然可以在一定程度上缩小个别差异，但也存在很多弊病。目前国内的许多地区已取消了在初中以下阶段分校的制度。② 分班，即按能力或成绩高低分班。同质分班也可以缩小学生间的差异，便于以统一的进度和方法进行教学。③ 在常规的教学班中根据学生的能力、兴趣进行分组。能力与性格相近的学生组合在一起，有利于教师分组指导，也有利于学生共同研讨。教师可以根据学生学习的实际水平，随时调整小组成员。在这样的集体中，优秀的学生可以为后进的学生提供榜样；优秀生给后进生辅导，在帮助别人过程中使自己的知识更有条理，更为巩固。

（二）秉持多种成才观

因为几乎所有的学生都有他们突出的智力类型，但在高考的压力下，教师倾向于更加青睐那些具有应试优势的智力类型的学生，同时对一些非应试智力类型的学生则持有消极甚至歧视态度，认为这些智力类型根本无

用或者被视为是提高自己教学效率的干扰或障碍因素。当然在大力提倡素质教育的今天，这一现状正在得到逐步改变。教育的本质应该是促进每个学生的卓越的发展，而不应该仅仅向他们传授知识。事实告诉我们，真正成功的人士未必是那些课堂上的成绩突出者，其他智力类型（如人际关系和自我认知）在个体的事业发展影响因素中占着相当大的比重。因此，我们教育工作者应当了解每一位学生的特点，重视他们的音乐智力、人际智力、自知智力、空间智力等的开发，只有这样才能开发出每个人的潜能，也才能培养出各式各样的有用人才。

（三）培养学生应用策略性知识的能力

这要求教师要在传授文化知识的同时，要教会学生如何学习、记忆和思维的技能，使学生成为自觉的自我学习者和能自我调控的人。比如，在阅读教学中向学生传授一定的阅读策略及监控方法，结果显示，智商较低的学生的阅读成绩也得到了明显的提高。因此，策略性知识的传授可以缩小智力因素导致的成绩分布差异。

（四）尽可能照顾到学生的学习风格

在教育过程中，如果教师采取的教育策略、指导方法与受教育者的学习风格相适应，就能更大程度地促进其发展，反之则可能阻碍其发展。因为我们现在实行的是班级授课制，在教育过程中不可能去临时调整指导计划和课程以适应所有学生的学习风格，也不可能按学习风格给学生进行分类教学。更何况学生所表现出来的个体差异也不仅仅是学习风格的一种，学习风格中的各个因素交织在一起，使得在制订教育计划时无法将学习风格考虑进去。而我们说尽可能照顾到学生的学习风格，是指教师在了解学生学习风格的基础上，在某些方面可以投入更多关注，比如场依存型的学生对周围的人更为敏感，对人的面部表情更为关注，教师在与之交流时要更加和蔼可亲。

（五）准确定位"最近发展区"，为"潜在发展水平"而教育

在维果斯基看来，仅仅依据学生的实际发展水平进行教育是保守、落后的，学习依赖于发展，但是发展并不仅仅依赖于学习。有效的教学应远远地走在发展的前面，应该超前于发展并引导发展。因此，教育者不仅应该了解学生的实际发展水平，而且需要了解学生的潜在发展水平，并根据

学生的实际发展水平与潜在发展水平，找准其最近发展区，把握"教学最佳期"，以引导学生向着潜在的最高水平发展。在教学实践中，我们要鼓励学生达到"跳一跳，能达到"的发展境界，依据学生的实际情况，施行相应的教育。由此看来，传统的因材施教观应进一步发展，更新其含义。新型的因材施教观中，"材"不应该是一个单一的、静止不变的概念，而是一个动态的、发展的概念。它启发我们不仅要依据学生的"实际发展水平"而教，而且要着眼学生的"潜在发展水平"而教，通过教学，将学生的最近发展区水平转化为学生能独立解决问题的水平，同时再开辟新的最近发展区……如此循环往复，促进学生全面而超越的发展。

（六）在课程的设置上，突出课程的多样性和选择性，满足每一位学生的需要

自从推进新一轮课程改革以来，突出课程的多样性和选择性的设想正逐步成为现实，有的学校已走在了前列。如南京师大附中从 20 世纪 80 年代以来就开始了"多样性、有层次、可选择"的课程结构改革。在保证国家要求的必修课的基础上，开设了主题选修课、学科选修课等校本选修课程，建立了课程超市，使学生根据自己的兴趣、特长自由选择课程。另外，学校还及时调整了课程评价体系，使学生不仅能够发展自己的才能，而且能够得到合理的、全面的评价。这一做法使南京师大附中成为实践促进每一位学生卓越发展教育模式的先行者。

（刊于《江苏教育研究》2008 年第 9 期）

建设学术性高中，培养创新型人才

——深圳中学创新人才培养模式的探索与实践

真正的教育，不仅要使受教育者知道世界是什么样的以及世界为什么是这样的，成为有知识、会思考的人，还要让受教育者知道怎样让世界更美好，成为勇于探索、勇于创新、富有生命力的人。那么，什么是创新人才？创新人才的基础是什么？怎样培养创新人才？高中教育能够培养创新人才吗？如果可以的话，高中教育培养的创新人才具有怎样的特点？高中教育怎样才能培养出创新人才？针对这一系列的问题，本文将从深圳中学"建设学术性高中，培养创新型人才"的探索和实践出发为我们作答。

一、高中教育是什么

高中教育是学生个性形成、自主发展的关键时期，对提高国民素质和培养创新人才具有特殊意义，有着独特的、完整的存在价值，不能把它只看成是"义务教育的延伸与提升"或"大学预备教育"那么简单。

十六岁到十八岁不仅是一个人生理渐趋成熟的时期，更是心智、精神、世界观、人生观、价值观基本定型的时期，从这个角度看，高中教育比大学教育还要重要。真正的高中教育应该帮助这些年轻人成长为独立、成熟的生命个体，有着丰富的生命力，而不应该只是帮助学生经过高考的鏖战，将他们送入大学就完事大吉。高中是一个完整的教育阶段，有着不可替代的教育使命。然而现实却是，相当数量的高中一切以高考为中心，将应该教育推向极致，从而导致学生自主学习能力不强、思维方式单一偏狭、人生观世界观价值观混乱，升入大学后普遍表现出迷茫和不知所措。

我们认为，高中教育的真正价值和内涵应该有以下几点。

（1）帮助学生成长为富有生命力的人，其核心是独立与思考。"独立"应该有自信、自制、自我规划、坚持不懈、适应力强、道德自觉、欣赏他人等内涵，"思考"应该有终身学习、乐于探究、理性质疑、有创新精神、善于发现并解决问题等内涵。

（2）高中教育的当下应该是充满生命活力的，师生当下享受生命的精彩，而不是以当下的"苦"换取虚幻的未来。没有精彩的当下就没有精彩的未来。

（3）帮助学生学会自主学习、学会多元思维、学会努力做到。这是学校和教师真正应该教给学生的技能。

（4）帮助学生在学术素养、专业精神、审美情趣三个方面获得提升。

（5）高中教育既要着眼于帮助学生升入优质大学，更要着眼于帮助学生拥有幸福的人生。

二、高中教育要培养怎样的创新人才

许多人都能回忆起从小写作文时就习惯使用的话语"我们要好好学习科学文化知识，长大为现代化建设作贡献"。什么样的"科学文化知识"教育能真正促进国家的现代化？在人们心中，教育经常被默会地理解为要求学生接受成人为其描画的现存世界的图景（"知识"），以及人们传统的、通常的生活方式（文化）。进入现代之前，东西方许多国家都经历了漫长的农业社会时期，人们的生活方式和对世界的理解曾长期恒定不变，因此这种教育的合理性也一直未受到任何质疑。但对于一个现代国家而言，科学技术和社会文化的变革如此迅速，以至于人们的世界图景和生活方式经历着不断的更新。我国今天的教育要为国家的现代化作出贡献，人的思维方式和学习方式的现代化将是首要的任务。如果我们的教育依然致力于在学生脑中稳固地维持对世界和人生的一种唯一、恒定的见解，我们的民族将无法在充满变革与创新的当代世界里实现"中国梦"。与此同时，任何人都承认当代中国社会各方面远非完美，因此我们才需要通过改革开放来实现现代化，这就要求国民具有想象更美好生活并通过实践创造美好生活的能力。

基于上述思考，我们希望培养这样的一代人：他们运用观察和想象来学习，自主地建构对世界与自我的理解，不仅研究世界"是什么样的"，而且研究"为什么是这样""还有可能是什么样"以及"怎样会更好"；他们能同时理解多种充满差异的思想和观念，自如地在不同的思维方式之间转换，不受定式和教条的束缚，敢于想象与现存状况完全不同的世界图景与生活方式；他们善于将大胆的、新奇的猜测作为假设保留在脑海中，并以此出发来勇敢探索世界；他们用行动去践行改变，无论做任何事都思考"有没有别的可能""也许我可以和别人不一样"；他们珍视自己或他人的灵感、创意，从不轻易放过新颖有趣的想法；他们从不盲目接受他人的观点，坚持追问，过经过省察的生活；他们无论同上级、师长、同辈、下属或晚辈都能平等地对话，他们的个性是怀疑性、批判性、建设性与创造性的平衡。

上述是我们对"创新人才"之"创新性"的独特理解。我们不把创新人才定义为像钱学森那样具有杰出创新成果的大师，这是因为创新成果通常是一个人结束其求学生涯后，再经过他在一定行业中的长期艰苦努力而完成的；从高中教育者的层面来看待创新人才培养，则应该给出上述更可操作的定义，应把创新人才首先看作有一定创造性的人。我们相信如果我们能成功地培养具有上述特质的青年，未来的拔尖人才一定会从中走出；更重要的是其中更大多数人会在各行各业的各种岗位上成为热爱自己事业的幸福的人，以创造性的方式工作和生活的人；这样的人也更能理解、欣赏、实践他人的创造性观念，实现协同创新。

从此目的出发的创新人才教育，自然不能被理解为仅仅是创造性思维的训练。一个人要成为创新型人才，首先要成为人才；要成为人才，首先要成为"人"，亦即大写的人，具有丰富人性的人。一个孩子生理年龄上的"成人"发生在高中阶段，但是在高中阶段他们是否能在心智成熟、自主性、独立性和责任感方面"成人"？高中教育肩负着将学生送进大学的任务，但与此同时更肩负着将孩子培养成完整的、具有健康人格的人的任务，不能以高中学业繁重为借口将学生心智上的"成年"延迟到大学，造成当前许多大学生无法独立生活，父母经常进入宿舍照顾，大学辅导员职责近似高中班主任甚至"像保姆"的窘境；不能以考试竞争激烈为借口，用违背人性甚至泯灭人性的教育方式"为学生的未来生活做准备"，因为违背人性的教育环境下成长起来的学生，将很难有能力为自己创造符合人性的生活；高中教育更不能只将学生送进大学大门了事：当一个学生不具有课外阅读、自主学习、独立思考和自主探究的能力，就可能无法适应高中到大学的学习方式转变，无法在一所现代大学中取得学术上的进一步发展，甚至因为高中学业压力的反作用，沉迷游戏而遭遇退学。一所有责任感的高中，必须把学生当前的人格形成、大学阶段的学术发展和未来的幸福人生都纳入考虑。基于上述理解，深圳中学提出"建设学术性高中，培

理论思维

养创新型人才"的目标，通过我们的探索和实践，使我们的学生有更多机会成为具有上述特质的人。

三、学术性高中是什么

（一）国外学术性高中的特征

"学术性"一词来源于古希腊。古希腊哲学家、教育家柏拉图在自己创办的学园经常与学生就哲学、数学、天文学等问题进行研究探讨，这种集教学、研究与交流于一体的场所以及在这个场所活动的方式便成为"学术性"一词的来源。"问题""研究"作为柏拉图学园的精神遗产被后世继承下来，成为西方科学技术乃至制度创新的法宝。这一法宝，也被一些中学所继承，成为学校的灵魂和表征——学术性高中就是这种灵魂附体的优质高中。

这类学校无不具有现代化、国际化、精英化、学术性等特征，而对学术标准、学术方式和学术精神毫不含糊的坚守，以及培养社会精英的追求，才是学术性高中区别于其他高中的最独特也是最本质的特征。这也是这类高中之所以叫学术性高中，而不叫其他高中的根本原因。

我们研究了美国最顶尖的十几所学术性高中，概括出以下一些学术性高中的主要特征。

·高度的办学自主权，包括招生自主权、教师招聘自主权、课程和教学自主权以及财政自主权。

·微型学校，规模小（学生数平均为500多），保证学校领导层有足够的精力来关注课程和教学的质量。

·高度重视古典人文教育（古希腊、古罗马经典著作的阅读，如柏拉图、亚里士多德等），其核心是思维方式的培养。

·课程设置从人的发展出发，较少受升学或就业等功利因素影响，艺术创作和鉴赏、业余（非职业化的）体育艺术活动、手工制作、课题研究、社会公益服务、课外阅读、哲学宗教等没有功利价值的课程一样得到重视。

·大量引入大学水平的课程。

·重视研讨式、对话式的学习方式，并以此为基础来设计和建设学习环境（如教室只摆放一张圆桌和12个座位，以保证所有课程采取研讨会的形式）。

·以人的成功为导向，致力于培养未来社会的领袖人才。许多学生成长为美国政治、工商、科技、法律、媒体等领域的领袖人物。

（二）我们的认识与追求

中国的高中教育已经到了必须多样化发展的时代，《国家中长期教育改革与发展规划纲要》中表述为"推动普通高中多样化发展。促进办学体制多样化，扩大优质资源。推进培养模式多样化，满足不同潜质学生的发展需要。探索发现和培养创新人才的途径。鼓励普通高中办出特色"。2010年，深圳中学提出"建设全球化时代中国卓越的学术性高中"的目标，其要义就是通过构建学术性高中人才培养模式，将学生培养成为具有丰富生命力的人，在学术素养、专业精神与审美情趣三方面获得提升，从而奠定其成为创新人才的坚实基础。

创新人才是思维、能力与精神指向知识创新的人才。知识创新在本质上就是发现问题和解决问题，是竞争基础上的超越生成。而发现问题与解决问题都必须依赖对事物的深入研究。研究作为知识创新活动，不仅通向知识创新的终端，其过程本身也是创新思维、创新能力与创新精神发育与生长的土壤。但研究活动既不可能在完全孤立的环境中发生，也不可能在弱知识甚至是反知识的情况下发生，平等的、多元的、反复持续的交流碰撞，才可以导致研究活动以及活动的积极结果，而学术性高中正是这种土壤和环境。这就是学术通向创新人才成长的主要奥秘。

深圳中学将专注于"基于研究的教育"，在问题解决和知识建构中，培养创新情感，发展创新能力；致力于在"研究"中培养人，耕耘一片"研究"的土壤，创造一种"研究"的气候；致力于为学生创造一种"经历与努力、活力与实力相统一的，既精彩又充实的高中生活，华而又实的人生经历"。

深圳中学努力建设的学术性高中具有以下一些特征。

·致力于将学生培养成为具有丰富生命力的创新型人才，未来成为社会各界的领袖人才。

·通过优质、丰富、可选择的课程帮助学生既为升入大学做好准备，更为未来的幸福人生做好准备。

·课程建设为培养目标服务，逐渐形成独特的本校课程系统。

·可为学生开设成长必需的各类课程，包括大量高水平的学术性、前沿性的课程。

·教学采用研究性教与学的方式展开，重视学生的自主学习以及师生、生生之间的对话、研讨和交流。

·以各具特色的体系组织学生，各体系相对独立，类似于微型学校。

·重视文化建设和人文教育。

四、深圳中学的探索与实践

（一）深圳中学的教育使命和学生特质

深圳中学以"建设学术性高中、培养创新型人才"为教育使命，秉持"敢为人先、学术见长"的办学理念，致力于培养具有丰富生命力的人：他们能自主发现和实现个人的潜能，成为他们最好的自己；而且他们无论身在何处，都能尊重自然，关爱他人，服务社会，造福世界，并且乐在其中。

通过丰富多样、无处不在的优质课程，深圳中学促使学生在学术素养、专业精神、审美情趣三方面获得提升，帮助他们成为知识丰富者、深度探究者、问题解决者、理性批判者、主动规划者、敢于负责者、专注笃行者、善于合作者、协调发展者、自觉审美者、胸怀天下者和积极创造者。

（二）深圳中学"本校的课程"

1. 课程理念

课程是学习者按照教师设计的学习方案在一定的学习环境中学习教材、完成学习任务的经历或经验，学生的"学"是课程的核心，课程是师生双方在教与学的过程中动态生成的。以此为理念，深圳中学构建了"本校的课程"，在尊重国家课程标准的基础上对其进行本校化处理，又开发建设了一批校本选修课程，统称为"本校的课程"，共同为实现学校培养目标服务。

深圳中学"本校的课程"由深圳中学学术课程和深圳中学文凭课程两部分组成。学术课程是指面向高考的所有学科的基础课程，由语言与文学、数学、人文与社会、科学等四个领域若干科目组成。文凭课程体现了深圳中学为培养具有丰富生命力的创新型人才而在课程上的认识和实践，我们希望学生在认知技能、自我成长、文化审美、体育健康、实践服务、研究创造六方面获得提升，并在某一方面有卓越表现，从而为成为创新型人才奠定坚实基础。这六个方面，每一方面同时也是一个课程群，六个课程群相互作用融为一体。学术课程也包含上述六方面的技能或意识，与文凭课程形成互动并联结在一起，从而形成统一和谐的课程系统，共同促进学生全面发展。如图所示：

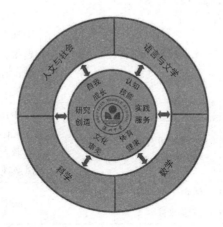

2. 课程结构

深圳中学学术课程和深圳中学文凭课程都设有必修课和选修课。

学术课程有领域、科目、模块三个层次，共有语言与文学、数学、人文与社会、科学四个领域，语文、英语、数学、政治、历史、地理、物理、化学、生物等九个科目组成，每科目下又有若干必修及选修模块。如下图所示。

	领域	科目	必修模块	选修模块
深圳中学学术课程	语言与文学	语文	5模块	3模块
		英语	5模块	3模块
	数学	数学	5模块	5模块
	人文与社会	政治	4模块	1模块（文）
		历史	3模块	2模块（文）
		地理	3模块	2模块（文）
	科学			
		物理	2模块	1模块（文）/4模块（理）
		化学	2模块	1模块（文）/3模块（理）
		生物	3模块	2模块（理）

深圳中学文凭课程由认知技能、自我成长、文化审美、体育健康、实践服务、研究创造六个课程群组成，每个课程群包含若干课程或课程组。

	课程群	必修模块	选修模块
深圳中学文凭课程	认知技能	通用技术 信息技术	学科拓展课程 学科高级课程
	自我成长	生涯规划	思维导图，领导力课程，沟通与人际关系，批判性思维，时间管理，公众演讲，情绪控制，感谢有你，校长推荐会等。
	文化审美	艺术（可在若干模块中选择）	中国文化经典诵读，西方文化经典，哲学与人生，宗教与伦理，人文讲坛，凤凰花儿开等。
	体育健康	体育（可在若干模块中选择） 健康教育	深中特色体育课程
	实践服务	社区服务 社会实践	体验课程，社团活动，力行等。
	研究创造	研究性学习	中国大学先修课程，综合学习课程，创新中心课程，开放实验室课程等。

3. 优质、丰富、可供选择的校本选修课程

深圳中学校本选修课程分为认知技能、自我成长、文化审美，研究创造、实践服务五个课程群（参见上表），采用选课、走课的方式开设。2012—2013 学年上学期共开设选修课 95 门、体验活动课程 68 门，有 77 个学生社团。

特色课程

·中西文化课程（已开设中国文化经典诵读课程，学生在两年内诵读学习《论语》《大学》《中庸》《老子》《孟子》《庄子》六本经典。）

·创新体验课程（建有七大创新体验中心）

·开放实验室课程

·中国大学先修课程（由北京大学联合国内 20 多所著名中学试点开设，本学期开设电磁学、微积分、大学化学、中国古代文化史、中国通史等 5 门，2013 年秋季将开设线性代数等十几门课程。）

·综合学习课程

·中芬合作课程（与芬兰著名中学合作，2013 年秋季将举行中芬教师同课异构教学研讨活动。）

　·生涯规划（已开设十年，是自我成长课程群的校本必修课程。）

　·人文讲坛（为文科学生开设，也鼓励理科学生参与。）

　·社团活动课程

4.创建八大课程体系供学生选择

　·标准课程体系，提供充分的国家课程，满足通过国内高考升学的学生的学习需要。

　·实验课程体系，提供更多的本校课程，满足追求充分的自主发展与个性化发展的学生的学习需要。

　·荣誉课程体系，提供大量超越国家课程标准的学术课程，满足具有突出的学科特长与兴趣，适应高等院校保送和自主招生录取的学生的学习需要。

　·国际课程体系，提供大量的国际课程与国际接受课程，满足出国留学学生的学习需要。

　·中学整体实验课程体系，提供一贯制的中学完整课程，满足智力超常学生的学习与发展需要。

　在五大实体课程体系之外，学校还建设了"力行——社会学习课程体系""好学课程体系"以及"中学先修课程体系"等非实体课程体系，形成虚实结合、覆盖严密的"大课程"系统，充实学术性高中的课程内涵。

5.学生综合学习平台建设

　正在筹建学生综合学习平台，这是一个"基于项目的学习"的网络平台，它的建成将是深圳中学课程建设的重大突破，它的功能和价值大致有以下这些：

　·所有基于项目和主题的学习都可以在平台上展开，如综合学习课程、研究性学习课程、创新体验课程、社团活动课程、实践服务课程等，学习研究过程中的过程、评价、沟通、成果、学分认定等都可以在平台上完成。

　·学术性课程的小组学习活动、研究性的学习活动也可以在这个平台上展开。

　·实践类和研究类的课程，只要借助这一平台都可以进行综合实践课程的学分认定工作，一举突破各类活动难以与综合实践整合、难以认定学分的难题。

　·这一平台同时还是课程资源平台，顺利的话可以将社会上的导师资源纳入其中，既可以指导学生的项目学习，也是开设其他课程的优质师资。

·学生在平台上的活动其实就是学生在学科学习之外所参加的学术研究课程的全记录，借助这些记录可以最终形成学生精准详实的学术研究素养评价报告。

·高质量的个性化学习的实现。

（三）研究性教与学

学术性高中的课堂应该是充满生命活力的，师生双方的生命都能在其中焕发出光彩。基于对课程和学习的新认识，我们提出"研究性教与学"这样一种教学模式。虽然还很难给研究性教与学下准确的定义，但它应该具备以下几个特点。

·这种研究不是真正意义上的学术研究，而是一种学习的态度和方法。

·变以教师的教为中心为以学生的学为中心。以学生为本，促进学生自主学习，从而将教与学的效率尽可能地提高。

·以"主题"为单位来设计课程与教学，整个课程呈现"主题·探究·表现"的结构模式。

·基于问题和目标。从教学主题中提炼有一定挑战性和现实性的问题，同时确定这一主题学生应该掌握的学习目标。教师指导学生进行基于问题和目标的自主学习，教与学双方动态生成一门课程，学生因之有了独特的学习经历。

·打通课堂内外的学习。改变过去课上学习知识、课下掌握知识的状况，课堂内外打通，学习知识与掌握知识打通。

·全面关注三维目标。不只关注"知识与能力"，更加关注"过程与方法，情感态度和价值观"。

深圳中学的课程基本上按模块进行，每模块共 36 课时，在九周或十八周完成。研究性教与学也以模块为单位展开。整个过程分三个大的阶段：一是设计学习方案，二是实施和过程控制，三是表现与评价。

1. 设计学习方案

此阶段教师要做几项重要工作。

（1）将模块教学内容分解成若干主题。学科不同，分法各异。主题是教学设计的基本单位。

（2）以主题为单位设计基本问题、确定学习目标。

（3）内容分类，确定学法（哪些可自学、哪些要讲授、哪些要讨论，自学时用怎样的方法。）

（4）确定教学进程。（共多少课时，采用什么课型，每课时的任务等。课型大致有导学、讲授、小组合作学习、自主学习、实验、习题、交流与展示等类型。）

2. 实施与过程控制

这一过程由学生和教师共同完成，而学生的自主、合作学习是关键，教师要组织、引导、讲授。

（1）学生根据学习方案自学。

（2）教师讲授之前要进行自学效果检查。

（3）课堂讲授。

（4）课堂及课外的自主学习及小组合作学习。

3. 表现与评价

学生自主、合作学习的成果一定要给表现的机会，这是关于学习的对话。

（1）成果展示。方式可以多种多样，学科不同方式也会不同。

（2）评价。对学生这一主题学习过程中的表现进行评价与反馈。

如下图所示。

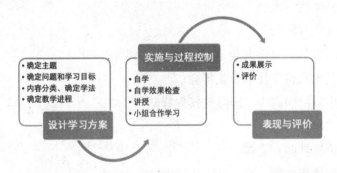

这还是一个粗线条的模型，还需要不断丰富完善它。研究性的教与学其实就是在创造课程，一种以学为中心的课程。在这种模式中，传统的以教师为中心的"目标·达成·测试"的结构模式被以学生为中心的"主题·探究·表现"结构模式替代。学生用多种多样的方式，展开自主的、活动的、合作的、探究的、反思的学习，学习经验由原先的狭隘单一变得丰富多元，并且可以在人际交往中表现与分享，从而完成真正的学习。

（四）学生综合素养评价

不仅对学生的学业做出评价，还要对学生的综合素养做出评价。综合素养评价结合深圳中学文凭课程的修习进行，最终评定出合格毕业生、优秀毕业生、卓越毕业生。

（五）学术资源与学术平台

学术性高中必须有丰富的学术资源与学术平台，否则难以展开真正的学习和研究活动。除校内的资源建设外，我们还积极建设拓展国际学术活动平台和国际课程资源，也开发承办一些国际学术活动，从而为学生提供更丰富、更优质、可选择的学术平台。

1. 国际学术活动平台

- MIT 腾讯深中发明队
- IYPT 国际青年物理学家锦标赛
- USAYPT（美国青年物理学家锦标赛）
- 加拿大滑铁卢数学竞赛
- 新加坡莱佛士数学奥林匹克邀请赛
- 美国高中学生数学建模竞赛
- AMC 美国数学竞赛
- 世界生物学大会
- "与大师同行"
- 国际中学生科学大会
- 芬兰国家科学技术学院年会
- 深中 – 德国高中 "国际气候先锋队"
- 模拟联合国
- 德语奥林匹克竞赛

2. 国际课程资源

- 哈佛大学演讲课程
- 麻省理工力学课程
- 斯坦福大学网上课程
- 耶鲁、麻省理工网上课程选用
- 加州大学洛杉矶分校升学指导课程
- 德国歌德学院课程

3. 开发和承办国际学术活动课程

· 先锋中学生国际圆桌会议

· 国际中学生科学大会

· IYPT 国际青年物理学家锦标赛中国赛区活动

（六）学术性高中中的文化建设

学校建设的最高境界是文化建设，而学术性高中文化建设的核心是"研究"与"创新"。多年来，我们致力于将学校建设成为富有学习和研究氛围的"学府"，大力提倡读书、学习、研究、创新之风，也努力搭建多种平台引导师生研究创新。

1. 成立两个研究所

成立深圳市思维研究所和深圳市美育研究所

2. 丰富的学生创新体验活动

学生书屋、咖啡屋、创意体验中心、学生媒体中心、学长团、体育文化节、国际科技艺术节、心智训练、游园会……

3. 建设三个艺术团

· 深圳中学合唱团

· 深圳中学舞蹈团

· 深圳中学交响管乐团

4. 建设七个创新体验中心

· 华为创新体验中心

· 比亚迪创新体验中心

· 华大基因创新体验中心

· 腾讯创新体验中心

· 光启创新体验中心

· 中科院先进科学研究创新体验中心

· IYPT 国际青年物理学家锦标赛、麻省理工发明创新比赛创新体验中心

5. 全国教育科学"十二五"规划课题

我校的《学术性高中育人模式对创新人才培养的作用研究》课题被列为全国教育科学"十二五"规划课题，下设近二十个子课题，覆盖了学术性高中建设的方方面面。这充分体现出学术性高中建设本身的学术性，学校的所有工作都将在研究的基础上展开。

6. 诺贝尔奖得主寄语深中学子

已有十三位诺贝尔奖得主寄语深中学子，或表达祝愿，或提出期望，或指点努力方向。这些寄语对提升学校的学术气氛、鼓舞学生不断进取发挥着独特作用。

学术性高中在中国还是个新鲜事物，我们将不断通过实践丰富它的内涵，希望能够创造出具有中国特色的学术性高中和创新人才培养模式，为中华民族的伟大复兴作出我们的贡献。

（刊于《创新人才教育》2013年第1期）

本立而道生

——对深圳中学改革与发展的几点思考

我是怀着期待和梦想来到深圳中学的。观察和体验了一段时间后，很坦率地说，有挫折感。这种挫折感，是亲身体验的现实与以前抱持的印象之间的差异造成的，也与对深中未来发展定位的批评形式有关。但是，也正是这些引发挫折感的差异和批评，促使我更深入、更专业地思考深中的改革与发展，甚至是中国基础教育的现状与未来。老实说，作为新任校长，我没有"示好"领导、老师和学生，我希望能尽量客观地、专业地观察、思考和表达。但是我对深中的未来还是有信心的——我相信教育规律的力量。

一、严谨的改革：为了发展而改革

从某种意义上说，始于 2004 年的高中新课程改革成就了深圳中学：在课程改革中构建的学校教学、教育管理模式，激发、弘扬了其校园文化传统中本已具备雏形的"自主发展""承担责任"等教育价值观；培养了一批"个性鲜明、充满自信、勇于负责的，具有思想力，领导力，创新力"的优秀高中生；深中从一个地域性的名校成为一个在全国知名的课改样版校。

但是，这种成就，也付出了代价：深中在深圳市的优质教育资源版图上的优势趋弱；社会声誉和市民信任度急剧下降。为什么会出现这种情况？因为有一大批学生，或者是因为改革模式设计的缺陷，或者是学校教育实际操作中的问题，并没有在这种革命式的教育改革中获得应有的发展。

（一）的士司机："如果是你的孩子"

刚来深中时，我收到过不少家长的信件，他们的孩子大都是以高分进入深中的，却没有进入理想的高校。有一次我打的，的士司机一听我去深中，问我是不是深中的老师，我说是。他就批评我们深中。他比较了他的两个孩子：老大 2005 年中考，没有考到深中的分数线，去了某高级中学，2008 年考取一所重点大学；老二 2006 年中考时，就有很多老乡跟他说，不要去深中，可是小孩自己想去。老二比老大聪明，中考 700 多。可是三年以后呢，他去了一所地方学院。这位父亲告诉我，他还不是最惨的，有个老乡的小孩 800 多分进来的，结果只上了 2B 的线。他说现在谁来咨询他孩子上哪个学校好，他都会说，深圳中学上不得！我说，其实去哪个大学也不能决定孩子的一辈子。他说，话这么说，自然也没有错，但是如果是你的孩子这样，你会怎么想呢？

这位家长的话，我无从考证其客观性，可是他提出的"如果是你的孩子"这个问题，是很值得教育者思考的。这是个很简单和朴素的问题，但也是很重大和现实的问题。换位思考，常常会使人变得客观而理性。大陆的教育理想主义者和一些官员他们隔岸观火，自己的孩子享受着优质的教育资源（或者已经不需要享受），所以很少有现场感和真实感，但是他们快速地为社会生产"理想"，而且希望他人尽快地享受这样的"理想"。

西方有句谚语："千万别找连花都没养活的医生看病"。市民在选择学校的时候，他们要考虑的基本问题是什么呢？

这几十年，世界教育改革之潮此起彼伏。离我们比较近的课程改革，是中国台湾与香港的。这也是两种改革的范本：台湾十年教改，疾风骤雨，叫好之声稀有，质疑之声响彻耳鼓；两相对照，香港教改的谨慎与科学，则让人肃然起敬。为什么呢？从大处看，教育关乎国家发展，这是教育政策设计与制定者的视角；作为校长，我宁愿做一个普通人，抱持"如果是我的孩子，会怎样"的角度，用普通人的眼光，从小处看教育：每一个学生，都是值得尊重的生命，是一个家庭未来的希望。教育关乎万千家庭命运，"不可忽也"。做教育，不能追求惊鸿一瞥，不能追求轰轰烈烈。一件直接关乎孩子成人成才的事情，不应当冒进求成。

再说回大陆的课改。大陆课程改革的价值取向，作为教育者，我是认同的，同时我认为大陆课改在设计与操作上面的几大软肋也是明显的。主要的原因就是搞急就章，一边编教材一边搞改革，就好比麦子还长在田里，吃饭的人已经坐到了桌边。

（二）没有现在，何谓将来

有人说，聚光灯下没有真实的故事。

来深中上班之前，我曾经作为课程改革参观团的成员来过深中。那次深中之行给我留下的印象非常好。但是，当我的角色从一个参观者转变为一个参与者，接触了更多的老师、学生和家长，了解到更多内部的、操作的东西时，我感觉，某种程度上，深中可以说是一个在运动式的课程改革中，被创造出来的"中国式典型"。作为一个被标识为中国"唯一"的课改典型，深中承担了过多的"课改使命"，潜附着过多的"课改理想"。这种使命和理想，需要深中课改模式的速成。这种速成需求，导致了学校教学教育管理模式的频繁变化，以致相当一部分学生不适应，导致绝大多数老师的"改革何时发生""改革随时发生"的惧改革心态，让改革终因没有绝大多数教师的有效参与而陷入困境。不能想象一次只有部分学生响应而且少有教师主动参与的课程改革具有持久的生命力——把老师从学生身边赶走的改革——这是明显违反教育规律的行为！

不管设计者如何强调框架、模式的科学性和价值所在，我们不得不承认，在过去的几年里，深中在许多基础性问题的解决上，做得并不好。这些很基础但是又没有被解决好的问题，恰恰导致深中课程变革价值被社会误解直至消解。

鲁迅曾说过：失去了现在，也就失去了未来。过去几年，从最初的舆论不利，到现实的分数线下降，社会其实已经用规律提醒了深中，但是我们没有引起足够的重视。如果我们还继续沉浸在课程改革先锋的幻象中，抛弃真实的教育生态，无视深中教育中那些似乎微小的蚁穴，深中在将来一定要付出更大代价！

教育的周期长，惯性大，隐性强，学校有些问题才初露端倪，我们要有面对更严峻困难的心理准备。

（三）第三条道路：深中需要的思维方式

反观深中的改革，学校自己的一句评价我以为是切中肯綮的："从一个极端到另一个极端"。深中的改革，是建立在一个预设前提下的，那就是过去的一切，都应该是被打破和被抛弃的，是应该被革命的。

我曾经说过："深中的未来将会继承该继承的，改进该改进的，实现该实现的。""继承"和"改进"的前提就是，要客观理性地评价过去。

理论思维

应该具有的理性观念之一是，当我们提出改进时，并不意味着对过去的全盘否认，尤其不意味着对校长个人的否认。一位诗人曾说过："每个人都是一座大陆的一片，是大地的一部分。"我并没有否认任何人的主观意图，也没有这种权利。**我提出改进，主要是基于深中当下的问题，而不是回到过去寻找是非。**

其次是，我们需要思考：过去八年的变革，那种极端、革命式的变革，是不是教育变革的唯一途径？是否存在另一种途径？

关于革命与改良孰优孰劣的争论，在政治变革领域已经持续若干年。几个世纪前法国托克维尔的《旧制度与大革命》与当代中国的《顾准文集》中，两个思想家对一个问题产生了巨大的疑问：革命的初衷和结果的误差为何如此之大？无论是法国大革命，还是苏联十月革命，初衷都是为了推翻专制，建立一个民主、自由的新社会，但最后却都走上了国家恐怖主义的道路，教训发人警醒。

这也让我联系到深中的课程改革初衷和结果的误差。

现在很多教师批评深中的过去，常常将责任归于改革的倡导者和领导者。但是太少人思考自己应该为这段历史所要承担的责任。如果对深中过去的批判，依然是建立在这种当事人缺席的心态之上，那么深中的未来就也是值得警惕和担忧的。

在教育领域，究竟是革命好，还是改良好？陆定一先生曾说过，教育的任何改革都必须经过实验。对教育改革，需保持科学的态度，尊重教育规律，**以教育的态度对待教育改革；教育的改革，宜渐变，不宜突变。**意即改良胜于革命。

一个人发烧，高烧总是要退的，高烧不退，后果可想而知。我就是深中退烧阶段的校长。我不知道这是我的幸运还是不幸，只知道，我注定是一个过渡性的校长。**不是我不能"让温度再高一点吧"，而是我一直在努力做个诚实的教育者。**我觉得学校主要为学生和老师发展服务，这是为社区服务、为人民服务的基础；**教育的理想不只是一种抽象和朦胧的价值，它还是一种生活过程和感受，更是学生发展的效能。理想的教育就是帮助学生实现理想，**学校应该为学生当下的和未来的发展服务，因此深中需要回到教育规律上来，需要像教育部分管基础教育的副部长陈小娅说的那样，"安安静静地办学"，要在"安安静静"中把深中办成一所名副其实的"名校"。

需要理性思考的第三点是：过去的改革实践，包括已经成型的模式，是不是都是不容置疑和永远最恰当的？我的观察是，现有的、成型的东西，即使它的确是变革的产物，但它并非一定就是最恰当的。

我们在回顾过去的时候，老师们对一些具体问题甚为困惑：

学校教育改革方案科学论证过吗？需要与老师沟通吗？

学校不了解老师，老师遇不上学生，学生找不到老师，深中教师因为制度的原因常常"缺席"教育的过程，学校教育力大大削弱，教育的增值到哪儿去了？难道深中就是一个露天剧场吗？

学术性课程与活动课程的结构和时间是根据什么确定的？

有对学生教化的机制建设与效能评估吗？德育课程化了吗？有学风建设与学生修养的要求吗？自习、单元集会那散漫的样子还算是一个高中名校吗？

学业评价方案合理吗？过程性评价形同虚设，为何视而不见？

高一高二需要教与学质量管理吗？高三那样就是天经地义的吗？

一所具体的学校主要应该研究什么？教研工作基本陷于停顿，没有形成具有深中特色的教学策略与模式，学习策略的研究几乎遗忘，既不专注于教法也不专注于学法研究，这符合学校教育规律吗？

考虑过一所学校它的基本职能是什么吗？改革的成本谁来分担？

如果是这样的一种教育改革——割裂本土文化之根；忽略高中阶段的独特价值；老师地位被边缘化；学科素养置之一旁；学生自我活动代替学校教育；两年"放羊"，一年"叫娘"——这将会是一种怎样的教育啊！

在现实中，教育问题容易走向两个极端：

一是"浪漫的教育"，它将学校教育泛人文化、泛道德化，导致教育当中的虚无主义与反智主义的泛滥，将学生学业发展等同于应试教育。这种教育漠视教育规律，远离教育科学，以一种运动式和娱乐化的方式，使中学生经常处在亢奋当中，他们的学校生活显得兴奋、热闹，但是缺乏专注和思考。**任何一种教育改革，如果导致学生的兴奋点不在学习、学业和学术，那么这种改革的目的和持久价值就需要怀疑。学生，以学为生。特**

别是以天下为己任的、准备承担更多社会责任和肩负国家使命的优秀学生，如果不以学习作为自我发展、自我实现的基础，那么对未来的承担就只能是一厢情愿的想象。美国哈佛大学图书馆的墙壁上有一句话："没错，学习只是人生的一部分；但是，你连人生的这一部分都做不好，你还能做什么呢？"我们应该尊重常识与真理。有一个"人生二八理论"，它说我们要用80%的时间和精力去做好我们最应该做好的事情，再用20%的时间和精力去做其余的事情。

二是"功利的教育"，它将学校当成军营，当成工厂，教室是车间，学生是产品，将教育窄化为学业，将学业窄化为考试，将教育质量等同于书面考试成绩；它忽视学生作为人的全面发展的需求，将"树人"等同于"谋分"，培养的是"考生"而不是"学生"。

"左"和"右"都是不可取的，我主张"走第三条道路"。我们要努力超越"激进与传统""改革与维持""全球化与本土化"这种二元对立的思维方式，**走第三条道路——以更建设的态度面向未来。**

我从来不反对课程改革，只是强调不能为了改革而改革。改革一定是为了发展，包括学生的发展，教师的发展，学校的发展：学生应该能够更好地学习，更愉快地学习；教师应该能够更好地工作，更享受教书育人的乐趣；而学校应该能有更优质的教育质量和更广泛的社会声誉。如果这些目标离我们不是越来越近，而是越来越远，我们就陷入了纪伯伦描述的困境："我们已经走得太远，以至于我们忘记了，我们为什么而出发。"

二、深中的教育使命：增强学术素养 培养创新型人才

我在接受《南方都市报》记者采访时提出了"建设学术性高中，培养创新型人才"的办学定位。"学术性高中"这几个字在校内外引发了争议，比较集中的观点，一个是：中国的许多大学都搞不出像样的学术，一所中学居然敢称"学术性高中"，是否自不量力？另一个是：新瓶装老酒，中学有什么学术可言，不就是回到应试的老路上去吗？还有一种说法，就是后来者总要想个什么新东西否定前者显示自己，"学术性高中"就是我给深中找的新外衣。

说实话，我一点也不奇怪"学术性"这个词会引发如此争议：对基础教育现状不满的改革者可能将我判定为应试教育的高级代表，正在全力以赴进

行着应试教育的人可能将我判定为标新立异的伪君子。"学术性"这个词会让在应试教育模式中浸淫太久的同行、学生很自然地产生这两种判断。

（一）宣示使命，就是担当责任

如果真的将"学术性高中"比拟成深中的新外衣，那么这件外衣，不是因为要否定前人和标榜自己而胡乱裁制的，而是基于对深中现状的冷静观察，基于对国内外优质高中教育多年的持续关注和考察，基于对深中未来发展的理性思考。如果说，前些年的改革是"从一个极端到另一个极端"，那我想做的，如前所述，就是"执两用中"，从极端回到中间，走第三条道路。

钱学森之问，温家宝总理之忧心，一次次凸显中国教育的困境。没有一流的中学，就不可能有一流的大学；没有一流的高中生，就不可能有一流的大学生，未来也就不可能有各个领域的拔尖人才。所以中学教育，一定要有使命感。所谓使命，即重大责任。教育不承载使命，容易盲目；教育不担当责任，必然轻薄；使命模糊，理解有偏差；使命雷同，办学边缘化。真正的教育不仅应该追求效能，更重要的，是具有丰富的灵魂，具有明确而坚定的价值追求。自觉承载使命与责任，深中的教育才会有高度，才会持续发展。

学校的教育使命，需要回答三个问题：① 学校培养什么样的人；② 学校怎样培养人；③ 学校的办学特色与校园文化。

因此学校在新的阶段，确立了"敢为人先，学术见长"的办学理念，将"建设学术性高中，培养创新型人才"作为育人模式，以提升学生的学术素养为抓手，培养具有"学术素养、专业精神和审美情趣"特质的创新型人才。深中的教育希望促进每一位学生充分发展——帮助他们发现潜能，实现潜能，成为他们自己，为他们未来成为杰出人才、"大师"级人才奠定坚实基础，为破解中国创新型人才培养之难题给出深中之解！

之所以要特别强调提升学术素养，有一重原因，是在过去几年，深中遭受社会诟病较多的一点，正是学生平均学业水准下降。从哪里跌倒，就从哪里爬起来，在哪一点上我们让社会失去了信心，我们就从哪一点上开始改进。我不想回避这重因素，我觉得这是一种诚实和务实的态度，也是敢于承担的态度。

但是更重要的原因的确不是这个。是因为学术素养，是全世界几乎所有优秀高中和著名大学对其学生的基本要求。一流高中，学生的学术素养应该是一流的。蔡元培先生就曾对学生反复强调：你们"应当有研究学问之兴趣，尤当养成学问家之人格"。普林斯顿大学的"本科教育战略计划委员会"对本科生提出的期待的前三点是："1. 具有清楚地思维、谈吐、写作的能力；2. 具有以批评的方式系统地推理的能力；3. 具有形成概念和解决问题的能力"，都和学术素养高度相关。哈佛大学文理学院为通才教育制定的五项标准中，要求学生"在某些知识领域应当具有较高的专业水平"。全世界摘取了最多学科奥赛金牌的高中——台湾建国高中，明确提出了学生要有挑战高难度学术课程的素养。

因此，"建设学术性高中，培养创新型人才"的办学定位，一方面是基于教育规律，同时也是针对中国基础教育培养杰出人才的认识误区与现实困境，更是基于深中当下的困难与潜在优势而提出的。在大陆，这是一种新型的育人模式，需要长期的科学的探索与实践。

深中在过去几年的变革中很热闹，校园生活充满变化，这给很多学生提供了体验和经历的机会。我从来不否认这些体验和经历对一个人的成长具有的重要意义。比如很多学生很愿意参与学校公共事务管理，相比许多管制型文化的学校，这一点就非常好。

但是，我们是不是就满足于这种体验和经历呢？比如在参与学校公共事务管理上，我们是不是仅仅满足于"说"，有没有思考过：如何表达更有建设性更具价值的观点，如何更好更有效地表达。我觉得在观察和表达问题时，深中学生应该具有这样的高度：不痛不痒不讲，泛泛之谈免谈，人云亦云勿云，哗众取宠莫弄。这样的观察与表达，就是具有专业性的。能够做到这样观察和表达，应该是建立在深入实践与充分理解之上的；而如果不"具有某一领域知识的深度"，充分理解的状态就很难真正发生。

很多认知心理学家的研究显示，创造性并不需要用神秘的或者独特的机制去解释，简单的"知识基础加深入思考"就是创造的秘籍。其实这就是所谓的学术素养，指经过后天不断的学习与努力，长期的知识积累而形成的一种意识和潜意识，是大脑信息化的系统"软件"。

瑞士著名教育家裴斯泰洛齐曾说过："今天应做的事没有做，明天再早也是耽误了。"高中是学术素养培养的最佳机遇期。在这个阶段如果我们具有了学术素养方面的优势，未来于我们就没有太多悬念。

深中办学模式的调整，并不是为了改变而改变。改变基于此前我们的实践。苏格拉底告诉我们："没有经过检验的生活是不值得留恋的。"而那些经过检验的，包括正确的与错误的，都正是我们今天改变的理由。学校明确使命，指出了行为的方向和路径，这既是特色的宣示，更是责任的担当。

（二）学术性高中：严格的学术准备，发展个性的传统

中国教育的同质化现象比较严重。高中教育也不例外。我看过不少国内高中的发展规划，经常看见"国内一流""世界一流"这样的目标。但是"国内一流""世界一流"的学校是不是都是一样的？实际情况是，"国内一流""世界一流"的学校，都是极具个性的。深中目前还不是"国内一流"，更不是"世界一流"。但是，深中有这样的潜力。

深中是一所个性极其鲜明的学校。深圳不缺一般的学校，我也不会来一般的学校。学校的个性，首先是源自学生个性的差异性，以及对这种差异的尊重。来深中后，**我所做的，某种意义上可以理解为，尝试为这种发展个性的传统寻找到坚实的生存基础与发展后力，而使其不至于被现实压力逼迫到边缘地带。**

我将深中置于世界优秀高中的大背景下，尝试将深中与世界最优秀的一批高中放在一起分析比较，希望能为深中未来发展找到突围之路，为破解中国基础教育难题给出深中之解。

这批最优秀的高中分布在美国、北欧、日本、新加坡等国家和地区，**虽然它们分处不同文化，但是都有一些最基本的共同特征：丰富的、具有挑战的学术课程体系；学生大都进入了本文化认可的一流高等学府；学生的发展以个性化方式实现。**这些优秀高中，以其课程具有的学术性、学生具有的精英性，能够被很清晰地区别于其他类型的高中。美国的乔特高中全部课程由 240 个学术课程组成，其中包括 25 个领域的荣誉课程（HO）、高级课程（AD）以及处于领先位置的（AP）预备课程，安多福高中甚至有高达 300 门学术课程。

在美国，这些高中就直接被称为"学术性高中"。我发现深中在某些重要特征上与这些学术性高中高度相似，比如学生很优秀，具有发展潜质，可塑性强；深中有较好的教育资源支持；校园文化具有较高包容性。同时，深中与这些优秀高中的差距也是明显的，最主要的差距体现在课程的丰富性、课程的学术水平和学生的学术素养方面。

理论思维

053

深中几年前提出了清晰的培养目标：致力于培养个性鲜明、充满自信、敢于负责的，具有思想力、领导力、创新力的杰出公民。何以有思想力、领导力、创新力？何以杰出？纵观古今中外、历史今朝，无论是在自然科学领域和社会科学领域，对世界和人类社会的发展产生影响的人，莫不因为其具有在某一领域深厚的学术素养和成就，凭借专业力量作出了巨大的贡献。思想力、领导力、创新力绝非无根之木，无源之水，一定奠基于学术素养和专业精神。

在这里，我想特别回应一种批评或者担心，就是将深中的学术性追求和应试教育画上等号。

现任华南师范大学中小学校长培训中心副主任的王红在《中美中小学校长观念的差异与碰撞》一文中谈道：当和美国校长们交流对"追求升学"这一问题的看法时，中国校长们的无奈让美国同行感到很惊讶，在他们看来，一所中学（尤其是学术性中学）关注毕业生的高考升学率是必然的选择，有多少毕业生能够被美国一流大学录取是学校以及学生、学生家长必定关注的指标。美方的校长从来都不惮于承认自己的学校是大学预备性学校，在某种程度上，能够被认可为一所以培养和输送学生到大学去为目标的大学预备性学校几乎是一种"荣誉"。我们到国外名校去，都会在校园里醒目的地方看到杰出校友和毕业生的名字和事迹。

深圳中学在美国有一所友好学校——加州米圣高中。这也是一所学术性高中。在学校网页上有专门介绍该校毕业生的去向的专栏，统计表中各项指标一目了然：多少学生升入美国最著名的几所大学，多少学生升入加州大学系统，毕业生 SAT1 均分是多少，多少人选修几门 AP 课程等。这些数据的确是反映一所学校办学质量的指标之一。美国著名的安多福中学（Phillips Academy Andover）、乔特高中（Choate Rosemary Hall）等总是以有多少学生进入常春藤大学作为极其重要的学校荣誉。

为什么在中国一谈教育质量，一提学生学业水平，一说"高考"成绩和升学率，就会被贴上"应试教育"的标签呢？就好像我们每天都要吃饭，但有人反而说吃饭是错误的。但是，我们以前经历的教育的确可能就是这样的，一说学业，就是考试；一说高考，就是补课；一说升学率，就是老师压榨学生休息时间。这是耐人寻味的，大陆的教育官员需要反思我们在推进素质教育、课程改革中的认识误区和行动盲区。这么多年，我们对教育的认识科学吗？为何经历几十年，付出了这么大的代价，收效甚微甚至适得其反！满纸荒唐言，一把辛酸泪。不说也罢……

但是，深中不会走到这条路上去。这是由深中传统文化中的"以人为本"的教育观决定的，是不以个人意志为转移的，**更重要的，这是由深圳中学新时期的教育使命决定的**。深圳中学，将会**"继承该继承的，改进该改进的，实现该实现的"**。

三、最好的公民文化：参与意识与服从意识的平衡

深中为许多学生称道的，是"自由"。坦白地说，中国基础教育中的学校文化总体而论，还是一种管制型的文化，民主、开放和自由度不够。从这点而论，深中是先进的。深中校园生活这么多年保持着无穷无尽的活力与魅力，与这种自由有莫大关系！

但是，深中为社会为家长所诟病的，恰恰也是"自由"：有些学生学习散漫，目无师长；有些教师工作懈怠，责任心不强……

有人会说，两个"自由"说的不是一码事情。可是我们要想想，发生了什么，让那个创造了深中活力与魅力的"自由"，演变成了社会与家长心目中的那种意义的"自由"？

（一）没有无限制的自由，没有不尊重规则的民主

自由的确是好东西。我也喜欢。但是就像黑格尔说的："首先必须规定名词的意义，才能发现共同的东西，否则就各自解释了。"就好像我上面讲的学术性高中，很多批评学术性高中的人，和我对学术性高中的理解完全有很大差异。

《人权宣言》把200多年来所有关于自由、民主、宪政和人道主义的思想以十分简洁的形式表述出来，它宣告：自由交流思想和意见是最珍贵的人权之一；因此，每个公民都可以自由地说话、写作和出版，但必须在法律所规定的情况下对滥用这种自由承担责任。相比之下，近现代中国的民主、自由的理念（精神）就有些"先天不足，后天又营养不良"：中国在鸦片战争前，由于实行了严格的等级治理和宗族、宗教、道德管理，违规处罚制度，无论是官方的法律还是宗族、宗教、道德的自律都是极其严厉的，人们的自律度非常高，所以才"有礼仪之邦"之称；但自五四运动以来中国开始批判和否定了自己的传统文化，开始了民主化的试验，特别

是自 80 年代以后中国开始大刀阔斧地推行改革开放，使中国的民主自由进程有了很大的进步。但是由于有些国人对民主和自由的认识不够全面和深入，甚至曲解，认为所谓的民主和自由就是开放权利，消除制约，只有权利的要求，却没有了权利制约。因而在开放权利的时候，没有配套好约束机制，使得社会问题层出不穷。这种"先天不足、后天营养不良"不可避免影响了教育，影响了一批学生，他们否定了传统的"温良恭俭让"，但是并没有真正领会西方价值观中的自由精神和责任意识。

自由是不是很多同学理解的，想做什么就做什么？自由是不是"请给我"一种状态？

自由有两种，一种为消极自由，一种是积极自由。消极自由主要是制度性保障，是每个人划清自己的界限以后谁都不能侵犯的自由权利。例如言论自由以及自由地办报纸、办出版社都属于消极自由。而积极自由，就是个人的修身养性。中国传统文化中关于个人修身养性的思想，就是说的积极自由——个人注重自己的道德修养，洁身自好，出淤泥而不染，君子自强不息。当我们选择自由的时候，是否仅选择消极自由而忽略积极的自由？当我们选择要求自由的同时，我们是否也能成为自我节制，不滥用个人自由与权力的人？萨特说："人是生而要受自由之苦；自由是选择的自由，这种自由实质上也是一种不'自由'，因为人无法逃避选择的宿命。"我们必须不断地学习在自我与他人、利己与利他、自律与他律、权利与责任等可能的冲突之间进行选择，进而朝"有批判思考力"又愿意承担责任的方向努力。哈耶克在《自由秩序原理》中写道："自由不是任性，而是对于自我管理、规划的责任；自由不是愉快的，而是伴随着一经选择此而失去彼的痛苦，以及别人的责难和现实的困难；自由不是概念上的，而是活生生的行动所带来的自我觉悟、坚持和承担。自由与责任，正是一个人的两面。"

所以，我理解的自由是，自由是有边界的，自由是和责任相联系的。但是就像哈耶克不无遗憾地指出："坚信个人自由的时代，始终亦是诚信个人责任的时代。然而不无遗憾的是，这种对个人责任的信念，同对自由的尊重一起，现在已明显地衰落了。"我在深中感受到的自由，也是带有"衰落"意味的自由，是没有和责任相联系的自由，是软弱无力的自由：**学校给予学生充分的自由，但是很多学生利用这自由"创造"了如同手机市场和集贸市场般的晚自习。**

一位家长在来信中愤怒地说："偌大的深中，放不下一张安静的书桌！"经过这么多年的改革以后，我们惊讶地发现，深中相当多的学生离老师越来越远，离学习越来越远，离学术越来越远，离规则越来越远，离修养越来越远；深中部分学生身上表现出的"去尊师化、去学业化、去学术化、去规则化"的趋势，令人担忧。

把握自由边界，学习承担责任，这是每个人必须修习的课程。只掌握权利意识，而无责任意识的人，只领会到自由精神的皮毛。深中过去的变革受到社会质疑的重要原因之一，就是变革激发了许多学生的权利意识，而没有让他们同时具有责任意识。

谈及深中文化，"民主"这个词也经常被提到。民主首先是作为一个政治概念发展起来的，但是正如美国学者杜威在《民主与教育》一文中强调，民主并非仅限于政治的范畴，而是一种生活态度，与个人经验及教育息息相关。公民社会所强调的许多价值，例如人权、正义、民主、公民意识、理性互动等等，都有待于落实到我们的生活细节中。美国人的权利意识经常被中国寻求民主权利的人引为证据，但是作为美国民主政治中同样重要的一面，却常常被忽视，那就是美国社会的"公民责任意识"。未来能否培养出具有批判性思考力的公民，培养理性负责的公民，以维护社会正义、公平、自由和人权的理想，在生活中实践民主态度与精神，已成为中国能否在国际舞台上继续保有竞争力，以及整个社会能否向上提升的重要挑战。**现实是什么呢？是我们的社会充满了各种各样的"看法"，很多人都急着去做"判断"，却缺少关于具体事物、事件的"知识"。**其实，民主和科学从来没有分开过：批判性思考，这是学者最可贵的人格特质。**这种批判不是根据自身利益做出的评定，也不是简单的否定，它的精髓是尊重其他的意见与看法，即对任何已经被提出的看法或意见，必须去检视它们的逻辑推论历程，并针对其中的关键假设小心求证，包括论证与论据。**

实现自由与民主的真谛，首先就是包容与尊重不同意见。我常常在想，如果过去深中的变革培养的是这样的一种精神和认知，即我们的模式就是全国最好，形成的东西是一点也不能被修正的，那么这种变革对于深中文化中最宝贵的自由与民主就具有深刻的破坏性；我们过去曾引以为傲的民主与自由，就是伪民主、伪自由。

追求自由，不仅需要勇气，更需要能力。

"民主、民主！多少人假汝之名？"历史教训，殷鉴不远。要有什么样的能力，而不致沦为"只是一群会投票的驴"？

思想自由的最深刻的根据或许就在于，没有任何一种逻辑或理论体系能内在一致地囊括所有真理，同时排除一切谬误，也没有发现什么真理的统一路径，或说发现真理的路径从来就是多种多样的。

自由、民主应该是文明社会（特别是学府）的基本价值，但是这还不是最高的层次，在自由、民主外，还应有更高远的理念——那就是价值，而且仅仅有价值的判断还是远远不够的，更重要的是价值实践。

美国著名社会学家埃里克·霍弗在他的《狂热分子》中一些经典的表达，发人深省：

自我若是软弱无力，再多的自由又有何用？

热衷群众运动，是为了逃避个人责任或为了得到热情洋溢的"免于自由的自由"。

所谓的"宗教化"艺术，就是给实际的目的披上神圣大衣的艺术。日常生活往往被革命者宗教化（即一般的事务被说成是神圣伟业的一部分）。

有成就感的人会把世界看成一个友好的世界，失意者则乐于看到世界急遽改变。

一个人自己的事要是值得管，他通常都会去管自己的事。如果自己的事不值得管，它就会丢下自己那些没有意义的事，转而去管人家的事。

对于不是我们自己真正想要的东西，得到再多也不会让我们满足——我们甚至反感。我们跑得最快、跑得最远的时候，便是逃离自己的时候。

造就法国大革命的是虚荣心，自由只是借口。

催生群众运动的知识分子的悲剧根源在于，他们本质上都是个人主义者。

……

（二）让深中更好的前提：我们自己变得更好

曾经有媒体报道深中的课改，说其实质是"3000未成年人的公民实验"。深中的培养目标中明确出现了"公民"提法。但是实际上，深中的教育不可能是一种完全的公民教育。中国的基础教育是一种选拔性的教育，是一种精英取向的教育。这个大的事实背景是无法改变的，深中也不能脱离这个既定轨道。所以深中的培养目标中"公民"一词前，多了个定语，变成了"杰出公民"。

先说说什么是公民。辞典上的定义是有一个国家的国籍，根据该国的法律规范享有权利和承担义务的自然人。这里出现了"享有权利"，也出现了"承担义务"。公民概念肇始，公民权利受到更多的关注与重视，因为从其产生来看，公民作为一个法律概念，是和民主政治紧密相连的。但是随着全球化时代的来临，"权利公民"观念不断受到现实的挑战，"责任公民"日益受到重视。

如果公民一定要分为杰出和不杰出，那么深中希望培养的"杰出公民"，应该就是社会上常常说的"社会精英"。

作为政治学概念的"精英"最早出现在17世纪的法国，指一群少数的，才学品行出众的国家事务管理者。中国儒家的"达则兼济天下"是为中国传统精英形象之阐释。

社会在进步，但是国人对"精英"内涵的理解，实则在退步：精英被简化为"人上人"的自我意识；精英意味着体面的职业，最多社会财富和特权；精英生活指向忙碌的社交和以利益最大化为原则的交际圈。

深中意欲培养的是这样的精英吗？

真正的精英，未来社会的基石，首先一定是负责任的公民。事实上，由于只关注个人的权利和自由，这个社会已经在消费主义、物质主义和个人主义的道路上走得很远。公民不应该仅仅是权利的承载者，更应该是责任的承担者，在做出满足自己需要和愿望的个人决定时，应该对自己、对他人、对社会，以至对影响人类生存的生态环境等有全盘考虑并承担起相应的责任。精英内涵的精髓，在于敢于负责。面对国家和社会的问题，如果有人敢说"有这些问题，我有责任"，并为改善和解决问题而努力，这个人就是社会精英。面对深中的问题，如果你们当中有人说"有这些问题，我有责任"，并从改变自己开始改变深中，你就代表了深中意欲培养的杰出公民、社会精英，因为你已经深谙真正的精英之道。**如果有人一边批判学校，一边迟到旷课，该他做的事情都不能做好，那我就要怀疑这种批判的动机和价值。**

在这里我要引用深中一位学生在人人网上的一段话："中国未来真正的精英是这样一种人：他们博学多才，富有创新精神。他们吃过苦，明白自己的社会责任，民族担当。他们有发自内心的谦虚和蔼，与村夫交谈不变谦恭之态。在浮躁的环境里，他们最先沉静；在歌舞升平中，他们提前忧患。他们信念坚定，目光清晰，万象纷杂不能叫他们疑惑，毁誉得失不能使他们惊动。他们对自己知足恒足，对人民怀着最纯洁普世的爱。他们废寝忘食，乐以忘忧，做出精英级的贡献和服务。在这种工作中，他们找到了人生的意义，幸福和美好。"

在深中从精英教育到公民教育的转型期，我希望深中的学生要更深刻地认识精英对社会的价值与意义：精英不是富人，其价值绝不只在于多创造些经济价值，更不在于追求优越的生活，**成为浪漫和傲慢的代言人**；真正的精英，有的是"穷则独善其身，达则兼济天下"的仁者胸怀与贵族精神，有更多社会担当和更强的历史使命感，是一群在引领社会思想进步和创新世界上作出重大贡献的人。深中的同学们应该努力作出"杰出"的贡献，但是要经常提醒自己只是一个"公民"——公民是不应该分等级的。

那么最好的公民文化是什么形态的？我比较赞同阿尔蒙德的《公民文化》中的观点：**最好的公民文化，未必就是公民参与积极性最高的文化，而是在"参与意识"与"服从意识"之间取得平衡**。毕竟一个社会不仅需要参与、批判的热情，也需要秩序。从这个意义上说，公民责任的起点，就是规则意识，就是对现有规则的尊重与落实。如果我们不那么偷懒，为了一种道义快感而急着做宏大判断；如果我们留一点耐心去核实那些"批判"底下的经验基础是否牢靠；如果我们尝试着保持一个开放的心态，用观察、等待、尝试来超越那点虚无、骄傲、愤世嫉俗；如果我们坚信，让社会变好的前提是让我们自己变好一点点，那么深中的这场公民实验，才有可能成功。我不希望从深中走出一批"有愤怒激情的公民"，愤怒固然可以推动社会进步，但是愤怒如果不和自省相生，它就极有可能成为另一种谄媚的形式。

要之：

子曰："君子务本，本立而道生。"

教育是极其重要而又极其复杂的，需要顶层设计，系统思考；需要大胆假设，小心求证；需要认真实验，科学分析；需要敬畏的心，精心呵护。

学校发展，也要努力避免二元对立的思维方式，非此即彼，非白即黑，容易导致简单和偏执。基于事实和逻辑，使我们保持客观与理性。

"建设学术性高中，培养创新型人才"需要自由、民主的环境，但是这种自由与民主是建立在理性与规则基础上的，而且其上还必须有价值引领。非常欣赏一位校友的观点：基于独立意识的个人责任或许是我们更希望看到的。德国诗人、美学家席勒有一句名言，"让美走在自由的前面"，他的意思是说，只有在美的引导下，自由才不至于沦落为无限止破坏的"暴力革命"。

我非常喜欢学生叫我"宝哥"，但我又是"宝叔"和"宝师"（我戏称为"吉祥三宝"）。师生交往现在时髦的追求是"广义上的平等"，但是我认为师生交往的核心价值是"教育性"——促进学生发展，所以不应该刻意追求"称兄道弟""很哥们"，而且作为校长不应该对某些学生群体和个人特别"关心"（实际上往往会不公正地配置有限的公共教育资源），而应该创造科学的机制，公开、公正地"关心"学生（比如新学期学校成立的学生事务中心）。

因为有学生，所以才有学校；学生是教育的主体，教师和校长都是为学生发展服务的。但是，现在的校长和老师总体上还是离学生远了一些，对学生真正的了解还是不够的。古人云："亲其师信其道也"，对现代中学生来说，真理的传播与真理本身都是重要的。今后，我会用更多的时间与学生交流。

普林斯顿大学对本科生的十二点期待之一，是"具有批判什么意味着彻底理解某种东西的能力"。我希望，未来我和师生之间的对话，以相互理解的动机为前提，先有相互理解的立场，才能摒弃偏见，才能避免爱屋及乌恨屋及乌，才能保持清明理性，才能让我们之间的对话是具有建设性的讨论和沟通，而非自说自话、争论甚至谩骂。从我选择来深中的那一天起，我就和你们一样了，"我们的历史就是深中历史的一部分"，我希望每个深中人都有这种意识；也希望你们相信，我和你们一样爱深中。

（本文系应深圳中学学生媒体中心《涅槃周刊》记者之约稿而写成的命题作文，文中有一些观点和材料是在与部分老师的讨论中产生的，谨致谢意，恕不一一署名。）

（刊于深圳中学学生媒体中心《涅槃周刊》2010 年 10 月 8 日）

理论思维

教育寻思录

——建设全球化时代中国卓越学术性高中的随想

一、教育理念

（一）教育价值

教育的理想不只是一种抽象和朦胧的价值，它还是一种生活过程和感受，更是学生发展的效能。理想的教育就是帮助学生实现理想。

人与人之间的相似性远大于差异性，但是恰恰是差异性使每个个体追求生命的价值变得更有意义。从此种角度看，教育永远都是针对个体的，也只能针对个体。教育，尤其是我们的自我教育，一定是内向的，弥漫着只有当事人自己才能体察到的细节。

自由、民主应该是文明社会（特别是学府）的基本价值，但是这还不是最高的层次，在自由、民主外，还应有更高远的理念——那就是价值，而且仅仅有价值的判断还是远远不够的，更重要的是价值实践。

真正的教育：发现自己，成为自己——创造自己应有的高度！

选择了一所学校，也就选择了一种教育，选择了一段人生——影响终身。

一个人的真正的生命是他的思想，一种真正的教育意味着价值引导。

教育要"以人为本"，优质的教育应该以人的卓越发展为"本"，一所学校的教育之"本"，是否就是唤醒学生的自信，培养学生个性，发挥学生潜能，实现学生卓越？

如果一个学校、一个国家的年轻人，他们只是在大海的边上机械地走来走去（应试式教育），或者只是在海滩上唱歌跳舞（娱乐式教育），那他们并没有真正地领略到大海的内涵。只有到大海中去做弄潮儿，他们才能真正领略大海的风采。

教育就是梦想，教育就是梦想开始、梦想奋斗、梦想实现的地方。

中学是基础教育，应该重视学生的全面发展。在这样的基础上，鼓励学生根据兴趣和志向发展个性。古今中外，灿若星辰的大师们绝大多数也是在比较全面发展的基础上在某些方面形成了明显优势，所谓的"偏才"、"怪才"只是极少数——而且他们在深度发展的时候，很可能也是在不断完善着自己的素质结构，否则是行而不远的。

我认为教育的本质，就是帮助学生发现潜能，实现潜能，成为他自己。

全球化时代的基础教育以学习者为中心，促进儿童的充分发展。所谓"充分发展"，不仅仅是满足个性发展的需要和选择，更重要的是要实现这种发展的优质化。

给孩子最好的教育，就是给他最好的人生。

教育是简单而纯粹的——"引起学习的活动"。

教育增值：比照学生的起始水平，考察教育主体的为学生提高了多少，创造了多少增值，教育增值即教育的"净影响"。

有人说，教育应该有三个层次：
让受教育者知道世界是什么样的，成为一个有知识的人；

使受教育者知道世界为什么是这样的，成为一个会思考的人，成为一个有理性的人；

使受教育者知道怎样让世界更美好，成为一个勇于探索、勇于创新的人。

学习知识，思考知识，运用知识，解决问题，探索创新。

促进人的发展，是教育的基本功能和本体功能。包括两方面的含义：一是使个体社会化；二是使个体个性化。对教育来说，它的本体功能一方面是把人类在历史发展中所积累下来的文明传递给年轻一代，使人类文明得以延续、发展，个体得以在社会中生存和发展；另一方面是把每个个体所具有的生物学可能性转变为现实性。

学校的基本功能是什么？学生的学业发展。

学业，不仅仅是知识的学习，更重要的是智能水平的提高，核心是思维方式和思维品质。

在学习中获取快乐和幸福的意识和能力——培养审美意识、能力与习惯。

学生学习的需要，从一般学习到主动学习、深度学习。

学校教育怎样促进每一个学生提升发展的效能：效能就是教育的增值评价，优秀者更优秀。

对每一个学生负责。爱人类容易，爱一个具体的人很难；学生不是一个抽象的集合概念，而是一个个具体的人，具体的家庭。

面向全体——每一个学生，教育所要的不仅仅是盆景，更是森林。

学会思考，既是教育的智力目标，也是教育的社会目标。

学校效能本质上就是一种促进发展、创造增值的能力。将由学生基础决定的预期成绩与学生取得的实际成绩进行比较，以此来评价学校的教育效能。

如果一种教育，只能使学生优秀的还那么优秀，平常的还那么平常，那只能说是"维持式"的教育，不是"增值式"的教育，"增值式"的教育才是实现学生充分发展的教育。

对有专业素养的人来说，固然可以像常人一样奉献爱心，但更重要的是发挥专业素养和专业精神来创造专业的价值。专业之善和专业之美是人生真善美的一种追求与境界。比如医生，态度热情当然好，当然可以嘘寒问暖、端茶倒水，甚至载歌载舞，但是如果不能准确诊断、有效医治，那还是乏善可陈。

教育真正的善，是为了促进学生的充分发展，帮助学生发现自己，实现自己，使每一个学生在道德、学术、生活等方面充分实现自我。学生之善，首要的是尊重自己，尊重可以达到的高度，然后奋力攀登上去。此乃教育之大善、大美、大幸福也。

对国家和社会来说，教育不仅仅是"民生"，更是"国计"。如果把教育仅仅放在"民生"层面，简直就是历史的退步、与世界的背离！

青少年不是有待解决的问题，而是有待发展的资源。
教育的价值在于引领和促进，发现和实现。

我们选择做与不做，首要考虑的并不是我们是否完全具备这个条件，而是基于事物本身的价值。

一所特色中学完全可以而且应该利用自己的专业与特色为社会提供服务与贡献，它可以在提供毕业生之外，向社会提供更多专业而有效的帮助，并且引领教育与时代，这是特色学校的责任与价值。

"教"是一个由外向内的过程，"育"是一个由内向外的过程。走向不同，结果就不一样：

教的是普遍价值的共性，育的是灵性各异的个性；

教的是应知应会的知识，育的是本真本色的潜能；

教的是基本技能的继承，育的是不拘一格的发展；

教的是进入社会的能力，育的是进入社会的层次；

教的是由外到内的适应，育的是由内向外的张扬。

我们通过"教"得到的是：共性、知识、继承、能力、适应；

我们通过"育"收获的是：个性、潜能、发展、层次、张扬。

学生喜不喜欢学校，不是一个简单的满意度的问题。它从一个角度折射了教育的有效性。一个不喜欢学校、不喜欢老师、不喜欢上课的孩子，实际上已经从心灵上拒绝了学校教育。

教育是人类最重要的社会实践。在我们的生命和生活中，在我们的事业与学业进程中，那些直接或间接作用于我们的存在与发展，直接或间接作用于我们生命的丰盈与精彩的力量，就如同空气和阳光一样，无时不在，无处不在。但正是这些空气和阳光一样珍贵的东西，往往容易被我们置如庸常，视而不见。以至于我们有可能变得越来越虚幻，越来越挑剔，越来越麻木，越来越傲慢，也越来越喜欢生气和抱怨。其结果是极大地增加我们的人生与事业失败的概率。

高中教育的根本目的是"立人"，帮助年轻人成长为独立、成熟的生命个体，有着丰富的生命力，实现人的充分发展。

"充分发展"，有三个维度：全面发展，个性发展，卓越发展。人的高质量的个性化发展一直是我国高中教育的短板，而这恰恰应该是高中阶段教育的独特价值。

学校的课程，不仅要致力于提高学生的学业水平，还要让他们了解这个世界真实的、复杂的面貌和肌理，挫折、困难、无奈、疾病，甚至死亡……它们也是真实生命的一部分——这是学校的责任和良心——不仅是了解，还要建立起自己的判断，担当起自己的责任。

学校教育不仅仅要给学生舞台，让学生表演，更重要的是要提供价值引领，引导学生创造未来，实现教育的增值，这是学校教育责任和教育力的体现。

（二）教育使命

"增强学术素养，培养创新人才"，这是深中培养创新型人才的路径，这也是深中的教育使命。

在学校的顶层设计中，我希望，借由培养目标的提出，促进学校和老师对"什么是真正的人的发展"这一命题有更深入、更积极的思考，认识到教育的使命并不在于让一个人成为社会流行意义上的成功者，而是要努力创造出最佳的条件，使得每一个独特的个体在一种适合的教育模式中，得以发展自我的内在品质，充分实现潜能，最终使深中的教育力从山峰耸立发展为高原连绵，高原上群峰竞秀。

教育不承载使命，容易盲目；教育不担当责任，必然轻薄；使命模糊，理解有偏差；使命雷同，办学边缘化。真正的教育不仅应该追求效能，更重要的，是具有丰富的灵魂，具有明确而坚定的价值追求。

学校的教育使命，需要回答三个问题：① 学校培养什么样的人；② 学校怎样培养人；③ 学校的办学特色与校园文化。

把教育作为最大的民生，在原来发展教育的基础上，把名校的教育资源向社会公开，共享优质服务，这是学校为社会服务的一个新的视野。

名校应有服务社会、引领社会的责任。这种责任不仅是理念和口号，而是要有实施的机制、操作的平台和落实的抓手。

他们就好像长在原野的一棵树：扎根大地，仰望蓝天；根系、主干、枝条、树叶，有完美的比例；它把风霜雨雪电闪雷鸣都当作生长的机会，甚至把垃圾也化作肥料；生长是它的姿态，成材是它的目标，绿荫是它的奉献，落叶是它的智慧。先民曰，"十年树木，百年树人"；今人云，"教育即树人"，此之谓也！

名校的社会责任应该用培养的人才来担当。社会转型时期，教育面临着更为严重的焦虑与泡沫，需要有超越流行的智慧、良心与勇气。对学生负责、对教育事业负责、对历史负责，应该成为当今教育人的底线伦理与行动逻辑。

一个人在成长中，并且是快乐、幸福地成长着，这也许就是深中教育的追求。

中国未来发展、和谐社会的建立需要一大批人文学者，中国需要工程师提高 GDP，更需要人文学者建设精神家园，我们需要找到回家的路。

我们向往理想的教育，但是那种推卸责任、逃避勤奋、混个轻松的地方没有真正理想的教育。

教育应该是以学生为本，而不是以学校为本。

教育不是把孩子抱到大学门口就完了，是将火炬交给大学。

"学生"，不是一个集合的概念，而是一个个具体的生命，来自一个个具体的家庭，都要有自己的未来。我们的教育不能限于盆景和大树，更有广阔的原野。

世界经济的发展对人才提出了更高层次的要求，国际教育发展的趋势就是追求优质的教育。当今的教育者，要有全球性的视野，要有海纳百川的胸怀。全球化不仅是一种趋势，更是一种思维方式。

当中国大陆经济总量达到世界第二位的时候，国人期待着与之相称的教育质量，国人在世界教育坐标中审视本土的教育；世界也期待当下的中国能把世界的问题当作自己的问题，期待中国教育对世界的分享与贡献。

我们不单要办人民当下满意的教育，更重要的是要引领和提高人民对教育的需要层次，这个层次应该是尊重教育规律、具有国际视野、有成功的实验依据和专业的前瞻设计的。

我们传统的教育，学校关起门来办学，社会投入大量资金去兴办一所学校，学校却只能让本校学生享受它的教育资源。它把社会责任仅仅理解为培养学生毕业，待其走入社会后方能为社会服务。但是我们要问，一所学校在培养学生的过程中——即使目前仅仅只有高一的学校，难道就无法承担服务社会的责任吗？

深圳中学为什么要创办这样一所学校（深圳科学高中）：

（1）学生缺乏个性，是因为我们的教育缺乏个性；人才同质化，是因为我们的学校同质化；学校同质化，是因为我们的人才培养模式同质化。

（2）《国家中长期教育改革和发展规划纲要》提出：要"创新人才培养模式""推动普通高中多样化发展"。怎样在同质化的办学模式中把学校办出特色，进而提高学生在全球化环境下的综合素养与优势才能？大力兴办特色高中无疑是一种有效的尝试。

（3）中学阶段如何为"拔尖创新人才"打基础？这一问题的答案有很多，但是有创新育人模式无疑是其中最根本的一条，这也是回答"钱学森之问"的关键。

促进学生充分发展，需要赋予学生学习的真正自由，培养学生的自主学习能力和自我领导力。学校应该赋予学生参与制定学校规则，自主发起课程，选择学习内容、学习进程、学习方式的权利，将学习的责任还给学生，并帮助学生建立自信，成为一个具有丰富生命力的世界公民。

不研究学生学习的学校，不是真正意义上的学校；不研究如何让学生更有价值地学习、更自由地学习、更高效地学习的学校不能算是好学校。

理论思维

你要往前走，就得离开现在停留的位置。正因为有难度，所以才会有高度，才值得深中人去突破。

（三）教育改革

我们需要回到教育的原点、教育规律上来，需要有国际比较的视野来审视我们曾经走过的路。

深中的未来将会继承该继承的，改进该改进的，实现该实现的。"继承"和"改进"的前提就是，要客观理性地评价过去。

对教育改革，需保持科学的态度，尊重教育规律，以教育的态度对待教育改革；教育的改革，宜渐变，不宜突变。意即改良胜于革命。

教育不能突变，只能渐变。陆定一曾说过一句经典的话："任何教育改革，都必须经过实验。"

任何一种教育改革，如果导致学生的兴奋点不在学习、学业和学术，那么这种改革的目的和持久价值就需要怀疑。学生，以学为生。特别是以天下为己任的、准备承担更多社会责任和肩负国家使命的优秀学生，如果不以学习作为自我发展、自我实现的基础，那么对未来的承担就只能是一厢情愿的想象。

改革一定是为了发展，包括学生的发展、教师的发展、学校的发展：学生应该能够更好地学习，更愉快地学习；教师应该能够更好地工作，更享受教书育人的乐趣；而学校应该能有更优质的教育质量和更广泛的社会声誉。

学校发展，要努力避免二元对立的思维方式，非此即彼，非白即黑，容易导致简单和偏执。基于事实和逻辑，使我们保持客观与理性。

我们在教育的过程中，不仅要看到过去的经验，更要保持一种思考和实验的探索精神。教育是一个极其重要又复杂的过程，更是一个科学的系统的过程：教育需要大胆假设、小心求证；需要认真实验，科学分析；需要有诚挚的热爱和敬畏之心。

每一个学生，都是值得尊重的生命，是一个家庭未来的希望。教育关乎万千家庭命运，"不可忽也"。做教育，不能追求惊鸿一瞥，不能追求轰轰烈烈。一件直接关乎孩子成人成才的事情，不应当冒进求成。

"君子务本，本立而道生"；君子务本，就是回到原点，回到系统，回到规律。

尊重教育规律，尊重教育法规，尊重学校优良传统，尊重学校办学目标，在这样的基础上，教育质量高高亦善；漠视学业就是漠视学生和学校的根本；社会就会用自己的方式提醒你。

继承该继承的，改进该改进的，实现该实现的。

深圳中学的教育力图超越要么"功利的教育"，要么"浪漫的教育"这种二元对立的思维方式，努力回到教育的原点，实现学生全面与个性、活力与实力、民主与规则的兼得。

过于理想等于拒绝理想。改革应该是一个不断探索、持续进步的过程。

过去是带着镣铐跳舞，现在是拖着镣铐跳舞，何时"手持彩练当空舞"？

大陆课程改革的价值取向，作为教育者，我是认同的，同时我认为大陆课改在设计与操作上面的几大软肋也是明显的。主要的原因就是搞急就章，一边编教材一边搞改革，就好比麦子还长在田里，吃饭的人已经坐到了桌边。

行动并不等于进步，改革是为了发展。我们要坚守，更要往前走。深中的未来，当然要改革，但不是为了改革而改革，希望改革更科学，更有效，不折腾，不虚浮。

我想，应该努力超越"激进与传统""改革与维持""全球化与本土化"这种二元对立的思维方式，走第三条道路——以更建设的态度面向未来。

现在教育存在两个极端，一个是人文泛化，我称之为"浪漫的教育"，这种教育过于理想化；第二种是"功利的教育"，这种教育就是通过挤压空间、挤压时间和知识灌输而获得高分，导致"目中有分"而"目中无人"。能不能抛开两者走第三条路呢？基于基础教育种种问题的思考，我们提出打造"学术性高中"，希望有所超越。

不要为了改革而改革，改革要尊重教育规律，以充分考虑学生学业发展为前提和基础。

课程改革的重要意义之一，就在于它唤起人的自觉发展、改进现实的勇气，因此，不停步地解决问题就是最好的发展，问题解决了，也就实现了发展。

我们必须把握机遇，处理好改革与发展的关系。"摸着石头过河"，"摸着石头"是手段，"过河"才是目的。改革不是目的，只是手段，是为了提高办学质量，是为了学生有更好的发展。

鲁迅先生曾说过，失去了现在，也就意味着失去了未来。因此我们要遵循事实与逻辑，做按道理应该去做的事情，按规律必须去做的事情，按现实只能去做的事情。

改革要实现进步，所以叫"改进"。改进的方案需要充分而专业的研究。我之所以特别强调"专业"的研究，是因为"广场式的民主"会让人听到口号、感觉到情绪，但不一定正确。我们要有"求真"的勇气和科学精神。

我们有很多教育理想主义者，有很多教育理想。但是理想转变为现实需要技术的支持。如果没有技术的支持，很多好的想法变成教育的浪漫，甚至在现实中造成很大的教育的不公平。

深圳中学的未来："存量"要稳定、"增量"要创新。

我们需要理性的把国外的先进思想与本土环境相结合。既然有所选择，就要有所放弃，我们要有所兼顾。

基础教育的决策应当注意科学论证、系统设计、及时评估。

什么是素质教育？素质教育就是活动，课堂、课程不在素质教育之内，很长一段时间人们都这样来认识，很长时间也不敢提教育质量，把提教育质量当作提应试教育，认为谈怎么提高学生的智能，提教育质量就是教育境界不高的表现。比如教育均等化的问题，刚开始提教育均等化实际就是把薄弱学校的扶持和建设，放在对原来名校的削弱基础上，用这样的思维方式来做，符合教育规律吗？

有一个科学评价制度，就不会只有高考升学率的评价；有了官方的评价，就不可能只把民间的评价作为指标体系。当前对中小学建立科学评价体系，独立的评价体制是很重要，这样才能保证国家的教育改革。

公益的社会教育服务应该追求专业贡献。深圳中学的社会教育服务不是泛泛之谈，而是要向社会提供具有专业水准的服务。

教育民主化：用民主的精神改造教育、重建学校——教育对象、教育制度、教育方法、师生关系、学校管理、教育内容、教育组织、教育评价、学校与家长社区……

领导要改革，社会要质量，学生要快乐，老师要待遇，部门要利益，校友要传统，专家要时髦，过去要尊重，未来要发展，现在要稳定。

理论思维

073

课程改革及教育其他方面的改革，从中国台湾、中国香港、芬兰来看，成功与否看是否回到教育的原点、教育的规律、教育的系统中去，是否依据事实和逻辑，进行"顶层设计"。

思考未来发展需要注意五个纬度：
· 基于现实的理想主义
· 基于教育规律
· 基于我们的办学定位
· 基于教师的卓越发展
· 基于学校办学环境建设

基于现实的理想主义：从现实出发，有勇气正视现实、有智慧改进现实；对未来负责更要对当下负责。

深圳并不缺一般的学校，需要金牌，需要清华北大，需要国际名校，需要体育艺术在全国代表深圳市的学生素养和办学品质；要马儿跑，就得给马吃草，要千里马，就得给它吃不一般的草。

改革是深圳的符号，不改革就不是深中。但是学校结构的改革、办学机制的改革是需要政府下定决心的。

深圳中学的未来需要回答这样四个问题：

第一个要回答的是课程改革的进一步优化问题。因为课程改革是一个探索与行动的过程。发展需要改革，但改革并不等于发展。深圳中学的未来需要进一步完善过去的改革、根据新的定位勇于超越自我。

第二个要回答的是学校的办学活力与效能问题。改革开放 30 年来，我们的经济、社会乃至政治都经历了很多改革，发生了很大的变化；但是对于基础教育的学校来说，我们的办学机制和办学体制，可以说，还没有明显的突破和实质性的进步。所以，在新的时代，我们需要通过课程改革来进一步激发学校的办学活力、提高办学效能。

第三个要回答的是创新拔尖人才的培养在中学特别是在高中阶段的落

实问题。

第四个要回答的是国际基础教育发展的趋势问题。

改革是手段，不是目的；改革是为了发展。

因为改革，所以质量更高；不能因为改革，降低质量要求。否则学生和社会会用脚投票，改革的空间越来越挤压。

问题意味着机会——每一个时代都有困难和挑战；课改的意义之一：唤起人的自觉、改进现实的勇气——那么，未来我们最好的发展就是不停步。

在政府强势的环境里，学校教育要防止行政化，需要校长将政府形态转化为学校形态；在知识经济强势的环境里，学校教育要防止工具化，需要校长将学术的形态转化为教育的形态。而且，需要警惕将学校教育评价异化为来自企业的绩效管理。

对中小学生来说，他们来学校不是为了"改革"——更不是为了改革家的改革，他们是来"获得"成长的，他们是来"享受"成长的——其中学业成长是重要的方面——这是学校的主要功能。

在当下的基础教育领域，不缺理念，特别不缺宏观的教育理念，我们稀缺的是中观的教育模式与执行机制。

新建学校，可以建立起后发优势；要建立后发优势，必须转变发展方式；要转变发展方式，首先是转变思维方式；要转变思维方式，前提是站在高处，形成正确的前瞻的判断。我们可以创造自己的高度，实现跨越式的发展。

学校的发展战略要做到"三不"：不偏（不偏离教育规律）；不失（不失去发展机遇）；不折腾（安安静静、专心致志办学，把浅塘挖成深井）。

学校发展的基本策略:

以学术化促进专业化

以国际化促进特色化

以信息化促进个性化

以进阶化促进优质化

以机制化促进效能化

怎样的学校可以让老师、学生、家长和社会享受呢?

首先,一所能让人享受的学校,应该是一个充满温暖、令人向往的地方。

其次,一所能让人享受的学校,应该是一个让学生喜欢学习的地方。

第三,一所能让人享受的学校,应该是一个美丽的地方。

目前的高中教学总体上对学生高质量的个性化发展是普遍忽视的,特别是远离学科前沿,远离真实生活,远离学科思维,远离学科审美,大量充斥着陈旧知识的反复操练。

传统的中学教育基本上是"给我"的教育,不是"我要"的教育,家长和老师早就准备好了如山一样的"好"东西硬塞给孩子,以自己的经验去代替孩子的思考,因此很少倾听孩子的声音,很少专注观察孩子的需要,也不注意让孩子在真实的生活中发现自己的潜能、自己的需要、自己的优势,孩子们也很少思考"我是谁,我在哪儿,我要到哪里去,我为什么要去,我大概何时到达,我现在在干什么"之类的问题。

高中教育的改革,应该走到太平洋的中间,继承民族优良传统,又与时俱进向世界学习。

我们需要基于尊重教育规律基础上的理性与平等,这样才能发现真正有价值的东西。

如果我们只是把他们近百年前甚至更早时间实行的"走课制"(这与他们学校的在校生数和学生学习基础的落差是有关的)当作教育改革的兴奋点,就如同我们把刀叉取代筷子当作餐饮改革的兴奋点一样,不知道世界和历史将会如何看待 21 世纪 20 年代的我们。

惊艳的改革，有惊也有大险；审慎的改革，有惊但无大险。

对待教育的真实态度，可以观察到一个城市的素养和未来。

若批评不自由，则赞美无意义。

（四）家庭教育

家长心气平和，孩子轻松自如，家长紧张不安，孩子焦虑急躁。

孩子在成长，在面对人生第一次大考验，在与同学一道为自己的理想奋斗，多么美丽的画面！多么美好的经历！我们何不欣慰地欣赏他们的进步呢？

伟大的人才，常常来自伟大的家庭与伟大的教育，从蹒跚学步，到英气勃发，良好的家庭教育是怎样为优秀的孩子奠基的，家庭教育呈现一种怎样的生态，怎样形成良性循环，家庭成员又是怎样乐在其中的。

尽管优秀的孩子的成长有些机缘巧合，一个孩子成为今天的他，也许有一定的偶然性，但是从整个社会来看，一定有其必然性。社会观察的作用，就在于创造更加适合青少年充分发展的社会生态，让更多的孩子和家庭受到启示，改变行为，充分发展。

（五）道德教育

德育，不是为了控制学生的生命，而是为了激扬学生的生命。

德育的享用功能：人在道德中感受幸福和美丽。

道德也是一种智能，一种需要用心培养的能力：
判断是非的能力，拒绝不正当或不良行为的能力，同情并关心别人痛苦的能力，调节自己的情绪和抑制欲求的能力，接受和理解与自己不同观点的能力，尊重他人的能力等。这些能力成就了高尚的人格，创造了生存发展的有利环境。

德育的主阵地在课堂，在生活，课堂学习质量将直接影响学生思想道德素质。

学科德育：教学不仅是一种道德性实践，更是一种道德性生活。

当下人们苦苦追寻幸福，但这种追求常常是外在的和技术的，而少有人真正关注稀缺的美德；如果我们理解美德会带来意义、快乐与成功，那么，也许美德会成为未来的核心发展力。

现实生活中，美德，常常被敬而远之。有人认为仅仅是崇高与奉献，有人认为高处不胜寒，甚至有人认为撒播美德的人是苦行僧、清教徒、殉道者。实际上美德更能带来意义、快乐与成功。

德育，是为了让人成为正确的人，成为充分发展的人。

（六）教育国际化

对教育本身而言。教育不应该仅仅发生在课堂上、师生间、学校里，那样的教育是没有生命力的，教育应该是开放的、真实的、共享的。所以我们建立这样一个国际交流的平台，让来自不同文化、不同国家、不同背景的优秀中学生在平等的条件下，去表达、去碰撞、去创造。在一个真实的世界里，与不同的人进行真实的接触与沟通，我想你们的感受也一定是鲜活而真实的。

我们的国际教育让中介代替学校、让外教代替老师、让同伴代替家长、让美国代替世界，因此出现一系列问题也就不足为奇了——很可能这些问题还只是冰山一角。

（七）校园建设

我国传统中小学校园规划与建设的问题：

管理为本的校园

集中统一的校园

资源紧张而又浪费的校园

配置标准较低，粗放的校园

形式单一，千校一面的校园

"未来学校"——深圳中学泥岗校区

（1）规划与建设理念一，以人为本的校园：

个性化：满足多元、多层、即时需要的选择

尊重性：隐私保护，表达尊重，合适的舒适度，享受学习与成长

效能感：更加有价值、更加自由、更加高效地成长与学习

文化传承：按课程体系布局，按需施教

（2）规划与建设理念二，资源充分使用的校园：

复合功能

全天候使用

移动互联网思维与环境

（3）规划与建设理念三，全人教育的校园：

人、景、物交流

校园即课堂

生活即课程

师生成长共同体

（4）规划与建设理念四，开放的校园：

面向社区、社会、世界开放

（5）规划与建设理念五，独特品位的校园：

审美体验

精致有品

更加专业

师生作品

生成使命

二、学校发展

（一）办学理念

学校在新的阶段，确立了"敢为人先，学术见长"的办学理念，将"建设学术性高中，培养创新型人才"作为育人模式，以提升学生的学术素养为抓手，培养具有"学术素养、专业精神和审美情趣"特质的创新型人才。

深中的办学理念：敢为人先，学术见长。

因为走在前面，所以需要学术支撑；因为学术优势，所以更加领先。

追求学问，作有价值、深度的事。

学术立校：在研究中培养人。

学术使我们精彩！

所谓"学术"，是有系统的、较专门的学问，是对存在及其规律的学科化论证。

所谓"性"，是因含有某种成分而产生的性质。（不是学术化，也不是学术型）

学术能力，不可能在大学从天上一下子掉下来，中学需要培养学术素养。

作为深中的校长、老师，在他的梦想里面，希望建设这样一所学校：

不但重视学业质量，更加重视人格发展；

不但重视共性规范，更加重视个性选择；

不但重视尊重历史，更加重视敢为人先；

不但重视学生成功，更加重视学生成长；

不但重视当下进步，更加重视终身发展。

科学创新是在学术研究中实现的，因此创新不仅意味着提出新观点，还意味着要通过缜密的研究和论证使新观点得到学术界的接受。为此，必须培养以研究能力为核心的学术素养。

我们的高中教育，应该为学生在全球范围内选择高等教育，为学生可持续发展、继续优秀乃至卓越打好基础。

我们怎样有效培养高中学生的学术素养（而不仅仅是考试和分数）、专业精神（而不仅仅是感觉和兴趣）、审美情趣（而不仅仅是说教和流行），是需要超越自我、理性建构的。这，有很长、很艰辛的路要走，但是只要起步了，就有希望；有希望，就会有真正的未来。

学术性高中，就是追求经历、努力、实力的统一，是一种既精彩又充实的高中生活，华而又实的人生经历。

因为要走在前面，所以需要学术支撑；因为学术的优势，所以更加领先。因为自主，所以有活力；因为专业，所以有魅力。深中学子凭借自主与专业的优势实现自我、奉献社会。

我们对弱势群体最有价值的尊重，就是通过我们专业的力量为他们创造环境和机会。

瑞士著名教育家裴斯泰洛奇曾说过："今天做的事没有做，明天再早也是耽误了。"人才的培养是有最佳机遇期的。如同学习器乐、声乐、舞蹈等一样，增强学术素养，高中阶段当仁不让，责无旁贷！

没有一流的中学，就不可能有一流的大学；没有一流的高中生，就不可能有一流的大学生，未来也就不可能有各个领域的拔尖人才。

如果我们追求有价值的目标，如果我们有"早春的行动"，如果我们一开始就把事情做好，如果具备专业的优势，那么，未来则没有悬念。

上坡用力更省力。
领先一步，就是领先一个时代！

作为教师，怎样体验到事业的幸福和美丽？——审美化教育与教师充分发展；

理论思维

081

作为家长，怎样帮助孩子发现并发挥自我领导力？——生涯规划与人生卓越；

作为学校领导者，怎样提升办学品质？——执两用中，创造未来。

思路：

一个中心：建设学术性高中，培养创新型人才

两个课题：思维研究，美育研究

三个特质：学术素养，专业精神，审美情趣

五个基本点：学术性科组，学术性体系，学术性社团，研究性教与学策略，"本校的课程"

"学术性高中"的核心之处，就是有价值地学习，或者说学习有价值的东西。人生的光阴有限，而生活中的诱惑很多，我们要选择有价值的东西，做有价值的事，有专业的贡献，否则只会成为时代边缘的人。

我们的梦想：建设全球化时代中国卓越的学术性高中。

深中建设学术性高中的发展策略：

以教育国际化促进学校现代化

以教育信息化促进学校个性化

以教育进阶化促进学校优质化

一所理想的学校，不一定是完美的，但一定有着它独特而优秀的品质。

在我心中——

这所学校的老师，应该是具有梦想与热情、专业与专注的，能够不断超越自己、享受教育、热爱生活的……

这所学校的学生，应该是志存高远，心怀家国，真正享受学校、享受课堂、享受学习的……

这所学校，应该是高度与温度并存，既是一个让老师、学生和家长休戚与共的温暖家庭，也是一个有着公正制度、充满机会和挑战、每个人都将责任和荣誉作为最高使命的命运共同体……

这里的教育，应该有着"花动一山春色"的明丽与生机……

我们以"科学"为定位，以"理解"为核心，以"创造"为旨归，设计了全面而系统的学校办学理念系统。

围绕"科学"开发了相关课程，学以致用，以用导学。
建设"春住园"文化，润物无声，以文化人。
设计"科高三项"体育特色课程，融办学理念于体育课堂。
开展"理山论坛"等系列学术活动，学术立校，学术立人。

深中应该努力创造让每一位校友都记得老师记得学校、都想回家的教育；
深中应该努力成为让每一个深中人感受到温度和高度的学校；
深中应该努力实现"让每一个学生充分发展"的教育理念。
我对深圳中学龙岗小学的期待是，这里将成为一所深受孩子们喜欢的学校，这所学校能为孩子们的人生打好"喜欢"的底子。
因为如果喜欢自己的童年，他们就可能喜欢未来；如果喜欢学习，他们就可能形成自己的优势；如果喜欢游戏和体育锻炼，他们未来就可能有健康的身心；如果喜欢自己的学校，他们就可能喜欢自己的家园、喜欢自己的国家、喜欢自己生活的世界。

（二）培养目标

深圳中学致力于培养具有丰富生命力的人：他们能自主发现和实现个人的潜能，成为他们最好的自己；而且他们无论身在何方，都能尊重自然，关爱他人，服务社会，造福世界，并且乐在其中。

"学术性高中"的培养目标，即"学术素养、专业精神、审美情趣"。

我们希望培养出这样的学生：
因为有指引，所以才有真正的解放；
因为有规则，所以才有真正的自主；
因为有从容，所以才有真正的宽容；

因为有实力，所以才有真正的活力；

因为有今天，所以才有真正的明天。

每一个深中人，应该有自己的"人"型图；

每一个深中人，应该长成一棵自我的"树"。

从他们的成长历程与关键时刻中观察他们的目标是否"远大而明确"；

从他们的专注领域与研究性学习观察他们的思维品质与学术潜质；

从他们的社会担当与快乐体验观察他们的"大我"胸怀与人生幸福。

我们期待深中学子，在观察和表达问题时，应该不痛不痒不讲，泛泛之谈免谈，人云亦云勿云，哗众取宠莫弄。这样的观察和表达，就是具有专业性的。

概括地说，他们已经形成了这样的人格特质：兴趣——爱好——特长；特点——优点——优势；行为——习惯——性格。

我们是这样期待未来的"深中人"的：昂起的头颅是他的人生价值观，这引领他的人生方向；审美、思维是他的支撑和特质，在价值的引领下，运用审美的意识和能力，科学的思维，这是我们对未来深中学子的期待。

现在孩子全面发展，却导致全面平庸。在这个社会里，边缘化、普通的人太多了，我们需要具有学术素养、专业精神的人。

大教育家苏霍姆林斯基认为："人的丰富的内心世界是人的全面发展的一个极其重要的标志。"如果大多数人通过深中的教育，在自由中发现了自主与自律，在个性中发现了他者与社会，在自信中发现了虚心与内省，在学习承担责任的过程中发现了真实的自我，获得了丰富的内心世界，那我就有理由相信："沉默"只是一种表象，"沉默的大多数"其实从来没有停止过成长；或者可以说，他们以自己的方式发现自我，实现自我——这似乎是我们更应该尊重的；深中的教育已经在他们的心里播下了神奇生命的种子，播下了他们追求真实生活的力量。

深中将来会有更多的学生选择在世界范围内求学深造和生活。我们不仅要培养学生的中国公民意识，而且要培养学生的世界公民意识，要使深中学子具有在世界舞台与其他民族精英交流、对话、充分发展的意识和能力。

关于在研究中育"人"：守住底线，发展个性，充分发展。

自主发展的意识和能力：
联合国教科文组织编写的《学会生存——教育世界的今天和明天》写道："未来的学校必须把教育的对象变成自己教育自己的主体。受教育的人必须成为教育他自己的人，别人的教育必须成为这个人自己的教育。"

品德上——自觉
学习上——自学
行为上——自律

我们对"优质教育"的理解是基于教育规律与国际比较中的成功实践，我们对"深中优秀学生"的理解是基于深中学生特质与学校的办学定位，这种"理解"是理念上坚定执着、结构上相对稳定、内容上不断完善的。

学生不是一个抽象的概念，而是一个个具体的年轻的生命。

关注和欣赏每一个生命体的成长与进步，这就是我们期待的教育。

我们培养的学生：
既要有共性，又要有个性；
既要有知识，又要有潜能；
既要能继承，又要能发展；
既要有能力，又要有层次；
既要能适应，又要能张扬。

理论思维

因为没有个性融入的共性是教条的，没有潜能渗透的知识是僵化的，没有发展延伸的继承是萎缩的，没有层次提升的能力是低级的，没有张扬伴随的适应是被动的。

深圳中学"走第三条路"：
身、心、灵的和谐；
个性、群性、类性的和谐；
知识、能力、素养的和谐；
道德、学养、身心的和谐；
地域性、民族性、世界性的和谐（走到太平洋的中间，融合中西教育之长）。

学生，不仅仅是一个集合概念，更是一个一个具体的生命。
"沉默的大多数"的成长质量，更能体现教育者的专业品质。
一个也不能落下：0.1% 就是 100%。

深中的标准高于北大要求：素质优良，学术见长，责任至上。
"素质优良"：这是基本要求，不仅要求全面发展，而且是高层次的全面发展。
"学术见长"：不但学业优异，而且具备较高层次的学术素养，在某些方面显示出明显的优势，具备专业发展的潜能。他们"热爱学习""科学学习""勤奋学习"。
"责任至上"：他们从"小我"走向"大我"，从中国公民成长为世界公民。他们有意义引领，责任导航，明白为什么要学习，为什么要奋斗。因为这样的"大我"胸怀，他们的学术会走得更远。

深圳科学高中致力于培养会理解、富创意、有教养、能负责、善领导的高中学生。他们能勇敢地发现自我潜能，不能追求超越，努力实现自我价值，以此服务社会，进而为人类文明的进步贡献力量，并且乐在其中。

一所学校的办学质量，主要取决于老师、学生乃至家长的成长水平与效能，而要评估这水平与效能，主要依据是学校的培养目标。

万科梅沙书院致力于培养具有中国精神的世界公民与领袖人才，校训——创造成就未来。

什么是深中的血脉、深中的基因？我想，是否集中体现在"志在凌云、敢为人先、大有作为、家国情怀"这些特质上。

一个人的特质体现在人生的不同阶段和不同方面，深中人"丰富的生命力"，从来就不是狭隘意义上的"功成名就"。

和顺时，奋斗；困厄时，坚强；平淡时，守望……四季有景，顺势而为，但不忘初心。

深中学子要有大胸怀、大格局、大气象，为国家，为人类的文明和进步作出独特的贡献。

人生有两大任务——做人和做事。要做好"人"，就必须培养"审美"的意识和能力——积极的心态和发现美的眼睛；要做好"事"，把事情做成事业，就必须培养"思维"的意识和能力——像学科（行业）专家一样思考。

（三）学校文化

1. "研究"的气候

深圳中学努力为学生创造一种经历与努力、活力与实力相统一的，既精彩又充实的高中生活，华而又实的人生经历。

未来不是我们要去的地方，未来是我们要创造的地方。

我期待的深中，学校是一个学府，老师是一群学者，学生是一群通过学习创造精彩未来的后生，老师、学生、家长、校友成为享受教育、享受学校、享受成长的共同体。这里，有高尚的精神；这里，有求索的学问；这里，有浓郁的书香；这里，有灿烂的生活；这里，有精彩的未来……

理论思维

"研究"是学术性高中的核心要素。深圳中学致力于在"研究"中培养人，耕耘一片"研究"的土壤，创造一种"研究"的气候。

深中的教化与育人特色体现于——在"研究"中培养人，耕耘一片"研究"的土壤，创造一种"研究"的气候，促进每一位学生充分发展——发现潜能，实现潜能，成为他自己。

我们有经历，但似乎也应该有专业；我们有热闹，但似乎也应该有思考；我们重视"活力"，但似乎也应该重视学业；我们风风火火、潇潇洒洒，但似乎也应该宁静致远、上下求索；我们追求与众不同，但似乎也应该追求价值与效能。

我希望深圳中学的将来要形成的独特的魅力，主要体现在三句话：

第一句话是"规划＋规则"。我们希望每个学生都发展成为一个规划者和设计者，明白自己要成为一个什么样的人，要创造什么样的未来，对学业有什么目标。我们的教育应该激发受教育者能生起发自内心的成长渴望。同时我们需要规则。没有规则，学生就得走弯路。

第二句话是"选择＋负责"。深中的教育给了学生很多选择的机会，包括课程的选择。我们还提供了多样的社团选择，"负责"就是学生要为自己的选择负责。

第三句话是"活力＋实力"。深中是充满活力的，它崇尚一种开放的文化，但是同时还强调学业的实力。

有人说：如果孩子生活在批评中，他便学会了谴责；如果孩子生活在敌视中，他便学会了好斗；如果孩子生活在恐惧中，他便会忧心忡忡……

如果，学生生活在探究、研究中……

学校教育的魅力：

学生的经历、实力（学术素养、专业精神）；

学生过程的开心，毕业时的放心，人生的信心；

教育品质：行为和作为，质量和品位；

人格健全，学业优秀。

学长团的作用和价值：

第一，是要传承深中的文化。第二，是要体现相互影响的力量。

有一位学者做过研究，发现对儿童影响最大的既不是老师，也不是父母，而是他的伙伴，正所谓"近朱者赤，近墨者黑""麻生蓬中，不扶自直"。

一个学校不可能培养的都是拔尖创新人才，但是一个学校可以创造土壤，创造气候，创造文化，在这种土壤、空气、文化中必有创新人才纷至沓来。

2."贡献"的文化

让深中更好的前提：我们自己变得更好！

每个人都是很重要的，重视自我效能管理和组织效能管理，建设重视绩效和贡献的文化。

改革开放的活力：重视贡献。

学校生态中许多问题，根子都通在"贡献"上。

学校应该建立怎样的贡献取向？

从明天看今天，从世界看深中。

为完成任务，多半可以找到借口；

为追求贡献，多半可以得到方法。

对事负责，还是对贡献负责。

重视贡献，就是重视有效性、重视人才，热爱深中。

怎样才能"用心"？

明确责任，不找借口，注重贡献，只做更好。

用心是看得出来的，真心换来真心。

领导心中有老师，老师心中才会有学生。

眼中有别人，别人眼中才有您。

三类工作特别注意：

常规：到位；传统：超越；创新：精细。

3. 文化建设与价值

首先，学校文化应该是丰富的、多元的，而不是单一的；

其次，学校文化应该是专业的，具有专业引领的责任；

再次，学校文化应该是与时俱进的；

第四，学校文化建设应该是发生在真实生活中的。

学校文化建设不是一个展览文化、模特文化，而是生活文化。

学校文化应该是丰富的，有传统的继承，有良好的结构；学校文化应该是专业的，要走进大师与前沿；学校文化应该是现代的；学校文化应该是真实生活中的。

用文化来浸润人，浸润学生，比说教更有力量。"教"与"育"，"育"更重要——那是文化的力量。蓬生麻中不扶自直，此之谓也。

（四）课程建设

深圳中学将继续优化课程改革，因为深中人明白，学校教育必须要有明确而坚定的价值追求，并自觉承载时代的教育使命和责任；只有这样，深圳中学的教育才会有高度，才能实现持续发展。

深圳中学新课改基本理念：为了每位学生的自主发展

深圳中学新课改深化理念：促进每位学生充分发展

自主发展：多元课程、自主选择

充分发展：激发高层次需求，提供丰富选择，实现卓越成长我们把推荐答辩会当作学校的一门课程来建设，我们向社会开放，将"校本课程"拓展为"社会课程"，服务社会、资源共享；同时我们也是向社会汇报：深中要培养怎样特质的学生，深中期待招收什么样的初中学生。

公开答辩，主要考察的不是演讲能力，不是一般的才艺表演，也不是脑筋急转弯，更不是脱口秀，而是考察努力、实力、潜力、对其他学生的影响力，否则就会异化为演戏和作秀。

这里，所有人都是老师，所有人又都是学生，智慧的铺陈，尖锐的提问，机敏的应对，独到的见解，专业的建模；缓急有致，侃侃而谈，指点江山，"数风流人物，还看今朝"！

哲学，人类的故乡，也是人类的远方。
哲学，应该成为深中学子的必修课，否则，是行而不远的。

社会因素的复杂多变，使得人们"意义失落""信仰迷茫"。生活在社会大变动时期的人们，更加需要哲学提供生活意义的支撑，哲学对于人安身立本、探究生活意义和价值至为重要。

这不是"扶贫"也不是"助学"，更不是为了多一个学生上北大，而是按照标准推荐学生。这个标准，就是北大的标准和深中的标准。

我们提出了"本校的课程"理念，基于学校的办学目标来整合学校的所有课程，并促进学校系统优化。

与校长面对面的交流，对学生来说是一门课程。通过这门课程，可以培养学生的民主意识，学习沟通技巧。

"先锋中学生"国际圆桌会议和"天下先锋"这门课程可能具有独特的意义和价值。它会成为每一个参与其中的人的珍贵记忆和资源，它应该记入深圳中学的校史，甚至也可以记入国际教育、国际文化交流的历史。

理论思维

"文以载道"现在是比较困难的，但是在这个充满挑战与异质体验的课程里面，同学们对社会的责任感、对他人的尊重、与他人的沟通等等都变成了课程目标，变成了我们的作业，变成了我们的作品。

2012年北大"中学校长实名推荐制"、清华"新百年领军计划"公开答辩会：

我们参与这门课程的主要价值体现在：

第一，观察他们成长的过程。

第二，观察他们成长过程中"目标"的作用，他们是怎样用目标领导自己的。

基于深圳中学的办学目标和学生特质，依据"学校按需施教、学生按需选学、高校按需选材"的原则，深中在课程、实施和评价三个方面进行了全面调整或全新设计。

（1）基于培养目标，整合国家、地方、学校课程，设计相应的深中"本校的课程"，分为基础学术课程和深中文凭课程两部分，课程为培养目标服务。

（2）选择与培养目标和"本校的课程"相适应的课程管理和实施方式，实现按需施教和按需选学，满足学生的个性化学习和深度学习要求。

（3）学生的需求是在认识自我、发现自我、规划未来的过程中激发出来的，深中全新设计基于每一位学生充分发展的学生综合素养评价方案，用量化评价加质性评价的方式对学生的学业和成长进行评价、引导和反馈，从而真正帮助学生发现自我、实现自我、充分发展。

深中国际课程体系通过课程与活动促进每一位学生在国际环境下的充分发展，他们具有民族情怀并熟悉国际规则和国际礼仪，具备在国际环境下交流与对话的能力，在某些方面展现出明显的优势和竞争力，并且是可持续发展的。

深圳中学学科学术活动课程方案理念：

（1）基于学校育人目标和十二条特质培养要求，建设多层次的学科活动平台，提升学生学科学术素养，培养学生深度研究能力。

（2）通过活动课程，让学生了解学科前沿，学科与生活的关系，感受学科知识应用价值，体验学科学术研究过程，从中发现自我潜能和优势，实现从兴趣向志趣的进阶。

（3）基于提升学科组建设品质的要求，建设不同层次的学科活动课程，提升学科对学生的影响力。

深圳中学课程设计的目标：

更有价值地学习：学习基于自我真实的需要，做出的选择与人生规划紧密相关。

更自由地学习：会了的就不用学，感兴趣的可多学，研究性的深度学；除正常修习之外，可以通过选择自学、先修、免修、免听等修习方式，自主确定学习进程；学习的经历与能力可换算学分，校外学习、网络学习、国际学习也是学分获得的途径；试行弹性学制。

更高效地学习：实施灵活、动态的课程管理方式，推行研究性教和学模式，实行学生导师制度，推行学生综合素养评价制度，运用智能化的工具和技术，使学习更加高效优质。

（五）教学策略

学校通过教育目标、教育内容、教育途径、教育方法、教育手段、教育环境、教育评价等7个方面因素构成的整个教育活动来实现教学策略。这7个方面可以统称为"育人模式"，它们是一个完整的系统。

1. 研究性教和学

研究性教和学界定：以教师为主导、学生为主体，通过尝试教学、合作教学、整体结构化教学等方式，促使学生自主地发现问题、研究问题、形成深度学习的成果，从而达到掌握及灵活运用本学科知识与技能、过程与方法的效果，同时对学生自主学习能力培养、正向的情感态度和价值观的培养产生积极的影响。

简朴地概括：

启发式＋尝试教学法＋研究性学习：

以有价值的问题为抓手，以理解学科思想为基础，以培养学科能力为根本。

尝试教学法：先试后导，先练后讲（先学后讲）。

洋思教学模式：以"先学后教、当堂训练"为基本结构，以学生自主学习为中心的课堂教学模式。

研究性教与学的基本指导思想可以概括为四条：

第一，以问题为抓手，以学科思维能力培养为根本。

问题是学习的起点，也是选择知识的依据。问题是学生学习的起点（老师提出问题——学生自己提出问题——自学）。

为了解决问题而有目的、有计划地寻求知识——学生真正成为学习的主体。

为了解决问题而思考——深度思考。

第二，体验到学习的意义和作用。

学生先前的知识被激活，学生在教学过程中能获得大量应用知识的机会，与学生的生活和社会有联系，获得的新的智能对今后的学习很重要。

从学习中获取快乐与意义——在考试高分之外——热爱学习。

第三，自主学习——学会学习——终身学习。

来自心理学：只有在具有一定难度的活动中，主体才需要对自身现有的心理结构进行改造、调整和丰富，这样才能实现活动的目的，这也是人的心理发展的动力。

教师不再经常主要是知识的传授者，他们的工作重心不再是课堂上的"表演"，教师的角色由"演员"向"导演"转变（学生应该是"演员"而不应该是"观众"）。

课堂中的期望与目标：

每个学生都清楚地知道教师对他的期望；

每个学生都清楚地知道课堂教学的目标。

第四，在教学过程中真正实现学生主体地位：思想与方法。

问题——研究——表达（验证）——深入研究

研究：思想，方法，程序。

学会思考，既是教育的智力目标，也是教育的社会目标。

杜威认为研究性学习不仅是理智的，而且是道德的。

研究的意识和能力是全球化时代优秀学生的共同的首要的特征。

普遍的问题：

老师的强制与代替——学生的懒惰、肤浅、无趣——学习外的乐趣与叛逆。

好的课堂向学生明确展示了评价他们的学习标准。

有效的课堂始终将自己的目标瞄准学生的实际水平和需要。研究结果表明，向学生明确展示学习目的、学习目标和学习重点有助于促进学生学习。

评价促进补偿式学习和拓展式学习。

自主与活力的培养，如果离开了课堂与学习，仅仅停留在"活动"中，那么很可能是肤浅和短暂的。研究性教和研究性学的策略，是培养自主与活力的重要方式。

学术性高中的基本策略和核心设计，是在教师教学方式变革的前提下，促进学生学习方式的变革，实现教师"研究性地教"和学生"研究性地学"，创建一种基于课堂的创造性思维培养的教育模式。

学术性高中的师生在研究性教和学过程中，能够逐渐形成一种学术性文化。这种文化并不一味追求标新立异或无选择地接受一切新观点，但它设定一套确立知识和扬弃知识的标准，从而为新观点提供了一种和已有观点公平竞争的平台。

教育策略：高期望、高峰体验、高质量、高品位。

教学有三个层次：

第一个层次，为了信息传递而教；

第二个层次，为了知识而教；

第三个层次，为了理解而教。

杜威曾经说过这样一句话，什么是好答案？一个好答案的标志是它能够生成好的问题。答案不是为了追求一个最终的结论，而是追求生成一个好的问题，这就是理解的本质。理解不仅仅是知道这个答案，而是产生更好更深层次的问题。

学科智能：思想，思维，思路——三思而行。

深度学习：真正有效的研究，学以致用——高峰体验。

学科审美：使人从感性必然与理性强迫的双重束缚中解放出来，成为自由而自律的人——享受学习。

教育有三个层次：

第一个层次，让学生知道这个世界是什么样的，成为一个有知识的人；

第二个层次，是让学生知道这个世界为什么会是这样的，成为一个会思考的人；

第三个层次，是让学生知道怎么样才能让这个世界变得更美好，成为一个能够创新的人。

"促进"，这体现了学校教育的思想和策略。学校在教育中是一个"促进者"，学生是成长主体。学校应该引导学生发现自己的潜能、自己的优势，进而产生自己的需要，在"自主"中发展起自己的个性，学校和家长的"代替"就会褫夺他们成长的权利。学校应该创造丰富的机会与宽广的平台，并且以制度来保证公平与自由，实现"促进"。

我们的目标就是"学生按需选学，学校按需施教，高校按需选材"。而且，作为一所肩负使命的国际学校，我们必须"以全球为校园，丰富学校教育资源"，满足并且提升学生个性发展的需要。我们应该从理念到制度，把学生解放出来，让他们把青春的年华去做更加有用、未来更加需要的东西。我们固然要提倡天道酬勤，但是要"勤"在增长点，"苦"得有价值，青春放光华。

真正有效的课堂，不在于用多快的速度把一个完整的知识体系呈现给学生，而在于教给学生思维方法、基本原理和核心概念，在于根据学生的实际需要，在他们思维节点上进行了放大。这是因为，一个学科的思维方法、基本原理和核心概念是该学科的根源，涉及某一类问题的根本。而大部分的具体知识，不过是从这根上衍生出来的枝叶。千枝万叶，根茎只有一个。离开根茎，其他枝叶也就无所依附。

2. 审美化教学

教学三层次：学科知识，学科智能，学科审美。

学科教学——审美化教学：

审美，不但具有价值意义——能够使学生感受到学习、学校、教育的快乐、幸福与美丽，而且还是认知方式、情感积累，所以我们应该以美学的视野和方法论对课程发展进行积极探索与主动建构。

（1）将教学的各个因素转化成对学生来说是具有审美品质或审美价值的对象。包括四大要素：教学目标，教学内容，教学方法，教学评价。

（2）将教学过程转化成对于教师和学生来说都是审美欣赏、审美表现与审美创造的活动。

（3）将传统生硬呆板的教学关系转化为师生互为欣赏、共同欣赏、实现和创造教学美（因素、过程、结果）的审美关系。

（4）特别重视引导学生把握学科思想，提高学科思维能力。

审美：辨别、领会事物的美——创造美。

所谓的美，正是审美活动的结果。

席勒曾把美育的目标设定为培养"审美的人"，即通过美育，使人从感性必然与理性强迫的双重束缚中解放出来，成为自由而自律的人。

每一个学科都有自己独特的美丽（不该只是因为恐惧和悲情而用功）。

教育的最高目标就是要与生产力的发展相适应，努力提高人们的审美意识与审美能力。

赋予教育"科学的诗意"。

用审美的方式理解和实施教育、领导学校。

（六）管理理念

1. "享受"教育

我常常表达这样的期望：教师享受教育，学生享受学习。"享受"这种积极的状态从何而来？那是主动的情感激发的。主动的情感同时能带来意志力，帮助我们在遭遇困境及挫折时，不抛弃、不放弃。

享受工作，享受深中——高峰体验——"居高声自远，非是藉秋风"。

让老师和学生享受学校——享受教育，享受生活。

四好人生：好事业、好家庭、好身体、好朋友。

当我们回顾一个学期工作的时候，不仅仅是回忆的过程，也是反思和提炼的过程。

当我们用一种生命的视野来看待人生的时候，参加工作的时间也并不冗长。

当我们盘点学校、部门工作的时候，也是对个人的人生、事业的盘点。

在这个过程中，我们感受到每一个生命都是独特而伟大的。

2. 目标——任务管理

顶层设计，任务具体，注重效能（品位），评估激励。

鸟在空中再累也得飞，鱼在水中流泪也看不见。

千里之行，始于足下；顶层设计，持续改进。

凡事预则立，不预则废。

凡事真预则真立，不真预亦废。

"真预"需要立足三个基点：

基于学校（传统、环境、问题）；

基于时代（时间，趋势，挑战）；

基于使命（独特价值，路径，需要）。

"真预"应该正确分析三方面信息：

我们的优势与问题：

优势：真实的优势、忽视的优势、可能的优势；

问题：当前的、未来的，显性的、隐性的。

问题为何成为问题？潜在的、可能的问题？

教师学生家长社区现在与未来的需要（激发高层次需要）、挑战；

国内的标杆与效能；

国际的先锋与趋势。

"真预"可能要防治三种主义：

经验主义：重视经验，轻视逻辑；

概念主义：堆砌概念，漠视行动；

理想主义：抒发理想，回避现实。

目标管理：挑着担子跑得快；

效能管理：将浅塘挖成深井。

如果旗杆代替了旗帜，那我们看到的就是随意挥舞的棍子。

要挖成一口深井：

·为什么要挖？

·哪里挖（做什么）？

·谁来挖？（负责、组织）

·怎样挖？（顶层设计、思路、条件、关系、次序、应变）

·何时挖成？（阶段目标）

·如何评估？（工期、质量、效率、文化）

有效的目标：

目标必定是特定性的：主要的、关键的任务，而非日常例行工作；

目标尽量加以数量化；

目标尽量由一个单位独立完成（或一个负责人——项目管理）；

目标有重要性排序：二八率。

目标实现的支援性条件：

效率：产出与投入的比率，是指努力以正确的方法做事；

效果：达成组织整体目标，是指努力做正确的事。

思想与思路（为什么——目标设定，怎么样——路径图）

目标设定（做什么？）

目标实施（怎样做？负责人、阶段目标、支援条件）

目标效能（做到怎样？）

提高行政工作效能：

时间：准时与守时；

任务：具体与到位；

考核：及时与使用；

专注：集中而深度。

基本理念：

行政：公正，共赢，贡献；

老师：境界，学术，效能；

职员：态度，专业，履责。

明确责任，科学评估，激励促进；

跟踪评估，记入档案，运用结果（激励，问责）。

学期工作建议：

抓住重点，拉动事务；

任务明白，责任明确；

精心设计，做出品质；

大局为重，积极配合。

学校各级领导者要努力做"明白"的领导人，需要做到四个"明白"。

第一，价值"明白"。要明白具体工作与目标之间的关系；要明白此项工作在系统中的影响力。

第二，任务"明白"。要善于把问题转化为任务，从方向具体到目标，从目标具体到任务。

第三，机制"明白"。飞机不仅要有发动机，还要有起落架和双翼。再好的任务也需要正确的机制来实施。

第四，专业精神"明白"。各级领导者应该具备与自己岗位相称的专业精神。

任务不是事务，任务应该具有"五有"的特征：

一有：要有正确的判断，我们首先对环境和问题要有正确的判断；

二有：要有正确的分析；

三有：要有正确的逻辑和结构；

四有：要有正确的行动路径；

五有：要有正确的完成任务的时间表。

人文学科的领导者特别要注意，我们不能仅仅表达一种朦胧的感受，一种情绪的冲动，而是要分析"为什么""怎么样"，要让理念转化为现实中的行动策略与路径，不能仅仅满足于在墙上砸出几个窟窿。

一个新的任务，培养一种新的能力，发现一个新的可能。

凡·高说过：你是麦子，一定要把你种到麦田里去，才能生根发芽，不要在人行道上枯死。任务，就是我们的"麦田"。

学术性高中的学校管理必须更加关注专业、效能、品位，需要学校的领导把经验转化为知识，把知识转化为信息，需要明晰学校管理的价值取向——学校没有出人意料的故事——学术和贡献；所以深圳中学从计划管理、会议管理、项目管理到机制建设，正在进行积极的探索与实践。

我们学校在全国率先成立了学生事务中心——把与学生、学生家长有关的所有职能集中到一起，同时使教学处、学生处、办公室的职能更加专业化、学术化。

工作要"三思"而行，从"思想"到"思维"再到"思路"。

一个人自己的事要是值得管，他通常都会去管自己的事。如果自己的事不值得管，它就会丢下自己那些没有意义的事，转而去管人家的事。

安安静静，不等于无所作为；
聚光灯下，没有真实的故事；
适应没有更多领导、同行、"专家"的安静的日子。

抓住重点：该做的就做到最好。
不要满足于讲。计划要落实，效能要评估。
校长，只指定方向与任务。

才华本身不等于成就；
一个人的才华，只有通过有目的、有条理、有系统的工作，才能有所成就。

有能力并不等于有成果，很多人都有智慧有才华，当智慧和才华没有变成一个个的任务目标，并且发生行为时，你的智慧只是档案上的智慧，是一份资料。而资料如果不用，等于没用。

能力不用就变成了文凭，变成了学习经历。当我们没有任务、没有运用、没有具体目标的时候，我们的智慧就变成了资料，我们的资源变成了姿态，我们的能力变成了学历。

一个人就像一把伞，只有打开来了才有意义。如果这把伞不能打开，不能遮阳挡雨，这把伞有什么常用价值呢？

3. "尊重的文化"

尊重自己：专业的价值与贡献

尊重他人，尊重学生，尊重学校，尊重规律。

尊重信任和重托：

每堂课：45 分钟乘以 50 人 =2250 分钟 =37.5 小时

"站在课堂里，我就是语文"。

"千万别找连花都没养活的医生看病"。

组织人的责任：委任就是信任，受命就要尽责。

一个人，非组织人的时候，你的行为只与你自己有关，但你是一个组织人的时候，你与一群人有关，看你的岗位与责任。

强化五个意识：

（1）挑战自我，超越自我（办学定位的确立、环境的变化）；

（2）质量立校、质量立人（落实责任，落实目标；将来学校的人事安排，双向选择）；

（3）优化质量提高方式：课程、教学、评价、学生工作；

（4）解决问题，更大贡献（奖励、荣誉看得见）；

（5）挖成"深井"，做出精品（针对主要问题）。

多研究问题，少谈些理念；多解决些问题，少做些形式。

我给学校带来了什么？人生需要追问应该是"你的信念使你给这个世界带来了什么"，而不仅仅是你认为你的信念有多么的崇高。

没有出乎意料的故事，只有大家都能看到希望——深中梦。

建设科学、公平的激励机制，让每一朵花都开放，每个人的长处和优势都能发挥起来。

注意组织人的责任：（一种生活与人生）

肩负使命，守土有责；

遵守纪律，完成任务；

率先垂范，带好队伍；

发展专业，提高品质。

我们都在"深中号"这艘巨轮上，一年的航程又开始了，下一个码头又会有人上船下船，我们每一个人在船上想什么、做什么，发现什么，留下什么……

能力，就是做好该做的事，也就是有效性。

问题，意味着机会。

管理，先"理"而后"管"。《黄帝内经》：百病生于气。"不通，则痛"。

讨论是学术行为，追求进步，争论是为了胜利；不会讨论才有争论。

一个一流的人才与一个一般的人在常规问题上的表现可能差不多，但在一流问题上的表现则会有天壤之别。认清该做的，并且把该做的做到最好，这就是一流的问题。

关于"领导"，我想表达几个概念：

（1）委任一个领导者不是传统的奖励。领导需要肩负使命，完成组织目标。一个领导者首先要是好人，但还要是能人，即"好中选长"，具有引领、组织团队完成任务的能力和贡献之长。

（2）委任一个领导者也不是传统的评先进工作者。领导与定位相连，意味着组织的使命，岗位的任务。

（3）委任一个领导者，主要的不是对过去的肯定而是对未来的期待。

（4）能力，就是做好该做的事，也就是有效性。才能，本身并不是成果，一个人的才能只有通过有目的、有条理、有系统的工作，才能产生成果。再伟大的智慧，如果不能应用在行动上，那只不过是资料而已——档案智慧。

（5）学校正在建立全方位的激励体系，每一个岗位都应该有有效的评估与激励，防止学校组织文化的世俗化。

尊重自己的工作，意味着理解自己工作的价值。

尊重自己的工作，就是塑造自己的人格。

尊重自己是所有尊重的前提。尊重你的工作，就是尊重你自己，你就能得到学生的尊重，亲人的尊重，同行与后生的尊重，学校的尊重，他人的尊重——你就能得到历史的尊重。

尊重自己的工作，意味着你选择了一个"有品"的人生。

4. 领导力

何为领导，就是将资料变成智慧的人，学历变成能力的人，姿态变成资源的人，就是能够领导自我的人。不能领导自己，何谈领导他人，把自己领导好，是成为一个未来领导者最好的培养途径。

领导力有三个方面，道德领导力，专业领导力，对未来的领导力，这三个方面支撑着一个领导者最基层的东西。

领导必须对组织有所贡献，不仅仅是一个偶像派，更重要的是成为实力派；不仅唱功要好，更重要的是做功要好。

三、教师发展

（一）研究意识

如果要培养学生的研究精神，那么我们的教师自身就一定要具备这种能力，这种视野，这种持久的热情。

我国著名的数学教育家章建跃教授在一篇文章里说："数学教师，一介平民，没有权力和平台去决策国家大事。但你是教学的主导，课堂的一切你说了算，你的行为对学生有重大影响。因此，在基础知识教学中融入探究成分，讲逻辑推理之前先让学生进行归纳、类比、猜想等合情推理，把创新精神与实践能力的培养落实在课堂，这是想做就能做、用心可做好的。"思维和审美，也是每一个教师"想做就做，用心可做好"的。

对于我们教师而言，"教是为了不教"。教师的教学不是仅仅为了"告诉"学生一个个知识点，不是为了把西装上的三个纽扣变成三十个或更多，那既没必要也不美丽，而且还浪费了师生的生命。应该重视培养学生自主学习、终身学习的能力，也就是要让学生"学会学习"。

我们希望每一位老师和学生都能了解学科的本质和基本思想，训练学科的思维能力，从而提高学科智能，提升人生的智慧；我们的每堂课、每次作业、每次练习都不是重复的机械操练，而是富有创造性的思维活动，领略学科思想魅力的意义之旅。

我们的教育必须建立在教育科研的基础上，一个教师的专业成长必须建立在自己的教育实验的基础上。

（二）专业精神

我们在工作中要考虑成本，只有落实每一个人在教育过程中的责任，教育效能才能最大化。"君子一跬步，皆关民命"，从学校层面说，教育决策一定是基于教师和学生发展的，从师生关系上说，教师对学生也一定要尽职尽责，这是师德和专业精神最重要的体现。

当今中国，教育在很多时候还处在"说起来重要，忙起来次要"的状态。百年大计，教育为本；教育大计，教师为本。强国先强教，强教先强师，强师先强基础教育阶段的教师。

学生是教师照见自己的一面镜子：从某种意义上来讲，学生的学习态度就是老师的教学态度，学生的勤奋与创新精神往往源自于教师的敬业精神，学生的学习方法折射了教师的教学方法，学生的学习成绩也反映了教师的学养水平。

教育的快乐，建立在对人生、对教育的理解与践行上。

每一个老师都是学校（国家、美德）的代表，每一堂课都是师生生命的组成部分。

什么是好老师？一个老师站在讲台上，他不是一个官员，不是一个商人，不是一个社会上的闲散人士，不是一个演艺明星，而是代表了他的学科，这就是好老师。

我们常常听到一句话，"办人民满意的教育"，意即人民想要什么样的教育，我们就办什么样的教育。对此我认为还是远远不够的，它忽视了专业知识分子的责任。作为一名老师，为公民提供你对教育专业的理解与贡献，这才能称作一个真正的教育专业的知识分子。

对于一个老师来说，最大的爱是什么？不仅仅是对学生扶困济难，更重要的是帮助学生理解你所任教的学科，喜欢上你任教的学科。

教师，是一个专业；教学，是一门学问；教育，它很纯粹。我们分明感觉到，好的教育，不仅仅是一个概念，不仅仅是一个口号，更不是一个说教，而是用专业的态度和能力，帮助学生度过生活的困难、改正过往的陋习、完成该做的任务、实现自己的潜能——用专业引领学生走向进步和成功。

因为很高的专业素养，所以她们的勤奋就带来了孩子们超乎寻常的进步；倘若专业素养不高，那么"勤奋"就可能带来沉重的低效与强烈的排斥。

（三）学科素养

教师要充分理解教学内容：

内容在学科体系中的关系、真正理解教学内容（山顶上的老师——评课后的反思）；

学科思想、学科思维及典型问题；

学科前沿、学科与生活；

学科学习策略：主动学习、深度学习、超越学习。

教师的学科气质——像深中某某学科的老师。

"很好，你真棒！"——社会性语言——学科性语言。

不仅是语言表达，学科气质的核心内容是思维的深刻性。

学科气质：学科思想，学科思维，学科教育思想。

数学教师三个层次：

停留在知识层面——教书匠；

体现数学思维——智者；

进行无形的数学文化熏陶——大师。

教师文化：享受教育（创造、享受）。

立身的三个方面：人格、学术（专业）、贡献；

三种态度：就业、职业、事业（站在讲台上，我就是某学科的老师）；

三个层次：山顶、山腰、山脚。

亲其师，信其道也；

喜欢我这个人；

喜欢我的课；

喜欢我任教的学科。

　　苏霍姆林斯基在总结了几十年的教学实践后得出这样一个结论：一个教师要深刻而广泛地熟悉他的学科，这样，在教学中他的注意力才能从自己的思想上解放出来，看到学生是怎样思考的。反之，如果一个教师紧张艰难地竭力搜寻词语来表达自己的思想，他的注意力都在自己身上，焦虑下一步该说什么，该怎么办，就无暇顾及他的学生了。所以，教师应当知道的东西要比他教给学生的东西多10倍、20倍；至于教科书对他来说，只不过是他应当善于弹离的跳板而已。

有经验的教师都在努力做到这样一点：在他的学生热爱的那门学科方面，教师知道的东西要比教学大纲要求的多十倍至二十倍。一个人体验到他能驾驭任何一门学科的知识，这是一般智力发展的最强有力的刺激之一。

一个老师的发展，给他的平台越高，他飞得越高，创造出的未来也更有价值。一只小鸟，可以在山脚下起飞，也可以在山顶上起飞；一盏灯，如果把它放到房间里面，一灯如豆，只能照亮一个房间；一个灯塔，放到海岛上去，去做航标灯，那么就照亮一片天地。这就是我们提供给所有老师们最重要的礼物，让大家站到一个高的平台上发展自己。

"学然后知不足，教然后知困"——走到前沿，才能真正发现距离；走入生活，才能真正发现责任；制定标准，才能真正发现目标。

我们举行拜师仪式的意义是什么呢？我想可以从以下四个方面加以阐释：

第一，通过导师的帮助，青年教师要学会将学术的力量转变为教育的力量。

第二，导师和青年教师一起追寻共同的目标，从学科教学中获取进步和幸福，我们通过课堂教学促进自己成长，体会到教师职业独特的幸福和美丽。

第三，青年教师学习导师，最重要的一点是研究他们如何循循善诱，即学习导师们怎样将平常的问题引向深远，将困难的问题通过阶梯式的提问逐渐逼近。导师指导青年教师，最重要的一点是把握课堂教学如何到位，防止最后一米的现象。

第四，青年教师要记住达·芬奇画蛋的故事，要训练最基本的功夫，对于课堂常规、基本规律要掌握。每次课后可以写学科教学反思，这对提高教学水平是很有帮助的。

（四）教师的价值

最能影响学生水平的因素，不是学校的系统，不是班级的大小，不是课外辅助的活动，而是高素质、高效能的教师。

好老师，就是好教育；有素质教育思维的老师，就是素质教育；有教育理想的老师，就有理想的教育。

一个学校的老师如同一个塘里的鱼，"塘"的影响还是不可忽略的。因此建立以激发热情、尊重专业、贡献导向的现代组织文化就显得特别重要。

上帝不能来到每一个家庭，于是便派出了母亲。

上帝不能来到每一所学校，于是便派出了老师。

老师与学校，关乎生命，关乎人生，关乎国家与世界，高山仰止，重于泰山。

她们生动，所以孩子们新奇；她们有趣，所以孩子们亲近；她们有创造力，所以孩子们感受到"高峰体验"。在如此生动、如此有趣、如此能创造性解决问题、如此意想不到的环境里，老师的魅力不但能感染当下，而且能感染未来。

四、学生成长

（一）学会认知

1. 学习的意义

真正认识到学业对个人生活的意义，不仅仅在于分数和排名，而是发现自己和实现自己的一个重要途径，并在兴趣和意志中一同体会发现和实现的过程，学习就不是丰富生命力的敌人，而是让生命力变得更丰富的资源库和主要路径。

热爱学习——在学习中感受到独特的快乐、幸福与美丽。

科学学习——掌握学科思想，提高学科思维能力，以学科应有的思维方式理解它；研究性学习的意识和能力强；学习是为了探究学问。

勤奋学习——因为热爱，所以投入与专注。因为科学，所以高效而进步；因为进步，所以享受勤奋。

学习，不仅仅是生活的需要，更是生活意义的体验和责任的担当。

重视学业成绩，是我们服务社会、报效国家的基础。
重视学业成绩，是我们争取人生幸福与自由的需要。
重视学业成绩就是珍惜生命、珍惜青春。
重视学业成绩就是追求生活的快乐与幸福。
重视学业成绩就是培养自己高尚的品行。
重视学业成绩就是抓住主要矛盾和矛盾的主要方面。
重视学业成绩就是衡量一个学生是否愿意往前走的试金石。
重视学业成绩才会有高层次的民主和自由。

怎样防止青春的偏激与冲动？——自知者明，道不远人。

何谓智慧？
服务于自我价值和目标的、本质的、整体的认识。
本质的：自由——该做的事，就一定做好，不该做的事，就坚决不做。
整体的：军训——为有价值的目标而奋斗，这是人最持久的快乐与幸福。
自我控制：长成一棵自己的树；挖成一口自己的深井。

重视学业者：快乐，优雅，自由，幸福。

学业学业，学习当然是主业；学生学生，应该以学为生。烧菜不如厨师，卖菜不如菜农。因为学术素养，才使你的爱好大放光芒，不能本末倒置。

距离我们最近的是信息，其次是事实，最远的是真相。
发现真相，需要学习、实践。

2.深度学习

民主和科学从来没有分开过：批判性思考，这是学者最可贵的人格特质。这种批判不是根据自身利益做出的评定，也不是简单的否定，它的精髓是尊重其他的意见与看法，即对任何已经被提出的看法或意见，必须去检视它们的逻辑推论历程，并针对其中的关键假设小心求证，包括论证与论据。

学习具体的知识点，好比观察一棵树的一片片叶子，一条条枝丫；到高三，你要习惯从"树叶（知识点）"看到"枝条"（学科思维），进而看到"主干与树根"（学科思想）。我希望当你们高中毕业时，每个人都带走的是一棵棵树，而不是一捆捆树叶。高三我们将养成认识一棵树的意识和能力。

深度学习——与学科进行专业的对话——真正"入门"：
把握学科思维（想到学科知识背后的本质）；
运用学科思维（运用学科的思考方式与逻辑）；
建构学科知识框架（看到"学科树"——学科的整体与结构）；
进行学科专业的表达（使用学科专业的思维和语言与其对话）。

学会成长之一：学会规划与计划；
学会成长之二：学会深度学习；
学会成长之三：学会把该做的事做好；
学会成长之四：学会"转识成智"。

长期以来我们的教育有意无意之间，将知识的传授作为教育的目的，忽视了知识后边的思维，思维后边的思想。知识的积累并不能必然导致智能的提高，思维才是智能的核心。

如果把某学科比作一棵树，知识是树叶，思维是树枝，思想就是树根。传统的教学给学生很多的树叶，但是不引导他探究连接树叶的枝条，支撑枝条的根系，学生离校的时候带走的是一袋袋树叶而不是一棵大树。

长期以来，我们从基础教育到高等教育，思维、思想的教学是严重缺位的，有许多人甚至从来没有意识到每一个学科都有自己独特的思维和思想。真正的深度学习应该是用这个学科的应有思想和思维与之对话。

知识的增加不等于智力和能力的提高，就好像人的年龄的增长不完全等同于人的品德、智慧、体质的增长一样。

学习不是仅仅为了掌握一个个知识点，人类已经创造的知识和知识爆炸形成大量的新知识，一个人一生都难以穷尽一个学科。学习的本质不在于把自己变成一本百科全书、一个两脚书橱，而是理解思想，学会思维，解决问题，创造新知。

对于我们同学而言，自主学习、终身学习是学习的本质追求；"学会学习"就是理解学科思想、运用学科思维，提高智能。

英国教育家怀德海：中学阶段应该伏案学习，大学再站起来，四面瞭望。
提前开花，提前凋谢。
成熟的果实，总是低头不语。

深度学习需要有伟大而明确的目标：没有明确目标追求的人是不足惧的。
深度学习需要做出选择：深中的宽松体现在尊重你正确的选择，如果你没有正确的选择，那么宽松就失去了意义。
深度学习需要控制欲望：伏尔泰说："没有真正的需要，就不会有真正的快乐。"

我们要有深度探究的意识，高三复习需要特别注意两种思维方式：
"阅读地图式"的学习方法。比如你要找达沃斯小镇，怎么找？从地图一边出发挨个找过去吗？
"学科树状结构图"，学科知识如同树叶，思维是连接知识的枝条，思想是主干，本质是树根。学习具体知识的时候，要有"学科树"的意识。每一个学科都有自己独特的思想和思维，拿到拔尖的分数的人，一定是深谙学科思想和思维的人。

把"浅塘"挖成"深井",将兴趣发展为志趣,以专注培养自己的专业。

学习的本质不在于把自己变成一个知识的收纳桶,而应该是理解思想、学会思维,解决问题,创造新知。

自主学习、享受学习是学习的本质追求;"学会学习"就是理解学科思想、运用学科思维、提高智能。

调动积极的情感体验,发现学科的美丽,体味学科学习的乐趣(美);促进高层次思维能力的发展,培养终身受益的学习能力(思);倡导自主、探索与合作的学习方式,发挥学生的主体意识和能动性(你)。

(二)学会做事

1. 平衡生活

在行动中,我们需要注意两点:理性尝试,平衡生活。这是硬币的两面,活得丰富,获得精彩,缺一不可。

平衡,需要我们合理认识学业和活动的关系。学业的重要性对高中生不言而喻,但它不应是学生的全部;活动很诱人,却一定不能越位成为主旋律。有什么方法帮助我们实现平衡的生活呢?运用"二八律",将时间的 80% 用在学业,20% 的时间用于活动,适度安排学业与活动,是一个好方法。

2. 专注任务

每做一件事,都当成第一次或最后一次做这件事,你的生活就会立刻美好无比。

每一步,都要到位,才是真正的"一步",如果每一次只做到 90%,五次以后会怎样?

$90\% \times 90\% \times 90\% \times 90\% \times 90\% = 59$!!!

如果有事情值得去做,就把它做好,并且好好享受它。不是为了幸福而工作，而是因为工作而幸福。

杜威先生说过："一两经验，胜于一吨理论"；清谈误国，实干兴邦；用在喊口号上的时间多了，行动的时间就会少了。行动不一定就等于进步。西方有个比喻：忧郁像把摇椅，它让你有事可做，却不能让你前进。

不要人为地加重自己人生的负担。不要过于注重形式，你要搞清楚，你是喝水，还是喝盛水的杯子？行李越少，走得越远。

下棋要找高手，弄斧要到班门，只有与强手同台比赛才能学到真东西。

把一件事当职业，就是完成任务；把一件事当事业，就是在追求成功、幸福和美丽。哲学家尼采曾说："智慧的增长可用痛苦的减少来精确衡量。"我比照这句话说一下，高三的成功，可用审美的增长来精确衡量。如果换一种心态，我们完全可以将高三生活审美化，我们可以发现并享受到高三独特的美丽。

决胜于过程——开始就把事情做好。
柏林洪堡大学的校训："哲学家们只是用不同的方式解释世界，而问题在于改变世界"。

对有价值的事情的坚持，不是忘却现实，更不是对抗现实，而是要把梦想带进现实。如此一来，梦想有了坚实的土壤，就能健康生长；而现实也因梦想充满阳光，更加色彩斑斓——基于现实的理想主义。

宁静和专注于自己该做的事情。这个时代，挖"浅塘"的人很多，在有水的地方挖出自己的"深井"的人不多。要有长远设计，要静下心来，培养自己的学术素养与专业精神，并从中体验到审美的愉悦。要形成自己的专业性的优势。

就像你不能同时骑两匹马，开两辆汽车，你只能一匹一匹地骑，一辆

理论思维

115

一辆地开；一盏普通电灯，只能照耀有限的面积；一束聚集的光，比如激光，却能一路直抵月球。因此，你切不可盲目地浪掷时间与精力，而要持续地专注于你最擅长的那件事，要懂得扬长避短。

西班牙队在欧洲杯夺冠时，一个队员曾说：我们不是来展示踢得漂亮的，我们是来夺冠的。这显示的是一种智慧，目标坚定、任务明确、贡献第一。

一个人的高贵在于生命的宽度，做有价值的事情。

做事情是什么？今天做了，明天还得做；

做事业是什么？今天做了，明天还想做。

做事业——做作品的关键在于专注与纯粹。

因为热爱，所以专注而纯粹；因为专注与纯粹，所以作品珍贵而久远。

专注，是简单的深刻；纯粹，是深刻的简单。

因为每天都是唯一的，所以把每天都当作作品。

因为我们不仅仅是来欣赏的，所以每天都应该做自己的作品。

作品，就是将该做的事做好，也可以说就是我们对世界的具体贡献。

要做成作品，就不会把时间耗费在无聊的人和事上，必须知道“不应该做什么”，这也是专注与纯粹。

如果我们每一个人都能够有这样的作品意识，这样的作品行为，这样的作品人生，我们的国家，我们的社会，我们的生活，又将会怎样？

每个法官，匡扶正义；每个警察，维持正道；每个官员，秉公为民；每个医生，救死扶伤；每个教师，教书育人；每个学生，养正成才……每个人把职业提升为事业，立足岗位创造自己的作品，我们就能体验到专业贡献与人生幸福，领略到社区和谐与国家尊严。

平凡之处，才见动人之象；细微之处，方显英雄本色。

成功的道路是由任务铺设出来的，任务是成功道路上的一个个台阶。

要达到目标，就要像上楼梯一样，一步一个台阶，把大目标分解为多个易于达到的小目标，脚踏实地向前迈进。每前进一步，达到一个小目标，就会体验到"成功的喜悦"，这种"感觉"将推动我们充分调动自己的潜能去达到下一个目标。

一个人不能控制自己的身体，还谈得上什么控制自己的人生！同样，一个人如果可以将目标细化为任务，并坚决执行，那么攀登珠峰也如囊中取物。

任务成就梦想。每一天要带着一个个具体的任务，这些任务与理想相连，因为有任务，所以理想很清晰。

没有必须要完成的具体任务，模模糊糊、隐隐约约、马马虎虎、随波逐流、漫不经心、"也许大概可能"，这样的生活将会怎样？

任务对每个追梦者来说都是必须的，能负责，就是要每一天有任务，而且必须完成。坚决完成任务，就是能负责最重要的体现，也是自我领导力的集中体现。

一棵树就是专注最好的代表。阳光雨露，风霜雷电，甚至是随意倾倒的垃圾，都能被它转化成生长的材料。它只有一个目标，就是生长、亲吻蓝天。这就是树的专注，树的智慧。如果你感到飘忽茫然，就观察一棵树吧，不管是阳光，还是大雨，它唯一做的就是专注于自己的成长，专注于与天空的对话。这就是具体的任务，专注的目标。

把梦想化为每一阶段的具体任务，在完成任务中体验当下生命的精彩，就是在准备着送给未来的自己的礼物。

成功的道路是由任务铺设出来的，任务是成功道路上的一个个台阶，未来从今天开始，未来的高度取决于现在每一天的登攀。

今天不生活在未来，明天就将生活在过去。

道不远人，道在生活中。你的奋斗，你的登攀，就在每一堂课里，每一次作业中，每一次讨论中，每一天的反思整理中，每一天的饮食中，每一天的健身中，每一天的休息里……每一天都可以成为一个新的阶梯，每一天都可以向梦想走近一步。

只有在瓶中先放下大石块，然后才能依次放下小石块、碎石、砂子和水；大海中的船，如果目标不明，那么任何风都不是顺风；心理学研究说明，人无聊的时候最累，目标不明确，或明确但不去行动的人最焦虑。

一个新的任务，培养一种新的能力；任务越清楚，进步越明显。

没有过程的到位，就没有结果的到位；培养自己每一天任务都合理，行动都到位的习惯——就是培养自己成功的习惯；而且还要学会奖励自己——庆祝成功，就是欣赏自己。

高三必须做到：事事清楚，件件落实，天天坚持。

心无旁骛，力出一孔，不要幻想，不要回避，把该自己挑的担子稳稳地放在自己肩上。

3. 时间规划

人的一生就是漫长的一天，人的一天就是短暂的一生。每天都是小小的人生，每一天都能成为"该做事"的每一步。

一流的人在为明天的事做准备，

二流的人在为今天的事赶速度，

三流的人为昨天的事追进度，

四流的人为前天的事在悔过，

五流的人无所事事混日子。

蹉跎岁月：人生的隐性浪费，低温燃烧——浓烟滚滚不见火光——何时烧开自己这壶水！

你不可能浪费时间，你浪费的只能是你自己。

岁月匆匆，人生苦短。如果是 80 岁的生命，那么我们只有 29220 天。生命好似我们手里的三万支蜡烛，每天减少一支，不管你有没有点燃。

什么是该做的？——MBA 教授"放置石块的实验"：

在人生中，必须分清楚什么是"石块"，什么是"碎石"，什么是"砂子"，什么是"水"；

并且总是把"石块"放在第一位。

二八律，要事优先：

我们要用 80% 的时间和精力去做好我们最应该做好的事情，再用 20% 的时间和精力去做其余的事情。

美国人梭罗《瓦尔登湖》："只面对生活中必不可少的事实"。

今天不生活在未来，明天就将生活在过去。

在这样浮华的时代里，因为太容易，所以我们不珍惜；因为太繁多，所以我们记不得；因为太轻率，所以我们不尊重。但是这样如此"生命不可承受之轻"的人生，真的就是我们想要追求的吗，这样度过我们的一生，真的让人无悔吗？

一个人的资源包括他的时间、精力和天赋。而如何支配他的个人资源，将最终影响他生活策略的形成。

理论思维

119

有目标，更需要有完成目标的时间。

4. 知行合一

"知行合一"是学生成长为具有丰富生命力的人的必由之路，通过为学生创建"学以致用、在用中学"的平台，创设大量的"事"让学生去策划、组织、参与、引导学生在真实的关系中，在做"事"的过程中，培养思维行为习惯，塑造积极心理品质，通过真实的任务和经历提高综合素质，实现对学生的价值引领，引导学生成为最好的自己。

深圳中学泥岗校区提出生态校园的理念，如果你是泥岗校区的建设顾问，你会建议采取哪些可行的措施来实现校园的环保节能和资源的循环利用？

建设一个民主的社会共同体，需要全体成员积极参与公共事务的决策，遵守参与的秩序并做出建设性贡献。在深中期间，你曾经参与过学校的哪些公共事务？请向大家分享你的经历与收获。

在为期五天的"创新公益——践行改变世界"的活动中，你们感受到了什么？你们首先体验了分享，你们在真实的生活中体验到公益之需和公益之难。你们体验到了公益是需要专业的。

把"我"与人们联系起来，这样"我"就会成为"我们"，用公益把"我们"联系起来，公益让"小我"变成了"大我"。今天我们创新公益，明天就能创新世界。

传统的教育是"学以致考"，好的教育，应该是学以致用，学以致创新地用。

（三）学会共处

公民不应该仅仅是权利的承载者，更应该是责任的承担者，在做出满足自己需要和愿望的个人决定时，应该对自己、对他人、对社会，以至对影响人类生存的生态环境等有全盘考虑并承担起相应的责任。

真正的自信，有三重境界：第一重境界是"我能"，在使命感的导引下形成了专业能力，对自己要实现的目标充满信心，是历经挫折、屡败屡战的坚持；第二重境界是"我不能"，是建立在"我能"的信心和成功基础之上的，对"己所不能"的自觉，"知有虚心之自信，则自信而不骄盈"；第三重境界是"你比我能"，是建立在深重的使命感之上的，基于国家和社会的更大利益，能接纳与理解别人对自己的超越。

作为智慧的人：尊重自然、社会的规律，不被世俗、表象所惑。
作为领袖人才：尊重公民，服务社会，贡献人类，引领文明。

只有将原来满瓶的水倒掉一些才能装进新水；一滴水只有放到大海里才能生存并壮大；你们要尊重他人、欣赏他人的优点，包容他人的特点、宽容他人的缺点，但不要跌破自己的底线。

（四）学会生存、发展

1. 人生价值

关于"人生"，中国的解释是：人的生存以及全部的生活经历；美国的解释是：人生就是为了梦想和兴趣而展开的表演。

探寻人生价值，就是发现并确认人生的意义——你要做一个怎样的人，你要创造怎样的生活，你的真善美的标准是什么。

追求人生价值就是对自我存在的发现、证明和肯定；对自我人生价值的肯定就是对生命存在意义的确认。

人生意义是自己赋予的，精彩人生是自己创造的。

哥德曾经说过："你若要喜爱你自己的价值，你就得给世界创造价值。"价值不会与生俱来，需要我们苦心孤诣地去创造，去经营。一件件有价值的事情堆积起来才组成我们的价值人生。

缺乏了实力的价值是软弱的，而缺乏了价值的实力则是危险的。爱因斯坦认为，一个人的价值，应该看他贡献什么，而不应当看他取得什么。

假如人生一定要用成功与否来定义，那每一个人获得成功的方式与途径也是不同的；假如成功的标准只有一个，那这个标准不是你超越了别人，而是你是否竭尽全力，成了此时此刻最好的那个你；不用和任何人比，就像台湾身心灵畅销书作家张德芬说过的那句话："亲爱的，外面没有别人，只有你自己。"

优于别人，并不高贵，真正的高贵应该是优于过去的自己；如果老是回忆过去，那就意味着今天的平庸。

因为你有明确而坚定的价值观，所以，得意时，你会快乐，会庆祝，但是你不会骄傲，更不会停步；失意时，你会难过，会孤独，但是你不会痛苦，更不会放弃；平淡时，你会轻松，会从容，但是你不会放松，更不会平庸。

价值和勇气，既是当下的稀缺，又是未来的优势。价值，勇气，人生之旅，那是"必须的"！

尼采在《查拉图斯特拉如是说》谈到过："一个人度过人生的方式须是在有机会再以相同的方式度过人生时，能够抱持肯定的态度。"而发现自己、实现自己、超越自己，成为最好的自己，活出丰富的生命力，是我们能够给予自己的人生最大的肯定。

在追求卓越、做领跑的人的平凡而伟大的人生中，希望你们常常追问以下五个基本问题：
追求的是"理想"还是"欲望"？
进行的是"行动"还是"劳动"？
对事业是"做到"还是"知道"？

得到的是"进步"还是"胜利"？

体验的是"幸福"还是"享乐"？

君子自主，勇于担当，敢于负责，小人总是推诿，无原则地趋利避责。

君子自强不息，增长自己的才能；小人则反之。

君子严以律己，宽以待人；小人则反之。

做正确的事的前提是标准正确，对原点的认知不可马虎，否则生发下去的行为与结果可以想象。

中国未来真正的精英是这样一群人：他们博学多才，富有创新精神，他们吃过苦，明白自己的社会责任，民族担当。他们有发自内心的谦虚和蔼，与村夫交谈不变谦恭之态。在浮躁的环境里，他们最先沉静；在歌舞升平中，他们提前忧患。他们信念坚定，目光清晰，万象纷杂不能叫他们疑惑，毁誉得失不能使他们激动。他们对自己知足恒足，对人民怀着最纯洁普世的爱。他们废寝忘食，乐以忘忧，做出精英级的贡献和服务。在这种工作中，他们找到了人生的意义，幸福和美好。

让好人成为好人，是上苍对他们的最高奖赏；

让恶人成为恶人，是上苍对他们的最高惩罚。

成为老师，成为中小学老师，成为深圳中学老师，是对我们最高的奖赏！

人生是不确定的，世界是不完美的，但这不应成为无奈和迷信的借口。你的存在，你的价值，就是让自己的未来更美好，让整个世界更美好。

2. 发现、实现自我

当下发现自己的优势颇为不易，全球化、公司化、集团化、组织化，导致人产生无意义感和焦虑感，似乎你只要放弃了自己的意义，你就拥有了"意义"；你害怕真正的自由，所以你会忙碌地把自己弄得很"自由"；你害怕宁静与专注，所以你用琐碎的事务填满你的空间。

发现自我，不是模糊的我，而是清晰的我。我们必须知道自己要去哪里。所谓的目标，更多的时候不只是提供了方向，更主要的，它还是鼓舞我们一路前行的动力。

生命的核心任务之一，就是认识和理解我们自己是谁。每一次的尝试、选择、热爱、厌恶、失败、成功……最大的意义，就是帮助我们认识和理解我们的优势及局限所在。

找到自己的"最近发展区"，将特点转化成优点，将优点转化成增长点，将平常转化成不平常，那样你会感受到生活的趣味，你会不断享受成功的快乐，你会越来越感受到"我"的意义。

真正有价值的自我发现和自我实现，常常来自于"深度探究"。

一个人要前行，就必须离开现在站立的地方。在深中老师的眼中，每一个学生都是一个太阳，这个太阳的生气需要"他力"，更需要自身内在的驱动力。

只有当有勇气有智慧去认识自己，认识世界，我们才能找到自己，找到与世界的相处之道，才能带来内心力量的强大，获得长久而深沉的快乐。

"认识你自己"的本质，是认识你人生与生活的意义。

追寻意义，目的在于："清楚生活的意义，告诉人们如何生活"。

追寻意义，核心问题有两个：我要成为怎样的人；我需要怎样的生活。

人生，也许会使你感到漫长、琐碎、枯燥，但是追寻意义就会使你体验到人生的丰富、灵动与伟大。

一个人怎样才能发现真实的自我，发展真实的自我，实现真实的自我呢？只有一个途径：植根于真实的生活，将物质的自我，精神的自我和社会的自我结合，从"小我"走向"大我"。

发现自我，实现自我，就是追寻真实的生活；追寻真实的生活，就是顺其自然，行其当然，成其必然。追寻真实的生活，那是勇敢与幸福的体现！

青菜、苹果、稻谷……你能说哪一个最好吗？它们有不同的作用和口味。人才也是一样，不同类型，不同作用，不能用一把尺子（或几把尺子）去丈量。所以，只要你发现自己，设计自己，成长自己，就应该获奖，就应该为自己喝彩、加油！

为什么要对自己有充分的认知呢？因为面对未来、面对人生、面对社会，没有充分的自我认知，一个人就不可能真正的成熟，也不可能具备"独立之精神，自由之思想"，更不可能担当重任，有所成就与贡献。

你对这个世界了解的越深，你对自我就看得越清楚。你在了解了有关自然运转的秘密、社会运行的规律、人性变化的轨迹之后，你才会看到你自己真实的模样、灵魂的表情。

你要好好求学问，深入地沉潜到知识的海洋中，让那知识与学问，变成血与肉，变成你生命的一部分，变成打开你生命潜能的镜子。这就叫作"认识你自己"。

如果我们不知自己从哪里来，我们一路上经历了些什么，我们便会在去未来的道路上迷失。

建立自我的观念：
成为正确的人，做正确的事。

真正的历史，是那些真正认识自己的人创造的。

优秀的评判标准不是你成就大小，而是你是否尽你所能地实现你的天赋（潜能）。

同学们，从他们的展示、答辩、讨论中欣赏他们的奋斗、精彩与快乐，

理论思维

在欣赏中探究他们的成长过程，在探究中提炼他们的深中生活智慧，在提炼中完善自己深中成长的设计。

人总是能看到自己想看到的东西，人常常会选择性地记忆。所以，有时候你的问题就是答案。

了解自己最核心的工具即是自我观察。自我观察，主要包括三个方面：

第一，自身外表和体质状况的观察，包括外貌、风度和健康状况等方面的观察；

第二，自我形象的观察，主要是对自己在所生活的集体中的位置和作用、公共生活中的举止表现以及社会适应能力等的观察；

第三，自己的精神世界的观察，包括对自己的人生态度、道德水平、智力水平、能力、性格、兴趣、爱好、特长等方面的观察——这是最核心的。

怎样培养自我观察的能力？提供四个建议：

（1）培养强烈的观察意向。

（2）明确观察的目的和任务。

（3）掌握正确的观察方法。

定期给自己独处的时间；

观察自己的身体和情绪，认识接纳自己的负面情绪；

保持可能性，克服惯性；

定期写观察日记。

（4）建立明确的比照标准。

我们经常的、定期的自我观察，自我反省，对于我们认识习惯，防止成为非理想习惯的受制物不可或缺。

什么叫格局，有人说，一个人的人生之大之高，就要看他的格局怎样。格局是高度，高度也就是境界；格局是结构，结构的力量就是理性的力量；格局是氛围，氛围就是气场和暗示；格局是趋势，趋势就是未来。当一个人有高度，有结构，有氛围，有趋势，什么都阻挡不了他。

只有做好了自己，才有可能更好地服务他人与社会，对个人负责，是对他人和社会负责的基础。这不是个人主义，这是"负责主义"。

3. 理想

理性的梦想就是理想；

目标就是有截止日期的理想；

生活的目标就是要过一种有目标的生活。

不要等待机会，而要创造机会；

不要等待未来，而要创造未来。

对自己的尊重和对生命的热爱，体现在对人生的设计和体验上。

儿童有自己的伟大之处，那就是他们的可能性；但是可能转化成现实，需要设计与行动。

人生如同一根燃烧的火柴，当你四处巡视以确定自己的位置时，它已经燃完了。

有人将天才与才能比作两种神射手，才能射中别人射不中的目标，而天才能射中别人无法看见的目标。那些找不到目标的人，则成了一群随波逐流的平庸者。

追求卓越、做领跑的人是一种精神，是一种价值，是一种责任，是一种自信，是一种创造，是一种幸福，是一种自我选择，也是一种生活的智慧。

成长效能之问：过程指向于目标。

我们在哪儿？

我们要到哪儿去？

我们为什么要去？

我们何时到达？

我们现在在做什么？

我们必须知道自己要去哪里。所谓的目标，更多的时候不只是提供了方向，更主要的，它还是鼓舞我们一路前行的动力。

为什么青春如此美丽？就是因为青春代表梦想，如果没有梦想，就等于没有青春；如果回忆多于梦想，就是衰老来临了。

优秀者怎样才能更优秀？——追寻意义，让梦想照亮未来，飞得更高。

人生因梦想而燃烧，人生因创造而精彩。

定位高远，行动流俗，就会产生苦痛。如果定位平庸，你恐怕心有不甘。

人生是平凡的，但是因为梦想与力行，就能创造精彩与高贵。
时间是短暂的，但是因为执着与智慧，就能创造永恒与不朽。

大海中没有方向的船，任何风都不会是顺风。
当你没有目标时，你就会成为别人目标的一部分。

领导力，是世界精英普遍关注的首要才能，但它首先体现在领导自己的才能。

有人说这是一个物质主义的时代，也有人说这是一个热情燃烧的火红时代；有人说这是一个欲望都市，也有人说这是一个先锋城市；有人因为享乐而失去梦想，有人因为创造而将梦想照亮人生。梦想，"美国梦"，大家耳熟能详；实际上每一个人都可以也应该自己的"梦"；梦想的力量——也就是理想的力量、志向的力量、抱负的力量、实现自我价值的力量，这个力量是每个人都具有又是每个人都会抛弃的。

但是现实中许多人的梦想常常只是在"梦中"。
而优秀的人，一定是用梦想编织生活的艺术家：梦想——目标——任务——成就。

人生最幸运的事情，就是你自己有清晰而坚定的目标。

目标对一个人很重要，不管你的人生理想是社会流行意义上的成功，还是你只是想成为你所想成为的那个人，前提都是你知道，你要什么，而不仅仅是不要什么。

赫拉克利特说："对于醒着的人来说，只有一个单一而普遍的世界，而在睡梦中，每个人转向他自己的世界。"如果我们每一个人的内心世界都毫无区别，我们将永远深陷于无知和谬误，不会有人意识到并提醒我们；如果我们不具备梦想的能力，我们就只能永远居住在这个单一的现实世界里，永远不敢想象不同的世界、不同的生活、不同的教育。

奥巴马曾感慨地说过："95%的人，一生甚至都不愿花三天的时间，来计划自己的人生！"

孔子教育学生时说过这样的话："取乎其上，得乎其中；取乎其中，得乎其下；取乎其下，则无所得矣。"

这说明，做好人生计划很重要，不仅要计划，而且要志存高远。——但是大多数人却常常把它忘掉了。

4. 选择
选择了过程，也就选择了结果；选择了每一步，也就选择了终点线。

生活没有标准答案，只有你自己的答案。

萨特：一个人事实上"完全通过选择成为自己"。

对于不是我们自己真正想要的东西，得到再多也不会让我们满足——我们甚至反感。我们跑得最快、跑得最远的时候，便是逃离自己的时候。

选择一所学校，就是选择一种教育，就是选择一段人生——影响终身。
选择——成就人生，成就学校。

人生本没有什么意义，你赋予它怎样的意义，它就有怎样的意义。

谁都会选择自己喜欢的，只有非凡的人喜欢自己选择的。

选择了怎样的行为，也就选择了怎样的结果；关键时刻的选择决定人生。

决定是基于实现目标的勇敢，而不是恐吓与诱惑。

人的高下，在面对诱惑的时候立见。

一个一流的人与一般的人在一般的问题上的表现可能没有什么区别，但是在一流问题上的表现会有天壤之别。

选择，铺就人生。

选择了一个职业（事业），也就选择了一种人生（价值观、成就观、审美观）。

选择了一所学校，也就选择了一种品质的人生。

要看一个人的品德，就给他权力；要看一个人的坚韧，就给他困厄。

事实上，疾患更能够考验一个人对生命哲学的思索，对人生哲学的理解。命运不可选择，但是可以选择面对命运的态度；困难不可避免，但是可以培养战胜困难的勇气。与病痛共舞，这是一种生命的姿态，这体现并塑造着一个人的尊严。

如果我们将所有的错误都关在门外，那么真理也将被关在门外了。一所学校，要给学生一个真实的世界，引导他们做出真实的选择，在这里实现自我的成长、成熟，成为一个社会化的个体。

5. 勇气

勇气的标志是人们坚持自己的信念——自己认为可以确信的看法的能力；勇气是一种肯定的选择，而不是因为"我别无选择"而做出的选择。

哥德对"勇气"曾有一个经典的表达："你若失去了财产——你只失去了一点儿。你若失去了荣誉——你就丢掉了许多。你若失去了勇气——你就把一切都失掉了！"

勇气包括坚韧。我说的坚韧，既不是坚强，也不是坚持。坚强和坚持，都还不足以突出我想强调的能屈能伸和以柔克刚。坚韧，是比坚强和坚持更高的境界。坚韧的人，不仅仅依靠内心的意志与时间抗衡，还依靠智慧应对周围复杂多变的环境。如达尔文所言，能够生存的物种，不是那些最聪明的物种，也不是那些最强壮的物种，而是对环境能够迅速做出反应的那些物种。

勇气不是"英雄"的专利。勇气必须被看作是一种内在的状态，它所指的绝对不仅仅属于杰出人物的特殊品质，而是每一个人身上都潜存的元素。勇气并非只是面对外在威胁时的勇气，它是一种内在的素质。

勇气的重要性，我认为体现在四个方面：发现自我，需要勇气；实现自我，需要勇气；超越自我，需要勇气；坚守自我，更加需要勇气！

早上叫醒我们的不是闹钟，是梦想；需要我们作出选择的不是需要，而是价值；价值来自于自我发现，自我发现需要勇气。

发现自我，就要有接受自己的有限性的勇气。我的建议是，为了成长，要选择做对自己有中等挑战的事。做那些你已经完全能胜任的工作，从中不会得到什么锻炼；做那些你无论如何努力也做不好的事，只会白费功夫。要做那种自己还无法独立地做好、但在同伴的协作或他人的指导帮助下能做好的事。

要看一个人的品德，就给他权力；要看一个人的境界，就给他成功，看他是否有超越过去的自我，实现潜能的勇气。

哲人说在苦难的情况下，快乐是勇敢的一种方式；我们也可以说，在紧张的环境里，审美也是勇敢的一种方式。

理论思维

131

何谓勇气？勇气来自于责任。勇气不是那孔武有力之勇，也不是祖上荫功所积之勇，勇气来自于责任！

何谓担当？担当来自于能力。没有基本游泳技术的人，怎敢跃入大海？他只能在池塘里比划。一个敢于到大海里去遨游的人，必定有技术、体能与自信。

6. 奋斗

只有用功，才能成功；只有努力，才有能力；只有行动，才有感动。
奋斗是件很具体的事，是勇敢的一种尝试。

实力与努力，就是新的魅力。

学习这件事，不是缺乏时间，而是缺乏努力。
谁也不能随随便便成功，它来自彻底的自我管理和毅力。

自觉：勇于反思，积极优化，超越自我。
自信：观察本质，坚守优质，提升品质。

懒惰的人为自己找到一个让自己懒惰的理由，于是他开始懒惰；
乞讨的人为自己找到一个乞讨的理由，于是他开始乞讨；
迷茫的人为自己找到一个迷茫的理由，于是他开始迷茫；
无知的人为自己找到一个无知的理由，于是他可以继续无知；
贫穷的人为自己找到一个贫穷的理由，于是他甘于贫穷；
懦弱的人为自己找到一个懦弱的理由，于是他选择懦弱！

一块礁石，无论多么巨大，但是如果没有成为码头，就不会有大船停靠。高三就是把礁石建成码头的过程，人生之舟将从这里启航。

姚明的高度与刘翔的速度，我们很羡慕，但是常人难以达到，但是他们的努力与微笑，我们是可以学习的，我们可以建立自己的精彩！

每一个人都是独特而伟大的，只要你发现自己，实现自己，就会找到属于自己的一片天空。

美国布什总统曾说，只要你肯努力，人人都可做总统。

我们要说，只要你肯努力，人人都会找到属于自己的一片天空。

深中学子，只要你肯努力，每一个人都会成为母校的骄傲！

今天的学业决定明天的事业；

只有用功，才能成功；

嚼得菜根，做得大事。

不需要努力就能得到的东西只有一样——那就是年龄。

成长需要学习：成长的意识、能力和智慧；

未来需要创造。

你选择了怎样的行为，你也就选择了怎样的结果：

平常者：我想要；

优秀者：我一定要：

卓越者：我一定要做好！

在教育中，老师、同学、校友、学校历史、学校环境、学校传统都是教育的资源，也是成长的资源，但是这种资源，只有你主动使用才有意义，就好像太阳对人很重要。但是你如果不走出房间，不走向大自然，就不能充分享受太阳，就不能将自然普惠给每一个人的资源化作你个体生长的营养，甚至还可能成了在太阳下生长不良的人。

对于学习生活的转变，或许有些同学会感到不适应，但这都只是阵痛，因为这一切都能使人成长。千岩万壑不辞劳，远看方知出处高，溪涧岂能留得住，终归大海作波涛。希望每一位同学都能够历经磨炼，最终涌入大海。

人在往前走的时候，矛盾就特别多，压力则会迫使我们改进。比如我们在登山的过程中会感到呼吸困难、腿脚酸软，但我们要学会辩证的来对待困难，解决问题。

没有正确的判断，就没有正确的行为；没有具体的目标，就没有专注的行为；没有过程的到位，就没有结果的到位。

大困难有大成就，大挫折有大境界。

"胜人者力，自胜者强"，能够不断战胜自己才是最重要的。

人是一种"向死而生"的存在，正因为生命长度的有限，我们才要"活"出宽度，珍惜生命，努力奋斗；创造精彩，传递后人。

因为奋斗，我们发现了真正的方向和目标；
因为奋斗，我们发现了真正的自我；
因为奋斗，我们发现了真实的意义和价值；
因为奋斗，我们发现了最深刻的快乐，
因为奋斗，我们永远同在！

成事在于实践，马上行动！
写文章，先下笔；练书法，用宣纸（不要用旧报纸）；学游泳，要下水；要翻过围墙，先把帽子扔过去。

在奋斗中，我们会越来越清晰地发现全部的自我，真正的自我，本质的自我。

只要有梦想和奋斗，你永远都是20岁。
没有迈步，何谈跌倒；没有真正的奋斗，何谈什么失败！

7. 审美

有人将辛苦转化为幸福，有人将辛苦转化为痛苦；有人将辛苦当作登高的阶梯，有人将辛苦视为无底的深渊。

对这个世界保持着一个平和的心态，平和意味着自信，平和意味着理性，平和意味着民主，平和意味着与人为善，平和意味着和谐。用平和的态度对待生活，用平实的语言表达深邃的思想。

一个人为什么会选择一个专业埋头奋斗多年？一个重要的原因可能是他从中感受到了别人没有体验过的快乐，发现了别人没有发现的美。

哲人说在苦难的情况下，快乐是勇敢的一种方式；我们也可以说，在紧张的环境里，审美也是勇敢的一种方式。

面对高三，大家不要咬紧牙关，紧锁眉头，请大家微笑而坚定地开启高三的旅程。在这个旅程里，你能感受到纯粹之美、人性之美、奋斗之美、升华之美。

那么，凭借什么力量，在某个领域"十年磨一剑"呢？我想就是在这个过程中感受了别人没有体验到的快乐，发现了一些别人没有发现的美，能够享受这个"磨剑"的过程，这就是审美。

美学首先应该被理解为发现生活，理解世界的一种思维方式，我们要在生活学习中积极运用这种思维方式。

我们认为，艺术教育的根本目的是让所有的学生均能感受美的存在、欣赏美的魅力，同时要让艺术真正内化为学生的情感、气质与境界；从而促使每一名学生不断提高审美情趣，学会创造美，为终身艺术、诗意地生活奠定基础。

体验就在当下，就在日常的生活工作中，用审美的眼光重新审视生活、工作和人际关系，意义与价值就会浮现出来。

人生有欢愉，但更多的是痛苦甚至苦难。以一种怎样的态度面对人生，尤其是面对苦难，决定了一个人的人生境界。

如果你想造一艘船，先不要雇人去收集木头，也不要给他们分配任何任务，而是去激发他们对海洋的渴望。我们的教育里面，什么东西才是"对海洋的渴望"呢？那就是孩子们认为的快乐的、幸福的、美丽的东西，那就是审美的东西。当一个孩子对学习、生活充满了审美的意识，具有审美能力，他就会逐步建立起积极的价值观，形成健全的人格。

学生要学习，不仅仅是因为要考大学等功利驱动，更重要的是让学生意识到审美也是认知的一种方式和感受。

文学作为一种特殊的审美活动，当然具有使人愉悦的功能，但这种愉悦不同于酒足饭饱、不同于简单的感官快乐，而是一种深沉的，通过审美得到的自由享受与情感体验。

人类的终极关怀主要有三种形式：
哲学承诺：是给多样的现实世界以统一之本体存在。
宗教承诺：是给有限的生命以无限之价值意义。
审美承诺：是给异化的现实人生以情感之审美观照。

也许我们已经习惯于"责备"。我们对世风日下、人心不古愤愤不平，我们不断被假丑恶的东西包围。实际上一个人总是能看到他想看到的东西，如果用发现真善美的眼睛，我们就会看到更多让人温暖和感动的场景。

每一天都不是随随便便、马马虎虎、可有可无的，而是唯一的、独特的，能够体验到确确实实的幸福的。每一天都值得珍惜，放慢你的脚步，欣赏啊！

8. 超越

超越昨日之我，扩充思想的疆域，推开现实世界封闭的大门，把自我从画地为牢的狭隘中解放出来，如金蝉脱壳，如毛毛虫破茧而出，变成翩翩飞舞的蝴蝶。超越自我，让生命更新，解脱烦恼与困惑。

精英和尖子生注定是少数。但是即使根据你的情况，你可能只能进入一般重点大学，或者只是普通大学，甚至你可能进入不了大学，那也有你的"清华北大"——那就是你的梦想，你对现实的超越，你将生命的可能通过奋斗变成了现实，你通过对社会的贡献而享受到尊严和幸福！

过好每一天就是过好人生，每一天都应该像欣赏作品一样去体验。

我们应该欣赏生活，但是又不能仅仅停留在自我欣赏上，更重要的使命是创作出自己的作品给世界和未来欣赏，这是对生活更高层次的"欣赏"。因此，"每一天都是作品"，它给我们更深刻的启示是：每一天我们还应该与自己的作品相联系，创造出自己的作品人生。

王尔德曾说过：一个人要么成为一件艺术品，要么戴一件艺术品。
没有创意，一味模仿，人生只能是他人单调的重复；
没有创新，一味复制，一个国家便没有自己的作品；
也许，这就是温水煮青蛙。
难道，这，还不能让我们警醒吗！

貌似平淡的生活，到处充满着超越的机会；日复一日，天天可以创造新的高度。只要你放出眼光，你就可以看到；只要你付诸行动，你就可以体验到。所以说，你选择了怎样的行为，你也就选择了怎样的结果。

培养自己的优势具有特别的价值：
第一，优势给自己带来自信。
第二，优势给自己带来成就。
第三，优势给自己带来幸福和美丽。
第四，优势能够有效领导人生。
优势来自自身的积累和准备，自己熟悉，容易上手，而且根据吸引力法则，越是优势，更有优势，形成良性循环。自信带来自强，自强带来自豪。

在市场细分、私人定制的时代，只有自己独特的长处才能有所作为，有所作为才能有效担当责任，才能对他人和社会有实质的贡献。

优势来自于积极心理学，产生积极的人生观，积极的幸福观。

不是靠与世无争、降低自己的价值与品位来实现"幸福"与"美丽"，也不是靠消极遁世、逃避担当，图个自己清静轻松，而是用培养自己的优势来实现自我价值、贡献社会，在展示优势中，欣赏自己的精彩和惊艳，产生稳定的积极心理体验。

查理·芒格说："获得智慧是一种道德责任，它不仅仅是为了让你们的生活变得更加美好。"

优势是一个方向和动力，每天叫醒你的不是闹钟，而是优势的准备与使用。

用优势贯穿一生，优势把你人生碎片的时间、被无聊的东西切割的时间、被懒惰和诱惑偷走的时间整合起来，向着一个方向努力，保证人生在正确和优效的状态下。

优势是梦想、目标、幸福、美丽的集合，如果说对自己的投资是最重要的投资，那么重点投资在哪一方面呢——当然是优势上！

培养和发挥自己的优势，就是享受人生！

每一个人都是独特的，每一个人都是非凡的，每一个人都具备不同于其他人的才能和天赋，当下的每时每刻，你都在不断创造着、刷新着你自己。

人们常常固执地认为，只有找到符合自己兴趣爱好的，才能发展成优势，这在一般人一般情况下也许是这样的，而在有些人看来，新的需要就可能创造出新的优势。

你要敏感地发现社会新需要和人生新机会，不要担心自己不是学这个专业的，害怕自己缺乏优势。实际上，青年，是可塑性、学习能力很强的阶段，带着任务去学习，就能创造出自己的优势，而且现在是移动互联网时代，新技术层出不穷，大学课程只是一个基础。

青春是一张白纸，有丰富的可能性。

山不向我走来，我就向山走去。

没有优势，我就创造优势！

法国有一个著名的人物拉博·圣艾蒂安当年就呼吁："啊，法兰西！你不要去学习榜样，你要去树立榜样！"

不要过度追求完美，不要迎合所有人，不要总是期待鲜花和掌声，要耐得住寂寞，要受得了等待，要经得起失败。

《淮南子·原道训》："夫善游者溺，善骑者堕，各以其所好，反自为祸。"

优点也可能成为缺点，需要适度适时的平衡。

要讨论人生最重要的能力，我们必须要放眼于整个人生：人到底应该追求什么？

（四）学会关心

1. 自由边界

自由有两种，一种为消极自由，一种是积极自由。消极自由主要是制度性保障，是每个人划清自己的界限以后谁都不能侵犯的自由权利。而积极自由，就是个人的修身养性。

哈耶克在《自由秩序原理》中写：自由不是任性，而是对于自我管理、规划的责任；自由不是愉快的，而是伴随着一经选择此而失去彼的痛苦，以及别人的责难和现实的困难；自由不是概念上的，而是活生生的行动所带来的自我觉悟、坚持和承担。自由与责任，正是一个人的两面。

把握自由边界，学习承担责任，这是每个人必须修习的课程。只掌握权利意识，而无责任意识的人，只领会到自由精神的皮毛。

民主和自由，不是人生的最终目的，它只是生存的环境和内心的平衡状态。在充分民主与自由的国家里，人们还需要通过学业选择专业，通过专业创造贡献和价值。

卢梭在《社会契约论》中说："真正的自由不是你想做什么就做什么，而是你不想做什么、不能做什么就坚决不做什么。"它与中国传统的"无规矩不成方圆"的观念殊途同归，有着相同内涵。就如我们在制造一辆汽车的时候，不但要设计动力装置，还必须设计相对应的制动装置，如果只有动力而没有制动装置，那么这辆车动力越强劲，危险也就越大。

个性不仅具有自然性，还具有社会性。当为追求个性而破坏自由的边界时，个性就成为任性的代名词。

自由若是软弱无力，再多的自由又有何用？

为何我们没有感受到"畅快的自由"——因为你不知道自己要往哪里去

如果我们可以限制自己的选择，我们对生命之喜悦的体验就会变得更浓烈，放任的自由会让人感到茫然。

萨特说大多数人都不愿意拥有自由，他们热衷追求"自由"的活动来逃避自己的自由。

用原则警醒自己，明晰底线与边界，不该做的不能做的事坚决不做。

真正的爱能够提高这样的能力：判断是非的能力、拒绝不正当或不良行为的能力、同情并关心痛苦的能力、调节自己的情绪和抑制欲求的能力、接受和理解与自己不同观点的能力、尊重他人的能力等。

2. 责任意识

我比较赞同阿尔蒙德的《公民文化》中的观点：最好的公民文化，未必就是公民参与积极性最高的文化，而是在"参与意识"与"服从意识"

之间取得平衡。

你们应该真正理解追求卓越，做领跑的人的内涵。就是尊重生命，珍惜自己，发挥天赋，实现潜能，就是显示伟大的人性之美；就是心中有他人，心中有社会，我们的责任——"因为我的存在，而使世界更美好"；就是"做最好的自己"，超越今天，超越自己；就是要创造，只有创造才能真正实现领跑。

我们必须不断地学习在自我与他人、利己与利他、自律与他律、权利与责任等可能的冲突之间进行选择，进而朝"有批判思考力"又愿意承担责任的方向努力。

能力越强，责任越大。一个精英，他的正与邪、博大与狭隘对社会的影响是不可估量的。

15—18岁，少年——青年，未成年人——公民。
多么独特，多么伟大，多么奇妙，多么惊心动魄！

责任就是对自己要做的事有一种爱。
有责任感的人——首先是对自己负责的人。
美国社会"潜规则"之一：不吃早餐的人不能委以重任，一个连自己健康都不在意的人不会在意任何项目的细节。

公民不应该仅仅是权利的承载者，更应该是责任的承担者，在做出满足自己需要和愿望的个人决定时，应该对自己、对他人、对社会，以至对影响人类生存的生态环境等有全盘考虑并承担起相应的责任。

如果"杰出公民"就是社会精英，那么我希望你们要更深刻地认识精英对社会的价值与意义：精英不是富人，其价值绝不只在于多创造些经济价值，更不在于追求优越的生活，成为浪漫和傲慢的代言人；真正的精英，有的是"穷则独善其身，达则兼济天下"的仁者胸怀，有更多社会担当和更强的历史使命感，是一群在引领社会发展思想进步和创新世界上有所作为的人。

自信，不仅仅来自热情与勇气，更重要更持久的是来自于使命感与专业精神。

一个国家，一个城市，要走向国际，走向现代化，起码要具备两个基本条件，一是成熟的公民社会，一是成熟的企业家精神。看一个企业是否具备成熟的企业家精神，有两个标志，一看他怎样创造财富，二看他怎样使用财富。

"以人为本"不光是一句政府号召的口号，更是大势所趋、民心所向。民主的时代，普通人亦应有守护自己记忆与历史的权利。普通人亦同样受到历史的尊重，历史并非一味是帝王将相的家谱或者某种意识形态、统治意图的注解。

你们有梦想有能力，更应该有信心有责任，不但为个人之前途，更要为中国的未来发展、为中华民族的文化复兴、为世界的文明和进步，走出一条康庄大道！

"计利当计天下利，求名应求万世名"，只有把你个人的命运与历史的命运相结合，去做历史潮流之上的弄潮儿，你才有可能取得非凡的成就。

"天下者，我们的天下；国家者，我们的国家；世界者，我们的世界；我们不说，谁说？我们不干，谁干？"

——毛泽东

全球化时代正在创造一种新的公民社会——所有生活在地球村的人成为休戚相关的"公民共同体"。为此对传统的公民身份提出了新的要求，那就是每个公民不仅要作为一国公民积极参与本国事务，而且还要做一个具有国际视野与全球意识的世界公民，理解并践行将公民责任与道义放在全球化的背景当中去的普世伦理。

世界公民的基本特征：

（1）理解并尊重不同的文化与价值观；

（2）明白全球相互依存的关系，理解世界如何运作；

（3）具备在全球化环境下幸福生活与发展事业的技能；

（4）反省个人与世界的关系，为个人的行为对世界的影响负责；

（5）愿意为建设更公平，而且可持续发展的世界而努力。

3. 道德培养

道德也是一种智能，一种需要用心培养的能力：

判断是非的能力，拒绝不正当或不良行为的能力，同情并关心别人痛苦的能力，调节自己的情绪和抑制欲求的能力，接受和理解与自己不同观点的能力、尊重他人的能力等。这些能力成就了高尚的人格，创造了生存发展的有利环境。

很多人都自以为在思考，其实只是在重新安排自己的偏见。

充分发挥德育在促进学生充分发展中的作用：德育不是为了控制生命，而是为了激扬生命。

学生修养（规则、礼仪）：底线伦理

我们要培养孩子的自信心、独立性和自尊心，但是没有爱心的自信心，那是狂妄；没有爱心的自立，那是自私；没有爱心的自尊，那是傲慢。从小培养孩子的爱心，培养孩子获取快乐的能力。

身边的花草因为就在眼前，所以我们没有将它们视为风景；身边的那些应该感动我们的人和事，我们习以为常因而熟视无睹；也许我们与他们差不多，所以也就没有感到有什么特别——实际上，我们每一个人身上都有爱的基因，每一个人都可以通过美德获取人生的幸福。

社会转型时期，也是公民社会成长时期；风气优化，人人有责。

与其责备，不如发现；与其等待，不如行动；与其孤独，不如联结。

生活就在身边，风景就在眼前。

我在哪里，美德就在那里，幸福也就在那里。

从我做起，从现在做起，坚持不懈地做下去，把该做的事情做到最好。这是平凡而伟大的，这是美德的根基，这也是幸福的根基。我们不要老是在屋顶上挥舞彩旗，我们更需要建设好民族精神的根基！

什么是教养？教养就是不用别人提醒，自己就能把"优秀"作为一种习惯。

"教养"的基础是，我们对这个世界有一种理解——这个世界有很多灾难，在灾难中，我们应该采取怎样的行为，我们的团队应该采取怎样的行为？有时候，我需要退让；有时候，我可能要牺牲；有时候我可能要放弃唯一的求生机会……但是，对于这个世界，我理解，因而我同情……

在全球化时代里，每一个都是世界公民，只有具有世界公民的教养，普世的价值观，才能在国际的环境下生存和发展，才能站得更高，才能走得更远。在这里，"个性"是一个人的优势，但"缺乏教养"一定是他致命的短板。一个具有正能量的人、有教养的人，总会赢得尊重，赢得更多机会，看到更广阔的世界。

提高教养，尊重规则是前提，行为有"礼"是关键，修养内心是根本——因为教养是由内而外的。

4. 思维方式

批判性思维不同于批评式思维，更不同于批斗式思维。

批判性思维，需要：专业、修养与境界。

讨论追求进步，辩论追求真理，争论追求胜利，骂论追求发泄。

"加式思维"：凡事都从积极、乐观、勇敢、希望的角度思考；

"减式思维"：凡事都从消极、悲观、恐惧、绝望的角度思考。

下面提几点思考问题的方式：

第一，我、你、他，三者要有合适的比例。

第二，该做、能做、要做，要有清晰的思考。

第三，过去、现在、未来，要有历史的眼光。

第四，自我评价、他人评价、效果评价，要有全方位的评价。

第五，面对选择：要有底气和素养、态度、重视效果（自评、他评、社会效果）、换位思考。

做任何一件事情，都需要理解它的思想，运用它独特的思维方式，形成具体的完成任务的思路。

中国是一个农业文明发达而且历史恒远的国度，农耕思维是国人的精神基因，尽管我们身处 21 世纪，尽管我们许多精英生活在现代都市里，但是农耕思维随处随时可现，因此，"现代化"对我们来说任重而道远。农耕思维的一个表现是，重视作物而轻视作品。

"深中思维"：深中深中，既"深"又"中"。

"深"：本质，真实——常识与真理；

"中"：中心（与空间、时间的关系）、适中（平实、平和）——关系和表达。

要想真正成为国际化人才，最重要的是提高自己的国际思维能力。

只有通过深度地理解一个民族，深度理解他们的历史、文化、思维方式、了解他们的优势和辉煌，才能更好地培养自己的国际思维能力。

只有通过培养全球化的国际思维能力，才能更好地提升国际理解能力。

只有更好地提升国际理解能力，才能教育和培养出全球化时代的人才。

世界虽大，但容于人心，一个人就是一个浓缩的世界，一个人的精神决定着一个人的世界。社会学中有"二八率"，在一个人的身上，可能也存在这样的规律——你的 20% 的精神世界决定你的 80% 的生活和选择。如果你的精神是正确的，那么你的生活也是正确的。

我们在生活中对很多事物的看法往往是由"结果"决定的，但实际上，"结果"来源于"行为"，"行为"来源于"思维"，"思维"来源于"思想"。所以，一定要先让自己有正确的"思想"，然后产生正确的"思维"，用正确的"思维"来引导"行为"，然后产生正确的"结果"。这才是最优的思维方式。

我们的同学们也需要思考，思考什么才是优秀的深中人。希望你们不要妖魔化社会、学校和他人，来显示自己的尊严；希望你们不要放纵自己，来显示自己的自由；希望你们不要封闭自己，来显示自己的独立；希望你们不要自恋，不要通过极端化、固执来显示自己有个性；你们要尊重规律、尊重常识，像我们先辈优秀的学长一样去学习、去思考。

金字塔原理：重点突出、逻辑清楚、层次分明、简单易懂的思考方式、沟通方式、规范动作。

金字塔原理的基本结构：结论先行，以上统下。归类分组，逻辑递进。

先重要后次要先总结后具体，先框架后细节，先结论后原因，先结果后过程，先论点后论据。

不管是学知识、做活动，还是做事情、做事业，最根本的目标是——培养"追求真理"的思维方式，进而在生活中，形成"追求真理"的生活方式！

著名教育家杜威曾说过："尽管一切思维的结果都归结为知识，但知识的价值最终还是服从它在思维中的应用。"为什么思维比知识更重要？因为知识是死的，而思维是活的，"知识渊博"不应该是你炫耀的资本，而应该是你进一步探究的基础；不应该是你学习的目的，而应该是你研究的手段。

追求事物的"真相"是每个人的本能，而这种本能的更高阶的姿态就是对科学、对真理的探索。你有没有感受过，接触到一个简洁优美公式时，从心底蔓延而上的战栗与感动；你有没有体会过，面对壮阔恢宏宇宙图景时由衷的敬畏与震撼；你有没有思考过，浩瀚的星空中，视野所见的是几万年前的星光……

身为渺小的人类，居然能够窥探造物主的图纸，这是我们这代人独有的好运。

"追求真理"的思维方式会让你更睿智，不盲从，有批判精神，能独立思考。但是独立思考的前提是你的知识面能够支撑起自己的观点，独立思考的前提是你读过上百本经典，如果没有这样的支撑，你所谓的"独立思考"只不过是偏执的陋见罢了。

互联网时代，人与人之间的距离变得更近。未来的社会，精英人才无疑需要处理更多的跨文化事务，与更多不同文化、不同语言、不同背景的人接触。因此，能够学习使用国际思维来观察和分析问题，就显得尤为重要。

批判性思维：
是关于思维的思维。
判定一个想法真不真，对不对，好不好。
使人生更加真实，更加正确，更加明智。
是高阶思维技能，也是反思性思维技能。

评价你的思维：
清晰性：思想的意义能够被了解和理解。
正确性：没有错误或扭曲，是真实的。
精准性：在必要的细节上非常准确。
相关性：与当下问题有关。
深度：包含复杂的和多方面的关系链。
广度：包括多个观点。
逻辑性：各个组成部分都能整合在一起，相互之间不冲突。
重要性：强调的是重要问题，而非琐事。
公正性：公平、不自私、不偏颇。

十大思维谬误：
（1）诉诸人身／生成谬误：通过批评其来源而反驳某立场或论证。
（2）稻草人：为了反驳对方立场，以夸大、错误表达等方式曲解其立场，使对手陷于不利。

（3）源自愤怒的"论证"：顾名思义，以愤怒替代理由和判断，如政治论辩沦于对骂。

（4）威吓手段：试图通过威吓对方来证明某观点。你不难想到例证。

（5）仓促概括：过于相信由小样本得出的结论。

（6）群体思维：任凭对某群体的忠诚来干扰对问题的判断。如，裁判员吹我们队犯规太多了。

（7）转移注意力：所答非所问，避开问题的焦点。

（8）一厢情愿的思维：任凭自己的喜好来判断，拒绝探讨真相，也可称之为逃避现实的谬误。

（9）诉诸公众的"论证"：认为"大家"都相信的就一定是真的。

（10）在此之后，因是之故：误认为先后相继发生的事情之间就有因果联系。

（五）国际先锋

美国波士顿大学青少年教育专家在过去的一年里曾考察了伊里诺依州81名优秀学生的生活与学习，并采访了他们的家长，在最近发表的一份研究报告中，专家总结出了这些学生的五大特点：① 极其努力；② 乐于学习；③ 不过分看重分数；④ 对某些事物有较大的兴趣与热情；⑤ 父母热心参与其校内外活动。

《哈佛告诉你》——陈祖芬：

哈佛的博士生，可能每3天要啃下一本大书，每本几百页，还要交上阅读报告。

哈佛的学生餐厅，很难听到说话的声音，每个学生端着披萨、可乐坐下后，往往顺手把大衣扔在地上，然后边吃边看书或是做笔记。

哈佛的医院，同样宁静，同样不管有多少候诊的人也无一人说话，无一人不在阅读或记录。医院实在也只是图书馆的延伸。

于是——

哈佛产的诺贝尔奖得主有33位。

哈佛产的美国总统有7位。

哈佛的校园里，不见华服，不见化妆，更不见晃里晃荡，只有匆匆的脚步，坚实地写下人生的篇章。

观察一所学校：

近 20 年来，全球五百强中，从该校毕业出来的董事长 1000 多名，副董事长 2000 多名，总经理或者董事一级人才高达 5000 多名，世界上没有任何一家商学院能够培养出这么多的最优秀的领导人才。

在西点军校两百多年的辉煌历程中，培养了众多的美国军事人才，其中有 3700 人成为将军，还有更多的人成为美国的政治家、企业家、教育家和科学家。

美国西点军校：

三大座右铭："责任、荣誉、国家"。

决不推卸责任；

荣誉即吾命；

忠诚胜于能。

国际文凭组织使命宣言：

国际文凭组织的目标是培养勤学好问、知识渊博、富有爱心的年轻人，他们通过对多元文化的理解和尊重，为开创更美好、更和平的世界贡献力量。

《国际文凭学习者培养目标》

国际文凭学习者努力使自己成为：

·探究者

·知识渊博的人

·思考者

·交流者

·有原则的人

·胸襟开阔的人

·富有同情心的人

·敢于冒风险的人

·全面发展的人

·反思者

普林斯顿大学对本科生的 12 项期待：

·具有清楚地思维、表达和写作的能力

·具有以批评的方式系统推理的能力

·具有形成概念和解决问题的能力

·具有独立思考的能力

·具有敢于创新及独立工作的能力

·具有与他人合作的能力

·具有批判什么意味着彻底理解某种东西的能力

·具有辨识重要的东西与琐碎的东西、持久的东西与短暂的东西的能力

·熟悉不同的思维方式

·具有某一领域知识的深度

·具有观察不同学科、文化、理念相关之处的能力

·具有一生求学不止的能力

韩国大元国际中学——1984 年创办的私立学校：

学校以"知、仁、勇"为校训，以"培育未来全球领导人"为办学目标。

所有学生在校三年期间都必须学习韩语和英语，同时在汉语、法语、西班牙语、德语中选择一门作为第二外语。

要求学生每年必须学习大约 14 门课程。

一个普通大元学生每天的学习时间大约在 14 小时，从早上 7：40 至晚上 10：50。

2008 年《纽约时报》报道，大元学生 SAT 考试平均分达到 2203 分，而满分是 2400 分。

新生入学教育，学生必须学习《高效能人士的七种习惯》这本书，帮助他们建立起对未来与自我能力的自信心。

高一年级就开始进行大学入学的相关教育，明确未来的目标。

获得"全球领导人计划"证书的条件：

（1）学生要进行 20 小时以上的领导力教育。

（2）学生要有突出的外语能力，掌握英语、第二外语，托福英语成绩至少要达到 100 分（满分 120 分）。

（3）学生要有在国内和海外的志愿者服务经历，特别要去一些贫困地区开展服务，累计时间必须超过 100 个小时。

（4）学生要博览群书，在校期间要阅读 50 本以上的外文原版书籍，再加上阅读本国的经典著作，必须达到 100 卷以上。

（5）为了增强学生体魄，学校要求学生经常去学校后面登山，至少要攀登 20 次以上。

几个国家大学入学考试作文题：

新加坡的高考作文题：

（1）科学提倡怀疑精神，宗教信仰镇压怀疑精神，你对此认可多少？

（2）中国的崛起是近年来对世界的最大的威胁，请评论。

（3）哲学只是提问而并不回答，为什么学习它？

（4）全球变暖会如何影响今后的政治？

（5）阅读幻想小说只是对现实的一种逃避，除此没任何其他意义，你同意吗？

（6）外国人对你的国家带来的问题比他们带来的利益多？

美国芝加哥大学的作文题：

想象你是某两个著名人物的后代，谁是你的父母呢？他们将什么样的素质传给了你？

法国文科高考作文题：

（1）感知能力是否可以来自教育？

（2）能否说："所有的权力都伴随以暴力？"

（3）评述萨特《伦理学笔记》中的一段文字。

法国理科高考作文题：

（1）艺术是否改变我们的现实意识？

（2）"我是谁"这个问题能否以一个确切的答案来回答？

（3）评论叔本华《意志与表象的世界》中的一段文字。

美国大学校训：

约翰·霍普金斯大学校训："真理必将使你获得自由"

加州大学伯克利分校的校训："愿知识之光普照大地"

芝加哥大学校训："让知识充实你的人生"

宾夕法尼亚大学校训："毫无特性的学习将一事无成"

纽约大学的校训："坚持与超越"

柏林洪堡大学的校训：

"哲学家们只是用不同的方式解释世界，而问题在于改变世界"

巴黎理工学校的校训：

"为了祖国的科学和未来"（拿破仑所提）

西南联大的校训：

"刚毅坚卓"

台湾大学的校训：

"敦品励学，爱国爱人"

厦门大学的校训：

"自强不息，止于至善"

办学实践

　　30多年学校工作实践，自觉一直奔波在进步和创新的路上。一所理想的学校，不一定是完美的，但一定有着它独特而优秀的品质，这一直是我心中办好一所学校不变的坐标。

　　南京师大附中，在承续传统中锐意创新，用课程改革领跑，学校成为全国课程改革的热点，这所百年名校抖擞精神书写出新的精彩篇章。

　　深圳中学，中国第一所学术性高中育人模式的建构与实践，让人们对这座创造奇迹的城市的高中教育涌起了热望。

　　深圳科高，中国第一所科学高中，趟出了一条把普通高中建设为国际化特色高中的新路。

　　深圳万科梅沙书院，构建了培养具有中国精神的世界公民与未来领袖的育人模式，中国的国际化高中开始了"创造成就未来"的旅程……

　　南京市第十三中学，南京解放后人民政府创办的第一所完全中学，尽管当时静卧在鸡鸣寺后的西家大塘，但是为了荣誉和责任，我们"志远行近"，我们"务实求高"，用专业与奋斗，创造自己的辉煌。

　　"站在高处，先行一步"，团结奋斗，科学奋斗，快乐奋斗。

汉开书院

2016 年 5 月 6 日王院长在南京汉开书院办学发布会上发表讲话

2021 年 1 月 3 日王院长在盐城汉开教师签约仪式上发表讲话

好学校，真汉开

今年中考成绩出来之后，听到两个话题：第一个，没有分数，那还是好学校吗？第二个是我们家长提出的，如果只有分数，那还是汉开吗？

这两个问题提得都很有意思。没有分数，那还算好学校吗？从教育规律来说，从世界教育的发展趋势来说，没有好分数，何谈好学校。从办学的第一天我一直问自己两个问题：好学生、好学生的家长，为什么要选择汉开？或者说选择了又离开？第二个问题，好的老师、好的教育领导者，为什么选择汉开，或者是离开汉开……

回到我们的初心上，汉开书院的使命是通过出色的学术教育与领导力培养，造就具有中国精神的世界公民与未来领袖。南京汉开，善育英才。她，从大汉走来，向世界盛开，教贯中西，学会理解，创造未来。字字珠玑，一字不易，每个字，每个标点都是必须的。汉开书院的愿景，创办出让校友们骄傲与欢笑的学校。当校友们离开了院长、老师的控制、教化，与海内外的才俊在一起交流讨论之后，想到汉开，他们有温暖的记忆与故事，有让他们骄傲与自豪的思想和成就。这是汉开的初心、使命与愿景，这是这所学校高高地屹立在世界上，成为灯塔的理由，这是她的灵魂，她的基因。

什么叫好学校，真汉开？

好学校，通俗一点说就是在简约大气中见雅致与厚实。我认为好学校校风正、老师好、质量高。

非常好的学校还有什么？第一，环境优。包含了设施设备，包含了学校特别的设计，比如到了汉开，从校树开始，学生到处感受到唤醒的力量，让人感到热气沸腾。热气沸腾就是这个学校能唤醒人，让人充满斗志勇气，这个是非常难得的。第二，远见明。这个学校是国际化的，是独具特色的，她有远见，一到这个学校就看到了未来，一到这个学校就看到了世界。

综上可知，第一，在简约与大气中见雅致与厚实，这是汉开的文化；第二，在汉开看见了未来，看见了世界，这是好学校。

什么是真汉开？

我们在2016年提出汉开之问，13年之后，初一的学生研究生毕业，那时的中国与世界怎样的人可谓人才？怎样的人生可谓幸福？在座的老师的孩子有不少在读书，有的孩子即将进入学校。老师们，你希望用13年的时间、精力、财富，却培养出一个未来可能被机器轻易取代的人吗？我们经常放美国波士顿公司造的最新的机器人的视频，这个机器人关节的灵活度，落点的选择都令我们叹为观止，他跳跃时落在每一个箱子的边上，既没有落空也没有画圆，说明他知道最佳的落点在哪里，知道怎样可以花最小的力气落到最平稳的地方，而且可以很轻松地单腿做到。

美国实行了一个奶嘴计划，例如发明游戏，让一群无聊的人整天打游戏，打得半死不活，打得茶饭不思；除了开发大量的游戏，还有拍摄无聊、无厘头的电视剧，让人们一看就看半夜，比如韩剧、港剧，看得第二天精神不振；让人们拼命去刷屏，有人在大课间的时候刷屏，刷个不停，一年刷到头，从早刷到晚，从年轻刷到年老，这样的人还剩下什么？什么都没有剩下。今天我们选择汉开，选择"明辨不惑，力行有品"，我们是要一起走向未来的，我们要培养一个未来的主人。因此这是我们提出的汉开之问。

现在的学生的未来是什么？

这是汉开人的模型，高高抬起的是它的价值判断、价值选择，另外就是思维能力和创造性解决问题的能力。我们把"价值、思维、力行"这样的人，称为有丰富生命力的人。对汉开来说，人是现在的人的未来，不是未来人。

谈到核心发展力，我们说"好学校，真汉开"，离不开的是优秀的教师。而我们用来吸引优秀老师的是什么？四句话：第一，收入不错。南京汉开要保持比同城

（价值）

（思辨）

（力行）

具有丰富生命力的
汉开人

同类同级的学校同岗位的工资高出 20%，淮安要超出淮安地区的 30%；第二，人际和谐；第三，专业进阶；第四，未来可期。

未来可期不仅仅是指学校，也指个人。要达到这样的目标，有几个核心的问题：

第一，学校各项工作需要优化。所以不叫有效的领导，而是优效的领导。这里面涉及制度建设，有人没有制度，这个人是空洞的，人后面一定要有制度、机制、指南、规范、清单、流程、责任、评估、积分，所以我们讲，一个伟大的企业，他一定有伟大的制度，没有伟大的制度，就没有伟大的企业。今天这么多的管理干部在这里，请问各部门有新的科学的针对性的并且有用的制度、机制、指南、规范、清单、流程、责任、评估、积分吗？如果没有，那么我们还会重复昨天的故事，整天忙个不停，东倒西歪，最后重要的工作总是做不到位。

第二，相宜的文化，核心价值。我们怎么建设与汉开的相宜的文化？汉开近几年来都有一些新人加入，他们怎样来引领自己适应汉开的发展。我想起一位著名的大师级的模特说的话，他曾经做模特，后改做服装，创办了自己的品牌服装，他说："如果你不脱下原来穿在身上的衣服，你就穿不好我的服装。"这句话我听了深有体会。有一次我出去买西服，我从2016年到现在只穿一件西服，想想不能三年来就一件西服，一条领带，应该要有点新面貌。试衣服时穿的 T 恤衫，我把西服就套在外面，回家以后里面再穿衬衫的时候，发现西服就不那么合适了。然后我脑海里就想到我好多年前看到的一本书里，这位大师级模特说的话。

对于那些新加入汉开的老师，新与旧不是以时间划分的，即使今天刚到汉开，但是以一种开放的胸怀，悦纳新的环境，新的同仁，新的自己，好像早就到汉开了，因为我们神交已久，我们在梦中相遇。汉开的文化不是于早于迟的，因此我们要进一步地建设它。我总说一句话，你要往前走，就必须离开你脚下的位置。所以对来到汉开的人来说，我们必须要有开放的胸怀，来迎接汉开这个面向未来的学校。

第三个是看得见的阶梯。每个人的事业、收入，要看得见，要知道自己在汉开发展的路径是什么。看到巴金的《家》《春》《秋》，那个老爷爷想把年轻人关住，那是不可能的，在这个世界，父母关得住儿女吗？领导关得住部下吗？我们要考虑个人、部门的阶梯，一个年轻的老师、职员到这里来，他三年之内会怎么样？三年之后又会怎么样？他会看到有合格的老师，有优秀的老师，有骨干的老师，有杰出的老师，有领军的老师。我们的职员呢？我们部门呢？部门与书院都要有看得见的阶梯。比如行政部，如何让所有行政部的人看得到部门发展的明天呢？我们会有什么样的进步？我们会受到什么样的奖励？我们会有什么样的机会？**真实的优效的改进**。

刚才说核心是我们不忘初心，要做一个有营养的学校，这个营养就针对当下的教育的痛点，我们要成为一个灯塔学校，要成为老师的希望，学生的希望，教育的希望，要成为南京、江苏、中国一流的学校，这是我们的目标之一。南京汉开要立志成为中国的教育案例，有些东西已经成为或即将成为中国的案例——我们的校歌已经被剑桥大学作为中国唯一的一首校歌收入。

我们做方案，需要强调的是理念的落地，四梁八柱，做好关键的问题。理念是一个大屋子，要用四梁八柱把它撑起来，方案必须是具体的，指向最关键的问题。所以，要建构好汉开的底层逻辑。底层逻辑、基础建设做不好，这个学校是不能长久的。在古代的兵书上，经常有人出奇兵，甚至有人说守正出奇。古代从孙子一直到近代，用奇兵的前提是什么？走正道，守正规。你必须是一个正式的正规的部队，才能偶尔用奇兵，经常用奇兵是不可能取胜的。就像我们练书法，一定要先练好正楷，然后再练其他的字体，是一样的道理。所以 2.0 时代我们要把先进的理念落地，要建构四梁八柱，同时这个问题我想特别强调，要让教职员工享受工作，享受汉开。

真实优效的改进还要提出奥卡姆剃刀原理。即减去多余的，合并重复的。把几粒米从整桶糠里面拿出来，我总举这个例子，几粒米放到一桶糠里面去，现在请把几粒米从一桶糠里面拿出来，用奥卡姆剃刀把多余的不重要的东西全部减去，才能留下最重要的。最重要的事情是课堂，怎么上课——深度备课。怎么培养老师——深度备课。因此，深度的集体备课应该成为汉开 2.0 时代第一件重要的事情。第二件事情，班主任和导师对学生的有效地引导。我们讲的是班级的领导力量，学务部对重要的活动必须设有专门的人员，对学生、老师进行解读、辅导，否则做一个活动，只有活动的形式，没有活动目标的实现。

第二，真实优效的改进还要提出狐狸与刺猬的故事。故事中说，狐狸知道许多事，刺猬只知道一件事。狐狸碰到危险的时候，他头脑很灵活，善变，主意很多，刺猬不管遇到什么，浑身一卷，直滚，碰到他就戳你。这句话在管理上给我们什么启示？动作要少，少就是多，汉开要做减法。

此外，**不能用制造问题的方式去解决问题**。过去有那么多的问题，问题是怎么制造出来的？如果现在还用制造问题的方式去解决新的问题，那问题解决不了。要拿到结果与贡献，这是做计划、改进、优化 2.0 的唯一的目标。

最后，有几句话，**挑着担子跑得快**，这是大智慧，来自于民间，通俗易懂。请注意，挑着担子就是肩负着一个任务，这时候跑得最快。**一个新的任务，培养一种新的能力**。请注意，是担子，担子是有重量的，是具体的，不是说挑着口袋跑得快。你挑两个口袋不但不快反而更慢，因为口袋兜风，所以一定有一个真实的任务，才能跑得快，才有进步。

实力与微笑，汉开一定要做到。这是我们今年提出来的，要清晰地奋斗，科学地奋斗，团结地奋斗，幸福地奋斗。

最后，做到位才是基本，做到最好才是卓越。

（摘自王占宝校长在汉开教育 2.0 研讨会上的发言，2019 年 7 月 11 日，根据现场演讲录音整理）

面向未来的高中教育

·在移动互联网与人工智能技术越来越成熟的情况下，我们的教育观念该发生怎样的改变？

·在不确定的时代里面，哪些东西是确定的？

·高中应该"高"在何处？

·中国的高中应该可以做怎么样的改进？

·作为以数理为特色的高中，文科怎么办？

·深圳市的民办高中可以达到什么样的高度？民办高中能与公办高中PK 吗？

……

相信这是很多教育者与家长都面临的困惑。孩子们的幸福是所有家长的期待。但大家都知道，幸福是有一个成长过程的，就好像一座冰山，我们看到的只有 1/8。所以当我们欣赏一个孩子，说他是幸福的、快乐的、有成就的时候，就意味着我们有 7/8 的东西是在前面做基础。

又好像一棵树，我们欣赏一棵大树，希望孩子们像大树一样成长。但是你欣赏大树的时候，你一定要看到大树下面的根，扎得有多深，深得有多远。

从这个角度来说，我们培养孩子要考虑一个问题，我把它称为"汉开之问"。为什么呢？今年要参加中考的孩子，高中 3 年、本科 4 年、研究生 3 年，研究生毕业，已经是 10 年以后了。

那么 10 年之后，到 2031 年，那个时候的中国和世界是什么样的呢？那个时候什么样的人可以算是一个人才？什么样的人生是幸福的呢？

这个时间并不遥远。高中的时间实际上是非常短暂的。

我们知道，未来最大的特点就是移动互联网与人工智能技术越来越成熟。在这样的背景下，我们的教育观念必须发生很大的改变。因为这个时代的变化太快了，我们不能再用自己做学生时的教育要求来看现在的孩子。

第一个，未来不是要灌输信息。我们要教学生判断、选择信息。在这个诱惑多多的时代里，学会选择和判断，并不是一件容易的事情。所以说，如果一个学校仅仅是刷题和机械的记忆，那完全是脱离时代的一种教育。

第二个，我们现在不应该看重具体的工作技能，而要强调通用的生活技能。因为，具体的技能，人工智能基本上都能取代。日本和我国的很多专家都在探讨，在 10 年之内的未来，40% 的工作将会被人工智能取代。在这样的情况下，所谓"高中"，就是中学的高级阶段，应该为人高标准的打下基础。这个基础应该是"4C"：批判性思考（crtical thinking）、沟通（communication）、合作（collaboration）、创意（creativity），这才是未来通用的技能。

第三，建构与持续优化底层的逻辑。在不确定的时代里，哪些东西是确定的呢？底层的认知和能力是最重要的，有它，以不变应万变。

第四，"不连续"的时代需要不断"重塑"自己。我们知道，在以前，人的一生基本分两个阶段，第一个阶段是学习，第二个阶段是工作。而现在、未来是要不断重塑自己的。未来的人才，我把它概括为这样一个模型：高高抬起的是它的价值判断、价值选择，另外就是思维能力和创造性解决问题的能力。我们把"价值、思维、力行"这样的人，称为有丰富生命力的人。

所谓丰富生命力的人，就是底层能力强大，可以不断"重塑"自己，使用环境、引领环境的人。这样的人正是汉开数理高中所选择的，我们期待着汉开数理高中是一个"目中有人"的教育，而不仅仅是"目中有分"的教育。

有人说，现在中考迫在眉睫，只要考一个好学校就行了。好学校就意味着每一个孩子都有好的未来吗？未必！

我们今天探讨一下，如果我们关注的不仅仅是 15 岁的中考，18 岁的高考，我们想到 28 岁的就业，38 岁的立业，48 岁的事业，58 岁要退休了，如果我们从这样的长度来看，我们的中学教育、高中教育，我们要关注什么呢？

无论是在深圳中学、深圳科学高中、万科梅沙书院，还是深圳汉开数理高中，做了一辈子的老师和校长的我，都是不断地贴近教育规律，希望通过教育帮助孩子们增值，希望培养的孩子是具有丰富生命力的。

就好像我在深圳中学做校长的时候经常说的一句话："要让孩子们的经历与努力，实力与活力，当下与未来，相统一，既精彩又充实""华而又实的人生经历"，这才是我们做教育、做老师应该追求的。

也就是说，深圳汉开数理高中，她要走第三条路，要以自己的美来帮助学生实现人生之美。

我们的高中跟初中相比较，它应该"高"在何处？

首先要看"痛"在何处，才知道应该"高"在何处。"痛"，我们感觉到好多的学生学习不入门，他很辛苦，但是苦得没有价值，苦得没有乐趣，这是中国广大学生最为让人唏嘘不已的方面。

付出了青春的代价，那么辛苦，但是，他基本还处在刷题，机械的记忆阶段。你问他语文有什么学科思维吗？他不知道，他就是背书写作文。你知道政治、学历史怎么去学？为什么有的孩子数学始终学不好？因为他没有理解这个学科的思维与规律。

我们学过一篇文章，叫《庖丁解牛》。庖丁为什么解牛解得那么熟练呢？因为当他解牛的时候，他眼中知道牛所有的结构，知道关节在哪里，知道筋骨在哪里，因此触类旁通，举一反三。

中国教育之"痛"，我个人把它打成一个比喻：学问是一片大海，而我们中国的孩子，许多孩子在老师的带领之下，就在浅浅的海滩上拼命奔跑，来回奔跑，天天奔跑，但他没有进入到大海的深处，他没有进入到深度的学习。

那么，深度学习是什么呢？**我们说高中，应该"高"在提高学生的底层能力上。什么是底层能力呢？**我想问一下大家，口、手、脑三大能力，如果让你来选择一个，你选择什么？脑。

为什么？口和手都可以被机器取代，唯有脑，目前还达不到。霍金不能说话，坐在轮椅上，但他是爱因斯坦之后全球最伟大的物理学家，为什么？他有脑在。

世界上有两门最重要也是最古老的学科，就是哲学和数学。哲学代表了对事物全面的分析能力，数学代表了对事物的解决能力。哲学和数学等于给孩子的大脑装一个高配的底层操作系统，就好像电脑和手机出厂时候的配置一样。

而这两个学科，我做了几十年的校长，我知道，中国的学校对哲学、逻辑、数学严重的忽视。有人说数学怎么忽视呢？我们的数学重视计算，但他还缺其他的东西。

有人知道1月14号是什么日子吗？在世界上这可是一个重要的日子，但是我们中国的学生，10个有9个不知道。联合国教科文组织第4届会议宣布1月14号为"世界逻辑日"，这是由活跃在数学、哲学、计算机科学、工程学、经济学和认知科学领域的大学、研究所、基金会和协会的人提出来的。

为什么我们中国的学生学得那么辛苦，但是不得法，为什么？因为到现在为止，我们的中学里面，还很难看到逻辑方面的课程。

我们看物理。很多学生就知道做题，他没有回过头来看这个学科，像庖丁解牛一样去审视它。

数学代表了生活中最基本的逻辑思维，运用数学的思想观点和方法去思考问题，分析问题和解决问题的思维活动的能力。

我们都知道编程，逻辑是编程的基础，而数学就是逻辑的基础。

说到这里，我们可以确定：**数理思维是每个孩子的"底层能力"，是科技时代基本的素质要求。**

当你们听我说了这么多的时候，你们肯定想：原来，广东省深圳市第一所数理高中是基于这样对教育规律，对当下教育的痛点与未来发展的趋势的理解以后产生的。

推荐家长可以给孩子们看两本书，一本叫《万物皆数》，从史前时期到人工智能，跨越千年的数学之旅；《金字塔原理》，这是一本教人们写作的书，是教人更清晰地表达、思考、写作、解决问题的逻辑。

这就回答家长们的一个问题，汉开数理高中，文科怎么办？请你们看，金字塔原理是教人们写作、思考和表达的，文科也需要思维，有了数理思维的文科学习，效能将会更高，成绩更好。更不要说考文科的人，他的数学是有明显的优势。

实际上，数理高中的未来，是一个精英高中，它是培养人的底层能力的。所以文科不但不是她的痛点，而是展示比其他理科学生更优秀的秀场。

实际上，数理高中，我们也可以换个名字，它叫哲学与逻辑高中、思维高中、底层能力高中、增值高中，就是通过思维能力，解决问题的能力，与良好的习惯来实现人的增值。因此，未来在我们的学校里面，思维能力，创造性解决问题的能力，良好的习惯，是学校学生立基的三根支柱。

数理思维在汉开哪些方面实现呢？在她的培养目标。我们要通过出色的学术教育与领导力培养，造就具有中国精神、以数理为优长的世界公民与未来领袖。为什么叫汉开？Logo 中间是汉朝的瓦当，外边的圆象征着地球，学校培养"中国心世界眼光的人，从大汉走来，向世界盛开。"

学校以研究性教育学为教育的策略，加强学生数理与工程思维能力的培养，使学生形成"通过建立模型，使用技术解决问题，改变生活"的素养。汉开数理高中的学子，他应该成为未来全球社会中，谨慎的冒险者和富有创造力的问题解决者。

汉开的校训叫"明辨不惑，立行有品"。中国的"道"是首加走，"首"就是思考，"走"就是行动。因此汉开的校训也可以概括为：思考、行动。

"汉开"，意味着这个学校是教贯中西的，用中西的精华，中西的思维，来学会理解创造未来。她的课程结构分为国家课程体系、国际课程体系（采用剑桥国际高中的课程系统）。汉开开设了自己开发的文凭课程，有高端学术课程，数理优长课程，研究性课题、学习课程、领导力课程。同时学校还为每一个学生定制了特需课程、生活课程和环境课程。

汉开的数理思维不是空洞的，它落实在课堂里面，在课堂它是有保证的。就是"4+2+3"，它们是什么呢？

·汉开的课堂有 4 个工具：方格笔记本、思维导图、汉开汇、平板电脑；

·2 项教学策略，尝试教学法，美思教学法；

·3 段流程：明标、探标、达标。

每一堂课都是有这样合理的结构，不是老师随意的教学行为。

汉开数理优长的课程，体现在特色的实验室与选修课程，有数学建模实验室、数学创新学习实验室、数学探究实验室，人工智能实验室、物理创新学习实验室、化学、生物创新学习实验室。

每一个老师的教学方法，分为核心（尝试、思维、审美）、原则、基本环节、实施要点，每一堂课都要落实数理思维的办学特色。评价的时候，会拿着这张表去对标教师的课堂。

数理高中的数理特色还体现在定制的工具和机制里面。有汉开讲堂、汉开读本、汉开讲义，汉开领导力、成长工具，领导力的培养是通过工具和机制来实现的。每个学生一本效能手册，有成长档案，有《追光记》，阅读名人传记并且写自己的成长传记，0.5 的锦囊卡。

同时我们还有汉开良习。汉开的学分制体现在三种文凭上：有普通高中毕业文凭，还要再增加 12 个学分，才能获得汉开数理高中毕业文凭，要增加 15 个学分才能获得数学高中荣誉毕业文凭。

汉开的数理特色还体现在教师上面。教师主要是来自国内外优质高中学校的特级教师、高级教师，省市优质课一等奖获得者，学科带头人、教学能手等。

现在已经签约中外教师 73 人，国内课程系列高考的师生比是 1:8，教师平均年龄 38 周岁，平均教龄 17 年，45% 以上的教师是研究生学历，70% 以上的教师获得市区骨干教师赛课的奖项，92% 以上的高考学科教师具有任教高三年级的经历。每一位老师最后要通过我的面谈，才能得到汉开数理高中的任职资格。

我在跟每一位老师交流的时候，都有一种收获的喜悦，由他们来带我们的学生，我是充满信心的。

这些老师我有什么特点？第一个是怀揣理想。能到汉开数理高中来敲这个门的，一定掂量过自己的实力、自己的魅力。

同时他们年富力强。他们是心智成熟的，他们是稳定的，他们是具有专业价值的。我可不想在我这个时候办一所学校而晚节不保。我们希望每一位老师都能理解、实现学校的办学设计。

同时，汉开的数理特色还体现在学校的文化上。我们对老师的要求是三个维度：**学术素养、专业精神、审美情趣。**

我们要求老师们团结奋斗、科学奋斗、快乐奋斗。学校对老师的评价是质量立校，质量立人。我们是一支球队，赢球是我们的荣誉，更是我们的责任。作为一所民办学校，不是光谈理想，要把你的办学成就，把学生的学业和人格的发展奉献出来。

汉开的办学理念数理特色，还体现在我们对学生的期待里。我们希望汉开的学生有思想、有教养、能探讨、能长跑。每一个学生都不能低于3000 米，3000 米长跑是汉开所有学生都必须要经历的。除了长跑，还有引体向上等，学生都必须达标。

不睡懒觉、不请家教。**叫醒一个人的不是闹钟，而是他的梦想和规划。**一个真正连星期天的早晨都不睡懒觉的人，那是非常了不起的人，非常自律的人。

不请家教，我们是一所寄宿型高中，所有学生的学习要求，学校全部满足，不需要再请家教，把家长解放出来。

同时，我们对学生的理念："每一个都重要，每一个都被需要；我是汉开人，请看我可能"。成长看得见，是学校德育工作的基本理念，因此在这个学校，老师是亦师亦友的。

我们对老师的期待是什么？第一让学生喜欢我这个人，第二让学生喜欢我的课堂，第三让学生喜欢我任教的学科。

我们的办学特色体现在期待里面，这是汉开所有老师和学生都知道的，叫"实力与微笑，汉开的风貌"。深圳汉开数理高中，未来科学家与工程师的摇篮，是一所让校友们骄傲与欢笑的学校。

最后我小结一下，汉开的优势体现在三化五制。
三化：特色化（数理特色、底层能力特色）、小班化（每个班不超过40个学生）、国际化（学校里面有国际体系，也有国内课程体系，即使国内课程体系也有国际性的元素）；
五制：寄宿制、导师制、汉开文凭制（汉开的数理特色课程，包括德育课程）、积分制（良好的习惯）、学分制（良习要看得见）。

让我们一起探讨：
·中国的高中应该怎样改进？
·中国的高中家长可以怎么样在前人的基础上超越前人？
·怎么样让中国的孩子，让深圳的孩子在高中阶段得到他们应该得到的，与我们这个城市相称?
如果深圳市，深圳的高中不能为人才的培养，不能为我们高中教育的改进做一点点探索和贡献，我认为就太遗憾了，我们就愧对这样的名字，我们一起努力!

（摘自王占宝校长在深圳汉开数理高中办学说明会上的演讲，2021 年 5 月 23 日，根据现场录音整理）

深圳科学高中

2012年9月9日深圳科学高中创校校长王占宝在开校暨开学典礼上挥舞校旗

站到学科前沿巨人的肩膀上

今天我们汇聚在一起，参加深圳科学高中的《2012 年学科前沿发展报告》的发布会。尽管外面春雨潇潇，科高图书馆里却洋溢着兴奋和激动，这是我们共同的历史时刻，我们见证了一所开学才 7 个月的高中，发布了学校老师和同学所作的全球视野的年度学科前沿发展报告。我很激动，这是我三年来的一个梦想，作为一位中学老师、一个校长，能在自己任职的学校里参与这样的发布会，真乃荣幸之至！

前两天我和实习老师聊天时问到，你们在北京、上海、吉林、武汉做过这样的工作吗，关注过所在学科的前沿吗？很多老师不能明确回答。中国很多大学，在本科乃至研究生教育里，可能并没有系统研究过所学专业的学科前沿，更遑论系统关注相近学科的前沿。

在我以往的人生经历里，也到过很多学校，到目前为止，我还没有听说过有一所中学做过各个学科的前沿发展报告，无论是东方还是西方。但在中国第一所科学高中——深圳科学高中做到了！

刚才刘明亮同学和胡曼玲同学的发言，已经让我们感受到参与这样的课程对他们的人生态度和学术精神产生了怎样的影响，当我看到老师们庄重而又骄傲的神态，家长们欣喜而又自豪的眼睛，我真切地感受到教育可以如此神圣，如此生动，如此温暖，如此美丽。教育，就应该是这个样子！因此，如果你现在问我富有成长价值的高中教育在哪里，能让人感受到进步和快乐的学校在哪里，我会说，在这里，深圳科学高中，可以算一个！

对中国中学教育的历史来说，应该记下这难得的一笔，这是中国教育史上的骄傲；作为校长，这当然也是我终生的骄傲。

前沿，意味着什么呢？

列位都知道，中国是一个纺织大国，也是服装大国，纺织、印染历史悠久，技术也曾独领风骚，黄道婆是中国历史的骄傲。但是近些年来，我们的纺织、服装业日渐式微，在时尚界寻寻觅觅也难以发现中国本土品牌，中高端市场里几乎都是洋名的贴牌。泱泱大国，却没有属于自己的时尚名牌；中国的服装要贴上外国的名字才能卖得出去，真是莫大的悲哀。

但是这几天，突然眼睛一亮——第一夫人彭丽媛精彩优雅的亮相对中国服装业产生了惊人的拉动力，近日中国股市上服装板块大涨；世界也惊奇地发现，在中国还有这样既有东方魅力又有世界时尚气息的服装设计和制作。这是因为中国广州"例外"服饰公司，他们走到了世界服装与时尚的前沿，第一夫人在"前沿"对他们的产品进行了自然、生动的演绎。

我想再举两个比较熟悉的学科为例来说明。

人文学科我举"政治"这个学科为例。传统的"政治学"的学习法，常见的是划重点、记重点、考重点——陈旧的、说教的、自我解释的重点。

但是，在政治学的前沿，我们发现到政治人类学、政治心理学、政治传播学、政治地理学、政治人口学、民族政治学、生物政治学等等。

我们再来看看科技发展前沿。

人类社会到现在为止发生了五次科技革命。

在16世纪和17世纪，以伽利略、哥白尼、牛顿等为代表的科学家，在天文学、物理学等领域带来了世界第一次科技革命。这场前后经历144年的科技革命是近代科学诞生的标志。

18世纪中后期，蒸汽机、纺织机的发明及机器作业代替手工劳动，带动了第二次科技革命，人类进入了机器时代。蒸汽机的广泛使用推动了英国的工业革命与现代化。

19世纪中后期，以电力技术和内燃机的发明为主要标志的第三次科技革命，带动了钢铁、石化、汽车、飞机等行业的快速发展。人类进入了电力时代。

19世纪中后期至20世纪中叶，以进化论、相对论、量子论等为代表的科学突破引发了第四次科技革命，也促进了自然科学理论的根本变革。

到了20世纪中后叶，以电子计算机、信息网络技术的出现为标志，进入了第五次科技革命。人类进入了信息时代。

科技革命现在还在持续地发展，世界正处于新科技革命的前夜。你知道你任教（学习）的学科在哪些领域未来可能发生重大突破吗？如今，人类又站在了最新科技革命的前列，新的革命即将到来！但是我们对它又了解多少呢？

如果你是一位物理老师，你知道牛顿，你知道爱因斯坦，你也应该知道塞尔日·阿罗什（法）与大卫·维因兰德（美），萨尔·波尔马特（美）、布莱恩·施密特（美澳）和亚当·里斯……

我们的教育基本上已经习惯于重复昨天的故事，要把前沿变成课程和教材要用太长的时间。

亲爱的老师，你是1980年代的老师？1990年代的老师？2000年代的老师？2010年代的老师？还是2020年代的老师？

你尽管身在2013年3月，但你的教育思想，你的学科素养，你的教育策略，你的教育工具，它们是什么年代的呢？

有句箴言道：昨天的太阳永远晒不干今天的衣服。

今天如果不能生活在未来，明天就将生活在过去。

今天如果不能走到前沿，明天就将在老路上徘徊。

有人说，如果一个人倒过来活，很多人都会大有作为；因为经历了生命最后的阶段，他知道了应该怎样安排人生。人是无法倒过来活的，但是我们可以观察他人的晚年来形成我们自己的人生智慧。

有人说，我们要站到巨人的肩膀上，这样我们能看得更远。但是，如果我们只是站到历史的巨人的肩膀上，看到的还只是过去。因此，我们不单要站到巨人的肩膀上，还要站到前沿的巨人的肩膀上，这样我们可以看到现在和未来。

今年春天，在深圳科学高中年轻的校园里，我们栽下了很多果树，因为我们是一所年轻的学校，我们想让同学们了解树的种植、开花和结果，感受到春华秋实，硕果累累。校园里我们可以种果树，但教育的"果树"，学科的"果树"这些更重要的"果树"我们种下了吗？年度学科前沿发展报告，就是我们种在学科上、同学们精神上的"果树"之一，老师和同学们将会欣赏到学问里最鲜美的"果子"。

一个高中生，完全可以从学科前沿，学科思想，学科思维的角度回过头来学习过去的知识，有山巅的境界与思维，将更有利于他们攀登学问的高峰；

一个年轻老师的成长，完全应该站在学科的前沿，来引导自己学科素养的提高，从而形成自己的专业境界；

一所学校，完全可以用做更有价值的事来引领跨越，而不是亦步亦趋，循规蹈矩地缓慢前挪。

因此深圳科学高中选择在 2013 年春学期做三件大事：3 月，发布《2012年学科前沿发展报告》；4 月，将推出《深圳科学高中课程标准》，5 月，将推出由全校师生完成的《科学素养调查报告》。

通过这样的行动，让我们立在前沿看教育、站在高处办学校。作为一所中学，做这样的事情是勉为其难的，与大师们和科研院所相比较，我们是非常稚嫩的。但我们这样做，正是用梳理的方式阅读，用实践的方式理解，用展望的方式探索，这就是深圳科学高中成长的策略，也是我们行走的方式。

对我们来说，这是一个报告，是老师和同学们的一种学习方式，这也是一门深圳科学高中的文凭课程。这门课程是开放的，现在就可以开始申报《2013 年学科前沿发展报告》选修课程。

深圳科学高中的校歌是《梦在理山》，我们的行走策略是"路在脚下"，《2012 学科前沿发展报告》就是我们行走中的一步。

"梦随长路穿云端"，真美，欣赏啊！

（摘自王占宝校长在深圳科学高中《2012 年学科前沿发展报告》发布会上的演讲，2013 年 3 月 29 日）

责任与荣耀

每一天也许都是平凡的，但是平凡的日子因为世界上一些平凡的人去做的一些不平凡的事而变得特别。今天就是这样一个普通而特别的日子，5月17日，中国一所开学才250多天的学校的老师和学生们来发布由他们制定、调研、分析完成的《深圳市公众科学素养调查报告》和《深圳市中学生科学素养调查报告》。刚才诸位专家的鼓励和指导，使得作为校长和老师的我，倍感骄傲自豪。对一所中学来说，做这样的一个素养调查，在广东省乃至全国大概是第一次，因而有着特别的价值和意义。

作为校长，为什么要在今年为深圳科学高中设计这样一门课程？最初的灵感来自2011年3月11日，日本发生了里氏8.9级大地震，导致了福岛核电站发生泄露。而在3月17日，中国沿海城市发生了大规模抢购食盐的热潮，盐涨到20元一包还供不应求。随后国家卫生部表示，吃碘盐并不能有效防止放射性碘的摄入。工信部表示，食盐是完全可以满足供应的。但那段时间中国的抢盐热潮让世界瞠目结舌。

最近我们又看到了一件类似的事件。3月，上海、江苏等地发现了H7N9型禽流感病毒感染事件，与此同时，中国一种传统的神药再次陷入抢购热潮，它就是板蓝根。实际上，板蓝根只是普通的中成药，它对防毒、非典并没有真正的价值和意义。但就是在21世纪，在我们有着五千年文明史、GDP已位列全球第二的国家里还是掀起了这样令人啼笑皆非的热潮。事情的起因是多方面的，不否认有商家的恶意炒作，但是，公众科学素养的缺失和我们整个社会缺乏对与之相关的科学素养的及时普及、引导无疑有着很大关系。

20世纪初，"新文化运动"初始，我们引进了两位"先生"——"德先生"和"赛先生"，中国第一次掀起了重视"科学"的热潮。如今，中国一跃成为世界上第二大经济体，但经济的发达是否就意味着国民素质的提高和国家实力的增强呢？我们翻开历史来看，在 1840 年前，中国在世界上还是一个经济比较繁荣的国家，国民生产总值仅次于英国，位居世界第二，远远超过了德、法、俄等国。1840 年的清朝，中国的国民生产总值大概占全球经济的百分之二十五左右，基本上类似于现在国民生产总值占全球经济百分之二十二左右的美国。拥有如此庞大经济总量的中国，在 1840 年鸦片战争爆发的时候，在西方列强的大炮、军舰面前，大门很快被轰开了，中国经济迅速崩溃。由此可见，一个国家的经济总量并不等同于一个国家的强大。

当前，中国的 GDP 位居世界第二，但是公众的科学素养又如何呢？

我国 2010 年发布的全民科学素养调查报告显示，我国公民中达到国际公认科学素养标准的比例是 3.27%，这个数字不但远远低于美国的 26%，更在全世界参加调查的 40 个国家中位列倒数第一，甚至低于印度。早在 1989 年，加拿大公众达到基本科学素养水平的比例就为 4% 了；1991 年，日本的比例为 3%；1992 年，欧共体的比例为 5%。而美国在 2000 年时，公众达到基本科学素养水平的比例已经高达 17%。因此我国当前的公众科学素养水平仅达到发达国家 20 世纪 80 年代末、90 年代初的水平。这个差距是非常惊人的。我们国家这么多年来培养了很多的奥赛金牌，但是据 2012 年一次关于学生科学素养的调查显示，"85% 的初中生认为人有来生"，调查结果令人感慨万千。诚然，当前中国经济总量庞大，但大未必强；我们的学生获得的国际金牌比较多，但是我们孩子的创新素养不一定与之相当。

数据还显示，2012 年我国 18~70 周岁国民图书阅读率为 54.9%，大概一半的人读书，人均纸质图书的阅读量为 4.39 本，这是一个什么样的水平呢？严谨的国际阅读率比较研究显示，当下韩国国民人均阅读量约为每年 11 本，法国约为 8.4 本，日本在 8.4~8.5 本之间，美国约 7 本。这样的阅读量也是让人震惊的。

中国提出在 2020 年我国进入创新型国家行列的目标。当前，我国正在推进新型工业化、信息化、城镇化、农业现代化的"新四化"建设。创新型国家的建设离不开高素质——特别是较高科学素养的公民，深圳作为中国第一个创新型城市，进行公众科学素养调查，提升公众的科学素养，体现了这座先锋与创新之城的责任感和使命感。

深圳科学高中是以培养"科学、技术、工程和数学见长的创新型人才"为使命和特色的学校，它办学还不到一年时间，相比于专业的研究机构，我们来做这样一个大型的、专业的调查有着非常明显的先天不足，但是，我们为什么还要尝试去做呢？因为我们选择做与不做，首要考虑的并不是我们是否完全具备这个条件，而是基于事物本身的价值，作为科学高中是否应为社会的公众科学素养、中学生科学素养的评估贡献力量。知其难而为之，是因为我们致力于"培养会理解、富创意、有教养、能负责、善领导的高中学生"，要使我们的学生"能勇敢地发现自我潜能，不断追求超越，努力实现自我价值，以此服务社会，进而为人类文明的进步贡献力量，并且乐在其中"。**我们的理念是具体的，"科学"是我们的特色，更是我们的使命。**

我们从刚才同学、家长、老师的汇报里面，也充分感受到这样一个粗浅的尝试给他们的高中人生，给老师们的专业发展，给家长们建立起新型的家校关系发生了怎样的影响和作用。

那些参与讨论、制定科学素养问卷的莘莘学子，那些摒弃羞怯走上大街，不厌其烦地一遍遍对陌生市民进行宣传的高中生们，那些利用一个个午休去统计数据、参与分析的科高青年们，我相信，科学的种子已在他们稚嫩的心怀中生根发芽；他们会开始好奇，他们会追寻——更加理性光明、更值得人类追求的生活是什么样子的？等他们走出校园，长大成人，他们也一定会将这"科学"的火种带到世界每一个地方，去帮助他人，去影响他人。还有那些自愿加入调研的学生家长们、参与问卷调查的普通市民们……我们试图和他们分享"科学"之美，用我们的力量去影响到他们，哪怕只是一点。如此，我想，我们的行动便有了独特的价值和意义。

各位来宾，老师同学们，今年3月，深圳科学高中向社会发布了《2012年学科前沿发展报告》；4月，我们进行了科高课程标准的研讨；今天，我们又向社会发布《深圳市公众科学素养调查报告》和《深圳市中学生科学素养调查报告》，向社会提供公众科学素养量化的数据参考。一所年轻的学校努力地去做这样三件大事，作为校长我感到勉为其难，甚至有一点急于求进，但是我们又从另外一个角度考虑，作为一所新建的、特色的学校，我们能不能站在更高的起点上肩负其使命呢？因此我们把这样的三件大事，**视为责任，视为机遇，视为荣耀，视为我们的起点；因为只有起步，才可**

能达到高远；**开始过于完美，等于最终拒绝完美。**因此，我们今天开始起步了，我们把对社会的责任转化为专业的思考，用专业的思考来探究实践，在力行中践行我们的办学理念，向社会展现科高人的勇气和担当！

从中国高中教育的内涵发展来说，我认为深圳科学高中具有教育案例研究的价值，原因何在？中国还没有一所中学甚至大学来对所有的学科每一年的发展做梳理和总结，科学高中做到了！中国办了很多的"特色"学校，诸如体育、艺术、外语学校，但是我们还难以看到他们提供这些"特色"学校的课程标准，教材、评价体系等"特色"贡献。在实际生活中，"特色"逐渐变成一种应付比赛，招生的途径和方法。但是，科学高中在不到一年的时间里面已经初步建立起自己的课程标准，有了自己关于公众科学素养的调查方案，做出了《2012年学科前沿发展报告》。**这，不是自大，而是自觉，自觉承担起自己的责任与使命，自觉、及时地为老师同学的教育增值创造高端的平台与机会。**

我认为，这次科高的校本课程的实施给我们有如下启发：

1. 一所学校怎样主动承担起它应有的社会责任？

我们传统的教育，学校关起门来办学，社会投入大量资金去兴办一所学校，学校却只能让本校学生享受它的教育资源。它把社会责任仅仅理解为培养学生毕业，俟其走入社会后方能为社会服务。但是我们要问，一所学校在培养学生的过程中——即使目前仅仅只有高一的学校，难道就无法承担服务社会的责任吗？在刚才的视频中，当我看到一个清洁工人坐在水池边上阅读并填写我们的科学素养调查表，当我看到一个警察趴在车尾填写我们的科学素养调查表时，我非常感动，这不就是一个学校在主动地承担社会责任吗？这些人也许接收过许多小贩递给他们的推销广告，但他们可能是第一次接受这样一个具有专业价值的调查问卷，第一次参与这样一个具有学术价值的活动，而他们在填写调查报告的过程中感受到的科学的魅力，这对他们来说何尝不是学习的机会呢？通过参与这个活动他知道自己与科学素养的距离，科学对他的生活具有怎样的价值和意义。这就是我想说的第一点，一所特色中学完全可以而且应该利用自己的专业与特色为社会提供服务与贡献，它可以在提供毕业生之外，向社会提供更多专业而有效的帮助，并且引领教育与时代，这是特色学校的责任与价值。

2. 一所学校怎样创造一个优秀的教育环境?

在参与这样的活动当中,我们亲爱的老师们不再是站在讲台上侃侃而谈,报答案,评讲试卷,而是参与到同学们的生活里面去;我们的家长不仅仅是开家长会拿本子记下孩子的分数、名次,而是跟孩子们一起去完成一项课程;社会上的专家学者、大中学生、行业成员、旅客路人也跟我们的老师同学一起,去完成这门课程。因此,我们这样一个项目把社会、老师、家长、学生组织在一起,我们形成了一个更大的课堂,包括我们今天在这里,这堂课没有发生在校园和实验室里,而是在科学馆,这个教育环境的创设难道不会更加耐人寻味吗?

3. 一个高中生比较专业的学习难道仅仅只能发生在课堂和实验室里吗?

我们做了一个非常好的回答。我们的学习可以发生在真实的社会里面,发生在真实的生活当中。因此我们这样的课程是在社会里面完成的,社会是我们更广阔的课堂。

4. 怎样把学业发展和学生正确的价值观、人生观、对社会的关注、对社会责任的担当、对生活的热爱融合在一起?

文以载道现在是比较困难的,但是在这个充满挑战与异质体验的课程里面,同学们对社会的责任感、对他人的尊重、与他人的沟通等等都变成了课程目标,变成了我们的作业,变成了我们的作品。因此,我认为,我们这样的活动为中国中学生的品格教育提供了真实而有效的观察角度。

5. 怎样在专业的学术活动中培养学生的科学态度与科学能力?

《深圳市中学生科学素养调查报告》中一个数据发人深省。在"基本科学方法""科学态度及科学精神"项目中初中学生均明显高于高中学生。

我非常感谢刚才吴焕泉主席先生对我们数据运用的提醒。科学素养调查是一个专业性的活动。吴焕泉主席提到,广东省政府以前做过一个类似调查,耗资六十万,倾注了大量时间与人力。与之相比,我们只是起步,还需要继续努力,我们要用更加科学的方法、更加专业的设计与分析来对待科学素养调查,并且从中提高我们的科学素养。

因此,今天的发布会确切地说,应该叫"课程实施汇报会"。

6. 怎样来建构一个以高中学生主体视角的"公众与中学生科学素养调查方案"呢?

也许大家并不知道,世界上有两类诺贝尔奖颁奖晚会。除了我们熟悉的那个诺贝尔获奖者颁奖大会,世界上还有另一个搞笑诺贝尔奖。我想,众多以政府、专业机构为研究主体的科学素养调查报告里面,可否出现一个以一群高中生的眼光,以科高学生的眼光来做的调查报告呢?这对中小学生、对社会、对教育、对民族会带来什么呢?这将会是一个怎样的故事啊……

这只是一个灵感,一个建议,但即使是这样的一个方案,它也必须是科学的、专业的。因此我建议所有的课题组,要向我们的专家,向广东省和深圳市科协的领导和专家们虚心学习,但是我们又要用我们的眼睛,我们的思维,我们的学术去创造我们的未来。这样的科学素养调查方案。也许可能成为众多的科学素养的调查方案里面一个非常独特而别具价值的方案。

最后,我要感谢中国科普研究所、广东省科协、深圳市科协对本次活动的鼓励和指导,感谢兄弟学校对我们的大力支持,感谢每一个为本次活动付出了智慧与汗水的老师、学生和家长,是你们的辛勤付出让我们发现了力行之美、专业之美,让中国第一所科学高中——深圳科学高中第一次开始实施了这门课程!让我们可以为深圳乃至中国民众、中国中学生科学素养的提升略尽绵薄,让我们发现我们可以创造未来!

（摘自王占宝校长在深圳科学高中《深圳市公众与中学生科学素养调查报告》发布会上的演讲,2013 年 5 月 17 日）

在高处起飞

对于老师们来说，近些年来，"办学理念""办学特色""课程改革"这些话语耳熟能详，但是渐渐审美疲劳，因为在真实的教育环境中，我们还是处在找寻的状态中。即使不乏挖掘出来的典型，但或因曲高和寡难以为继，或因形式惊艳但实践价值不大故敬而远之，或条件奇绝而难以企及，或违背规律进退失据难免无疾而终；甚至还让人产生"教育泡沫"之虞——既抛弃了优良传统，也没有真正"与国际接轨"，只是陶醉在口号里，忙碌在折腾中，但"改革"的光环一直在熠熠闪烁。

说到这里，诸君也许会觉得我是一个常见的现行教育的苛求者和批判者，实际上，我作为中学教育的一名实践者，一直认为，**抱怨与否定是简单的，建设与力行才是伟大的，建设是更高层次的批评。**

也许有人认为我可能是一个保守派，在深圳，听说你来自内地，就可能与"保守"画上等号，如果"认为"你有"保守"的表现，那么就将你押到"改革"的审判台。实际上，作为一名追求理想教育的中学校长，我一直欣赏有价值的改革，一直致力于积极的适度的增值的改进（不是"改革"），致力于持续的整体的优化。在教育发达的国家，我们很难看到一所公立中学自主的剧烈的改革，那是不可能也是不可思议的，而且相对的稳定性是学校教育的内在规定性所决定的。

国人在焦急地等待教育的变革，越来越多的学生和家长用脚来投票，随着个人自由支配财富状况的改善、政治文明化的进程加快，学生和家长会越来越多地在世界范围内选择适合的教育，因此教育的优化的趋势不可阻挡，但是这种优化应该是尊重教育规律，具有国际视野，针对真实的教育环境，能够促进学生充分发展实现教育增值的。对中小学生来说，他们来学校不是为了"改革"，更不是为了改革家的改革，他们是来"获得"成长的、他们是来"享受"成长的,其中学业成长是重要的方面,这是学校的主要功能。

在焦急地期待教育变革的时代里,一所新建的学校应该如何有所作为而不恣意妄为?

在当下的基础教育领域,不缺理念,特别不缺宏观的教育理念,我们稀缺的是中观的教育模式与执行机制。

对于一架飞机来说,发动机是它的心脏,但如果没有起落架与双翼,再好的飞机也不能直上云霄。

因此,办学理念需要落地,理念的力量落地后才能真正体现,落地需要机制。

办学特色应该是具体的,必须体现在课程中。

为什么我们选择将这所学校定位为中国第一所科学高中,而不是可能湮没于芸芸众生的深圳市第六高级中学?原因就在于,我们尝试向中国的高中教育贡献一种特色,一种可能性,展现师生丰富生命力一个新的平台与机制。在不甚完美的现实面前,我们没有仅仅诉诸话语,而是付诸行动。怀抱这样恳切的初衷,我与诸君一同走到了现在。

开校之初我曾颇有担忧,"我校是中国第一所科学高中",这句话科高人已经谙熟于心,但能否真正做到理解与践行呢?三年后是否还仅仅只是这句话呢?!

这可不是杞人忧天。在中国,体育、艺术、外语等"特色"学校早已不胜枚举。特色学校之"特色"究竟在什么地方,非特色的学校能够从中学到什么呢,除了参与比赛,吸引生源,减少招生,增加编制,它们对中国的教育,对人才的培养,究竟有什么"特色"的贡献与引领?对社会有什么"特色"的服务与提升?

而如今,不到一年,260多天,我们把"特色"化作了具体的行动,并且赋予它机制的力量,让它稳定、长期、自动地发挥作用。

第一个行动,2013年3月,发布《2012年学科前沿发展报告》,这是中国第一份由一所中学完成的全球学科前沿发展报告。

第二个行动,2013年4月,完成《深圳科学高中课程标准》的研制(第一阶段），这是中国第一个科学高中的课程标准。

第三个行动，2013 年 5 月，发布《深圳市公众与中学生科学素养调查报告》，这是中国第一个由中学完成的《科学素养调查报告》。

也许我们孤陋寡闻，这三个行动未必是中国中学的第一，但我们不是为了"第一"才去行动，而是认为时代要求我们去做。我们自豪，是因为我们勇敢去尝试时代和学生需要但是生活中还没有先例的事。"牙齿拖汽车"式的世界第一不应该是教育者的追求，我们追求的是有教育价值的"第一"，特别在当下的中国教育生态里，我们这种自觉更是难能可贵的，尽管稚嫩，贵在责任与担当。

回首来时路，在科高，独特的课程观贯穿始终：
"我心中的西南联大·西点军校"与"发现自我，创造未来"的主题教育课程；
"自我领导"课程第一课——"种下一棵理想树"；
全体老师参加哈佛大学"为理解而教"的教育培训课程；
理山论坛，科高大讲堂，校本课程；
体系选择，学科活动，五项发明专利；
模拟联合国，先锋中学生国际圆桌会议，歌德课堂，美国游学；
走近大师课程——师生和诺贝尔奖获得者走到一起，把科高人的信念与追求和这些世界级大师零距离交流；
理山，果树，花香，咖啡味，锦鲤，图书馆也是博物馆；
办学理念系统，校歌，校徽，校旗，校报，校刊；
跑步，班歌，科高三项，国乐团，弦乐团，学生社团；
这里是你家，你喜欢来到这里，你很重要，你有丰富的机会，你每一个努力都会被鼓励；
……

深圳科学高中这些高端而富有魅力的课程，连点成线，连线成面，我们就会发现这些课程后面的路径、逻辑与原点，通过这样的理念与行为，我们不仅可以观察过去，而且可以预测未来——深圳科学高中，未来没有悬念！

那么，这些，可以给我们怎样的启发呢？

第一，它提供给我们一个观察教育价值的新的视角——教育应该如何"面向全体学生"。

我们经常说，教育要面向全体学生——常常是给予个性丰富的学生雷同的教育——这甚至被认为是教育公平的体现。传统的教育里面，学校"给教育"，学生是被动接受的；而科高是"供教育"，学生是主动选择的。学校提供丰富的、优质的、可选择的教育；学校还要指导学生选择，引导学生不仅仅根据现在的需要，更注意激发未来高层次的需要、根据生涯规划来选择。科高的课程体系、社团、活动课程等等，都是开放选择的。三个"第一"的活动中各有一百多个学生参与，科学素养问卷收回八千多份。只要你愿意，只要有兴趣，只要你需要，你可以自由选择。

第二，它提供给我们一个研究高中生学习策略的新视角——深度学习的策略。

专业课程的实施，需要相应的科学素养，科学素养的提高需要科学态度和科学方法；学生需要优化学习方式，学会研究性学习；在真实生活中的研究性学习，需要沟通合作，而这种沟通合作不仅仅发生在师生、同学之间，还经常发生在与专家、家长、社会成员之间，学习不再是一个独唱，而是一个合唱；它需要建立模型，运用工具；需要设计实验，对数据进行分析；能够从中体验到学习的独特快乐……

学习，从初中到高中，从一般高中到科学高中，从传统学习到研究性学习，科高的课程和文化，在引领学生发现认知风格，建构新的学习策略。

第三，它提供给我们一个研究老师、学生、家长、社会形成教育共同体的新视角——走到前沿，发现自我，高峰体验。

第四，它提供给我们一个研究培养高中学生公民意识和能力的新视角——在真实的生活中以真实的任务培养学生担当社会责任的自觉和能力。

《晶报》发表了一篇社论，我看了非常感动，这个从未谋面的记者，高度评价了科学高中这样一个活动的价值和意义，作者认为，怎样培养孩子们的公民意识，怎样培养他们对社会的关注、介入社会、改造社会的能力，科学高中做了一个非常好的尝试。

第五，它给我们提供了一个研究教师专业发展的新视角——国际化、学科前沿、社会担当。

当我们科高的老师们研究美国 2061 计划、美国的 21 世纪技能，研究世界发达国家和地区科学高中的课程与教学，在短短的不到一年的时间里，就已经关注 2012 年学科前沿发展，关注公众与中学生科学素养调查，关注科学高中课程标准，他们拥有了教育职业的高峰体验。

是的，**一个新的任务培养一种新的能力。**当你身处其中，去参与、去制定、去完成这些事情以后，曾经沧海难为水，那种登高远眺，天下尽收的快意，又岂是山下逡巡不前的人们所能体会的呢？因此一个老师的发展，给他的平台越高，他飞得越高，创造出的未来也更有价值。一只小鸟，可以在山脚下起飞，也可以在山顶上起飞；一盏灯，如果把它放到房间里面，一灯如豆，只能照亮一个房间；一个灯塔，放到海岛上去，去做航标灯，那么就照亮一片天地。这就是我们提供给所有老师们最重要的礼物，让大家站到一个高的平台上发展自己。

"学然后知不足，教然后知困"——走到前沿，才能真正发现距离；走入生活，才能真正发现责任；制定标准，才能真正发现目标。

第六，它给我们提供了一个研究新建组织后发优势的新视角——立意高远，顶层设计，脚踏实地。

《深圳特区报》在报道邓小平先生南巡时，曾经吸引了全世界的目光，赢得了世界的尊重。也是这份报纸，2013 年 5 月 22 日用"中国第一所科学高中的勇气与担当"这样一个标题对深圳科学高中师生所做的《公众与中学生科学素养调查报告》进行了详细报道，读完让人既有感激，也有感动，更有欣慰。

何谓勇气？勇气来自于责任。勇气不是那孔武有力之勇，也不是祖上荫功所积之勇，勇气来自于责任！因为责任，邓小平的身高并不引人注目，但他留给世界政坛的背影却又何其高大！因为责任，一所建校还不到一年的学校，它的行为可以超越几十年甚至一百多年的学校；它知道这些年轻的老师、学生和家长来做这些事情，可能勉为其难，甚至还有可能引为笑谈，但是，因为责任，它知道，必须跨出第一步，才能达到高远。如果我们一开始就耽于完美，那么我们可能裹足不前，最终将要拒绝完美。因此我们还是勇敢地起步了。因此，勇气来自责任！

何谓担当？担当来自于能力。没有基本游泳技术的人，怎敢跃入大海？他只能在池塘里比划。一个敢于到大海里去遨游的人，必定有技术、体能与自信。因此，我想说，这三件事情，体现出来的科高人的勇气和担当，来自于他的责任与能力。

我们可以说，《学科前沿发展报告》，把我们带到了学科的最前沿；《科高课程标准》的研制，我们向社会提供了科学特色学校的课程标准；《科学素养调查报告》是运用我们的特色来服务社会。这一切都具有非常独特的价值和意义。

我们所做的这些事情，我个人认为对中国的基础教育特别是高中教育多样化的发展，对人才培养模式创新，是具有一定的观察价值的。

作为一个校长，在这三个活动即将要划上一个逗号的时候，如果不表达我的感激和期待，我认为这是一个不称职的表现。

但是，我更希望表达的是期待。

首先，我期待所有科高人都要有一颗谦卑和敬畏的心。科学高中，我们的思维和行动应该是追求科学的。我们努力做出了三个第一，但并不等于我们做到了三个第一，更不等于做好了三个第一。

要看到这仅仅只是起点，还有很多问题不足。今天我们安排了这样一个隆重的捐赠仪式——把三大行动的资料赠给学校图书馆，刘玮玮馆长代表图书馆收藏赠品并颁发了收藏证书。我们就是想告诉历史，告诉后人，我们曾经在一块贫瘠的土地上怎样起步，作为第一批科高的老师、学生、家长们，作为科高的拓荒牛，我们做出了怎样的探索。我们知道自己的不足与稚嫩，但我们并没有掩饰它，我们坦然地把它交给历史封存起来，让历史记住，我们的起步就是这样的，但是我们迈出了第一步，后来的人会在我们的基础上做得更好。我相信，十年二十年三十年之后，深圳科学高中的学科前沿报告、科学素养调查、课程标准，一定会在世界上引人注目——我们的专业价值和贡献。我们就这样做下去，三十年，也许我们许多人都已不在这个学校，但是，我们一定会欣赏到科高人的责任和担当！

最好的期待，是从现在开始，超越自我，再创造新的未来！

因此，在 2013 年 6 月起，我们一方面要持续优化"三大行动"，一方面，我们要重点研究和实施五个方案：

（1）科学高中教师专业发展方案；

（2）科学高中学生综合素养评价方案（学分制管理）；

（3）科学高中教育质量管理方案；

（4）科学高中教育资源库建设方案；

（5）科学高中"网上学校"建设方案。

当年邓小平先生谈浦东开发的时候曾经说过："浦东的开发比深圳晚了点，但是起步可以高一点。起点高，关键是思想起点要高。后来居上，我相信这一点。"

不因新建而推卸，不因年轻而等待！

新建学校，可以建立起后发优势；要建立后发优势，必须转变发展方式；要转变发展方式，首先是转变思维方式；要转变思维方式，前提是站在高处、形成正确的前瞻的判断。我们可以创造自己的高度，实现跨越式的发展。这体现了深圳科学高中发展的策略。

过去的欢呼余音袅袅，迎接未来的掌声已经响起，让我们在高处起飞，创造科学高中新的未来！

（摘自王占宝校长在《深圳科学高中课程标准》研制总结会上的演讲，2013 年 5 月 24 日）

办学实践

深圳中学

2010 年 3 月 15 日深圳中学发布教育使命，提出"学术性高中"的育人模式

追求更高的境界

——深圳中学 2011 届高考揭榜之后的工作述评

2011 届高考成绩揭晓，我校取得了近十余年来的最好成绩。一位同学获得全省理科总分第一名，一位同学获得全省文科总分第二名、全市文科总分第一名，总分高分段占位情况，居全省之冠，重点本科率创历史新高。

高考成绩揭晓之后，全校师生像过节一样，脸上洋溢着兴奋、自豪的神情。这样的成绩，凝聚了全校师生特别是高三师生共同的智慧和心血，不仅体现了学校的辉煌，而且证明了每一个深中人的价值。

子曰："德不孤，必有邻。"实际上高考只是我校全部工作的一方面，最近其他方面的喜讯也让深中人感到颇为欣慰。

2011 年 6 月，深中腾讯 MIT 发明队通过层层选拔，携带他们设计的"城市出租车调度项目"，赴美国麻省理工学院参加国际中学生科技发明展示活动。他们，以实实在在的成果，改变了外国人认为"中国学生会考试但是发明创造能力差"的看法。

我校合唱团在深圳市学校合唱节比赛中再获模范合唱团称号并夺得"九连冠"的佳绩，并作为全市中学的代表，应邀在深圳市委举办的庆祝建党九十周年交响合唱音乐会上演出。

我校三位已经入选国家队的学生，正积极准备，将于下月到伊朗参加第 24 届国际青年物理学家锦标赛。

5 月份举行的美国 AP 考试成绩近日揭晓，我校学生取得了优异成绩：高三学生段岩同学报考了 9 科 AP 考试，各科均获得最高等级 5 分；高二姜恩池同学报考了 7 科 AP 考试，各科也均获得最高等级 5 分；获取 4 门以上 5 分成绩的同学达 20 人。

我校筹备已久的数学素养评估题库已经建成，数学素养评估即将对校内外学生开放。

面对辉煌，保持冷静尤为可贵；清点战绩，理性反思更有价值。

从学校最近组织的一系列活动来看，我们欣喜地看到深中在欢庆中反思，在反思中优化，在优化中前行。

2011 年 6 月 28 日早晨，高考公榜的第二天，高三两位教师代表——2011 届高三级长宋德意老师和 2012 届高三级长李绍明老师，两位学生代表——2011 届高考广东省理科总分第一名钱鹏宇同学和 2011 届高考广东省文科总分第二名、深圳市文科总分第一名陈霜阳同学，向高一高二学生及全校教师介绍经验。**这一届高三成绩刚刚揭晓，下一届高三工作已经启动。**

在 6 月 28 日全校集会上，王占宝校长、刘卓鸣书记为深中腾讯 MIT 发明队全体队员和指导教师颁奖。随后举行了北京邮电大学、天津大学优质生源基地授牌仪式，邢向钊副校长、王坚校长助理代表学校接牌。

6 月 28 日邢向钊副校长主持召开艺术教育十二五规划工作会议，王占宝校长、邢向钊副校长、王坚校长助理以及相关处室主任，艺术科组全体教师参加了会议。王校长发表了讲话，他认为学校的艺术教育所取得的众多成绩同样值得欣赏，他对艺术科组的建设和学校艺术教育的发展提出了新的希望、新的要求。

6 月 29 日，高考揭榜的第三天，我校召开了全校教师参加的十二五规划课程设计报告会。

……

深圳中学最近组织的一系列活动，着眼点是什么呢？这样一个故事，可以给我们一些启示。

1954 年夺冠呼声最高的巴西队在世界杯半决赛中被法国队淘汰。当队员带着屈辱和媒体的嘲笑回国下飞机时，看到总统带着两万群众来迎接。机场有条醒目的标语，就是"一切都会过去"。到了 1958 年的世界杯，巴西终于如愿夺冠，回国时有 16 架喷气式飞机护航，机场同样是总统亲自带领两万人来欢迎，同样有那条标语——"一切都会过去"。

是的，"一切都会过去"，一时的成功并不代表什么。2011届高考成绩也好，其他方面的成绩也好，其实都已经属于过去。**一切都会过去，一切也都将开始**。我们在欢庆过去的胜利的时候，不要停下向未来迈进的脚步。

巅峰，仅仅是重新超越的起点。

深圳中学正不断完善教育系统，优化教育结构，构建教育高地的和谐生态，为创新拔尖人才的培养走出深中之路！

王占宝校长曾经在这一学年开学初说："未来不是我们要去的地方，未来是我们要创造的地方。"在这一学年将要结束的时候，我们发现深中已经创造了新的辉煌，站在了一个新的历史高度。那么我们应该何去何从呢？厄尼斯特·海明威在《真实的高贵》中说："优于别人，并不高贵，真正的高贵应该是优于过去的自己。"

现在，让我们重新出发吧！

（深圳中学，吴涛）

面向未来的自我超越

学生是有血有肉的人，教育的目的是为了激发和引导他们的自我发展之路。——【英】怀特海《教育的目的》

每一所学校就其本质来说，就是传播知识的场所，这是它唯一的职责，不能随意更改，而是要扶植、爱护和让其成长壮大。——【德】卡尔·雅斯贝尔斯《什么是教育》

未来属于那些拥有与众不同思维的人，未来是那些跨领域人才、创意型人才、故事型人才的天下。——【美】丹尼尔·平克（趋势专家、著名畅销书作家）《全新思维》

深圳中学致力于培养具有丰富生命力的人：他们能自主发现和实现个人的潜能，成为他们最好的自己；而且他们无论身在何处，都能尊重自然，关爱他人，服务社会，造福世界，并且乐在其中。——《深圳中学学生特质》

深中致力于为学生创造一种经历与努力、活力与实力相统一的，既精彩又充实的高中生活，华而又实的人生经历。——《深圳中学教育文化》

《深圳中学2014级课程建设与综合素养评价方案》（以下简称方案）发布以后，社会反响热烈，我们明显感觉到社会对理想的高中教育的急切期待，对有价值可操作的改革的宽容与支持，但是也有相当多的自我解读。今天，我从校长的角度，对方案再做一些说明，便于展开真实的讨论，求教于大方之家。

一、方案的核心价值是"为了促进每一位学生的充分发展"

"充分发展"，有三个维度，即：全面发展，个性发展，卓越发展。人的高质量的个性化发展一直是我国高中教育的短板，而这恰恰应该是高中阶段教育的独特价值。我们常常感叹，中国人多才少，英才更少，除了高等教育不争气以外，中学阶段的教育发育不良也难辞其咎。我们应该重视全面发展，打好基础，但是面面俱到，浅尝辄止，可能导致全面平庸；

基础过宽过高，可能导致学生身心的疲惫与个性的消磨。高中阶段学生学习上的个性，主要是在某些领域、某个学科形成志趣，并有深度学习的愿望和相应的行动。高中学生的学习素养，我把它称为"深中"模式——适中的宽度，必要的深度，这需要在以任务（或主题）驱动的研究性教和学的活动中得以强化和内化。目前的高中教学总体上对学生高质量的个性化发展是普遍忽视的，特别是远离学科前沿，远离真实生活，远离学科思维，远离学科审美，大量充斥着陈旧知识的反复操练。

"每一个"，"学生"是具体的，是每一个具体的生命，但是事实上，"沉默的大多数"常常得不到及时有力的关注和帮助，在"选课制"下更可能加剧这种盲区的扩大，形成热闹的"放羊"，"一将功成万骨枯"。究其原因，既有制度设计的不足，也有条件的不够。但是，现在的移动互联网技术为改变这种现状提供了可能，同时导师加班主任制也能弥补系统的缺陷。

"促进"，这体现了学校教育的思想和策略。学校在教育中是一个"促进者"，学生是成长主体。学校应该引导学生发现自己的潜能、自己的优势，进而产生自己的需要，在"自主"中发展起自己的个性，学校和家长的"代替"就会褫夺他们成长的权利。学校应该创造丰富的机会与宽广的平台、并且以制度来保证公平与自由，实现"促进"。

促进学生充分发展，需要赋予学生学习的真正自由，培养学生的自主学习能力和自我领导力。学校应该赋予学生参与制定学校规则，自主发起课程，选择学习内容、学习进程、学习方式的权利，将学习的责任还给学生，并帮助学生建立自信，成为一个具有丰富生命力的世界公民。

二、方案基于当下环境变化与未来发展趋势

主要体现在以下 6 个方面：

（1）中国政治的文明化，呼唤学校教育的民主化改造。

（2）高考改革的价值取向与逻辑结构已基本明确。

（3）当下就业现状与人才培养中的普遍问题。最新调查显示，我国受过大学教育程度的青年劳动者失业率攀升到 16.4%，远远超出平均水平；在世界级的企业与机构，就业情况不得而知，但是可以想见。

（4）学生选报国际知名高校的趋势，国际知名高校录取学生的标准，

中外合作高校录取学生的标准，中国大学招生与录取的应对和可能的改进。

（5）全球化的浪潮，将会对学生的高等教育和未来生活的影响。

（6）移动互联网时代对学习和生活的重构以及未来的趋势。

教育是面向未来的事业，**今天不生活在未来，明天就将生活在过去。在正确的时间到来之前，准备好做正确的事情。**

因此，高中教育改革已不是博人眼球的新招，而是不得不走的新路。正如南都的记者在他的专栏里所说的，到了"可以改，也应该改"的时候了。

三、方案的优化与超越

（一）以激发学生自我需要为前提，以培养"深中学生特质"为旨归

传统的中学教育基本上是"给我"的教育，不是"我要"的教育，家长和老师早就准备好了如山一样的"好"东西硬塞给孩子，以自己的经验去代替孩子的思考，因此很少倾听孩子的声音，很少专注观察孩子的需要，也不注意让孩子在真实的生活中发现自己的潜能、自己的需要、自己的优势，孩子们也很少思考"我是谁，我在哪儿，我要到哪里去，我为什么要去，我大概何时到达，我现在在干什么？"之类的问题。这种"目中无人"（只有考试分数）、目中无"人的真实需要"的教育，累积下来，孩子要么成为没有自己独立思想、头脑成了社会流行的"跑马场"的人（以至于美国人曾说中国清华北大的学生大多数没有什么了不起，因为他们不是真正了解、真切需要某个专业，而是因为考分高，上了清华北大脸上有光）；要么以为情绪就是个性，成了任性和缺乏教养的"独立"的人。

需要，是在多元、丰富、优质、公正、自由的选择性环境下逐步被唤醒、逐步萌发的，因此，专业的指导、导师的帮助、可选择的课程、丰富的社团、民主的文化、优秀学生的分享、制度与技术保障就显得非常必要。开始不要过于追求是否"有用"，雏鹰如果过于追求试飞时的美丽有力，后果不知会怎样。**要允许试错甚至失败，有价值的失败、必须要经历的失败，来得早一些，反而是好事情。**

人的需要是有层次的，马斯洛的需要层次理论证明了这一点。我们不能仅仅让孩子满足于基本的需要，还要在参与的过程中，不断激发他们的高期望，让他们经历高峰体验，成为具有丰富生命力的人。因此我们在方

案中设计了国际前沿的、具有挑战性的课程，同时在选择课程、导师、学习进程、学习方式等方面对学生开放，目的就是让学生在超越自我中，产生高级需要。

学生将会根据自己的需要，选择学习内容、难度、进度、方式等等，这体现了本次方案的设计理念：**学生按需选学，学校按需施教，高校按需选材**。

传统的因材施教，在高中阶段有必要回答几个问题：谁是"材"，是何种"材"？施何种"教"，由谁施"教"？这些问题谁来回答，完全是老师吗？时代已跨越了近两千五百年，如此举步不前恐怕连孔子本人也会失笑。

任何一个学校都有自己的文化和传统，有自己对学生的独特期待，《深圳中学学生特质》是深中学生培养目标和办学定位的集中体现，正是深中对学生的独特期待。我们希望深中未来的招生计划中有更多的自主招生比例，通过双向选择来选择认同深中学生特质的学生，让深中对学生的期待更大程度地彰显其价值。

（二）把支持学生优质的学习作为核心

《国际教育标准分类法》对"教育"的定义是：导致学习的、有意识的、系统的、持续的交流活动。强调"教育"是一种导致学习的活动。

不研究学生学习的学校，不是真正意义上的学校；不研究如何让学生更有价值地学习、更自由地学习、更高效地学习的学校不能算是好学校。

《方案》是围绕让深中学子"更有价值地学习、更自由地学习、更高效地学习"的学习理念而展开的。

更加有价值地学习。

学习基于自我的真实的需要，选择与他的人生规划紧密相关。

更加自由地学习。

学什么：按需选学——会了的就不用学，感兴趣的可多学，研究性的深度学，而且还赋予学生自主发起课程的权利。

怎样学：正常修习之外，自学、先修、免修、免听，扩大了学分获得的途径，校外学习、网络学习、国际学习，经历与能力可以换算学分。

何时学：学习进程可以选择，尝试弹性学制。

更加高效地学习。

灵活、动态的课程管理与实施方式，研究性教与学的教学模式，学生导师制度，学生综合素养评价方案，智能化的工具和技术，可以使学习更加高效优质。

（三）以全球为校园，丰富学校教育资源

每一个学生都是一个独特而伟大的生命体，他们的需要是多元而丰富的，仅靠学校自身是难以满足的。而传统的学校是围墙里孤独的存在，甚至学校之间也是老死不相往来。深中的方案的实施，需要把世界引入深中，积极主动地使用社会和国际的教育资源。

深中文凭课程客座教师

深中学生导师认证制度

深中八大创新体验中心

社会学习、网络学习、国际学习

参与国际高端学术活动

先锋中学生国际圆桌会议

开放性的主题课程

赋予学生自主发起课程的权利（优秀的学生群体是重要的课程资源）

学生可以申请开设课程（这是更高级的学习与互动）

……

（四）"让成长看得见"的过程性评价

传统的学校评价，考试成绩是刚性的，考试成绩又常常是终结性的，学生成长的过程往往成了盲区和空白。深中新的方案对学生综合素养的评价体现出全面性、连续性、即时性、科学性和发展性。让成长看得见，让成长引领成功。

互联网思维与数据分析技术、智能化工具，让设想能落地。

移动互联网，为每一个学生的充分发展及其评估提供了平台。

（五）系统的制度建设与条件保障

一个组织的完善、一个企业的成功、一个任务的完成，都必须要相应的制度建设与条件保障，这比"人"更稳定。

此次的方案是一个相对系统而完善的方案，它包括课程设置、实施与学分管理办法，学生综合素养评价方案，信息化平台的设计与维护等方面。从课程与评价两方面，对可能出现的情况作了全面而深入地研判。

"走课制"是充分整合教育资源、挖掘学生潜能、尊重学生个性发展的有力保证，但它也很有可能顾此失彼，比如老师难以为学生提供及时的交流和帮助，学生对自己的未来没有很好的规划意识等等。深中此次改革采取班主任与导师相结合的管理办法，运用先进的技术平台，实现"手机上的学校"，这些举措可以避免"走课制"造成的新问题。

为解决学生生涯规划困难的问题，深中计划在高一上学期采用传统的行政班上课方式，并安排专门的生涯规划课程，指导学生进行自主生涯规划，发现自我潜能，并能设计目标、任务与路径，但也为学生提供尝试的机会，每个学生可以在每学期对自己的生涯规划有所调整，导师也可以对学生的规划给予及时的建议和指导。

在评价方面，深中此次改革完全避免了传统的"一考定终身"的武断，让质性评价与量化评价相结合，学生的档案中既有学业报告，又有学生成长记录，他的人生规划、成长经历、师友印象及代表作品都是对其进行评价和描述的有效参照。在申请国外大学的时候，学业报告与成长记录就成了最有说服力的"报告单"——志趣，经历，学业，能力，作品等。

四、需要辨析的几个问题：

（一）关于教改中的"走课制"

"深中恢复走课制"、"深中升级走课制"，是有些媒体报道方案使用的标题。近些年来，社会上一些学者把"走课制"奉为教育的圣经，甚至将其视为唯一的、最高的标准而乐此不疲，可能陷入了"走课制"的迷思，甚或为了"走课"而走课了，这可能需要对西方的"走课制"和中国的班级授课制做有效的比较研究。

我们对中国的班级授课制、行政班级制、班主任制需要做真实的研究，包括它的机制，它的优势，它的不足和可能的改进，它的历史、现实和未来的价值等等。

深中当年的"选课——走课"制没有失败，只是在2010年广东省放弃"3+X+大综合"高考方案而改为"3+文科综合/理科综合"后，学校为应对新的高考政策而调整了"选课——走课"的范围，强化了统一的高考及会考科目的班级授课形式——至今，深圳中学的体育、艺术、技术、综合实践等领域课程以及"深中文凭课程"仍实行"选课——走课"形式。

"走课"，是一个手段，不是目的。深中未来教学组织形式，不是非此即彼的二元对立的思维方式，行政班，大行政班，需要的，还要"行"；该走课，大胆地往前"走"。汲取二者之长，实行班主任＋导师制；行政班级从高一到高三基本不变，就好像走遍天涯海角，心中永远亮着家中的灯光；上课，按需选择，在自我实现中，体验生命的丰富与生活的多彩。

而且，走课也不仅仅是走动上课，而是选择学科研究性学习的资源。未来的深圳中学泥岗校区每个学科都有学科研修中心，每个学科研修中心又与资源中心（主建筑）相连。

高中教育的改革，应该走到太平洋的中间，继承民族优良传统，又与时俱进向世界学习。"香蕉人"也可能是边缘人，完全抛弃了民族文化传统与自身优势的民族，既是对先人的不敬，对自己失去了自信，又是对他人的轻佻，这不是一个具有专业精神的态度。

新中国成立以来培养的劳动者的素质，上海在 OECD 主持的 PISA 评估中的卓越表现，英国教育和儿童事务部副部长率领的代表团对中国教育的研究及其表现出的震撼，中国的 60 位中小学数学老师应邀到英国为同行展示他们的教学方法……这些可以作为观察中国基础教育的一个窗口。我不是说，我们不需要改革，而是建议不要再瞎折腾，不要把婴儿连同洗澡水一起倒掉了。现在的一些教改精英们的西化、推倒重来的强势思维方式是我们应该警觉的。一个抛弃先人的智慧而照搬他人形式的人是不可思议的，对民族的未来也许是灾难性的。我们不应该自傲，但也不应该自虐；**我们需要基于尊重教育规律基础上的理性与平等，这样才能发现真正有价值的东西。**

我很担心，在"走为上"成为官方意志和教育改革风向标的时候，幅员广阔、发展参差不齐的中国，动辄几千学生的高中学校将会怎样！"解放思想，实事求是"永不过时。在当下，"慢生活""理性稳健的改革"似乎更应该倡导。

中国的高中教育在继承和借鉴的基础上，应该向世界奉献中国的故事，中国的案例，中国的实验，中国的学术价值。**如果我们只是把他们近百年前甚至更早时间实行的"走课制"（这与他们学校的在校生数和学生学习基础的落差是有关的）当作教育改革的兴奋点，就如同我们把刀叉取代筷子当作餐饮改革的兴奋点一样，不知道世界和历史将会如何看待 21 世纪 20 年代的我们。**

所以，深中的 2014 级课程与评价方案，我们努力追求理性的、平等的、有价值的思维，兼收并蓄，和而不流，自成一品。

（二）关于教改中的老师

影响中小学学生教育水平最重要的因素是什么？盖茨基金会在美国 10 个州的一些城市做了广泛调研，结论是：教师。盖茨基金会的报告说，最能影响学生水平的因素，不是学校的系统，不是班级的大小，不是课外辅助的活动，而是高素质、高效能的教师。

好老师，就是好教育；有素质教育思维的老师，就是素质教育；有教育理想的老师，就有理想的教育。孔子的课堂，没提"素质教育"，可是"点，尔何如？""莫春者，春服既成，冠者五六人，童子六七人，浴乎沂，风乎舞雩，咏而归"，真是让人欣欣然而神往之！

我也多次表达这样的观点：一个老师应该自信地说："站在讲台上，我就是某某学科。"

当然，一个学校的老师如同一个塘里的鱼，"塘"的影响还是不可忽略的。因此建立以激发热情、尊重专业、贡献导向的现代组织文化就显得特别重要。深圳中学最近几年在建设学术性高中的组织、机制、文化、队伍、环境中做了大量铺垫性的工作，目的就是提前把"塘"优化好。

深中的方案，不是为了执行任务，而是追求自我超越；不是校长一个人的独舞，而是学校老师、社会呼之欲出的期待；不是一个头脑发热的口号，而是系统的设计；不是短时间拼凑的应景之作，而是经过多年思考与探索的成果。

（三）关于教改中的风险

家长担心自己的孩子是否会成为实验的"小白鼠"，心情可以理解，这也是任何教育改革都必须审慎的原因。深中的改革当然也有在国际上"先行一步"的地方，但总体上说这是一个比较认真的方案，经过较长时间的探索与局部的先行试点，研究过国际公认的高质量的文凭课程和非文凭课程，也基本把握国家高考改革的结构与趋势。**惊艳的改革，有惊也有大险；审慎的改革，有惊但无大险。**

家庭教育也需要"升级"，从小学——初中——高中，家长也需要与时俱进，抱持一个开放的、面向未来的态度，**你不能期待在阳台上长出大树，不能期待在熊猫基地培养出奔驰飘逸的骏马。**

鲁迅曾经说过这样一句话："你怎样对待孩子，孩子就将会成为怎样的人。"

曾经看过一幅漫画，题目是"他从来没有跌过跟头"，画中一个长满胡须的老人睡在摇篮里，露出孩子般的笑容。

我们说无大险，不是说无困难，但是，**你要往前走，就得离开现在停留的位置。正因为有难度，所以才会有高度，才值得深中人去突破。**

学生的学业质量，是学习者自我选择、自我实现的意识和能力的体现，也是教育工作者的专业水平与职业道德的体现。**我们将会谦恭地践行"深圳中学＝充分发展"的郑重承诺，否则学校就会倒在改革的路上。**

五、我们的期待

（一）期待各教育主体的协同努力

高中教育问题多多，但是改革起来又困难重重，面对庞大的系统和根深蒂固的习惯，难以下手，下手又投鼠忌器，吃力不讨好是明摆着的，但是当我们面对孩子们的时候，面对历史的时候，面对那些现在和未来越来越多的用脚投票的家长和学生的时候，我们应该勇敢地向前跨出一步。

这第一步，当然学校要主动，但是目前学校在社会环境中还是弱势群体，需要参与教育的所有主体，家长、学生、专家学者、社区、政府——特别是政府的参与和支持，只有所有的教育主体协同努力，劲往一处使，教改的航船才能真正启航。**对待教育的真实态度，可以观察到一个城市的素养和未来。**

（二）期待专业的批评与指导

法国剧作家博马舍的《费加罗的婚礼》中有一句名言广为流传："若批评不自由，则赞美无意义。"

深中的方案，肯定需要持续的完善，我们期待专业的批评与指导。

为了高中教育的未来，我们一起努力啊……

（摘自王占宝校长对《深圳中学 2014 级课程建设与综合素养评价方案》的述评，2014 年 4 月 22 日）

占宝校长的背影

——漫谈深圳中学学术性高中建设之路

2011 年，我在北大参加深圳与北京名校长对话的论坛，而就在这次论坛上，王占宝校长给我留下了深刻印象。当时，王占宝校长做论坛的主持人兼点评人，各方校长就创新人才的培养提出了真知灼见，观点纷呈，视角多样，这对点评人来说是极具挑战性的。而王占宝校长用专业的、高度凝练的点评就把各方观点囊括其中，功底可见不一般，内心不禁产生了敬佩之意。

2012 年，我研究生毕业入职深圳中学，也有幸参与和见证了深圳中学学术性高中的探索与实践。如今，深圳中学的探索已进入第六个年头，在其间经历了一些重要的时间节点，也标志着深圳中学的探索在渐次展开、深入。

2010 年 9 月，王占宝校长在新学年开学典礼上做了《深圳中学的教育使命》的主题演讲，率先在全国中小学宣布了学校的教育使命——"建设学术性高中，培养创新型人才"，全文在中国教育报刊载。

2011 年，王占宝校长的文章《培养创新型人才，呼唤建设学术性高中》在《人民教育》发表，文章围绕"高中如何为培养拔尖创新人才奠基""什么是学术性高中""深圳中学建设学术性高中的初步实践"做了详细介绍。

2011 年，深圳中学向社会发布了《深圳中学的办学理念与培养目标》，提出深圳中学致力于培养具有丰富生命力的人，他们具有学术素养、专业精神和审美情趣的特质。

2013 年 5 月 29 日，深圳中学向社会发布了《深圳中学高中课程方案》。该课程方案是基于学校的教育使命和培养目标而构建的。

2014 年 4 月 16 日，深圳中学正式对外发布酝酿已久的《2014 级高中课程建设和学生综合素养评价方案》，标志着深圳中学课程改革进入了一个新的阶段。

深圳中学在专注于学术性高中的建设过程中，学校各个层面都实现了快速发展，高考重点率从 71%（2010）提升到 94.09%（2016）；国际课程在世界比较中展现出深中教育的品质；高端学术活动不断超越，近五年获得 9 枚学科竞赛金牌（或第一名）；深圳中学的探索与实践也受到了有关专家、同行、社会的广泛关注，《人民教育》《中国教育报》《上海教育》等权威杂志做过专门的报道。

美国俄勒冈大学沃尔科特教授运用田野调查的方法写了一本书《校长办公室里的那个人》，他从文化的角度描述并分析了一位校长的日常生活，有选择性地记录其行为的特定层面，并对校长的特定行为进行解释，这本书为我们提供了一种考察校长群体和个体行为的新视角。

我们以往对于校长群体的研究更多从工作职责和素质结构方面进行研究，对于校长做什么、怎么做以及为什么要这么做缺乏细致的观察和分析。

我们在介绍一所学校的探索实践时，更多时候会按照教育的逻辑，从办学理念、培养目标、课程方案、教学策略、评价方式……不一而足地进行介绍。但是作为一名生活在真实的教育情境中的教师，我更愿意以一种感性的方式，以一个亲身经历者的身份来进行叙述和表达。

一位哲人说过："人的思想是万物之因。"思想决定行为，行为决定命运。思想与行为之间有着密切的关联。因此，我将以王占宝校长所彰显的思想以及具体的事件为线索，以具体而微的视角来展现深圳中学学术性高中建设的历程。

一、雄心壮志，南下深圳

优于别人并不高贵，真正的高贵应该是优于过去的自己。

王占宝校长经常用这句话来勉励师生，而这也是他不断自我超越的真实写照。

2010 年 3 月 3 日，原南京师大附中校长王占宝接任深圳中学校长，8 年任期已满的王铮回到北大附中任校长。这件事在江苏省引起了较大的反响，校长为什么会在南师附中蓬勃发展的时候离开。

从他上任之初接受媒体采访的话语中，我们可以看出他的考虑：

一是希望南师附中能够有新的发展。"我在南师附中已经做了9年校长，它的办学模式、管理机制和校园文化都逐渐固化下来，但是再好的东西也不能停滞不前，它需要发展，需要新鲜血液的推动"。

二是看重深圳教育改革发展的空间，希望能够实现自己的教育理想。

"在与我沟通时，深圳方就提出愿意接受一切合理要求，而我只提出，允许我在深圳中学进行教育前沿改革，探索一条拔尖创新人才的培养模式。"

他在第一次全校集会演讲时，还表明了个人的理想："虽然年近半百，但心还是年轻的，想创造更丰富、更灵动的生命，实现自己未尽的理想。"

深圳作为改革开放的先锋城市，在30多年的发展历程中，始终坚持敢为人先、锐意进取的拼搏精神，使这座城市步入了现代化创新型城市的行列。

深圳中学作为全国课程改革的领头羊，一直有着改革与创新的基因。

当一个座城市的特质、学校的特质与个人追求非常契合的时候，那么所有的相遇也就成为偶然中的必然。至此，王占宝校长带着梦想南下深圳，与深圳中学展开了一段改革创新之路。

二、寻找教育改革的逻辑起点：一位现实的理想主义者

来到深圳中学后，不是新官上任三把火，不是振臂一呼大展理想抱负，相反，他进行了专业观察，仔细聆听，认真调研。当由局外人转变为局内人时，他感受到了挫折感，这种挫折感来自于所持的理想与真实的事实之间的差距，以及对深中未来发展定位的批评。

可以说他是一个诚实的教育者，他提出不是为了改革而改革，改革要更科学、更有效、不折腾、不虚浮。我们需要回到教育的原点、教育规律上，需要有国际比较的视野审视我们曾经走过的路。

他对深圳中学存在的问题进行了审慎、严谨的分析，在《本立而道生》一文中，他指出："在八年的课改中，深中被标识为中国'唯一'的课改典型，深中承担了过多的'课改使命'，潜伏着过多的'课改理想'，这种使命和理想，需要深中课改模式的速成，这也导致了学校教育教学管理模式的频繁变化，以致相当一部分学生不适应，学生和教师参与度都是有限的。部分学生身上出现了'去尊师化、去学业化、去学术化、去规则化'的趋势。"

同时，他也注意到了学校存在的独特优势。深圳中学是一所个性鲜明

的学校，自由、民主是它一贯的特点，学生素质优秀，具有发展潜质，可塑性强，深中具有较好的资源支持，校园文化也比较包容。

2010 年，《国家中长期教育改革和发展规划纲要》提出鼓励普通高中多样化发展，而"钱学森之问"也引起了社会对拔尖创新人才培养的热烈讨论。

放眼世界，那些世界上优秀的高中被称为"学术性高中"，他们的课程具有学术性，学生具有精英性，很明显的与其他类型的高中区别开来。

他认识到，在现实中，教育问题容易走向两个极端：一是"浪漫的教育"。它将学校教育泛人文化，泛道德化，导致教育当中的虚无主义与反智主义的泛滥，将学生学业发展等同于应试教育。二是"功利的教育"。它将学校当成军营，当工厂，教室是车间，学生是产品，将教育窄化为学业，将学业窄化为考试，将教育质量等同于书面考试成绩。他提出，我们要努力超越"激进与传统""改革与维持""全球化与本土化"这种二元对立的思维方式，走第三条道路。

基于国际教育的发展趋势，中国教育改革的呼声，以及深圳中学自身存在的问题及优势，他提出深圳中学的办学定位为"建设学术性高中，培养创新型人才"，力求通过学术性高中育人模式的探索回答"钱学森之问"，为中国的拔尖创新人才的培养探索可能的路径。

三、学校教育改革的顶层设计

教育最核心的两个问题是培养什么样的人和怎样培养人。在明确了学校的办学目标，即通过构建学术性高中的育人模式，着力培养学生的学术素养、专业精神与审美情趣，从而奠定其成为拔尖创新人才的坚实基础。接下来就需要回答怎样培养的问题。

教育是一个系统工程，需要顶层设计；需要大胆假设，小心求证。教育实践经验丰富的王占宝校长在提出深圳中学的办学目标时，已经对整个育人模式做了顶层设计，可谓是深思熟虑。他把这个顶层设计简明地表达为一个出发点、两个支撑点、三个着眼点和六个工作重点。

围绕着这个顶层设计，他在学校逐步地展开了具体的实践。

（一）开展以提升思维的科学性与审美的自觉性为目的的思维研究与美育研究

他认为创造性思维和丰富的审美情趣是创新人才的两个重要特质，是学术性高中培养拔尖创新人才的两个支撑点，更是当下的教育最容易忽视的两个重要素质。2010年12月8日，深圳思维研究所、深圳美育研究所在深圳中学成立。两个研究所结合各学科的教学和教育活动，开展思维与美育的研究与实验。

（二）开展以多元化、可选择性为原则的学术性高中的课程建设

课程是实现学生培养目标的重要途径。学校希望通过优质、丰富、可选择性的课程，为学生提供独特而有生命活力的学习经历和体验。为此，学校以课程为切入点，提出课程理念：为了促进每一位学生的充分发展；根据学生现在和未来的发展需要，创建了五大课程体系；同时，对国家课程进行校本化的改造，构建了深圳中学的"本校课程"。

为了丰富学校的课程资源，还充分利用网络、国际、社会、家长、校友等资源建设深圳中学课程资源库。例如，为了充分利用社会资源，学校与深圳著名企业开展合作，共建创新体验中心，目前与华为、腾讯、华大基因、光启、比亚迪、海云天、中国建设银行、中国广核集团、大疆等高科技企业建设创新体验中心。学校还向社会公开招募客座教师和导师，也在一定程度上丰富了学校的课程结构。

（三）开展以研究性教和研究性学为核心的学术性高中的教学建设

在教学上，深圳中学提倡研究性教与学的模式，它将传统的以教师为中心的"目标·达成·测试"的教学结构改变为以学生为中心的"主题·探究·表现"结构。教师为导演，学生为主演。学生在教师指导下，用多种多样的方式展开自主的、探究的、合作的、反思的、活动的学习，并且在人际交往中表现与分享，从而完成真正的学习。通过建立"研究性教与学网络平台"，鼓励学生开展深度学习和个性化学习，鼓励学生完成作品式作业，在创造作品中提升能力。

学校还为学生搭建了高端的学术活动平台，比如IYPT国际青年物理学家锦标赛、美国中学生数学建模大赛、IGEM国际遗传工程设计大赛、中芬国际课程等，这些项目将学科前沿、国际合作学习与研究性学习有机结合。

（四）以效能化为目标的学术性高中的组织建设

学校着眼于提高教师开发和实施学术性课程的能力，把体系、科组建设成学术性管理机构，并大力推动学术性学生社团的活动。为了提高教

学处、学生处作为教学和教育管理组织的专业化水平和效能，保障教师更好地履行专业技术责任，学校成立了"学生事务中心""社会教育服务中心""教师服务中心"。

学校还积极开展了以专业化为核心的队伍建设、以学术文化为核心的学校环境建设。2014年4月，深圳中学还向社会发布了《2014级高中课程建设和学生综合素养评价方案》。

这些所有的实践都是在明确学术性高中的办学定位后渐次展开的，作为一线教师，起初只是片段地感受到学校的变化，或者出于行政或教学的要求，配合着学校的改革。而当学术性高中的建设进入第6个年头的时候，我们再回过头去看曾经所走的路，所有的行动都串联起来了，它们之间并不是毫不相关，它们有着内在的教育逻辑。此刻，我们不得不佩服王占宝校长的高瞻远瞩，在6年前，他已经将深圳中学要走的路做了细致的规划。这就是所谓天才超出常人的地方——能够看到别人没有发现的目标。

四、直面挑战，将危机转变为教育契机

深圳中学是一所崇尚自由个性的学校，他的老师、学生思维活跃、富有创新意识，深中校园充满了自由平等的气息。在深中，学生可以穿校服，也可以穿自己喜欢的衣服上课；在深中，你可以带手机上学，只要在规定的时间使用；在深中，学生不为权力弯腰，只为真理屈服；在深中，没有森严的等级制度，你可以公开议论甚至批评校长。深中独特的校园文化也在一定程度上预示着王占宝校长在深中的改革并不会一帆风顺。

2010年3月15日，在第一次全体师生集会上，王占宝校长发表了《执两用中，创造未来》的演讲，并提出了他的梦想：把深圳中学建设成为全球化时代中国卓越的学术性高中——以学术素养、专业精神、行动能力、服务意识见长的学校。而让他没想到的是，他的学术性高中的办学定位在校内外引发了争议：中国的许多大学都搞不出像样的学术，一所中学居然敢称"学术性高中"，是否自不量力？把学术等同于应试，认为学术性高中只不过是回到应试的老路上去。

面对这意想不到的批评，他确实感觉到了挫折感，也促使他更深入、更专业地思考深中的改革与发展。为了回应部分校友和学生的质疑，他接受校园独立媒体《涅槃周刊》约稿，发表了《本立而道生》一文，详细地说明深中为什么要执两用中，深中为什么要改革。此文洋洋洒洒、一万余

字、辞藻华丽、有理有据，有人称深圳没有第二个校长能写出如此文采和内涵的文章。但即便如此，仍有校友不买账，从文章中挑出一大堆"刺"。

随后，为了明确学生发展的路径，学校将培养目标具体化，将学术素养、专业精神、审美情趣细化为十二点学生特质，却被学生调侃为十二星座。

为了明确深中五大课程体系的特质，学校将其提炼为"整体整体，法天求己；标准标准，特别认真；实验实验，走在前面；荣誉荣誉，超越自己；国际国际，世界高地"，也被学生调侃为占宝体。但是没有关系，在调侃之余，学校允许学生用"占宝体"再创造，只要能精准刻画这一个课程体系的特质，校长的说法是可以被替换。

在中国基础教育阶段，深中的校园文化无疑是先进的，它充满了自由、民主、灵动的气息，但是如果这种自由民主仅仅是情绪的表达，为了批判而批判，表现出对规则和责任的漠视，那么这样的民主还只是"街头民主"。

正如王占宝校长在一次讲话中说到的：**"自由、民主应该是文明社会（特别是学府）的基本价值，但这还不是最高的层次，在自由、民主外，还应有更高远的理念——那就是价值，而且仅仅有价值的判断还是远远不够的，更重要的是价值实践。没有无限制的自由，没有不尊重规则的民主。"**

为此，王占宝校长将计就计，将学生对学校改革的各种批评意见作为契机，建立了学生和学校沟通的渠道和机制，"校长面对面，校长与你喝咖啡"等活动就孕育而生。每一次活动，学生会权益部都需要在全校范围内调研学生关心的教学、宿舍、食堂等各方面的问题，并将问题交由相关部门进行研究解决，在活动当天，各部门的负责人都要面对学生提出的问题作出解释。例如针对校园中的流浪猫去留问题，学生会专门组织了一场听证会，还邀请了家长、社会人士、媒体人员参加了听证会。

回顾深中这几年来的民主实践，我们会发现少了一些一呼百应、热浪炙人的场面，反而更多的伴随着质疑、讨论与批判；少了一些街头式的民主，更多的是制度、流程和机制上的民主。学生表达的不再是情绪，而是科学的调研，理性的分析；不再是单纯地提出问题，还会考虑可能的解决办法。

这正如一位校友留言中所说，"宝叔的观点，需要静下心来聆听与思索，有些话到大学后、甚至大学毕业以后再来回味会有更深刻的理解。"

是啊，现在我们再回头读一读王占宝校长 2010 年 10 月 8 日发表的《本立而道生》一文，一定会有感慨的。

也许这就是一位中学校长的辨别与远见，良心与坚守。

五、好老师，就是好教育

"好老师，就是好教育；有素质教育思维的老师，就是素质教育；有教育理想的老师，就有理想的教育。"这段话说明了王占宝校长对教师重要性的深刻认识。

学校的主要任务是促进学生的充分发展，教师的卓越发展，而教师的认同度、参与度、支持度对于学术性高中的建设起着至关重要的作用。任何的理念、改革要落地，不是校长一个人说了算，还需要广大教师落实在具体的行动中。

深圳中学的文化、传统、学生成就了深圳中学的教师。深圳中学前几年从内地调了一些在教学一线的骨干教师，他们业务精、能力强，有教授级的数学教师、有出版过小说的数学教师，有会写诗的英语教师，有堪称艺术家的艺术教师……而最近几年调入的青年教师，学历层次较高，基础扎实，接受新事物的能力较强。可以说，深圳中学的教师队伍有着很好的基础。而怎样把这样一支优秀的教师队伍带上更高的层次需要科学系统的规划。

学校结合学术性高中的办学定位，开展了学术性科组建设、教师风格研究、青蓝工程、教师激励体系建设、校内职级制、课题招标制等项目。同时，以课程为依托，通过开发校本课程、参与高端学术活动等平台，促进教师的专业发展。

为了让教师更好的专注于教学，学校专门成立学生事务中心，减少了很多事务性的工作；为了让教师有一个休息、交流的场地，学校新建了教师休息室。学校还专门设立了教子优方奖，关注教师子女的教育问题。

学校每年还举行"感谢有你年度人物"评选活动，以表彰那些对深中发展做出了突出贡献的教师、学生、校友、社会人士等。

王占宝校长在很多场合都提到了他对教师的期待：希望教师能够真正地享受教育，争取做山顶上的老师，要有站在讲台上，我就是某学科的老师的自信。

他尤其关心青年教师的发展。每年新入职的教师，他都会与之座谈，同时会提出两个问题让青年教师思考：我想成为一名怎样的老师？我的优势是什么？通过这些问题，引导青年教师思考自己未来的职业发展。王占宝校长对青年教师也给予充分的信任，例如：美国青年物理学家锦标赛、美国中学生数学建模大赛、世界遗传基因工程设计大赛等高端学术活动都由青年教师担任指导教师，而青年教师也不负众望，在各个项目的比赛中都取得优异的成绩。每当青年教师有所进步时，他都会亲自给老师发去鼓励的短信。尽管公务繁忙，每周一、周二他都会固定地与老师们进行体育活动，其目的也是在活动中增进对教师们的工作、生活状况的了解。

六、一切为了学生的充分发展

有什么样的学生观就会有什么样的教育实践。而深中的教育实践旗帜鲜明地表明了以学生为本的学生观。学生的充分发展、学生的当下和未来的幸福永远是学校工作的出发点和落脚点。从学校的培养目标、丰富的课程资源、高端的学术活动平台、精彩纷呈的社团活动就可见一般。《2014级高中课程建设和学生综合素养评价方案》的发布，更是为学生的充分发展提供了制度保障，《方案》明确要创造一个"学生按需选学、学校按需施教、高校按需选才"的环境，让有能力者可以"免听"，有兴趣者可以"多学"，同时赋予学生自主发起课程的权利。

他关注学生的发展，但在日常生活中他并没有与学生走得很近，他更关注师生交往的教育性。他曾说过："我非常喜欢学生叫我宝哥，但我又是宝叔和宝师，我戏称为吉祥三宝，师生交往现在时髦的追求是'广义上的平等'，但是我认为师生交往的核心价值是'教育性'——促进学生发展，所以不应刻意追求'很哥们'。"

他总是留心观察日常生活中学生的行为表现。他总是很早到学校，然后在学校的各个角落巡视，对于学生反映出的比较明显的问题，他总会利用合适的时机给予分析指导。"认识你自己、深度学习、批判性思维、培养坚毅的品质、提高我们的学养、学会选择"等主题都是针对学生存在的问题及未来发展需要而提出的，他的演讲可谓是旁征博引、气势磅礴、鞭辟入里，让人醍醐灌顶、振聋发聩。

他在毕业典礼的演讲更是成为毕业季的期待，《走向天下世界》《每一天都是作品》《培养你的优势》……可谓是篇篇经典，蜚声海内外。

据统计，他仅在"凤凰木下话树人"公开发表的文章就有166篇。每一篇文章的主题都是他在长期观察、思考过程中形成的，成文的过程也是极为苛刻，几易其稿，力求体现专业、学术的价值。

七、办一种"享受"的教育

他常常表达这样的期望：教师享受教育，学生享受学习。

"享受"代表着一种高峰体验，而能用"享受"这个词，说明了他对人的感受、体验、精神的重视，这也说明他的内心一定充满了温暖与情怀。

曾经在一次讲话中，他提到，如果要选择一种植物代表自己的话，他会选择向日葵。向日葵充满了正能量，每天面向太阳生长。而在现实生活中，如果初次见到校长时，让人感觉气场强大，不苟言笑。时间相处久了，你会慢慢发现原来他也是一个温暖、风趣、幽默的人。

其中，最让人感动的行为之一便是编写《深中教育故事》。他曾在《深中教育故事》的序言中写道："面对一叠叠一堆堆的档案、资料、数据，我固然有所收获，但时时怅然若失。面对校史上的种种沧桑、种种成绩、种种明媚的风光，我不禁想问一句：人去哪里了？那么可爱可敬的前辈，你们在哪里呢？"

《深中教育故事》的编撰，体现了对深中教师工作的一种高度肯定，是要来打捞与守护属于深中自己的记忆，人的记忆。

教师享受教育、学生享受学习、社会享受深中——深中教育是一种有温度的教育。

八、格局决定高度

什么是格局，格局就是一个人的眼光、胸襟、胆识等心理要素的内在布局。而大格局让人站得高，看得远，胸怀宽广，大有作为。

中国近代著名的军事家、政治家曾国藩在谈到如何将事业做大时有这样一句名言："谋大事者首重格局"。

而王占宝校长无疑是拥有大格局的人。他经常提到："当今的教育者，要有全球性的视野，要有海纳百川的胸怀。全球化不仅是一种趋势，更是一种思维方式。深中将来会有更多的学生选择在世界范围内求学深造和生活，我们不仅要培养学生的中国公民意识，而且要培养学生的世界公民意识，要使深中学子具有在世界舞台与其他民族精英交流、对话、充分发展的意识和能力。"

为此，他总是将学校的发展置身于国际趋势、国内标杆中进行考量。

学术性高中、科学高中、万科梅沙书院的办学定位必是顺应时代潮流。他力求每一个决策都要从合目的性、科学性、系统性、开放性、效能性进行考虑；他要求每一个方案、活动都要体现学术性、专业性、创新、有品。这也必将创造属于深中的新高度。

九、委任就是信任，接受就要担当

所谓领导，必须具有引领、组织团队完成任务的能力和贡献。

领导不仅仅是一个偶像派，更重要的是成为实力派；不仅唱功要好，更重要的是做功要好。不仅要领导好自己，还要领导好队伍。

王占宝校长拥有卓越的管理才能，多谋善断、知人善任，善于带领团队，培养队伍。

他建立科学、公正的激励机制，他营造追求贡献的文化，他分享工作的思维方式，通过这些措施，一大批干部队伍成长起来，一起投身于学术性高中的建设之中。

激励的文化：一个新的任务，培养一种新的能力，发现一个新的可能。

追求贡献的文化：公正、贡献、共赢。

尊重的文化：尊重自己的工作，就是塑造自己的人格。

思维方式：

工作要"三思"而行，从"思想"到"思维"再到"思路"。

目标管理、效能管理、将浅塘挖成深井……

十、今天不生活在未来，明天就将生活在过去

王占宝校长具有非常深厚的人文素养，从他的每一次发言、每一篇文章中都能感受到。他是一位学习型的校长，非常注重学习、阅读、思考。也许很多人都会疑惑，作为校长，公务已经非常繁忙，哪里还有时间学习。答案就在于他的时间规划意识和高效率。只要有点滴空闲时间，他都会阅读专业的教育期刊、杂志，关注社会时事，同时在阅读的过程中，边阅读边思考，做好资料的摘抄、记录。他还善于总结自己的办学思想，并使之系统化、条理化，形成了自己的教育思想，他可以称得上是一位教育家型的校长。

他的思想也比较新潮，紧跟时代的步伐。随着微博微信的流行，他也开通了个人的自媒体平台（占宝话树人），每天会向公众推送有价值的教

办学实践

育分享。同时，深感当下教育过程中，学生苦学，但是苦得没有价值和意义。他认为，我们不仅要重视知识点的学习，更要关注学科思维和审美能力的提升。为了改变学生的学习方式，为中国的课程改革注入一泉活水，在王占宝校长的倡导和支持下，建立了美思你的微信平台，其目的在于调动积极的情感体验，发现学科的美丽，体味学科学习的乐趣（美）；促进高层次思维能力的发展，培养终身受益的学习能力（思）；倡导自主、探索与合作的学习方式，发挥学生的主体意识和能动性（你）。

六年来，我们与"学术性高中""科学性高中""国际化高中"结缘，不但提出了概念，而且从培养目标、学生特质、课程设置、教师专业发展、学校组织、激励体系、学校文化、办学机制、办学环境等方面进行了系统的设计和丰富精彩的实践——占宝校长称之为"人才培养模式的改革"。

六年中，我们感受到了他前瞻的办学理念、扎实的专业素养、高尚的人格魅力、超越自我的勇气、卓越的管理才能，以及对教育事业的执着热爱。

他经常引用泰戈尔的一句诗："我将我自己赠给泥土，然后再从我所喜爱的草叶中生长出来。"而深中的师生，就是他喜爱的草叶。

如今，占宝校长——学生称为"宝叔""宝哥"——已经辞职退休了，他，留给了我们一个背影，这个背影不会模糊，也许会成为教育人的一个方向……

（深圳中学，徐丽琼）

我眼中的学术性高中建设之路

刚才我们校长王占宝先生，把整个学术性高中建设的框架结构和实施路径给大家做了报告。我今天发言是以深中一位老师的身份，来分享我在参与学术性高中建设过程中的体会。

深圳中学是以这座城市命名的学校，改革开放以来，它像拔尖的竹笋，在深圳湾高高树起基础教育的大旗，谱写了一个个的教育传奇，创造了一个又一个的教育神话，是莘莘学子心中的圣殿。

2010年，王占宝校长从教育者的良知出发，在中国大地上第一次向世人宣告了学校神圣的教育使命——建设全球化时代中国卓越的学术性高中。这是深圳中学又一个美好的梦想，这美好的梦想源于这所学校对自我的深刻剖析，源于对中国基础教育的全面认知，源于对特区教育的深刻理解，源于教育国际化和教育信息化的切实感受。

这里我简单地列了两组数据。深圳近些年来，初中毕业生大概在6万左右，每年深中招生1000人，也就是说，在深圳只有1.6%左右的孩子能够考入深中。从出口看，深圳中学今年的高考，本科率99.8%，重点率今年是85%。这两组数据告诉我们，深中有实现自己梦想的坚固磐石。

"建设学术性高中，培养创新人才"是深中肩负的历史使命，也是深中做出贡献的中国表达。深中建设学术性高中的历程已有四年，对于我们的实践与力行，深中人有着怎样的感受呢？第一个，我们认为这是敢为天下先。客观地说，学术性高中是什么，我们所有的老师不一定很清楚，我们校长也不一定完全洞悉其中的真谛。我们借助国内的专家，国际的同行和自己孜孜不倦的实践，尝试找出一些它的主要特征，比如说把学术素养、专业精神、审美情趣作为学术性高中的三个核心内涵。

钱老曾感慨地说，这么多年培养出的学生还没有一个的学术成就能跟民国时期培养出的大师相比，其原因就是我们的学校缺乏培养创新人才的机制。深中人以兼济天下为己任，用行动去探寻"钱学森之问"的答案，表现出深中人敢为天下先的教育情怀和担当。

第二，我们在进行学术性高中的过程中，感到方向是清晰的，步履是坚实的，硕果累累。学校在推进全球化时代中国卓越学术性高中的建设过程中，框架设计科学，细节考虑得当，工作推进有条不紊，四年来取得了非常辉煌的成绩。

刚才王校长只列举了在国际上有重大影响的一些成绩，这里我作为一个老师，我们关注到的是这样一些变化。2010年，王校长来到深中后，学校在社会的影响力和认可度不断提高，中考的录取分数线连年提高。从这个角度看，学校的育人模式得到深圳学生和家长的认可。

在竞赛方面，深圳中学在2013年数学、物理、化学三个学科竞赛中，有50人获得全国一等奖，其中19人进入了冬令营，超过广东省其他学校的总和，占广东省54%左右，三人进入国家集训队。数学学科，有1人进入国家集训队，并入选国家队；5人进入冬令营，占全省的38.5%；广东省赛区全国一等奖12人，占全省的23.1%。物理学科，2人进入国家集训队，6人进入冬令营，占全省的54.5%。化学学科，有8人进冬令营，广东省全国一等奖23人，占46%。在高考方面，这几年本科入学率基本稳定在99.7%到99.8%左右。

2010年以来，深中的高考重点率逐年提升，从71%（2010年）→78.79%（2011年）→77.85%（2012年）→81.85%（2013年）→87.1%（2014年），学术性高中的育人模式无论从社会认可度，还是从实际办学的考核指标来看，应该说都取得了初步的成效。

在自主招生方面，今年深中被北大清华录取的人数已经连续6年排名全省第一，深中五届毕业生，有151人被北大清华录取。被香港大学录取的学生，连续三年列全国第一。2009年，港大在广东录取41人，其中深中11人。

深中建构的先锋中学生国际圆桌会议也是有相当的影响力，深圳的两大主要报纸，特区报和商报都进行了现场报道。与会嘉宾——北京大学元培学院2010级本科生匡超曾有这样一个评价："深圳中学的学生能够组织这样高规格的峰会，真了不起。无论是活动的策划者、主持人、还是大会演讲的同学，不少还是低年级的同学，他们的英语太棒了，思想也很前卫，将来一定会大有前途。"而其实匡超自己也是一个非常了得的先锋人物，他曾作为中国青年代表赴美国出席G20青年领袖峰会，代表北京大学赴澳大利亚参加亚太论坛，随国家最高领导赴俄罗斯参加峰会。今年他是第二次应深中王占宝校长之邀，参加了先锋中学生国际圆桌会议。

创新是需要付出努力的，而智慧和汗水是创新的双翼。在建设学术性高中的过程中，老师们感到比过去要累一些，但是我们感到累并快乐着。累在何处呢？累在观念的更新，累在教法的创新。我们的老师上课用的是迷你型的 iPad，一线老师基本都发了 iPad，并进行了培训。累在过程，注重过程的细节。学生综合素养评价实行量化评价和质性评价评，它意味着教师的工作要及时，师生的互动更频繁，活动内容更丰富，社团活动更活跃。教师虽然累，但是也是快乐的，乐在何处呢？乐在每天都是一个新气象，乐在充实，乐在与学生共同的成长，乐在回头一望满园春。

王占宝校长有一句话：未来不是我们要去的地方，未来是需要我们创造的地方。他还说，教育是面向未来的事业，今天不生活在未来，明天就将生活在过去。在正确的时间到来之前，准备好做正确的事情。

我们建设全球化时代中国卓越的学术性高中是立足于现实的，对未来理想教育的憧憬。建设全球化时代中国卓越的学术性高中，不是一个口号，而是实实在在的行动。仅仅有我们一个学校，或者说有我们校长一个人在这里探索还是远远不够的。我们也希望各位优秀的校长能够给予我们更多的思考和引领。

（深圳中学，吴昌阁）

深圳中学为什么要成立两个研究所

在我国基础教育阶段的学校里正式成立研究所还是首例。深圳中学为什么要成立研究所，而且一下子就成立深圳思维研究所、深圳美育研究所这两个研究所？

我们知道早在两千五百年前孔子就讲过这样的话，他说教育要举一反三，触类旁通。那个时候的知识还是很有限的，他就感到要一个人穷尽所有的知识是不可能的。《老子》曰："授人以鱼，不如授之以渔，授人以鱼只救一时之及，授人以渔则可解一生之需。"现在是知识爆炸时代，一个人即使想穷尽某一个学科的知识也是不可能的。中国传统的教学基本上是以知识的传授为目的，这样的教学结果怎样呢，武汉大学老校长刘道玉先生在一篇文章披露，2009 年，教育进展国际评估组织对全球 21 个国家进行的调查显示，中国孩子的计算能力排名世界第一，想象力却排名倒数第一，创造力排名倒数第五。从 1840 年中国被打开大门以后这 170 多年来，中国人追求真理，赶超西方，自强不息，可歌可泣，但是我们没有创立属于中国的或者是中国作出了主要贡献的学科，我们没有出现世界级的大思想家、大科学家、大教育家。我们先人发明了火药、指南针、造纸术、印刷术，但是，现在的科学，像量子理论、相对论、信息理论、集成电路、多媒体、电脑等哪个是你中国人发明的呢？美国几个专业学会共同评出的影响人类 20 世纪生活的 20 项重大发明中，没有一项是由中国人发明的。我们现在的教育的结果是什么呢，孩子们的负担越来越重，孩子们的创新能力反而越来越低，这是为什么呢？我们学校和社会，物质条件有了极大的改善，但是孩子们对学习和人生反而越来越冷漠，这又是为什么呢？！

原因当然是复杂而又沉重的，许多方面是教育爱莫能助的，但是用教育专业的视角考察，还是可以找到我们自身应该反思和改进的东西。

首要的一个原因是我们重视了知识的教学，但是把知识作为了教学的目的，忽视了知识背后的思维和思想。如果把某学科比作一棵树，知识是树叶，思维是树枝，思想就是树根。传统的教学给学生很多的树叶，但是不引导他探究连接树叶的枝条，支撑枝条的根系，学生离校的时候带走的是一袋袋树叶而不是一棵大树。我们的教育又好像在一桶糠里面找两粒米，非要把一桶糠翻个遍，才能找到这两粒米。我们的高中教育仍然还是带着学生在大海的浅滩上机械地走来走去，没有进入到大海深处领略它的风采。知识的累加，并不能导致智能的提高，智能的核心是思维。

第二，是思想的缺位。一个有神论者不管他有怎样的思维方法，他还是在有神的领域思考，不可能具备无神论的思想。思维背后的思想，是我们思维的前提和条件。长期以来，我们从基础教育到高等教育，思维、思想的教学是严重缺位的，有许多人甚至从来没有意识到每一个学科都有自己独特的思维和思想。真正的深度学习应该是用这个学科的应有思想和思维与它对话，物理科组的"学科周"活动的主题——"像物理学家一样思考，做科学的发现者"——就是一个很好的例子。

更重要的原因是什么呢？孔子说过这样一句话："知之者不如好之者，好之者不如乐之者。"以求知为快乐的人是高境界的，怎么样让人以求知为快乐呢？心理学研究中曾有这样经典的表述：如果你想造一艘船，先不要雇人去收集木头，也不要给他们分配任何任务，而是去激发他们对海洋的渴望。我们的教育里面，什么东西才是"对海洋的渴望"呢？那就是孩子们认为的快乐的、幸福的、美丽的东西，那就是审美的东西。当一个孩子对学习、生活充满了审美的意识，具有审美能力，他就会逐步建立起积极的价值观，形成健全的人格。

马克思曾有一个著名的论断：人也是按照美的规律来建造的。那么培养人的社会活动——教育，自然也是需要遵循"美的规律"的。教育内容美、教育手段美，教育活动美，教育产品美……教育，美不胜收，当然应该以美立教！

因此，我们是这样期待未来的"深中人"的，昂起的头颅是他的人生价值观，这引领他的人生方向，审美、思维是他的支撑和特质，在价值的引领下，运用审美的意识和能力，科学地思维，这是我对未来深中学子的期待。

　　我们可以说，思维和审美是当今中学乃至大学教育最为缺乏的两个重要素质。大家都知道，钱学森之问问得全国人民都胸口发疼，总理也焦虑不已，整个国家都在呼唤创新拔尖人才的出现，但是，创新拔尖人才的培养中学怎样作为呢？作为中小学，我们不需要讲教育部长的话，也不要讲教育厅长、局长的话，我们要讲校长的话、讲老师的话。拔尖创新人才怎么样在一个学校落在实处呢？我们知道一架飞机光有发动机，没有双翼、没有滑轮是不能飞行的，思维、美育就是双翼，就是滑轮。

　　我国著名的数学教育家章建跃教授在一篇文章里说："数学教师，一介平民，没有权力和平台去决策国家大事。但你是教学的主导，课堂的一切'你说了算'，你的行为对学生有重大影响。因此，在基础知识教学中融入探究成分，讲逻辑推理之前先让学生进行归纳、类比、猜想等合情推理，把创新精神与实践能力的培养落实在课堂，这是想做就能做、用心可做好的。"

　　思维和审美，也是每一个教师"想做就做，用心可做好"的啊。

　　这样两个研究所为什么要叫深圳研究所呢？我们希望深圳中学的思维研究所和美育研究所，能为整个深圳的中小学服务，而且还会联络全国，参与国际。这是一个开放的资源，是一个共享的资源。

　　那么这两个研究所怎么样来研究呢？大家听到"研究"以后，可能会觉得"研究"跟T台上模特的衣服一样，虽然漂亮，可是现实生活中又有多少人愿意穿它呢？现实中我们的"教研"确实也是这样，泡沫的教研，中看不中用的"教研"比比皆是。我们的研究所，第一，应该是基于问题的中观研究，而不是宏观研究，也不是微观研究。把问题转化成课题，把课题转化为任务。第二，它不会全盘西化，也不会全盘土化，应该走到太平洋的中间，把东西方的精髓结合起来。美学、思维的研究，原来以西方为主，我们现在仍然要向他们学习，但我们必须站在中国的大地上研究这些问题，否则我们就会食洋不化。

　　老师们，一个新的任务就会培养一种新的能力，你要到达一个新的地方，就要离开现在脚下的土地。我们都很渴望提高教师的人生价值，渴望深圳中学担当使命超越自我，渴望中国的基础教育能沿着科学的道路向上走。如果我们认为这是有价值的，切中时弊的，那我们就应该走近它拥抱它，我们应该有所作为。

成立，不是说明成熟，而是体现成行。美国总统肯尼迪在谈到美国将实行登月计划时说："我们选择登月，并且做其他的事，不是因为它们容易，而是因为它们困难。"这两个课题在我国的研究基础非常薄弱，但是，正因为如此，才需要深中人挺身而出。非常欣慰的是我们年轻的老师表现出很高的热情，我们中老年教师，甚至一些即将退休的老师也对这两个课题表现出令人尊重的热情与专业。我们会利用这两个研究所为深圳市的基础教育，为中国的基础教育作出我们应有的贡献。

（摘自王占宝校长在深圳思维研究所、深圳美育研究所成立仪式上的致词，2010年12月8日）

祝福深中，祝福未来

我于 2010 年初，负笈南下，弹指间已六年矣。六年间，感谢深中共同体的诸位同仁，你们的帮助与包容，使我的生命和事业得到了燃烧。由于我个人的原因，已经申请辞去深中校长一职，但是能在深中退休，是我无上的荣耀和自豪。

在辞别之际，我要首先诚挚地感谢深圳中学及共同体的诸位同仁，你们的使命感与专业精神，使深圳中学成为深圳教育的领跑者与贡献者。

我要感谢所有的一线教师，你们把"追求真理"的信仰传递给学生，让"深中教育故事"口耳相传；我要感谢所有的班主任（副班主任）、体系负责人、级长和负责学生工作的老师，你们让深中学子体验到了丰富的生命力，度过了经历与努力、活力与实力相统一的华而又实的中学生活——你们代表着深中的灵魂与境界！

我要感谢行政教辅团队，你们务实求高，力行有品，保障了学校的有序高效运转；你们是幕后英雄，你们常常在路边为深中英雄们喝彩鼓掌，今天我想对你们说，你们就是飞机的双翼和起落架——深中应该感谢你们，我永远以你们为骄傲！

我要感谢学校所有的项目组成员：

历年来的高三年级项目组：在你们的辛勤付出中，学校高考重点率逐年提升，从 71%（2010 届）→ 78.79%（2011 届）→ 77.85%（2012 届）→ 81.85%（2013 届）→ 87.1%（2014 届）→ 89%(2015 届)，是你们把深中的学子引向更高远的未来；2016 届项目组同仁，期待着你们，"2016，一挥而就"。

课程建设项目组：在教育国际化、全球化、移动互联化、个性化、公民化、新高考时代，你们以"学生按需选学，学校按需施教，高校按需选材"为设计理念，出台并向社会发布了《2014级课程建设及学生综合素养评价方案》，方案围绕让深中学子"更有价值地学习、更自由地学习、更高效地学习"的学习理念而展开；提出赋予学生自主发起课程的权利；扩大了学分获得的途径，校外学习、网络学习、国际学习，经历与能力可以换算学分；实施分层教学，尝试弹性学制。这一系列的探索，标志着深圳中学的课程改革进入了一个新的阶段。

校园建设项目组：深圳中学总体改造已进入关键阶段，项目组成员肩负使命，创新工作，五大校园建设工程正在有条不紊地推进之中。这是一波高规格的、具有深中特色的校园建设，不仅要适应新时期校园建设中的大胆创新，又要深度融合深中传统文化，它必将在深中的发展历程中起着至关重要的作用。

泥岗校区的规划设计提出了五大理念：以人为本、资源充分使用、全人教育、开放、独特审美体验的未来学校。泥岗校区将建设成为深圳未来三十年校园规划与建设的窗口，引领中国中小学校园的规划与设计，与世界发达地区的教育进行交流与对话。**"未来学校"** 已经成为校园规划与建设的一个新的概念与理念。

国际课程建设项目组：你们把国际化引入深中，把深中引向世界，在国际比较中展现了深中教育的品质：

从2011至2014年，深圳中学被美国排名前10的大学、学院及常春藤盟校录取的有70人，其中被常春藤录取的有25人。

据可参考的数据分析：

2013届SAT考试总均分2042分，全球1498分，高出544分；

2013届托福总分103分，全球平均78分，高出25分；

2013AP考试3分以上（可获得大学学分）达到90%，全球61%，高出29%；

深中已经达到了美国私立寄宿高中排名前十的学术水平。

高端学术课程项目组：你们不断超越，创造了深中教育的新高度。深中学子两次荣获美国高中生数学建模竞赛特等奖；两次荣获美国青年物理学家锦标赛（USIYPT）全球年度总冠军！参与国际高端学术活动，近五年获得9枚国际金牌（或第一名）……

"先锋中学生国际圆桌会议项目组"：你们带领着学生探讨"先锋"的使命与担当，你们创造了享受勇敢攀登的高峰体验。2012年，深圳中学在全球首创"先锋中学生国际圆桌会议"项目课程，旨在为全球先锋中学生提供开放性深度研究与讨论的平台。至2015年已举办四届，共有近60个国家和地区的128所高中的300多名代表参加，并向社会开放了2000多个观察员席位。

招生工作项目组：你们所做的不仅是招生，更是向社会传递深中的价值与温度，深中录取分数线的提高，你们居功至伟。

初中部项目组：你们心无旁骛、不断创新，建设"卓越初中"；现在的初中部已经让人"眼睛一亮"了。

学科思维与审美课题组：你们专注于探索学生的思维和审美能力，发出教育改革先行者的新声；你们不仅在课堂教学改革上走在前沿，而且可贵的是在学法研究与学习的审美体验方面进行了深度研究与实践。

深中教育共同体的成员，你们把深中的优质教育引向全深圳，让教育之光薪火相传，深圳科学高中、龙岗初中、龙岗小学、一幼二幼、万科梅沙书院都成了名校、名园，你们用使命、专业、贡献赢得了社会的尊重和信任，深中的教育品质因你们而丰富。

……

谢谢诸君，在此就不一一列举。

六年来，全体"深中人"，奉献了我们的思考，我们的理念，我们的机制，我们的模式，我们的流程，我们的案例，我们的"试验田"，我们的成果，我们的标准，我们的格局，我们的可能，我们的故事……谢谢你们，谢谢每一个深中人——包括每一个家长，每一个校友，是你们，创造出了深中在国际比较视野中的高度与温度……

我还要感谢深圳市委、市政府，教育工委、教育局的领导们，在你们的支持和帮助下，我们创办了深圳科学高中、龙岗初中、龙岗小学、深中一幼二幼、万科梅沙书院；你们支持泥岗校区"未来学校"的理念并已形成方案；你们对深圳中学学术性高中的育人模式、深圳科学高中的科学性高中的育人模式、万科梅沙书院的国际性高中的育人模式等的探索给予了有力的支持和帮助。

我尤其要感谢教育局党委选派了新任校长赵立先生，赵校长出自深中又超越深中，深孚众望，感谢局长对深中的厚爱，我向所有的领导致谢。

无数的留恋与不舍，请原谅我的匆忙，也请理解我因身体原因，没能当面与您道别。深中校长的每一次交接，都意味着一种新的可能，一个新的超越的到来，让我们期待新的精彩，让我们欣赏凤凰花开更灿烂。

就像我在《麦田》一文中所说："我一生只做一件事，今后如果情况许可，我还会用合适的方式，研究探索基础教育的改进，不会一味养病等老。今天的教育同道当不负历史、不负时代、不负国民、不负未来，在全球化时代创造出令人信服的、具有中国独特魅力的教育。薪火相传，未来可以有所作为——一定大有作为！"

未来不是我们要去的地方，而是我们要创造的地方。
你选择了怎样的行为，你也就选择了怎样的结果。
一个新的任务，培养一种新的能力，创造一段人生风景！
每一天都是作品，每个人都能创造自己的作品人生。

祝福深中，祝福未来。

（摘自王占宝校长在离任深圳中学校长会议上的书面发言，2016年2月21日）

南京师范大学附属中学

2002 年 10 月 13 日王占宝校长在南师附中百年校庆典礼上致辞

细读 2009 届附中数字 喜看附中办学成绩

看一所学校好不好，办学质量是关键，而说明办学质量最直接、最明显的就是高考数据。教学高质量是素质教育的前提和保证！对于南京师大附中这样一所走在中国教育前沿的百年名校，他们探索着、努力着、不断成功着。其办学成绩无疑是骄人的，一串串显赫的录取数据让记者一次次折服。在这里，记者仅以 2009 届学生的发展情况予以呈现，请读者一起"从数字看附中"。

一、学业水平测试情况

作为江苏省新高考第二届，南京师大附中 2009 届学生在高二学业水平测试小 4 门考试中取得了特别优异的成绩。该校通过率为 100%，其中各门学科都在 B 等级以上的学生人数占 99.4%；全年级有 452 人获得 4A 等级，全 A 率占 61.2%，这些同学有望在 2009 年的高考中获得加 10 分的资格。附中获得 4A 的人数和 4A 率均在全省领先，在南京市遥遥领先。政治、历史两门学科 A 等级通过率均超过 90%，其中政治学科的 A 等级通过率更是达到了 96%。

二、学科竞赛情况

南京师大附中 2009 届学生在 2008 年全国数学、物理、化学、生物、信息、科技创新等学科奥林匹克竞赛中，有 144 人次获得江苏省一等奖，有 44 人次获得高校保送资格（约占全省总人数的 1/4），均在全省学校中遥遥领先，连续五年位居全省第一。其中：

许言同学以江苏省第三的成绩进入国家化学竞赛冬令营，获金牌（江苏唯一）；

刘苏萌同学以江苏省第一的成绩进入国家化学竞赛冬令营，获银牌；

吴宇骁同学获得物理竞赛全国二等奖；

禅铎同学获得生物竞赛全国三等奖；

汪一宁、曹雪智同学获得信息学竞赛全国二等奖；

余海翔同学获得创新大赛全国二等奖；

罗鸿飞同学获得创新大赛全国三等奖。

三、保送、提前招生、自主招生情况

南京师大附中近几年来高质量的素质教育和办学质量，使得国内外一些著名高校纷纷把保送、提前招生、自主招生的名额投向附中。

到目前为止，国内外著名高校投向附中 2009 届高三保送、提前招生、自主招生的名额一共有 380 人，其中清华大学 17 人，北京大学 19 人，南京大学 53 人；国外著名高校投向附中提前招生名额有 70 多人。全面超过往年同期人数。

到目前为止，2009 届高三已经有 351 位同学被国内外著名高校保送提前录取或获得自主招生资格，其中 197 位同学被保送提前录取，154 位同学获得自主招生资格。

1. 被国外大学提前录取共 116 人

其中：美国 62 人；加拿大 11 人；法国 15 人；澳大利亚 15 人；新加坡 6 人；英国 2 人；荷兰 2 人；爱尔兰 1 人；日本 1 人；韩国 1 人。

被学校推荐的 9 位同学全部被澳大利亚国立大学提前录取；

被学校推荐的 12 位同学全部被法国 INSA 大学提前录取；

被学校推荐的 5 位同学有 2 位同学被法国大学校提前录取；

被学校推荐的林星璐同学成为首批入选巴黎政治学院的南京两名学子之一。

高三年级首届 IB 国际课程班 28 名同学全部被美国、加拿大等国外著名高校提前录取。

2. 被国内著名高校保送提前录取或获得自主招生资格 235 人

其中：

清华大学 15 人；

北京大学 18 人；

南京大学 33 人；

东南大学 23 人；

浙江大学 18 人；

上海交通大学 17 人；

复旦大学保送 10 人；

中国科技大学 9 人；

中国传媒大学 3 人（全省 6 人）；

北京外交学院 2 人（全省 3 人，全国 20 人）；

四、特色专业考试情况

获得国内高校艺术特长自主招生优惠承诺共 48 人次，体育特长自主招生优惠承诺共 1 人次。

其中，高三（3）高翔宇同学获得北京大学二胡专业优惠承诺资格，享受加 50 分的优惠待遇；

高三（5）龚雪同学获得清华大学、北京大学扬琴专业优惠承诺资格，其专业考试成绩为一级优秀；

高三（5）武泽渊同学获得清华大学双簧管专业优惠承诺资格，其专业考试成绩为一级；

高三（14）黄博文同学获得中国传媒大学音响导演专业优惠承诺资格，其专业考试成绩名列全国第一；

高三（4）石权同学获得中国传媒大学电视编导专业优惠承诺资格，其专业考试成绩名列全国第二；

高三（8）朱云琦同学获得中国传媒大学数字媒体专业优惠承诺资格，其专业考试成绩名列全国第二；

高三（11）曾媛旎同学获得中央美术学院建筑优惠专业承诺资格；

在南京大学戏剧影视文学专业选拔中，附中共有 12 人入围，占全国入围总人数的十分之一。

（刊于《扬子晚报》，2009 年 4 月 15 日）

培养未来社会的领跑者

——解读南京师大附中的"育人模式"

中共十六大报告提出："全面推进素质教育，造就数以亿计的高素质劳动者、数以千万计的专门人才和一大批拔尖创新人才。"并提出了要在2020年建成创新型国家的目标。

南京师大附中认为，素质教育的最高境界是实现人的充分发展。那么，附中究竟应该培养出什么样的人？"我们的培养目标是：致力于培养未来社会的领跑者——以天下为己任，具有创造性人格特征的人。"南京师大附中王占宝校长非常认真地解读说："我们就是要高质量地实施素质教育，促进每一位学生充分发展，让我们的学生养成在未来全球化社会成功的素质。而实现这一目标的关键就是要建构为全球化时代'拔尖创新人才'打基础的高中教育模式——培养创造性人格，促进人的充分发展。"

为了实现教育理想，附中人孜孜以求。王占宝校长说："附中希望赋予学子的特色是'责任·创造'。"因为责任，我们成了"人"——中国公民和世界公民；作为附中学子，我们应该意识到对自己、对家庭、对学校、对团队、对国家、对人类的责任。因为"创造"，我们成了"我"——在全球化时代富有民族文化和个性魅力的自己；我们应该学会用自己的眼睛去观察，用自己的大脑去思考，我们不应该人云亦云，也不应该仅仅是"克隆"与"复制"。但是，理想并不等于思路，思路并不等于行为，行为并不等于质量；知道并不等于做到。教育的高期望应落实到学生发展的高质量。

记者通过对学校课程、学生活动及评价机制等一系列采访发现，南京师大附中已经形成了自己先进而独特的"育人模式"，其做法就是充分挖掘学生潜能，让学生在"最近发展区"自我实现达到最优化，让优秀者更优秀，让平常者不平常。

一、挖掘学习潜能——这里的课程很独特

"质量立校，质量立人"是附中对教育质量的追求，更是对广大师生和社会的承诺。学校提出，要"咬住课程，咬住课堂"，通过优良学风建设和优化质量提高的方式，实施学校的全面质量管理，进而促进每一位学生充分发展。

（一）"课程超市"：有200门多选修课

记者在采访中发现，与很多学校的学生不同，南京师大附中的学生酷爱上课。"我们学校的课真的很有意思，特别是选修课非常多，完全能够满足不同学生的不同要求。比如我可以从选修课上了解领袖气质是怎样培养出来的，也可以利用选修课去学习弹吉他。"一位已被清华大学提前录取的高三男孩告诉记者。

据了解，在全面执行国家课程计划的前提下，经过二十多年的努力，南京师大附中通过自主开发，已经基本形成了多样性、多层次、可选择的动态开放的校本课程体系。目前，校本选修课程库中的选修课程已达200多门，并已形成很多"课程板块"：

德育课程——激扬生命而不是控制生命：以"生涯规划"为核心的自主发展课程，以"1937.12.13，我们永远不能忘记——祭悼南京大屠杀遇难同胞"为核心的爱国主义教育课程，以"31公里步行者行动"为核心的意志训练课程，以"素质拓展训练营"为核心的发展性心理教育课程，以"暑期清华北大夏令营"为核心的优秀学生干部培养课程等。

创造性思维和实践能力培养课程：创造性思维、创新实践选修课，社会实践课程，通用技术课程，机器人工作室，创造俱乐部，创造性发明类竞赛课程等。

国际课程：模拟联合国课程，全英语授课的IGCSE课程，在国际系统动力学协会指导下的"系统思考与决策实验"课程，IB课程等。

学业超常学生的发展课程：各学科竞赛课程，高校教师为单科优秀学生开设的大学基础课程。

网络课程：世界风云、科技动态等11门网络课程，其中7门是由学生自主选择的南京大学网络公共选修课程。

学校还着力打造具有快餐式特点的学生讲座课程——"走近大师"。每学期都有数十个专家讲座供学生选择，极大地拓宽了学生的学科视野，

丰富了学生的知识面，同时也激发了学生的求知欲望。

丰富的、可选择的、学校主导性和学生主体性相结合的课程超市，为促进学生的个性化发展，为张扬学生的特长，为激发学生的学习与探究的兴趣和热情提供了平台，为学校高质量地实施素质教育、促进每一位学生充分发展提供了广阔的天空。

（二）按需施教："课程群"、个性化课程充分"扬长"

根据不同发展方向、不同层次学生的学业发展需要，学校按需施教，因材施教，建立促进学生"充分发展"的教育机制。先后建设了中学六年整体教育实验若干课程群，高层次文科、理科、体艺实验课程群，普通高中课程群以及国际文凭课程课程群，提供适合于学生个性发展的差异性教育；学校对每一个课程群进行课程群目标及课程设计，打通不同学科的壁垒，打通国家必修、国家选修、校本必选、校本选修（含社团与研究性学习）等。以课程群主菜单与学生自主在"课程超市"中"点课"相结合的方式，满足学生的选择性要求，并配套开展学生学业发展跟踪研究和指向课程群的学生学业发展指导工作。借此为不同基础、不同水平、不同发展倾向的学生提供适合于他们的教育平台。

2005年，南京师大附中实行了促进学生个体充分发展的课程改革之一"必修学科免修制"，实行学科免修制度是落实因材施教的教育原则，为学科成绩特别优秀、渴望有超越性发展的同学提供"扬长"的需要，创造适合学生发展需要的教育。免修并不意味着不修，而是让学生学会自我教育、自我管理，使每个学生得到自由而充分的发展。这是附中在教学管理上促进学生个性化发展的一种尝试，也是在现行的班级授课制下有效进行因材施教的积极尝试，为学校实现办学理念积累了非常宝贵的经验，在中国基础教育界引起了积极地关注。到目前，已有144人次获得免修资格，涵盖数学、英语、物理、化学、生物、信息技术等学科。

据介绍，学生的学科竞赛指导工作是南京师大附中整体工作的重要组成部分，是各学科教学工作的重要内容。学科竞赛，是学生学习热情、学习潜能释放的动力与机遇之一，是学生个性发展、综合素质提升的有力举措之一。附中学生中存在着一大批学习成绩优秀，学习能力强，又在学科竞赛方面有兴趣、有干劲、有潜能的学生，学科竞赛有利于这些学生取得理想的学习效果和成绩，同时，通过他们，加大龙头拉动的力度，带动全体学生形成团结协作，你追我赶，朝着远大理想奋进的态势和校园氛围。

另外，学校还建立了"菜单式教育机制"，通过免修、A辅、B辅、导师制等，为需要在学业发展、心理保健和学法指导的学生提供不同的渠道和帮助。

二、有想法有作为——这里的老师很"厉害"

别以为老师授课一定要规规矩矩地上课，在南京师大附中的舞台上，活跃着一批有想法、有作为的老师，他们以学科为单位，以备课组为主体，有计划地开展丰富多彩的、彰显学科特点的大型的学生学科活动。

各科老师给学生创造精彩的学科活动

语文教研组有"如歌的行板"诗歌和音乐创作及朗诵会；英语教研组有影视英语配音表演、英语风采大赛等；数学教研组有数学基本功大赛；物理教研组有"走进世界物理年"系列主题活动、物理实验能力评价和物理实验设计比赛等；化学教研组有趣味化学实验设计表演、开放化学实验室等；历史教研组有"为了明天——纪念抗日战争暨世界反法西斯战争胜利60周年"系列主题活动；政治教研组有"模拟公司""哲学小论文"征集编撰等；体育组有中华武术系列活动；技术组有机器人大赛活动……

（一）指导学生发展创建"手册"

在现高二年级开展新课程、新高考的研究，尝试构筑适合于新课程、新高考，以课程群为平台的学生学业发展指导系统，编写了《南京师大附中选课指导手册》。开设生涯规划课程，指导学生学业选择。学校还主持编制了基于模块的课程管理和学业评价系统——《江苏省普通高中新课程教学管理系统》。

（二）学有困难导师帮忙

针对学生群体客观存在的差异性，积极推行导师制，为学业困难的学生配备导师，每位教师带4~5名学业困难学生，定期进行学业指导、思想教育、心理疏导等，适时地对学生进行针对性强的帮助，以达到在尊重差异的基础上控制差异的目标；定期举行面向所有学生的大型咨询活动。

（三）《附中讲义》：附中自己的"营养品"

为了从根本上控制学生的作业量及难度，提高训练的质量，减轻学生过重负担，由教学管理处组织、各备课组负责，通过编写教学案一体化的

《附中讲义》，建立具有开放性、选择性和分层次的"作业超市"。

（四）研究性教和学：让学生"学会学习"

在创建创新型国家的发展背景下，附中进一步从学校课程和学科教学的角度深入探索，从必修课教学入手，开展研究性教和学的教学模式实验探索与研究，通过学生自主学习、自主研究，通过高峰体验式的学习，使学生"学会学习，学会思考，学会合作，学会发展与创造，学会反思与评价，学会自主发展"，帮助学生掌握学习的本质、规律和方法，深入理解学科思想、学科思维、学科文化，在有效地促进学生高质量发展的同时，培养学生自主发展、自主奔跑的意识和能力；另一方面，提升学校教育对学生成长的影响力，提升学校的教育品质。

另外，学校积极实施研究性学习课程，探索出了一套行之有效的研究性学习课程实施方式，规范化地在全体学生中开展了研究性学习活动，并组织编写了《研究性课程小组管理手册》《研究性课程学生手册》。2009届学生的研究性学习课题共有180余项，通过优秀研究成果答辩的有48项，现已制成光盘，并编辑了专集。

三、实施人格教育——学生成长实现"递进"

南京师大附中王占宝校长告诉记者，创造性人格的培养不单是智慧觉悟的教育，它强调开发潜能要同培养人的优秀心理品质和积极人生态度相结合，注意发挥人的主动性、积极性、创造性、耐挫折性，提倡奉献精神、探索精神、批判精神和创业精神。因此，它弥补了智力开发欠缺的环节，同时它所开发的创造能力与智力开发所指的智力或智能也是不同的。

南京师大附中为了培养学生的卓越人格，进行了一系列创新和探索。

据了解，从2002年起，南师附中就在我国中学中率先开设了生涯规划课程。"跟不上老师节奏只能被动学习怎么办？""竞赛和社会活动矛盾重重如何取舍？""高三是保送还是出国该怎样选择？"……这些进入高中就可能不断遇到的问题，南京师大附中已经形成了完整的生涯规划模本，并有专职老师或学长帮学生量身定做。从进入附中的第一个主题班会"在附中我种下一棵理想树"到高中毕业的毕业典礼，学校都会帮助学生针对附中三年乃至人生进行了整体的设计和规划。

"规划人生的关键在于人格的培养！"高三附中一位班主任告诉记者。

在附中，每个学生生涯规划都特别制定了《高中三年学生成长递进系列方案》，即：高一的学业规划；高二的职业规划；高三的事业规划。"高一年级学会'走路'，即要主动学习，培养健全人格，做合格附中人；高二年级学会'奔跑'，即要学会深度学习，培养独立人格，做优秀附中人；高三年级学会'领跑'，即超越性学习，培养创造性人格，做卓越附中人。"

"举个最简单的例子来说，附中高一年级'31公里步行者活动'就是独特的磨炼学生意志品格的特色活动。坚持让孩子步行这么远的路程，是挑战，也是人格磨炼。不同于一般意义的秋游，这一活动是对学生爱国主义教育、意志品质锻炼、团队精神培养融入其中，增强学生的责任意识和创造能力。"

"我们的生涯规划是要学生有个成长递进的过程，不仅是学习上，更重的就是人格上的完善。"南京师大附中王占宝校长强调说。

四、提升活动能力——60多个学生社团百花齐放

南京师大附中以综合性、实践性、主体性、创造性为特征的活动课程，在实现附中育人目标方面，发挥着独特的作用。社会实践、社科论文、学生论坛等活动，让学生们直面社会问题，点燃学生们的社会责任感；新生军训、住校生晨跑、迎新年环湖长跑比赛、31公里步行者系列活动构成了附中的意志训练课程；精彩纷呈、各具特色的学生社团活动，绽放着学生们的激情、智慧、思想、才艺和创造；而文化节、科技节、体育节等大型活动，则成为阶段性展示学校必修课、选修课、研究性学习、社团活动等教育教学成果的平台。

（一）丰富活动展示学生才情

几把藤椅，两壶美茶，朗朗笑声，3月25日，南京师大附中首次"附中午间茶"学生论坛活动在艺术中心的报告厅里举行，而本场"附中午间茶"学生论坛的主角就是6名已被保送至清华、北大和获得国外大学录取通知的高三"牛人"，他们现场为学弟学妹传授各自经验。附中午间茶是学校颇受欢迎的"学长俱乐部"活动的一项，旨在通过成功学生的成长经验辐射给低年级同学，也促进学生之间的交流互助。

学校一位负责学生活动的老师告诉记者，经过数年的努力，南京师大附中学生社团的发展已经相当成熟，制定了《南京师大附中学生社团章

程》，学生对学生社团活动有着极大的热情和积极性，学生社团活动丰富多彩，成果丰硕。

记者采访发现，附中的学生活动相当精彩，其中包括：学校共开设了64个学生社团，其中国内第一个中学生自主申办的昆曲社团在附中成立；体育组和篮球社团联系金陵中学等名校举办了多轮篮球联赛，附中电视台自拍的《名校篮球联赛》被南京电视台选中并在少儿频道展播；举行国际科技文化节，营造一种多元文化交流碰撞的氛围，感受丰富多彩的异域文化，培养尊重其他文化、勇敢走向世界的胸襟，锻炼不同文化背景的人士交流的能力，体现了同学们的创造力和想象力，更开阔了国际视野和胸怀世界的胸襟；成立"学长俱乐部"，学生自主组织多项活动；注册志愿者服务正式启动，做义工成了很多学生回报社会的一项责任；成功推出"武术健身拳"；举办主题为"走近鲁迅"的读书节，包括开展读书爱好者交流活动、"鲁迅的读书生活"图文展览、"先生鲁迅"电视节目展播、参观校园鲁迅纪念馆、书香班级评选活动及校园书市等多种丰富多彩的活动。

（二）大师"面对面"开拓视野

据了解，为了引导学生关注社会热点，了解科技发展的前沿，使学生开阔视野，培养科学精神与人文精神，南京师大附中充分利用社会资源，在海内外广泛聘请著名专家学者来校讲学，让学生有机会目睹大师的风采，亲耳聆听大师的声音，亲自与大师沟通对话。仅本学年，附中就组织了专家讲座20余次，其中，专程回故乡过八十寿诞的余光中先生为附中学子带来了《汉语是美丽的》文化讲座；江苏省政协原副主席、《实践是检验真理的唯一标准》主要作者胡福明先生开设讲座《中国改革的时代背景》；北京大学原校长许智宏院士卸任后第一个学术讲座开设在附中，亲自主持附中学子的面试并当场确定7名同学获得北京大学保送或自主招生资格；著名学者、校友钱乘旦先生来校开设《大国崛起》讲座；清华大学钱逊教授讲述《儒家文化的价值观》……

五、培养国际视野——提供一流的国际教育资源

采访中，王占宝校长说：南京师大附中所追求的"充分发展"，是在全球化时代的充分发展。附中学子"以天下为己任"，这个"天下"，不仅仅是中国，更应该是整个世界，只有胸怀祖国，放眼世界，培养在国际

环境下交流、对话、充分发展的能力，才能做到"以天下为己任"。

（一）国际交流活动频繁

据了解，南京师大附中自 20 世纪 80 年代以来，积极开展各种形式的国际交流活动，先后与日、韩、澳、英、法、加、美等国的十余所学校结成友好学校，实行教师互派、教材交流、学生交流等交流活动；加入了国际学校联盟组织（ISC），成为该组织在中国的第一所成员学校；开设了江苏省第一个国际高中文凭（IB）课程实验班，为附中学生提供世界一流的教育资源，在附中与世界之间架设一座桥梁，为培养世界公民、国际英才探求一条自己的路。

另外学校每年有二十多位教师出国讲学、考察、进修，同时还邀请国外专家学者讲学、授课等，为学生提供了丰富的参与国际交流的机会；每年接待新加坡、美国、加拿大、日本、澳大利亚等国多所友好学校两百余名中学师生的来访。

国际化课程："把世界引入附中，让附中走向世界"

大力开发国际化课程，为一流的学生选择世界一流学校提供条件，是未来中国一流学校的责任和使命。为了实现培养世界公民、国际英才的目标，南京师大附中大力引进并开发国际化课程，为附中学子提供世界一流的教育资源；改造附中传统课程，为培养世界公民提供校本教材；创建国际交流平台，为优秀学生参与国际合作与竞争创造机会。

模拟联合国课程：2005 年，作为全国最早引进及参与"模拟联合国"项目的 18 所著名高中之一，南京师大附中组建了模拟联合国社团，建设了专用教室——国际交流中心。在实践中，学校形成了完整的校本课程体系，并出版了全国第一套模拟联合国教材——《模拟联合国教程》。

这一课程让学生在文化多元性日益凸显的今天，具有了宽阔的国际视野，培养起强烈的国际意识，并且学会欣赏其他民族的优秀文化，让自己变得广博而宽容，进一步提高了在国际舞台上的合作力与竞争力。在历届北京大学及复旦大学全国中学生模拟联合国大会中，附中学子频频获得多种最佳奖项，学校也因出色的组织、高质量的培训连续多次获得"最佳组织奖"。

IB 国际文凭课程：作为一种优质国际高中课程，将学生培养成为知识渊博的探究者、坚持原则的思考者、胸襟开阔的交流者以及富有同情心、敢于探险、全面发展的人，是 IB 国际文凭课程的育人目标。2006 年 9 月，南京师大附中成为最早开设 IB 国际文凭课程的中国公办学校之一，凭借全英文授课、全英文教材、全英文作业的教学模式及环境，依托先进的教育教学理念和科学的课程设置，为附中学子提供了一个高品质的国际教育平台。

三年的办学实践以及 IB 学生综合素质的全面发展，得到了众多国外著名高校的认可，他们纷纷来到附中开展招生宣传。截至目前，首届 IB 国际文凭课程班 28 位同学全部被美国、加拿大等国外著名高校提前录取。

国际交流课程：为了给优秀学生参与国际合作与竞争创造更多的机会，附中创建了多种国际交流平台。学校先后与十多所境外友好学校建立了校际交流关系；作为中国参赛的第一所学校，参加了国际中学生"无境数学"竞赛活动，并获得第一名；参加了加拿大滑铁卢大学"欧几里德数学竞赛"、加拿大费马数学竞赛，均获得优异成绩；承办了"全球化时代的教育智慧"的研讨会；参加 NAIS 挑战全球 20 大问题，让附中学生直面人类发展过程中面临的共同问题，培养学生的责任意识与全球合作的观念；在系统动力学研究性学习中，学生走上了国际学术讲坛；通过 AFS（国际文化交流组织）社团，学生共享不同的文化并架起沟通的桥梁；参加 AYA 项目（高中生美国交流项目）、YFU 项目（国际学生交流协会）……

2008 年下半年，加拿大西安大略大学国王学院在全球主办的在线商业模拟竞赛首次登陆中国。这项竞赛在全英文环境下运作，旨在培养和考察选手的创造性思维、商业头脑和企业经营管理能力。在这场竞赛中，经过近三个月 8 轮的较量，附中代表队获得了中国赛区冠军，并赢得了加拿大西安大略大学国王学院 20000 美元的中国区的最高奖学金。

（二）向学生提供诸多发展渠道

为了给学生提供国际舞台，南京师大附中为学生提供了诸多发展渠道，例如：

1. 新加坡本科（理工）企业全额奖学金（SM2）

选择高二年级的优秀学生赴新加坡高校学习深造。附中自 2002 年开始选派学生参加此项目，到目前为止共有 21 学生在新加坡学习。2009 年度学校又将推荐 7 位学生参加全省的选拔。

2. 法国大学校预科班

选择高三年级的优秀学生赴法国顶尖大学学习深造。此项目得到了法国文化年荣誉委员会、法国驻中国大使馆及法国教育部国际关系与协作司的赞助，每年在中国选择 50 名中国学生就读于法国大学校理科预科班。南京师大附中 2007 年首次参加此项目，高三（9）班徐翔宇同学脱颖而出；2008 年陈林晓同学、2009 年褚祺杰同学、洪瑞堃同学力挫群雄，拿到赴法的"通行证"。

3. 法国里昂国立应用科学学院（INSA）

选择优秀的高三学生赴法国 INSA 大学深造。此项目为法国政府推出的针对亚洲学生的精英培训计划，目的是适应全球一体化趋势，满足企业对具有多重文化背景的管理人员的需求。附中自 2005 年开始参加这个项目，目前已有十余人在 INSA 大学深造。（2009 年又有 12 人被录取，即将赴法学习。）

4. 美国格林耐尔大学"中国特别奖学金项目"

"格林耐尔奖学金"是美国格林奈尔大学为南京学生提供的"中国特别奖学金"，该奖学金名额在南京只有一个，从南京四所名校推荐的学生中产生，南师附中是这四所学校之一。这一奖学金提供中国学生在格林耐尔大学学习的费用 14.2 万美元（包括：综合学费、住宿、伙食费以及保险，书本和各种各样的相关费用）。只要该生在取得本科学历过程中有令人满意的进展，这一奖学金可延长至四年。2006 年张逸倩同学、2007 年刘璐芃同学、2008 年吴双玥同学、2009 年任婉洁同学，附中连续四年摘取了这一南京唯一的"桂冠"。

（刊于《扬子晚报》，2009 年 4 月）

课程改革：在承续传统中锐意创新

翻开南京师大附中百年校史，教育教学改革是其中非常厚重的一个篇章。锐意进取、革故鼎新是学校最重要的办学特色之一，也是推动学校不断取得突破性发展的不竭动力。曾任附中校长的教育家廖世承说过："我们觉得教育的事业，是一种实验的事业。要用科学的精神，科学的方法，把教育原理，时常去应用，时常变通，才有改进的希望。"1922年，附中成为中国第一批率先采用"三三制"新学制的学校，编定了新学制课程大纲，实验道尔顿制，推动了全国中学的学制和课程改革；抗战期间，艾伟主持开办中学"六年一贯制"学习心理实验班，继续探索通过课程改革培养国家栋梁的新路；20世纪50年代，学校进行了高中文、理、农分科教学实验和"四二制"试点班教学改革；60年代，在江苏省教育厅的主持下，进行了旨在推动学生生动活泼主动发展的教育改革。

附中的学制和课程改革，始终伴随着南京师大附中一起发展。而进入新时期以来，学校更是与时俱进、开拓创新，以自觉的意识、前瞻的眼光、务实的策略推动课程改革，以"领跑者"的姿态走在课程改革的前列。

20世纪80年代初，绝大多数学校都在专心恢复教育秩序，而附中却已经在思考如何借助课程改革提高基础教育发展的速度。于1984年到1994年期间担任校长的胡百良先生在回忆文章中回顾了当年附中人勇于课程实验的批判思维："为了让学生能应付高考，很早就文理分科，考文科的不学理化生，考理科的不学史地。这样做，违背了教育规律，严重忽视学生德智体的全面发展。"在这种情况下，学校坚持教育秩序重建与课程结构改革同步，改革必修课程（包括压缩必修学科总课时、增加体育学科周课时），增设选修课程，开设劳动技术课程，推动社会实践课程化，建立课外活动体系。"譬如，从高一到高三逐渐开设了英语、文学、计算机、实验化学、生物、音乐欣赏、美术、电工、无线电、历史、天文、地理、经济管理、速记等20多门任意性选修课程，有80%以上学生参加选学。"后来，选修课程不断丰富，设立了包括旅游文学、市场经济与法制、几何画板与物理图景、英语时文阅读等各种学科类选修课程，京剧艺术欣赏、吉他演奏、摄影艺术欣赏等艺术类选修课程，以及无线电技术、建筑装潢设计、剪纸艺术等技能类选修课程，学生选修课时一度曾占总课时的11%。因为勇于探索和实践，附中参加了原国家教委指导、香港华夏教育基金会资助的高中课程结构改革实验，1987年成为原国家教委教育科学"七五"规划项目"我国普通中学课程改革的研究与实验"实验学校。

20世纪90年代初，南京师大附中又大胆地走出了必修课程分层次教学实验这一步。1992年，学校开始研究和实行的必修课程分层次教学，数学、英语、物理、化学、政治和历史等学科分别按照A、B、C层次研究教学目标和组织教学。A级为拔尖要求，高于大纲要求，B级为必修和分科选修的综合要求，C级为必修要求。这一改革使学生在学校的可选择课程占总课时数的约72%，在一定程度上实现了因材施教的教育追求。

1980年以来南京师大附中的课程改革是符合中国基础教育改革和发展方向的，促进了学生综合素质的提高和个性的发展。1998年，原国家教委基础教育司组织的专家组对南京师大附中"普通高中课程改革研究与实验"项目给予了这样的评价："本课题研究不仅为构建我国升学预备教育类型的同类高中课程结构的改革提供了理论范式，而且对我国21世纪的高中教育办学模式的改革具有重要的实践指导意义。"

2001年，新履任的南京师大附中校长王占宝在深入了解学校课程改革历程和国家课程改革方向的基础上，提出了一个具有挑战性的思考题：国家高中课程改革即将到来，课程的"时代性"和"选择性"将成为全国基础教育的基本特性，在这种背景下，附中的学制和课程改革探索应当走向何处？2003年《普通高中课程方案（实验）》颁布后，怎样为国家高中课程改革的推广做示范，以及怎样在高中新课程全面推广的基础上继续探索中国的高中课程改革，成为附中近年来探索的重点。

高中新课程在江苏全面推进的三年来，附中创造性地实施新课程，并总结和推广了高中可选择课程的管理经验。为了保证学生的课程选择权，学校创造条件开设所有能够开设的课程，充分满足学生对科目和模块的选择，还创造性地在体育、技术课程中进行了分项教学实验，在艺术学科实行综合艺术与音乐、美术分科并行的课程管理模式。在课程实施中，重点进行课程管理模式研究，推行校本的可选择课程中学业评价百分制"标准分", 语文、英语、数学等学科率先进行"过程评价"实验, 建立"综合素质评价"的评价制度与管理方式。校本选修课程进一步规范建设, 确定了"使附中学生具有较强的创新精神、国际意识、信息素养、学习潜能"的选修课程目标, 先后开发了超过 200 门的校本选修课程, 能够充分满足学生选择的需要; 编写《校本选修课程实施实用手册》, 阐明了确定校本课程目标和科目的工作方法、学校课程开发的规定和工作程序、课程教学管理的工作程序与制度、校本选修课程评价的相关规定和操作方法、校本选修课程开发培训工作计划。

新课程实施的三年来, 立足社会发展的需要, 围绕学校办学目标, 南京师大附中进一步探索培养高层次学生的学制和课程改革。根据党的十六大"全面推进素质教育, 造就数以亿计的高素质劳动者、数以千万计的专门人才和一大批拔尖创新人才"的要求, 为了探索符合拔尖创新人才培养的高中教育模式, 南京师大附中在中国基础教育领域要作两方面的实验: 一是构建为"拔尖创新人才"打基础的育人模式——培养具有创造性人格特征的人, 二是高质量地实施素质教育。为此, 学校确定了"为了每一位学生卓越发展"的课程目标, 构建起包含课程超市、课程群、个别化课程的三级课程结构。将学制实验和课程实验同步进行, 是南京师大附中一贯的传统。2005 年全面实施高中新课程以后, 学校就开始研究拔尖创新人才在高中阶段的育人模式, 并进行了中学"六年一贯制"整体教育实验班、高中高层次文科实验班、高层次理科实验班和高层次体育艺术特色课程的实验。关于学制改革的必要性, 王占宝校长认为, 当前中国基础教育的生态环境和学制对优秀学生的卓越发展所带来的负面影响是客观存在的, 这也是中国基础教育需要思考和探索的问题之一; 附中成立中学六年整体教育实验班, 是要构建针对特别优秀学生群体的课程群, 整体设计中学六年课程。

南京师大附中的课程改革, 体现的是探索中国基础教育发展方向的志向, 体现的是继承传统和创新发展的方法, 体现的是为了每一位学生卓越发展的责任。

（南京师范大学附属中学卢新建）

梦想照彻的"太阳"升起之地

"2009 年，让我们带着梦想上路，让梦想串起我们的每一天，在附中实现自己梦想的第一步。

没有梦想的，应该做梦；梦想模糊的，应该明确；已经有梦想的，应该追梦……

我们不仅要有明确的梦想，而且要把它写下来，说出来，让它像太阳一样照亮我们生活的每一天。

2009 年的春天，附中人请你说出自己的梦想——升起你的太阳吧……"

南京师范大学附属中学王占宝校长的这段话，常常能唤醒我内心对于教育理想和学校责任的思索。在我看来，教育是一项使人积淀生命的基本元素从而使人的生命逐渐趋于完满的事业。教育是一种唤醒，是教育者价值引领和受教育者自主建构的双向互动过程，但是其终极追求是学生的发展。个人的自由，群体的和谐，社会的公正，人类的福祉与尊严，全系于良好的教育。"教育的基本作用，似乎比任何时候都更在于保证人享有他们充分发展才能和尽可能牢牢掌握自己命运而需要的思想、判断、感性和想象方面的自由。"（联合国教科文组织《教育，财富蕴藏其中》）而无论是理想的教育，还是理想的学校，都毫不例外地充溢着一种梦想的气息、生命的韵律和智慧的光辉。如果说每一个学生都是一轮等待升起的太阳，那么只有在这样的"场"中，"太阳"才可能冉冉升起。

一、理想学校的核心

我很难给理想的学校下一个定义，但我认为衡量学校有一个核心要素，即：这所学校致力于培养什么样的人，并且以什么样的方式进行实践与行动。这个核心要素往往体现为学校的"办学理念"。

"嚼得菜根，做得大事"。这八个字据说是南师附中的校训，总能引起我的遐想。开始的时候，我以为它太朴素，朴素得与流行的观念相去甚远，朴素得似乎与名校百年的历史、地位、声誉并不相称。可后来，越想越觉得这八个字有道理，觉得真是朴素之中见厚重，平淡之中见真理。更关键的是，这八个字并没有仅仅停留在文字层面，而已成为学校教育的行动指南和内在驱动力。与此相反的是，在现实中我们看到很多学校仅仅是将漂亮的"办学理念"刻在石头上，写在宣传资料上，却并不能落实到行动上，那种种令人目不暇接的所谓"办学理念"，不过是漂亮的帽子或幌子。这是学校与学校之间境界的差别，也是理想与现实的差别。我不能非议学校追求世俗的成功，但我更赞赏一所学校能坚守自己的理想，并且朝着这样的理想顽强前行。

在"嚼得菜根，做得大事"这个理念基点上，南师大附中努力"培养未来社会的领跑者——以天下为己任，具有创造性人格特征的人"，努力在老师和学生身上烙上"责任"和"创造"的印记，努力"高质量地实施素质教育，促进每一位学生卓越发展"，努力在成就卓越学生的时候做到："给你一部历史，让你去翻阅；给你一种文化，让你去感受；给你一些时间，让你学会安排；给你一个舞台，让你去表演；给你一些机会，让你学会创造：给你一个期待，让你自我成长。"

二、掌舵之人

考量一所学校，我很注重校长的气度、理念以及灌注了这种气度和理念的教育实践。我认为，对校长来说，教育就是打破各种传统的惯例、常识和教条，用更加开放、科学、理性的眼光审视教育现实，最大限度地整合现实和理想，通过建构现代学校制度、全面发展教师学生，实现学校教育向善向美步向和谐的人类价值。

要成为像南师大附中这样优秀学校的掌舵人，必须具备几个因素：坚定的教育理想、深邃的教育思想、开阔的教育视野和扎实的教育行动。而王占宝校长无疑是有理想、有思想且有行动的校长。每次和王占宝校长接触，都能感觉到他身上勃发出来的儒雅之气，他不俗的谈吐也总让我心仪甚至是心折——他不浮躁，更不功利，他懂得安静对于一个校长的意义。我经常关注南师大附中网站上王占宝校长在各种场合中的讲话和演讲，一些面向学生的演讲往往激情澎湃，读来令人心潮起伏；而有的却又充满了睿智，富有思辨色彩，体现了他对教育以及学校发展方向的独到见解，常在我心中唤起强烈的共鸣。比如他认为"教育应当是对生命的激扬"，比如他对中学教育与大学教育的衔接问题的思考等等，比如他认为学习的本质在于理解思想、学会思维、解决问题、创造新知，这些无不体现了一个校长独立而理性的思考。

王占宝校长说，南师大附中绝不是他一个校长在管理和引领。胡百良等历任校长的深邃思想和先进理念，他们的执着、激情以及强烈的责任感，已在学校深深扎根。成为全体教师的自觉行动。从这个角度说，学校的每件事情其实是王校长和历任校长们的"共同决策"，是他们集体智慧的呈现。

三、培养有德性的真人

学校即人。即以人的理念来化人，以符合人的规律的教育行为、方式和载体促使学生成为有德性的真人。

传统德育的一个重大缺陷就是空洞说教，它不是建立在"真"这一伦理基础上的，所以不会产生"真"的道德。学生的道德成长需要真实、真诚的道德教育，学校的德育应该充分体现以学生的发展为本，和浮躁功利的大环境对搏，拒绝泛娱乐化的生活方式、网络化的游戏与恶搞、物质享受与金钱欲望，坚守真正的文明、践行真正的道德教育，关注真实的道德冲突，营造真实的道德氛围和道德场景，提炼真实的道德教育智慧，建构真诚的道德对话机制。让学生享受真实的、真诚的德育。

基于此，我很欣赏南师大附中在学生研究性学习优秀论文答辩会上要求报告者宣读"论文原创性声明"的做法，其主要内容为："本小组郑重声明：所呈交的研究性学习论文。是本小组在导师的指导下，独立进行研究工作所取得的成果。除文中已经注明引用的内容外，本论文不含任何其他个人或集体已经发表或撰写过的作品或成果。对本文的研究做出重要贡献的个人和集体，均已在文中以明确方式标明。"

这样的行为固然有"强制""命令"的嫌疑，但我以为确实是一种必须而有益的"灌输"。这样的"灌输"强调了一种鲜明的价值取向：学生乃至我们所有的人得遵从基本的道德法则和基本的学术规范，这是不可突破的底线。有了这样的"底线"意识，"真"与"善"的德性才有可能，教育的理想品格才有可能。

四、"水"样的教师

泰戈尔有这样一句话:"不是槌的打击,乃是水的载歌载舞,使鹅卵石臻于完美。"在我看来,理想学校的教师就是拥有这样的"水"的力量的教师。

作为知识和文化传播者的教师需要专业化的技能与知识毋庸置疑。但更需要丰富的精神世界来为这些技能铺下基石。脱离了精神的技能,即使能让学生具备较完备的知识,但同时也会如同一条冰冷的缰绳勒住学生的人格发展、个性张扬和创造精神,最终消解了学生的精神和心灵。只有具有丰富的精神世界的教师才能够完成教育的使命。"水"样的教师不仅注重技艺,更注重精神。"水"样的教师秉持爱、宽容与理想,坚持对自由精神与独立人格的追索,拥有浓烈的生命意识和创新精神、反思精神和未来精神,他们追求人文关照,努力"关注、批判、纠正一切不公平、不合理、不人性、不人道的思想、制度、规则和习惯","唤醒和守护人的尊严,关注并提升人的价值和意义,维护人的权利,表达人的心声"(肖川语)。

"想要学生成为站直了的人,教师就不能跪着教书。如果教师没有独立思考的精神,他的学生会是什么样的人?""缺乏人文精神的教育,虽然不像工农业生产的失误那样会立刻导致严重的后果,但会隐藏在一个漫长的时期,而当其滋蔓之时,真是天命难回。""如果把那种缺乏人文精神的极端的应试教学也称作'教育',是教育的羞耻,也是对教育的玷污。"这些尖锐但却散发出教育光辉的语句出自南师大附中"不跪着教书"的吴非老师。一直以来,他不仅努力以思考的姿态传达教育的理想,更以自己的实际行动诠释着"水"的精神。在南师附中,像吴非这样的教师还有很多,他们可能没有吴非这样的名声,但是他们胸怀理想、激情和诗意,关注社会命运、具有社会责任感,富有人格魅力。他们既站稳脚下的这片土地,又放眼头上的辽阔蓝天,在学校这个独特的园地里勤奋地耕耘并收获春秋。

五、建设适合的课程

课程是实现学校价值的最基本载体,是学校办学理念和培养目标的具体表现。学校的课程实施和管理水平直接决定学校的办学质量。每所学校的历史传统、现实状况、学生实际各不相同,这样的差异应该体现为各不相同的课程体系和富有个性的课程实施。从这个意义上说，"每一所学校的课程实际上都应该是'本校的课程'"（王占宝语）。理想的学校应该有理想的课程，并且致力于构建真正的校本课程体系。

南师大附中认同国家新一轮课程改革的价值取向，并在此基础上，创造性地实施国家课程，根据学校的培养目标，对国家课程进行了校本化改造，纳入到学校课程体系中。学校根据不同类别学生的需要设计德育课程、重新构建综合实践课程等，建设了若干个课程群，进而形成南京师大附中的课程超市，基本形成了多样性、分层次、可选择的动态开放的校本课程体系。目前，南师大附中已经开设了近200门校本选修课程（包含快餐课程），并且编写了《南京师大附中课程指南》，实行分层次、免修制、学分制的课程管理。此外，学校还开发了新课程教务管理系统，为校本课程的实施提供技术保障。可以说，在南师大附中，已经没有了传统意义上的国家课程，所有的国家课程都经过了学校的消化而成了符合学校实际和学生需求的校本化课程。

在这些课程中，我比较欣赏的是一些富有学校特色的校本课程。如"生涯规划"校本课程，培养学生自主管理的意识和能力；为有能力有需要的学生提供大学选修课程，请大学老师编写教材，到学校开设选修课程。正是这些独特的课程，为广大大学生的个性化发展提供了重要选择。

六、值得珍藏的生活细节

理想学校必然致力于为学生今后广阔的学习与生活奠定扎实的知识、精神和人格基础，这样的影响往往需要久远的时间来印证。因为如此，理想学校必然让学生在离开的时候留恋不舍，也必然让学生在离开了以后仍然对学校有心灵上的靠近之感和精神上的认同之感。理想学校对学生的影响可能来自优秀的教师，也可能来自丰富多彩、富有青春韵律的校园生活细节。这些细节，很可能让学生珍藏一生。

每次总能从南师大附中的校园活动中发现可贵的教育元素而有惊喜、感动与钦佩之情。南师大附中2009届的毕业典礼典雅新颖，庄重肃穆的仪式与氛围，学生们自豪、快乐、美丽的青春表情，老师们的殷殷期望与嘱咐，还有那些充满感情暖人肺腑的临别赠言，都让人相信这所学校会在他们的心里永远占据一席之地；高一年级的国际文化节上，世界各地的社会文化、民俗风情在这里交汇呈现，舞蹈、音乐、科技等元素在这里得到了综合运用，淋漓尽致地展现了南师附中学生的一颗颗创造之心；传统活动"31公里步行者行动"中，8个多小时的夜行，老师和学生相携而行，用自己的心灵体悟，用自己的脚步回答，在历史与现实的穿行中，他们极强的责任意识和团队协作精神使一次艰苦的"行军"成为一次精神的盛宴。此外，每周的升旗仪式，寒暑假公益活动，体育节，合唱节，迎新音乐会，国际科技文化节，跨学校的社团活动、联谊活动等等，都是一次次校园文化生活的盛宴，都能让学生从中找到值得自己珍藏的细节。

七、全球化时代的卓越发展

南师附中所追求的"卓越发展"，是全球化时代的卓越发展。附中学子"以天下为己任"，这个"天下"，不仅仅是中国，更应该是整个世界；附中学子的卓越发展，也不仅仅是在中国，更应该是在世界舞台上展示独特的魅力。只有胸怀祖国，放眼世界，培养在国际环境下交流、对话、充分发展的能力，才能真正实现"卓越发展"，才能真正成为世界公民、国际英才，才能真正做到"以天下为己任"。

学校一直秉持"全球化时代中国卓越中学"的目标，努力"将世界引入附中，让附中走向世界，在附中与世界之间架设一座直通的桥梁"，为培养世界公民、国际英才探求一条自己的路。2007年7月，南师大附中获IB国际文凭组织(IBO)日内瓦总部授权，正式取得IB国际文凭课程的开设权，成为我国第一所开设IB课程并招收境内学生的公办学校。该课程是为全球学生开设的高中课程，同时也是大学预科课程，学制两年，授课语言为英语，主要目的是让学生接受国际教育，使学生在接受不同民族优秀文化、继承人类先进科学文化基础知识的基础上，培养逻辑思维能力、创造能力与批判能力等。成为面向未来的国际型人才。

通过这个特殊的载体，很多学生正逐渐成为"具有国际情怀的人"。目前，首届IB课程班毕业生全部圆满完成国际文凭课程学业任务，全部穿上毕业服，全部被国际高等学府录取。2007级学生朱皓康同学在美国学习生活期间被选拔为世界青年领袖峰会——美国总统教室项目成员，他的提案成为"总统教室"项目成立四十多年来第二个被所有国家通过的提案；今年五月，两名IB高三学生衡文宇、王马捷以及本部戴兴杰同学受国际系统动力学年会组委会正式邀请，将于今年七月参加在美国举行的第27届国际系统动力学年会。

虽然南师大附中的办学经验不可复制，但不管对于什么样的学校来说，"致力于人自由而全面的发展都应是其安身立命之所，都是其根系之所在，人的解放、自由、超越、完善都应是其根本性内涵"（肖川语）。在迈向明天的前行途中，我希望南师大附中不断自我超越继续领跑，我更希望有越来越多的学校在理想的召唤下，走上适合自己的探求之路。

　　　　　　　　　　（刊于《江苏教育》，2009 年 8 月，王定新）

用课程领跑"未来社会的领跑者"

——南京师范大学附属中学的课程改革新旅

2008 年 5 月 24 日，南京师范大学附属中学艺术中心学生剧场，700 多名即将毕业的学生聆听着王占宝校长题为"英雄有大美"的毕业致辞，满眼都是对未来的热望。这些追求南京师大附中英雄气质的青年才俊或许没有意识到，他们是江苏全面进入高中课程改革的第一届毕业生，他们刚刚经历过的三年，是南京师大附中的又一段课程改革新旅程。

在不严格的意义上，我们可以把"课程"形象化地理解为它的拉丁文原意"跑道"以及后来的引申义"跑的过程"，而南京师大附中的培养目标是"致力于培养未来社会的领跑者"。在语面意义上的巧合之外，二者之间还存在着深层的关联：南京师大附中正是在对"课程"这一学校教育核心要素的把握与创新中，实现着"促进每一位学生卓越发展"的办学目标。

一、领跑者的动力机制：内蕴深厚的课程品质

作为教育部基础教育改革实验基地，作为江苏省高中课程改革样本校，南京师大附中始终在新一轮课程改革的第一方阵中承担着领跑者的角色。领跑者角色的获得绝不是一种偶然，在课程改革中，于学校高远的办学追求、丰厚的历史积淀、悠远的课改文化之上，南京师大附中已经形成了自己的课程品质，为学校的课程改革提供着源源不绝的强大内驱力。

（一）继承传统与开拓创新

在南京师大附中 2008 届毕业生自己编辑的《毕业纪念册》中，他们以刻度表的形式，把自己的附中三年与学校 106 年校史融合在了一起，非常形象地表达了"我们是附中的 3/106"这一理念。如果把目光拉得更远一些，我们会发现，南京师大附中新一轮课程改革的三年也是"附中的 3/106"，是在承续学校课程探索传统基础上的创新和发展。

早在 20 世纪 20 年代，南京师大附中就开始了学制和课程改革，此后，这一良好的传统薪火相传、绵延不绝。抗战期间，艾伟主持开办中学"六年一贯制"学习心理实验班；50 年代，学校进行了高中文理农分科教学实验和"四二制"试点班教学改革；60 年代，学校进行了旨在推动学生生动活泼主动发展的教育改革；80 年代初，学校尝试压缩必修课课时，增设选修课，开设劳动技术课程，把社会实践纳入课程，建立课外活动体系，致力于课程结构的健全和完善；进入 90 年代，学校开始把课程改革重心转向课程实施的改革，进行"分层教学"的课题研究，崔允漷教授称此举"直接影响了我国普通高中的课程计划（如 1996、2000 年颁布的课程计划）的制订"。

由于有着良好的课程改革传统和深厚的课程改革积淀，进入新世纪，面对新一轮的课程改革，南京师大附中并没有经历课程转型的阵痛。一个典型的事例是，新课改之初，在很多学校为开齐开足选修课捉襟见肘的时候，南京师大附中考虑的却是要精简过于丰富的选修课。基于这一现状，在大部分学校还在了解、适应新课程的时候，南京师大附中已经在建构更高的课程追求，思考如何以领跑者的姿态推动课程改革的发展，为课程改革作出自己的创新性、独特性贡献。在高中课程改革中，南京师大附中有一批骨干教师参与了新课程标准的研制和新教材的编写工作，学校承担了省教育厅普通高中新课程教务管理系统的软件开发和使用培训任务，并于 2004 年开始就承担了南京市新课程培训工作。在课程实施过程中，在严格执行国家课程方案的基础上，南京师大附中充分利用课程改革赋予学校的课程管理权力，进行校本化的课程规划和实施：分层次的课程群、丰富的课程超市、必修课免修制、走近大师课程……无不记录着学校开拓创新的足迹，无不潜藏着学校追求卓越的文化基因。

（二）高屋建瓴与脚踏实地

南京师大附中校歌首句便是："社会中坚，学校栽成众。"标示着学校高远的办学追求。在 100 多年的办学历史中，学校培养了巴金、胡风、袁隆平等大师级的人物，其他社会名流、专家学者、文体明星等"社会中坚"更是数不胜数。进入新世纪，面对风起云涌的教育改革浪潮，学校如何在激烈的教育竞争中承续并光大百年附中的"光荣与梦想"，继续承担领跑者的角色，成为南京师大附中亟待研究的课题。在这一现实语境下，南京师大附中没有把课程改革作为单项的改革来推进，而是将之统整于学校整体改革之中，加以系统设计、统筹实施。

有什么样的办学追求就有什么样的课程建构，南京师大附中高瞻远瞩的办学追求决定了他们的课程改革必须高屋建瓴、卓尔不群。新一轮基础教育课程改革要"为了每位学生的发展"，而剑指"全球化时代中国卓越中学"的南京师大附中对自己的定位是不仅要"为了每位学生的发展"，还要"高质量地实施素质教育，促进每一位学生卓越发展"。在课程改革中，南京师大附中以"促进每一位学生卓越发展"这一办学理念为"圆心"，进行着前瞻的课程规划、周密的课程设计、高效的课程管理、务实的课程实施，建构起结构井然、层次分明、充满内聚力的课程体系，引领师生经历着"高期望、高峰体验、高质量、高品位"的课程旅程。

"做得大事"首先要"嚼得菜根"。南京师大附中的课程理念先进，课程目标高远，课程设计前瞻，但课程实施却是着眼实际、务求实效，既不好高骛远，也不急功近利。譬如，很多人都认为，南京师大附中在选修模块可以开展大规模的走班式教学，但学校经过认真分析后认为，学校在资源、管理等方面都存在相当大的困难，在条件尚未成熟的情况没有选择贸然行事，而是依然采取了常规的教学组织形式；譬如，很多学校为了在必修课学业水平考试、通用技术考试、信息技术考试中取得好成绩，在考前对相关课程进行集中排布，开展高强度教学，而南京师大附中却坚持常态化教学，拒绝"运动"式的复习迎考；譬如，在课程改革中，很多学校不切实际地提出了"低负高效"的口号，而南京师大附中认为，"低负高效"很难做到，他们追求的是"负担适中、质量超越"……这样求真务实的举措在南京师大附中还有很多。基于学校办学传统、办学特色、师生特点选择适切的校本推进策略，使南京师大附中的课程改革步伐坚实而有力，这也是学校能够成为课程改革领跑者的重要原因。

（三）以人为本与科学管理

在南京师大附中，课程的"以人为本"不仅体现在课程规划、课程管理、课程实施等实践操作层面，更体现在对课程目标的终极追求上。学校认为："教育要'以人为本'，优质的教育应该以人的卓越发展为'本'。"

作为一所百年名校，让禀赋超群、天资聪颖的学生卓越发展，成为未来社会的"领跑者"并不是一件困难的事情，但是，南京师大附中的目标却是"促进每一位学生卓越发展",不仅要"让优秀者更优秀",更重要的是还要"让平常者不平常"。正如王占宝校长所言:"我所理解的'英雄',不是行走江湖横刀立马石破天惊振臂一呼应者云集'高大全'神话式的英雄,而是草根英雄、平民英雄。不仅仅是通常所说的英雄人物,更要强调的是普通人的英雄情怀、英雄气质。"附中人相信,每一个人都有成为英雄的潜质,都有卓越发展的可能,而学校教育的使命,就是促进每一位学生在可能的范围内实现最全面、最充分、最优质的发展。得到了这样的发展,即便不能领跑某一社会领域,他们也能很好地领跑自己,让自己成为一个"不平常"的"平常者"。这应该是"以人为本"更深层次、也更为本质的意蕴。

在南京师大附中的词典中,"以人为本"与"科学管理"并不是一对反义词,而是相辅相成、相融相促。为了提高课程管理的效能,学校实行了扁平化管理,压缩管理层级,赋予年级组和一线教师以更多的课程权力。为了推行新课程,南京师大附中出台了一系列规章制度,从课程整体规划到教学工作要求,从教师发展规划到学生学业评价,从教育科学研究到教学质量保障……涵盖了课程改革的方方面面,为新课程的科学管理、规范实施夯实了平台。同时,为了避免"不识庐山真面目,只缘身在此山中"的"自我屏蔽"负效应,学校还建立了多元管理体制,不仅把教职工和学生纳入到管理队伍中来,而且还定期向学生家长、知名校友、专家学者、社会各界问计求策。譬如,在推进新课程的过程中,南京师大附中成立了由学校退休教师、市资深教研员、兄弟学校名师组成的教学督导组,走进学校,深入课堂,对课程教学进行指导评估。

二、站在新的起跑线上:高瞻远瞩的课程建构

2005年江苏省高考文科状元、南京师大附中毕业生林叶在回忆母校时这样写道:"我大概依旧葆有在附中萌芽出来的理想和信仰,因之而生的激情、悲悯和责任,以及对于这个世界上挣扎生存和尴尬生活的人群的敏感,他们始终是我奋斗的意义。附中给我一种确信,在这个扬言一切都可以怀疑和颠覆的时代,仍然有不可动摇的东西。"能够让一个人确立自己的理想和信仰,确立永不动摇的价值观念,这应该是教育的终极目标。高瞻方可远瞩,正是因为对教育的终极目标有着独到的理解和真切的体认,南京师大附中在课程建构中才能做到大而不空、远而不疏、结构谨严、层

次井然。

（一）课程超市：面向全体学生的"自助餐"

"选择性"是高中课程改革的一个非常重要的关键词。南京师大附中拥有优质的生源，在完成国家规定的必修课程、选修I课程的学习之外，他们还有更广泛、更多元、更个性的课程要求。基于此，南京师大附中开设了200多门校本选修课程、大学选修课程和专家课程，为学生提供了丰富的课程"自助餐"，让他们能够根据自己的兴趣、爱好、特长自选自己喜欢的学习领域。

在南京师大附中，每学期开学，选择校本选修课对学生来说都是一件困难的事情——30多门课程，无论如何选择，都会有遗珠之憾。遍览南京师大附中的校本选修课程，我们会发现，这些课程呈现出数量多、领域广、水平高的特点：学校可供选择的校本选修课程多达200余门，在数量上甚至超过了学校专职教师数。在领域上，校本选修课程不但涵盖了学校的所有学科，而且广泛拓展到了人文、社会、科学、生活的很多领域，如流行文化批判、电视文艺、桥牌、公共关系学、市场经济与法制、物理学史、服装设计等等。选修课虽多而广，但却不滥，整体水平很高，譬如，圣经故事与西方文化、灾害地理、燃料电池的开发与研究、影视合成等，都具有很高的水准。

2004年3—4月，钱理群教授从北大未名湖畔来到南京师大附中未名湖畔，给母校高二年级学生开设了"鲁迅作品选读"的选修课，产生了积极而强烈的反响。其实，这只是南京师大附中延请校外专家学者给学生开设课程的一个案例。仅2002—2007这五年间，在南京师大附中为学生讲学的专家学者就达104人次，其中有2000年诺贝尔化学奖获得者Alan G.MacDiarmid，两院院士袁隆平、施蕴渝、徐玉如、陈霖、饶子和、俞邃，知名学者许靖华、陈思和、潘知常、摩罗、李辉……讲学的课题从"超级杂交水稻的现状和展望"到"低温与超导物理学研究进展"，从"南京明代城砖铭文研究"到"中国民间木版年画欣赏"，从"论政府诚信"到"全球化时代领袖素质的培养"……既兼容并包，又各具个性，以致"在附中听讲座"已成学校的品牌课程，受到学生的热烈欢迎。

在选修课程开发上，南京师大附中向来是"但求所用，不求所有"。为满足一些学业水平突出学生的超前学习需求，学校还与高校合作，开设通过网络选修的大学课程。如与南京大学合作，开设了中高级英语读写教程、民事诉讼法、刑事诉讼法、现当代戏剧、自然科学史等课程，让学生足不出户就能享受到南京大学的优质教育资源，并获得大学认可的学分。

（二）课程群：面向年级学生的"营养套餐"

2008 年 7 月 7 日，南京师大附中高一年级文科实验班夏令营正式启动，学生将赴上海、苏州、杭州。但他们不是去观光旅游，也不是去交流学习，而是开展"长江下游三角洲经济发展研究"。"发现苏浙沪各地的优势、存在的问题和各自的解决方法""走访有代表性的苏商企业和浙商企业，研究近几年苏浙企业迅速发展的原因""文化在长江三角洲整体发展中扮演的角色"等"大题目"，都涵括在考察活动之中。而这一专题研究，仅仅是南京师大附中文科实验班课程群中的一个组件。在这一课程群内容构架中，除了通常的国家必修、选修课程、研究性学习、德育课程外，还设有富有针对性的特色选修课程，包括外语小班化听力、会话训练课程，文史阅读、创作、报告类训练课程，文史、社会、经贸、管理类讲座等。

当然，文科实验班课程群也只是南京师大附中众多课程群中的一种。近年来，根据不同层次学生的学习水平和课程需求，在校内外课程专家的共同努力下，南京师大附中开发出了针对普通班的普通理科课程群与普通文科课程群、针对实验班的高层次理科课程群与高层次文科课程群、针对特长班的体育和艺术类课程群、针对国际高中文凭（IB）课程实验班的国际课程群等。

如果说课程超市是给学生提供了自由选择的"自助餐"的话，那么，课程群就是学校为学生精心烹制的"营养套餐"。这一套餐营养全面、搭配合理，且色、香、味俱全，能够全方位满足学生精神发育的需要。南京师大附中的课程群具有国家课程与校本课程高度整合、在课程的时空分布上占主体地位、对学生素质和能力发展起主导作用的特征。在课程内容上，课程群实现了国家课程与校本课程整合与互补，相近学科、不同模块之间整合与渗透，相同主题、不同科目之间的整合与融通。在课程评价上，不同评价方式整合互补，实现学业评价与过程性、发展性评价的相互结合。

（三）个别化课程：面向个体学生的"加餐"

2008 年 3 月 11 日，南京师大附中高二（1）班高再冉领到了英语免修证书，这意味着她和其他 17 名同学在接下来的这一学期可以分别免修英语、化学、数学、物理等必修课程。必修课免修制这一"惊世骇俗"的做法，在南京师大附中早已不是新闻，自 2005 年 3 月启动以来，南京师大附中已经有 144 人次先后获得必修课免修资格。这一制度的推行，是南京师大附中个别化课程设计的举措之一。

学校教育不是工厂流水线，生产规格一致的"标准产品"，而是要在全面发展的基础上，促进学生根据自己的特点实现个性发展，根据自己的特长实现优质发展。个别化课程正是面对学生个体，根据他们的兴趣、爱好、特长而开设的具有针对性的"加餐"课程。目前，除必修课免修制之外，南京师大附中的个别化课程还有：

竞赛课程。南京师大附中组织学有余力，并对某一学科具有浓厚兴趣和较深研究的学生参与学科竞赛课程学习。仅 2007 年，在全国数学、物理、化学、生物、信息学等学科奥林匹克竞赛中，学校就有 103 人次获江苏省一等奖，其中 28 位同学获高校保送资格。另外，学校还组织学生参加了头脑奥林匹克竞赛，并于今年 3 月获第二十九届世界头脑奥林匹克中国赛区决赛第一名的佳绩。

学生社团。目前，南京师大附中有模拟联合国、桃李报社、"哲学与人生"研究者协会、国学社、化学与科技文献翻译协会等各类学生社团 60 多个。其中，模拟联合国社团从 2005 年开始参加了全部四届北京大学全国中学生模拟联合国大会，不但获取了多项大奖，而且还出版了中国第一本《模拟联合国教程》。今年 1 月，模拟联合国社团的三名学生参加了在宾夕法尼亚大学举办的第二十四届美国常春藤联盟模拟联合国大会，全部荣获大会"杰出代表"奖项。

境外交流项目。2008 年 8 月 6 日，作为学校境外交流项目的一种，由中、日、韩民间机构共同组织的，主题为"面对过去，走向东亚的和解与和平"的第七届中日韩青少年历史体验夏令营在南京师大附中开营。为了把"世界引入附中，让附中走向世界"，培养适应全球化、国际化时代的学生，南京师大附中组织学生参加了 AFS（AFS Intercultural Programs，国际文化交流组织）项目、AYA（Academic Year in America）高中生美国交流项目、YFU（Youth For Understanding International Exchange，国际学生交流协会）项目、SIG（Summer Institute for the Gifted）天才少年短期交流项目、MMSS（Michigan Math and Science Schools Summer Program，美国密西根大学数学及自然科学奖学金）暑期项目、无境数学 (Mathématiques Sans Frontiers)

竞赛、欧几里德数学竞赛（Euclid Contest）等境外交流项目。在活动中，学生走出国门，与全世界的青年共同学习、研究，提升了在国际环境下交流、对话的能力，强化了"以天下为己任"的责任意识与全球合作的观念。

三、让师生自由地奔跑：智慧务实的课程实施

登录南京师大附中的网站，首页上不断滚动着这样一段话："给你一部历史，让你去翻阅；给你一种文化，让你去感受；给你一些时间，让你学会安排；给你一个舞台，让你去表演；给你一些机会，让你学会创造；给你一个期待，让你自我成长。在附中老师的眼中，每一个学生都是一个太阳，这个太阳的升起需要'他力'，更需要自身内在的驱动力。"这是附中的教育追求，也是附中课程实施的基本策略。回到课程的原始含义，如果说课程设计、课程建构是铺设跑道的话，那么，课程实施就是在跑道上奔跑。在南京师大附中，学校和教师为学生铺设了高质量、多向度的"跑道"，研究了科学化、个性化的"奔跑技巧"，但这些都只是"他力"，只有激发学生的"内在的驱动力"，学生才能自由地"奔跑"、高效地"奔跑"，才能赢得"未来社会的领跑者"的位置。

（一）学校：课程管理的规范与智慧

"跑道"既意味着规范，也意味着引导。如何让课程管理既具有科学性，起到规范、约束的作用，又富有人文性，发挥引导、激励的作用，这考验着学校管理者的领导智慧和管理艺术。

课程管理需要制度，粗粗数来，南京师大附中像《学校课程计划的决定和实施条例》《学校课程管理制度》《教学质量保障体系及运行机制》《教师教学工作要求》这样涉及课程管理的制度不下 20 种，这不免让人担心：这么多制度会不会造成课程管理的文牍主义？会不会对教师和学生形成严密的控制和束缚？会不会因为缺少可操作性而仅仅是一种摆设？在细细研究这些制度之后，疑虑得到了释解。在南京师大附中课程管理制度中，很少看到"高、大、全"，无所不包却又处处务虚的"大文件"，多的是小、实、精，针对具体项目、具体问题的实施条例；很少看到空疏、含混的泛泛而谈，多的是明确、具体、操作性强的务实要求；很少看到在制度中惯常出现的"不准""严禁"等字样，多的是"应该……""必须……"的表述方式。这样的制度既保证了存在的必要性，又确保了执行的可行性；

既具有科学性、规范性，又具有人文性、激励性，为学校规范、高效的课程实施提供了坚实的制度保障。

当然，制度只能解决可预见的、带有普遍性和长期性的问题，而生成性、阶段性的问题则需要课程管理者具有审时度势、随机应变的管理智慧与艺术。2007 年 6 月 10 日，南京师大附中每一位高三学生都拿到了一册《我的附中 360 日》，这一印刷精美的手册内容包括学期校历、每月年级大事记、每周师长留言和每日学习规划及记录等内容，为学生提供了一个非常好的目标管理和学习反思载体。从这种精细而又务实的学习规划和促进方式中，我们可见南京师大附中课程管理智慧和艺术之一斑。这样的管理案例还可以举出很多，如：为高三复习冲刺阶段的学生发放反映其学习整体水平的"工资条"，开展"让学生喜欢我的课"、"让老师喜欢上我们班的课"主题活动，对教师开展"学科贡献度"评估，开展学科文化建设，等等。

总之，南京师大附中"从学校管理到学校领导，从控制生命到激扬生命"的理念已经深深烙在课程管理之中，为学校的课程实施创造了规范而又宽松的制度环境和文化环境。

（二）教师：课程教学的前瞻与务实

南京师大附中认为，"学校一切工作以'育人'为核心，学生第一，课堂最大"。课程教学是培养学生的基本途径，也是学校课程改革的关键领域和核心内容。教师在课程教学中有着举足轻重的作用，正如南京师大附中在阐述其办学认识时所言："只有教师的卓越发展，才能有学生的卓越发展；今天教师的质量，就是明天学生的质量。"

新一轮的课程改革是自上而下的变革，要让停留在纸上的理论的课程"软着陆"，转化为实践的课程，有赖于一批既有扎实理论功底又具丰厚实践经验的学科教学专家的行动引领。南京师大附中具有"慎聘良师"的优良传统，目前，学校有国务院政府特殊津贴获得者 1 人，江苏省中青年专家 1 人，省、市名师 5 人，教授级中学高级教师 4 人，特级教师 14 人。在南京师大附中强大的学科专家团队中，不少都参与了新课程标准的研制、新教材的编写和新高考方案的设计工作，对课程改革有着深刻的认识和独到的理解，这些都是学校课程实施的宝贵财富。在课程实施中，这些学科专家在教师校本培训、集体备课指导、教学示范引领、青年教师督导等方面发挥了无可替代的领军作用，特别是在学校新课程实施的阶段性主题和阶段性目标的设置及文本细化上做了大量的工作，既使学校的课程改革更具明晰性、指导性和操作性，也使教师、学生和家长对新课程的推进目标和路径有了清晰的认识。

在学科教学专家的引领下，南京师大附中的教师团队在学习、实践、反思中不断前行，在课程改革中开展了创造性教育实践，成为课程教学的主体力量。2006年下半年，南京师大附中推出了"让学生喜欢我的课"主题教学活动，与通常的教学展示、评比活动主要关注教师的表现不同，这一活动旨在对学生进行学科学习方法的培养、学科文化的渗透以及学科思维品质的优化，重心由"教师的教"下沉到"学生的学"。这在南师附中不是特例，"高效能的课堂，是促进每一位学生卓越学习的课堂"，关注学生的学习，是附中教师一贯的传统。在新课程刚开始全面实施的2006年2月，南京师大附中就开展了"让我们一起成长"学科学习建议活动，各学科都向学生公开教学计划、学科活动和研究性学习内容，并提出学习要求，进行学法指导，列出推荐书目。此外，南京师大附中还在教学中总结出了自己的"动车学习指导策略"，这一策略依据动车组每一分车组有自己的动力这一特点，对不同层次的学生给予适切的学习指导，进行区别化、精细化的"能量补充"和"动力激发"。

（三）学生：课程学习的自主与创新

2004年，南京师大附中高二学生根据自己的暑期学习体验，自主编写了《什么是真正的学习？》，对学习的真义进行了真切而富有创见的解读和反思。这一举措从一个侧面反映了南京师大附中学生的特点："责任，创造"——"因为'责任'，我们成为'人'；因为'创造'，我们成为'我'"。的确，在学习化社会中，如果不会自主性和创造性地学习，很难成为一个卓越的"领跑者"。

2006年，"研究性学习"对于大多数高中生来说还是一个陌生的名词，大多数学校的研究性学习还处于尝试摸索阶段，而就在这年的7月3日，南京师大附中举行了高一研究型课程一类论文答辩会。参加答辩的课题多达40个，而这40个课题又是从202个小组的研究成果中精心遴选出来的。"黑洞研究""高速汉字输入键盘的研究""南京地铁对商业布局的影响""'台湾问题'对中国崛起的影响""欧美动画与日本动画的比较研究""明清史热及明清人物传记文学兴盛探源""抗生素对细菌的抑制效果""西方宗教中的艺术"……单是从这些课题名称中，我们就可以看出这些高一学生研究的领域之广、程度之深，学生学习的自主性和创造性由此可见一斑。

在南京师大附中，有一种特殊的学习方式叫"输出式学习"。每年，学校都会有大批保送、提前录取和出国的学生，在高三的最后一学期，学校会把这些学习负担相对较轻的优秀学生组织起来，成立"学长团"，到民工子弟学校支教，面向高一和高二的学生开展心理咨询，自发组织抗震救灾义卖和义演活动，组织毕业典礼、编写毕业纪念册……这种"输出式学习"让学生在"输出"中"吸收"，学习到了他们在课堂中很难学到的东西。其实，"输出式学习"不是"学长团"成员的专利，31公里步行者活动的"首席执行官"、模拟联合国中的"各国代表"、三年如一日开关门窗的班级安全员、为西部捐建"母亲水窖"班级的全体学生……他们都在以自己的方式体验着"给予就是得到"的真谛，进行着"小课堂"之外的"大课程"学习。2008年高考南京市文科状元、南京师大附中毕业生王晗在回顾高中三年的生活时说，他曾任过R7机器人俱乐部社长，曾到养老院慰问过孤寡老人，曾采访过成功校友，曾在运动场馆进行过三天16小时的义务劳动，曾在31公里步行者活动中担任演出组组长……如此丰富的角色集中于一位高考状元的身上，更是为南京师大附中"输出式学习"提供了一个很好的案例。

在2008届学生的毕业典礼上，王占宝校长以一首《瀑布联句》结束了致辞："千岩万壑不辞劳，远看方知出处高。溪涧岂能留得住，终归大海作波涛。"回望南京师大附中的课程改革历程，不正是从"千岩万壑"的高远处走来，一路披荆斩棘、穿溪过涧，朝着大海的方向跋涉不已么？"潮平两岸阔，风正一帆悬"，有着"终归大海"的深远梦想和追求，南京师大附中的课程改革之路当会越走越宽，越走越实。

（刊于《江苏教育研究》，2008年第18期，记者 杨孝如）

南京市第十三中学

王占宝校长在南京市第十三中学校名前与"托日"校石的留影

王占宝校长在南京市第十三中学校训石前的留影

关于成立中学学术委员会的思考

一、成立学术委员会的意义

南京市第十三中学是南京解放后党和人民政府兴办的第一所完全中学。学校目前正在积极全面地深化素质教育，走内涵发展的道路，努力把学校建设成南京市区东部的以升学预备型教育为主的达到国际标准的一流精品学校。要实现这样的目标，必须进行深刻的变革，它不仅需要调动校内全体教职工的积极性、主动性、创造性，还必须借助我市名特教师的力量，并且将二者能动地组合起来，达到资源共享、合力攻关的目的，为此必须成立学校的学术委员会。

二、学术委员会委员的认定

学术委员会的委员由校内常务委员和校外特聘委员两部分构成。校内常务委员是由具有良好的政治思想品质、优秀的职业道德素质、扎实系统的专业知识、较强的教学教研能力、较丰富的教育教学经验，在学科教研和教改工作中能起指导、带动和示范作用，在市内有一定知名度和影响力的教师组成；校外特聘委员是由各学科在市内外有相当知名度和影响力、关心十三中、情系十三中的学者与专家组成。

学术委员会的首批校内委员由教师推荐，校务委员会根据学校实际情况认定；校外特聘委员由教研组推荐，校务委员会确定后聘请。

以后校内委员实行申报评定制，由校务委员会在个人申报的基础上，听取学校教师意见，征求校外委员意见，结合学校具体情况确定。

三、学术委员会的工作内容

学术委员会是全校最高的学术组织，担负着学校教育教学科研的参谋、评估和教师队伍的培养工作。

参谋工作：对学校教育教学科研工作的发展与决策性问题提供咨询意见；根据需要与可能，开展一些前瞻性的宏观背景与趋势研究、情报研究和现状研究。每学年学术委员会为学校提供一份学年发展研究报告；对学科教学与教研教改进行指导、设计和评估，学科的委员每学年要为学校提供一份学科教学、教研和教改的现状评估和未来设计的报告。

评估工作：对教师的教科研课题进行立项、审批、阶段检查，对论文进行鉴定、交流、评估和奖励；校内委员协同学校有关处室对整个学校的教学管理、课程体系、课堂教学、活动课程、学生学习质量等进行过程与结果的评价，重点是评估课堂教学与选修课的质量。

指导培养工作：做好中青年骨干教师指导提高工作。开设讲座，指导教学研究、教改项目设计、学科课题的选题与研究，以及上好专题课、研讨课、示范课等。集中指导与随机指导相结合，使学科教师的教学、教研和教改水平有一定程度的提高。

四、学术委员会的管理与待遇

学术委员会隶属于学校校长室。设正副主任。常务工作由教科室、教导处组织实施。

每届学术委员会的委员任职时间为二学年，建立学术委员会委员档案，将每届委员写入十三中校史。给每名委员发放聘书；校外特聘委员聘为十三中荣誉教师；每学年由校务会对校内委员评估一次，实行动态管理。

学术委员会委员的活动分为年会与学期工作研讨会的集中活动和学科随机活动两种形式。年会与工作专题研讨会分别在上学期开学初、下学期开学初和暑假进行。

结合年会或专题工作研讨会等活动组织委员进行观摩学习、体检兼短期疗养活动。每次活动发给工作津贴，学年终根据实际工作成绩予以一定奖励。

（摘自王占宝校长著《南京市第十三中学办学思想材料汇编》，1999年9月19日）

关于实行首席教师负责制的意见

首席教师是学科中学识最高、教科研能力最强、影响力最大的、最具权威的教师。实行首席教师负责制是在学科教师中进行课题组式管理,强化教师科研的工作职能,突出由首席教师个人对教学研究全程、全局管理的责任的一种新型机制。

一、首席教师的职责

（1）负责组织学科教师制订本学科实施素质的"教"与"学"的常规,并付诸实施。

（2）负责本学科教科研的全程与全面的管理,包括立项、实施、评估、成果推广、奖励、科研经费使用等。

（3）协助教导处保证学科教师的教学常规的落实。

（4）负责本学科的选修课、活动课的开设与评估工作。

（5）负责对学科教师督导评估,填写学科教师的业务档案。

（6）负责对学科教师的职务聘任、职称评审,向学校提出准确意见。

（7）负责学科老师任课安排、代课教师的安排。

（8）负责落实学科青年教师的导师制,年青教师进步明显,胜任工作。

（9）负责学科的对外交流活动。

（10）负责学科学生学习情况的评估。

（11）负责处理学科教学事故。

（12）保证中考、高考、会考的教学质量稳中有升。

二、首席教师负责制的管理

（1）各学科首席教师的设置:

语文、数学、外语在设置首席教师的基础上,再设置一位副席教师,协助首席教师工作,其他学科只设置首席教师,学科中增设综合文科、综合理科两个新学科。

（2）首席教师的产生：在个人申报、教师推荐、学校学术委员会推荐的基础上，学校校务委员会研究决定。校长聘任，发放聘书，教科室负责管理。

（3）首席教师的待遇：是全校教师和管理人员中收入最高的。学校支持其外出学习、考察与交流；学校支持其发表文章及论著；学校支持其在校内的学科研讨活动；学校下拨科研经费；学校每学年组织学校的科研成果评比，给予课题组成员以奖励。学校每学年专项组织首席教师外出旅游考察。成绩特别优异的、影响广远的给予重奖。连续三年被聘为首席教师的奖励其全家(三人以内)出境教育考察一次。

（4）对首席教师负责制建立考评指标体系(内容包括学科的教学常规，教科研开展情况及成果，发表论文的数量及质量，年青教师的进步提高，学科教学质量等)。首席教师实行动态管理，一学年考评一次，根据考评结果确定是否再次聘用。

（5）以后逐步由完全的按年级组的办公体制，过渡到初中按年级组，高中按学科组办公的体制上来，从组织形式上保证教学为中心，教研为先锋的工作思路的落实。

（摘自王占宝校长著《南京市第十三中学办学思想材料汇编》，1999年9月19日）

用激情演绎教育的生命！

当听说王占宝校长被南京市教育局调至百年名校南京师范大学附属中学做校长时候，南京市第十三中学许多教师和学生都流泪了。十三中的变化，十三中的发展，十三中的声誉鹊起……这一切大家都看在眼里，记在心里。是王占宝改变了大家一些习以为常的观念，是王占宝校长带给十三中发展的理念，是王占宝校长切切实实的改变了十三中这个校园里人们的生命质量。一直到今天，十三中的老师时常还在说起王占宝的种种优点。

当 1998 年 9 月南京市教育局将王占宝校长从盐城市上冈中学引进时，上冈中学的老师何尝不也一样？这位 1961 年出生的校长，1982 年走上工作岗位，1991 年担任江苏省重点中学上冈中学分管教学的副校长，1993 年任校长，1994 年担任校长兼总支书记，1998 年被南京市教育局引进，任南京市第十三中学高中语文教师，1999 年 1 月担任南京市第十三中学校长，2000 年带领全校师生员工以全省第一的好成绩通过了当年江苏省国家级示范性高中的评估验收，2001 年 9 月被南京市教育局调至南京师范大学附属中学担任校长。在南师附中百年校史上，他是第一位被从外校直接引进的校长。

这位有着 20 年教龄的年轻的教育工作者，在校长岗位上已经奋斗了 11 年。在这 11 年中，他奋斗在哪，都会留下辉煌的业绩：先后被盐城市委市政府授予"盐城市新长征突击手"(1996)、"二等功"(1998) 等称号和荣誉；被南京市政府授予南京市第三届"中、青年拔尖人才"(1999)、南京市第二届名校长 (2000) 等光荣称号。

他勤于学习，勇于实践，并在学习和实践中不断提高自己。他 1981 年从盐城师范专科学校毕业，1994 年江苏教育学院本科毕业，1996 年华东师范大学研究生课程班结业，1994 年 10 月至 1994 年 12 月被江苏省教委选送至国家教委重点中学校长培训中心（上海）学习，1995 年 10 月被国家教委重点中学校长培训中心选送至国家高级教育行政学院（北京）研修，1995

年被破格晋升为中学语文高级教师。他还担任着中国中学校长研究会会员、江苏省教育学会会员、江苏省心理教育学会副秘书长等社会性职务。

十三中感谢王占宝，因为他重新设计了十三中！

他在一次述职中深情地说："自己想做一个正派而又有作为的人。从1982年工作以来，一直生活在学校、在老师和学生中间，自我感到对教育有感情，对学校有感情，而且已将事业融到自己的生命中去，想在教育这块实验田里实现人生的追求。尽管已年届不惑，但对事业乐此不疲。"就任南京市第十三中校长之后，他确立了三个工作目标：① 使十三中学无愧于"第一"，不负前人，不误后人。② 提高学校办学层次，提升学校形象，使学校走出去（走出南京、江苏、中国），攀上去（中国一流，世界有一定影响的名牌中学）。③ 努力做到让全体师生员工更有尊严地生活，高质量地、持续地得到发展。出名师、出名生，支撑名校。不仅使教师业务素质得到提高，使他们工作条件、生活待遇也尽快得以提高。要实现这些目标就必须加快发展，始终不渝地坚持发展是硬道理的原则。发展的方式必须坚持内涵发展与外延发展相结合，以内涵发展为主的原则。他任校长以来的工作就是围绕发展进行思考和实践的。

一、对学校进行全面的优化设计

校长对学校的领导，首先是教育思想理念的导向，其次才是行政的领导。就任校长后，王占宝根据世界和中国的经济、政治、社会、教育发展的现状及走势，根据教育规律，根据中国特色、南京特点、玄武区情、十三中传统，在理论和机制上，对学校进行重新设计，其中包括校训、工作作风、办学理念、教育思想、学校发展规划、深化素质教育方案、校园文化建设方案、首席教师负责制方案等等方面。国家级示范性高中评估验收组的专家、省市区的领导、教育部校长培训中心的专家，对十三中的这个方案的科学性、前瞻性和可行性给予了很高的评价。2000年1月3日，他带领学校全体教职员工庄严地发布了"世纪宣言"，并将"宣言"内容镌刻在大门口的一座现代雕塑的基座上，激励全体师生明确目标，不忘目标，实现目标。

二、抓住机遇，通过高质量的创建来实现第一阶段目标

抓住了创建国家级示范高中这个机遇，负重争先，加快发展。南京市十三中提出创建国家级示范性高中。时间紧、任务重、困难大，但王占宝注意始终紧紧依靠全体教职工，依靠党、工、团组织，取得了第一阶段创建的成功。十三中的创建工作在全省同期接受检查的学校中排名第一。在一年后的复查中，十三中被检查组组长赞誉为"一所名副其实的国家级示范性高中"，省教育厅基教办的领导赞誉十三中的办学理念和发展规划"匠心独运，寓意深远"。在社会上王占宝的声誉日见提高，学生及家长的向往度不断上升。

三、加快队伍建设的进程

王占宝始终注意将队伍建设放在各项工作之首，并注意重点从建立和运行机制上来实现这一目标。

1. 实施"一个论坛"（十三中论坛）、"两项工程"（名师工程和希望工程）、"三个制度"（学术委员会制、教科研课题招聘制、首席老师负责制）

"十三中论坛"已请过多位名家、领导和优秀教师登台报告，对促进师生的观念转变、理论提高起到了积极作用。论坛已在市内小有名气。最近几年来该校的名师、学科带头人、优秀青年教师的人数已在市内一流学校中领先，有一部分教师成为市级教学骨干，在省内崭露头角，在国家相关网站上建立个人网站，参加国家级教师培训，促进教学业务水平的提高。他还利用假期对教师进行全面培训，安排外出参观考察学习，分批将全体教师带出江苏与名校教师切磋，开阔眼界，开阔胸襟，力争跻身一流。一个优秀的教师群体已现雏形。

2. "以人为本"，关心教职工的工作和生活

他领导在学校建立了有关机制，进行了相应的改革。主要措施包括提高了工作量奖，提供了免费早餐，明显提高了高、初三年级终端考核奖，增多了假期旅游费，扩大了参加旅游的人数。他还为教师办公室配备电脑、空调，在信息中心特别设定教师接待室和活动室，精心建设好静雅的教师阅览室，丰富了住校年轻教师的精神生活。

3. 注意正确导向，建立健康向上的十三中人际关系

他让教职工了解迅速发展、竞争日趋激烈的教育形势，为教师提供提高的机会和条件，做到工作上严格要求，人格上尊重，困难上体谅。但身为校长，他又始终肩负着对学校的现在及未来，坚持质量立校，质量立人。随着改革的深入，各种深层次的社会矛盾也逐步显示出来。对十三中来说，进入市、省重点的时间并不长，在较短的时间里又要以升学预备型的模式进入国家级示范高中，确实是跨越式的发展。教职员工的观念、思想、方法、习惯，也要实现跳跃式的发展。发展越快，思想工作量越大，难度越高。他配合党总支、工会组织，果断而又耐心地去创设一种感情凝聚人、事业发展人、待遇吸引人、环境感染人的境界。他在工作中坚持"五重五不重"：不重学历重能力、不重历史重现实、不重形式重事实、不重关系重实绩、不重个人重集体。他只谋事不谋人，从来不搞小圈圈，从来不打听谁对自己有什么意见。即使有时工作上发现有的同志不太理解，也不忙于做解释工作，总是相信教职工会理解的，相信教职工是正直向上的，同时也冷静反省自己的正确与否。他要争取做到没有世俗的朋友，但每一个教职工都是朋友；没有一般意义上最亲近的，但大家都亲密无间。他一直在学校工作，自己在很长的时间内也是一名普通教师，深知"知识分子能受苦，但不能受气"，所以非常重视建设团结、健康、向上的人际关系，注意校长的人格影响。

对管理人员，注意继承传统的管理方法与策略，重视适应市场经济下现代学校的要求，运用人力资源管理理论进行领导，努力做到信任、放手。

四、实施优质教育，着力机制和模式的研究和实践

王占宝提出并实施了"激励教育"的中心课题，使用"向上录"，要求学生每周必做七件事，进行班级管理机制的改革，将素质教育要求落到实处，并通过机制来保证。

他进行"优质的课堂教学模式"的研究与实践，力图建设起十三中的高质量的课堂教学模式。他在全校开展研究性学习。全校目前550个课题已进入运行。以此为抓手，将课内与课外结合起来，将教师与学生互动起来，将理论与实践联系起来，将传统与现代整合起来，建设起符合现代教育要求的十三中学习模式。

他重视教科研，强化管理，专门拨款，引导活动。

教育教学领域的改革很难，进展慢，见效迟，但十三中已开了一个好头，坚持下去，效益惊人。

五、强化品牌意识，刻意打造名牌学校

在激烈竞争的市场经济社会里，在优质生源的竞争日趋激烈的教育界，

品牌这个无形资产的分量也越来越重。王占宝重视打造学校的品牌。

首先，刻意抓住学校历史上的三个亮点：第一是南京解放后党和人民政府新建的第一所完中；第二是该校 20 世纪 60 年代就被江苏省人民政府确定为优先办好的重点中学；第三是建校时该校是高级干部子女集中就读的学校，该校 20 世纪 60 年代国际反华浪潮时该校曾作为接待印尼华侨的定点学校，以后要充分放大校友的力量。

其次是推出名师、优师，加强与省内外名校联系，重树学校的办学理念，推出经过精心设计，独树一帜的管理举措，提高学校的办学水平，在教育界内外放大学校的影响。

再次是建设富有内涵又有创造性的校园文化，校园、校歌、校报、大唐文学社、《石山钟》杂志、校袋、校标、校训、工作作风、体育舞蹈、民乐团等已给人留下深刻的印象。几年间，学校投入 2140.6 万元，对校园进行全面的改造，并建成信息中心，使校园硬环境更加完善。

2000 年 3 月 13 日，国家级重点高中验收复查组到十三中回头看学校一年来的办学情况。验收组组长丁浩生、省教育厅基教处领导殷天然、省会考办副主任司帮辉一行，听取了王占宝汇报十三中国家级示范性高中验收后一年的情况，参观了信息中心等办学设施情况，观看了学校的民乐、艺术舞蹈的表演，对十三中一年来的办学情况给予高度评价。丁浩生组长在反馈意见时说，十三中在原有的基础上，有了更实、更高、更好的发展。一是创建的意识更加强烈；创建的方向更加明确；创建的措施更加扎实。二是队伍建设卓有成效，形成了一支思想好、业务精的干部和教师队伍。三是研究性课程的开设起步好、发展好、效果好，550 个课题形成成果。四是教育教学管理，素质教育成绩颇丰，硕果累累。十三中在创建过程中，在德育、教育改革、科研、校园文化、教育投入等各方面形成了特色，是一所名副其实的国家级重点示范高中。殷天然在总结中评价十三中教育发展令人鼓舞，为全省、全市提供了许多实实在在的经验。

（摘自《校友足迹（盐城师范学院校友先进事迹汇编）》，2003 年 3 月）

建湖县上冈中学

1996年9月11日王占宝校长任职建湖县上冈中学，被盐城市评比为"市十佳青年科教标兵"

1994年，王占宝校长就任建湖县上冈中学校长期间，被江苏省教育厅推荐至教育部中学校长培训中心研修

培养自觉性，淡化教育痕迹

目前不少老师都感到班主任难当，学生的思想政治工作难做：你慷慨陈辞，他们无动于衷；你严词厉语，他们是"逆来顺受"。看见你走上讲台训话就眉毛直皱，似听非听；有的老师整天泡在班里，可学生照样寻找机会与你打起"游击战"与"麻雀战"；在高压政策下，有时也会"屈就"，但那只是暂时的沉默，在一定的条件下他们的能量还会释放出来。前一阶段部分大学生闹事从某种角度讲就是一个验证。我国目前在校的中小学生约占人口总数的五分之一，他们都是跨世纪的人，国家的未来要靠他们去建设，我们必须对他们进行思想教育、培养良好的生活习惯与高尚的道德情操，但是，我们不能也不可能当他们一辈子的"保姆"。苏联教育家苏霍姆林斯基曾说过："教育人，就是要培养他对自己有严格的要求，要做到这一点，就不能总是牵着他的手走路，而是还要让他独立行走，使他对自己负责，形成自己的生活态度。"在近几年的班主任工作实践中，我深深地体会到要使学生终生受益，在目前来说培养学生自觉性，激发他们去进行自我教育，淡化教育者的教育痕迹是很重要的。我是从如下几方面进行这项工作的。

一、了解教育对象的情况与特点

教育好学生的前提是必须了解学生。

中学生阶段，在生理的发展上，正是青春发育期，这时最大的特点是生理上蓬勃的成长，急骤的变化，人体全部器官接近成熟。

生理上的显著变化，为中学生心理的急剧发展创造了重要的条件。青春发育期也是心理断乳期，这个时期的生理机制由不成熟走向成熟，心理也发生变化，是内心矛盾冲突最激烈的时期，也是情绪变化多端的时期，他们对一切都想有自己的见解，可以说中学生是最复杂的人，也是最单纯的人。他们一般都胸有大志，希望自己将来能做一番事业；他们渴望被理解，被尊重，希望老师家长把他们当作大人来看，当做真正的朋友来看，对简单、粗暴、枯燥的喋喋不休的说教最为反感。在我国目前对外开放，对内搞活，经济体制发生巨大变革的历程中，他们的知识更为丰富，视野更为开阔，对教育者的要求也提高了。但他们毕竟年龄还小，缺乏社会生活经验，缺乏马列主义知识，他们的思想方法也不可避免地带有较明显的片面性与局限性，在错综复杂的社会现实面前，对"真、善、美"与"假、恶、丑"的辨别能力尚差，需要我们做大量深入细致的使他们乐于接受的工作，做好疏通、引导工作。

对我们上冈中学的学生来说，他们除具有一般中学生的特点外，还具有他们本身的地区的特点。我们学校是一所农村集镇中学，学生大都来自农村，信息较为闭塞，现在来到小集镇上，样样都新鲜，从农村的初中到集镇高中，见的多了，看的多了，往往处于"活跃期"，对教育者抱有较高的要求，再重复老一套管理方法，势必会引起他们的反感。年龄大了，自尊心也强了，更注意面子了，教育者教育的痕迹太重，往往反而会产生相反的效果。

从每一个学生来说，每一个人都有他独特的个性和情感，要做到因人施教，对症下药，也必须要全面地细致地了解他（她）。

总之，教育者了解了学生的心灵，把握了学生心灵变化的轨迹和趋向，才能找准教育的起点，取得良好的效果。

二、理解尊重学生，建立真正的朋友式的师生关系

在对学生进行思想教育时重视情感因素是十分重要的。我国古代教育家曾说过："亲其师，信其道也。"所以一个教育工作者首先必须使被教育者认为您是真正的爱他（她），关心他（她），要做到这一点的前提是教育者要理解尊重学生。

普兰格曾说过："在人的一生中，再也没有像青年时期那样强烈地渴望被理解。"中学生最反对的是别人不理解他们。要理解他们，教育者首先得放下架子，真正深入到他们中间，与他们同生活同活动，使他们把你当作他们中的一员，其次，凡事要调查研究，切不可武断地下结论，否则会影响师生间感情的交流。第三，教育者本人要以身作则，做好样子，教育者的言行对被教育者来说，影响是不可低估的。另外还要注意工作方法，有时得为他们保守"秘密"，在生活上要像亲人那样关怀他们……你理解

尊重他们了，他们就会把你当朋友亲人看，那么他们的心里话才会对你说，你说的话他们才会乐于接受，这样在感情上就能够淡化教育的痕迹。

三、加强革命理想教育，激发学生的上进心

远大的理想，常常是一个人前进的方向与动力，一位名人曾说过："伟大的动力来自于伟大的目标。"而上进心是培养中学生自觉性，提高他们的自我教育能力的一个重要前提。苏霍姆林斯基说过："自我教育需要有非常重要而强有力的促进因素——自尊心，自我尊重感，上进心。"因此，我们必须加强革命理想教育，激发学生的上进心，在这一点上，我曾经做了如下几项工作：

（1）举办"世界今日""祖国在改革中"等专题报告会，使学生进一步了解世界科技等领域日新月异的发展形势与祖国一日千里的风貌，还组织看了这方面的电影、电视、图片，参观了附近的农村、工厂、商店等，激起了同学们的民族自信心与紧迫感和责任感。

（2）举行"他们年轻时"的专题系列活动，在"名人故事会"上，同学们讲了许多革命领袖与先辈们年轻时为了全人类，为了民族的解放，而无私地献身的事迹，如马克思、列宁、毛泽东、周恩来等革命领袖。还讲了许多科学家风华正茂之时就功业卓著的伟绩，还讲了我们新一代最可爱的人正洒血疆场献身祖国的可歌可泣的壮举，组织观看了自卫反击战战士的演讲会，还邀请了几位家长到班上讲他们的中学生活。同学们纷纷表示要向先辈学习，为人类解放，为中华振兴而勤奋学习。

（3）举行"每当我想起这一百年"的诗歌朗诵会，要求同学们再次阅读中国近代史，抒发自己的感受。同学们深深地感到一个落后的民族是避免不了挨打的命运的。举办"我的位置在哪里？"的专题演讲，同学们满怀激情，纷纷走上讲台，畅谈自己的理想，抒发自己的胸臆。认识到自己是二十一世纪的主人，今后自己不论在何地，何种岗位上都要立志为人类做出自己应有的贡献。

这一系列的活动，使同学们处于一种亢奋的情感之中，使他们真正受到了革命理想教育，他们并不感到这是空洞的说教，相反却认为先辈们是那样的可亲可敬，自己应该而且能够做出像他们一样的业绩，而且还应该超过他们。激发了他们的上进心，使他们时时感到胸中有一团火焰在燃烧，肩膀上有一副沉甸甸的担子。这样就使"要我这样做"变成了"我要这样

做。"这是培养学生自觉性的一个重要环节，而自觉性的提高，意味着教育的内容与方式要随之改变；教育的痕迹也就会越来越淡化。

四、注意发挥班集体的作用

坚强的学生集体是巨大的教育力量，所以教育者除了直接对学生进行教育外，还必须依靠集体来教育学生，而且在集体中进行教育是社会主义教育的重要特征。我在班主任工作中注意从以下几方面来发挥班集体对培养学生自觉性的作用。

（1）形成良好的班风，树立集体荣誉感，一开学我就与学生一同制定出班风，明确要求全班同学在各方面都要走在同轨年级的前头，争取成为全校的先进班级与先进团支部，并且将此意图渗透到各项活动中，如"我为集体添光彩"等活动。在学生中形成了班级光荣我光荣，班级耻辱我耻辱的观念，依靠班集体的制约力来培养学生的自觉性。

（2）改革班级干部制度。实行了干部轮流值日制，每一个月换一届班委会，学生自由"组阁"轮流"坐庄"，班级每一个人都做过干部，每一个人都负有一项事务，这样每一个同学都与集体息息相关，每一个人都知道了做干部的滋味，都得到了锻炼。这样可以很好地依靠集体的力量来培养自己主人翁的精神与组织应变能力，更重要的是培养了自觉性。

（3）表扬先进，树立榜样。列宁说过："榜样的力量是无穷的。"用就在自己周围的活生生的人来教育，能够取得比较好的效果，在表扬先进同学时，注意学生的可接受性，一定要实事求是，表扬他们已经做到，而其他同学应该做到可还没有做到的地方。更要注意从原来自觉性较差的学生身上找出闪光点，通过表扬达到鼓励与促进的作用。

对自觉性较差的同学要注意正面引导和进行适当方式的批评，但这种批评不是打击他的上进心，而是进一步激发他的上进心

五、开展丰富多彩的活动，使学生在潜移默化中受到教育

心理学认为在潜移默化中完成的教育具有滴水穿石的力量，成功的教育是学生没有感到被教育却受到毕生难忘的教育。

以前我班报纸订了不少，可是流传面不广，流传速度缓慢，甚至还有散失现象，同学们意见纷纷，我在班上也讲了不少，可总不奏效。于是在班上举行了征集"最佳报纸管理方案活动"，比一比谁的方案最佳，同学

们兴趣盎然，提出了不少有价值的方案，这样既促进了学以致用又检验了他们的知识水平，更使他们主动地关心集体。我们还举行过"中学生最佳穿着表演"，随着轻快的音乐节奏，身着整洁合身的服装，留着充满朝气适中的发型的男女同学，大方潇洒地在台上表演时，雷鸣般的掌声一浪高过一浪，这是同学们受到美的熏陶后发自内心的喜悦啊！难道还要喋喋不休地重复"头发再短些，裤子再大些"的话吗？有一阵子，流行歌曲压倒了一切，"正统"的歌曲无人问津，可在文娱晚会上，当我满怀激情地叙述了《国际歌》《国歌》《歌唱祖国》创作的由来，并充满深情地演唱后，当满头银丝的老教师唱起了《黄河颂》后，有许多同学来找歌词，晚会上又听到了那雄壮的歌声了，有的同学还写信到广播电台，点播这首歌呢。为了使同学们真正了解老师，尊敬老师，我们曾要同学们计算老师一天的工作量，看老教师珍藏的张贴着过去历届学生照片的影集；为了使同学们真正重视老师课堂授课，我们请老师谈备课的过程；为了促进同学们各科全面发展，拓宽知识的广度，发展智力，我们进行了"百科知识竞赛"；为了使同学们真正养成良好的学习习惯，在考试以后，我们举行了"这些分我本不该失"的主题班会，请由于书写马虎、审题不清、计算不认真，心理紧张等原因而失分的同学谈切身的教训，请这些方面做得比较好的同学说体会；为了改正有的同学不正确的学习方法，交流学习体会，我们举行了"学习方法交流会"；为了提醒同学们加强体育锻炼，我们进行了郊游，阳春三月，全班同学到郊外踏青，归来之时，不免嘘唏不已：祖国山河如此美丽，大自然的春天是这样的美好，而正处于人生春天的自己，走了几里路就腰酸背痛，怎么能出色完成党和人民交给自己的重任呢……

在这一系列的活动中，学生提高了觉悟，增长了知识。而教育者与被教育者的角色痕迹却是很淡的，寓教于行，寓教于乐，学生就在这潜移默化中受到了教育。

苏霍姆林斯曾一再强调，"真正的教育是自我教育"；我国著名教育家叶圣陶曾就语文教学发表自己的见解，"教是为了不教"，这一点对于我们做好学生的思想政治工作也是大有启迪的。培养学生的自觉性，提高他们的自我教育能力，将会使他们终生受益。

在培养自觉性的过程中，必须要淡化教育的痕迹。因为强制的、粗暴的、痕迹过于明显的教育，学生是不容易接受的，通过这种方式培养出来的只能是机械的反映，而不是自觉的行动；自觉性提高了，那么教育的痕迹也就能够自然而然地淡化，这两方面是相辅相成的关系。近二年来，在学校领导的指导下，在任课老师的支持与配合下，我在所任班主任的高二六班坚持了这两方面的尝试，效果是喜人的。全班学生的自觉性都比以前有了明显的提高，在潜移默化中觉悟不断提高，思想品质逐步完善，知识在不断增长。上学期被评为全校的"先进班级"与"先进团支部"，本学期，又被学校推荐为市、省表彰的先进集体。

在培养学生的自觉性，提高学生的自我教育的能力方面，我的工作才刚刚开始。今后，我将努力学习教育理论，勇于实践，勇于探索，使这项工作更加完善。

（摘自王占宝校长在盐城市德育研究会举办的"教书育人研讨会"上的宣读材料，1987年5月）

给学生一片美丽的天空

——我校心理健康教育的探索与实践

随着社会主义建设事业的发展，国家对人才素质的要求越来越高。年轻的一代不仅需要良好的思想道德水准和深厚扎实的现代化科学知识，而且还必须具备适应社会环境的优秀心理品质，有较高的心理承受能力，能正确对待挫折与压力，能在竞争与进取中获取乐趣，在学习和事业中体现自尊和自信。为此，从 1992 年 9 月起，我校开展了心理健康教育，从学生身心发展的实际出发，采取科学有效的教育手段和方法，促使他们形成良好的个性和健康的心理。

一、充分认识心理健康教育的必要性

从中学生成长的环境来看，进行心理健康教育十分重要和必要。从家庭角度来看，一些家长对孩子过高的期望，给孩子带来了沉重的心理压力：过分的溺爱和娇惯形成了孩子的不良个性和脆弱心理，使之难以承受挫折与困难，不良的家庭环境，使孩子的心灵遭受严重的创伤，形成了各种心理上的障碍。从学校角度来看，一些教师对学生的不尊重与偏见，使学生的自尊心受挫，个性遭压抑，难以和同龄人形成正常的人际关系：一些教师教育方法的简单粗暴，酿成了一些学生厌学、弃学、离家出走，以致轻生等种种严重后果。从社会角度来看，各种社会矛盾和价值观的变迁，对孩子造成了强烈的心理冲击，使其陷入迷茫与困惑之中。这些问题需要我们教育工作者认真加以研究并提出解决的办法。

我校地处农村集镇，90% 的学生来自农村，我校于 1992 年年初对全校学生进行了一次心理状况调查，从调查结果看，绝大多数学生心理是健康的，但也有少部分学生在某些方面存在心理障碍。比如在被调查的学生中，有 15% 的人心中没有崇拜的英雄人物，10% 的人不关心政治、对前途缺乏信心，24% 的人有或轻或重的自卑心理，14% 的人认为当班干部吃亏，

20%的人对社会上的大款很羡慕。从以上比例数字看，在我校，开展心理健康教育乃当务之急。

二、建立心理素质档案

要提高学生的素质，就要对学生的心理特征进行充分的认识和研究。为此，我们采取了建立学生心理素质档案的做法。

1. 认真筛选测试内容

我校根据教育学、心理理学原理，设计了包括智力因素（类比推理、逻辑推理、思维等四种能力）、非智力因素（缜密性、乐群性、独特性、敢为性等十二项内容）、气质类型（多血质、抑郁质等四种气质类型）、职业评定（与人打交道、与资料打交道等四个方面）四大类别，通过对学生的观察、测试、为学生建立心理素质档案。

2. 采取分段测试方法

根据学生入校时所在年级的不同分段进行，如对智能、人格的测试，为了让先进校的学生尽快适应环境，让老师、学校更快地了解每一个学生，因此，在初一、高一进行；心理素质测试，在初二、高二进行，这是为了让学生进一步把握自己，认识自己，让教师更适当地因材施教，对不同的学生采取不同的教育方法；在毕业年级，学生、家长都很需要客观地了解"选择什么职业最合适"，这时进行职业指导和测试，以协助进行职业选择和职业辅导。

3. 注意测试信息反馈

心理测试之后，我们及时把结果反馈给学生，根据"测试结果可相信但不可全信，是有用的但不可完全依靠它"的原则，让学生正确分析自己、了解自己、把握自己，使学生了解心理活动的一般规律，运用心理学的方法进行自我调节。

4. 建立有序的档案系统

我们将测试结果根据年级、班级的不同，建立有序而又便于联络的学生心理状况档案系统。全校专门设立一间学生心理素质档案室，配备两名经过培训的教师任档案员，按学生所在班级系列、学生心理特征系列、重点学生系列放置档案材料。

三、开展心理咨询

心理咨询是通过语言文字的媒介传递心理卫生知识和进行心理调节的具体技术，旨在给咨询对象以启发和帮助，提高咨询对象的心理健康水平。我校心理咨询主要抓了以下几方面工作：

1. 成立心理咨询组织

学校，成立了以副校长，政教主任，校医等经过培训的人员为主要力量的上冈中学学生心理咨询小组，设立"心理咨询信箱"，定期咨询。

2. 采取多种咨询方式

第一，个别咨询。对一些特殊的心理失衡现象，采用个别咨询的方法，以利于咨询学生倾吐内心秘密和帮助其保守秘密；第二，集体咨询。对一些共性的心理现象，如灰色心理、从众心理等，我们将同类的学生集中在一起进行集体咨询，以提高咨询的实效性。同时，可以发挥集体之间互相影响的作用，以促进集体中个体情绪的稳定；第三，宣传咨询。通过板报墙、报画、广播等媒介定期向学生宣传心理学知识，心理卫生知识。对常见的心理问题进行剖析，提出治疗方案；第四，答卷咨询。我们根据不同咨询对象分别印发心理咨询试卷，以表格或问答的形式答疑解惑，以便学生进行自我诊断、自我配方、提高自我调节能力。

四、开设心理教育课堂

这是心理教育的重要途径，只有在专门的心理教育课上，学生才有可能连贯地学习有关心理知识，并得到系统的练习和训练。我们组织了一批教师聘请盐城市教科所、盐城师专、盐城教育学院的心理教育专家为顾问，根据中学生心理特点，编写了一套语言浅显、插图生动的简易教案，每周一课时排入课表，每节课还结合教学内容布置活动性习题，引导学生去观察、探索自己，找出答案，让学生获得系统的心理知识教育。

五、在各科教学中渗透心理教育

一是把握课堂教学这一环节，各科课堂教学都蕴含着丰富的心理教育因素，我们要求教师能动地挖掘，并充分利用这些因素，换取学生相应的情感，使学生在课堂上产生良好的学习情绪和强烈的学习兴趣与愿望。禁止教师使用消极的方法，如讽刺挖苦等。二是充分挖掘教材中的心理教育因素，让教师在教学中引起学生思维冲突，激发需要，产生学习的内驱力，从而形成健康的学习心理，主动的学好各门功课。

六、强化学习心理健康教育

美国心理学家特尔曼的研究结果表明，成就优异与无所成就的人最明显的差别不是智力高低，而是心理品质的差异，主要是自信心和克服自卑的能力，坚持取得成果的意志等的差异。因此，要造就大批跨世纪的人才，必须把关心学生，学习心理健全学生学习心理，放在学校心理健康教育的重要位置，我校的主要做法是：

1. 对学生进行学习目的性教育

我们借鉴并实施了适合学生心理发展水平的生动的教学方式，如愉快教育、创造教育、和谐教育等，激发他们的求知欲，使之正确认识到学习的社会意义和学习的责任感，把学习与社会主义建设、改造世界的远大理想结合起来，把学习作为探求未来与为人类造福结合起来，从而增强学习的自觉性和积极性。

2. 对学生进行学习成功心理的教育

我们实施了以开发学生潜能，让学生获得不同方面、不同层次的成功为主要目标的成功教育法。按照分类指导、分层推进、分期达成的成功教育之路，激发学生的成功意识，并多方创设条件。推行值日班长制、班级值周制、学生一日常规考核制、学生岗位责任制让学生自己管理自己，自主管理学校，强化"主人"意识，引导其体验成功的愉悦，逐步养成成功的心态。

七、建构文化心理园地

人际交往、校园环境、文化活动等都会对学生的心理品质产生潜移默化、影响深远的作用。在建构文化心理园地方面，我们主要做了以下的工作：一是重视校园文化建设，重视学生的课外文体活动，定期组织参观访问、文化节、科技节、运动会、学科竞赛等活动，力求让学生在丰富多彩的活动中，在广泛的人际交往中发现自己、认识自己、逐步完善自己。二是开展军训、学农、社会考察、社会实践等活动，军训可以培养学生的组织纪律性，更磨炼他们克服困难的意志；学农可以培养学生的劳动观念，更可锻炼他们的自治能力；社会考察、社会实践可以使学生了解社会，更可提高他们适应社会的能力。

八、加强人员培训

要使心理健康教育积极有效，关键是对广大教师进行培训，或者说只有对教师进行心理教育，然后才能通过他们对学生进行教育。因此，我校通过四个途径对教师进行心理健康教育的培训：一是定期邀请南京师范大学、扬州师范大学、盐城师专、盐城市教科所等专家学者来校作专题讲座，讲授心理知识，介绍最新信息；二是组织教师到高校进修，两年来，我们通过不同形式，使十多名教师系统接受了心理健康教育培训；三是学校领导、心理健康教育骨干教师定期举办专题讲座，以扩大教师心理健康教育的知识面，提高他们心理健康教育的水平；四是组织教师参加校际间的联谊活动，吸收他校长处，不断完善学校的心理健康教育方法，我们还利用家长学校、家长座谈会、家长心理咨询等方式对家长进行心理健康教育，要求家长遵循心理学、教育学某些原则来规范自身的行为，用自己的良好形象、儒雅的举止、文明的语言、美好的心灵去陶冶孩子的情操，净化孩子的心灵，使家庭教育与学校教育和谐统一，形成整体效应。

经过三年的实践，我校学生的心理健康水平普遍有所提高，一些中、后进生克服了自卑心理，在学习上取得了成功，一些沉重的心理障碍得到消除，学生与家长、教师、同学的关系更加融洽，他们不仅增强了自信心，还改善了各种人际关系，提高了承受挫折的能力。

（刊于《江苏教育研究》，1996 年第 1 期）

学术性发言

这些是对基础教育的一些基础性与热点性问题的思考、研究、设计与反思。

"学术性"的发言，不是"学术型"，也不是"学术化"，"性"者，表示某种性质或性能也。

这些发言，试图表达一种态度或方法。

朴实与厚实

——教育第一性原理的力行者

非常感谢教育部中学校长培训中心的安排，让我能有这个机会，向大家汇报学习肖建军校长办学思想的一些体会。我将从三个方面作汇报：第一，我学习到了什么；第二，想要讨论的几个问题；第三，说一说作为一个校长，自己的一些体会。

第一，我学到了什么。百年校庆有独特的价值，也是一门独特的课程，很坦率地说不是每个校长都有经历自己学校百年校庆的机会。但是，我们可以参加兄弟学校的百年校庆。参加百年校庆可以启发我们怎样回望过去，怎样展望未来。100 年的时间里，几万名学生和老师用他们的青春，甚至是他们的终身去实践、去奋斗、去成长，那么这段经历给我们后人留下了什么呢？我们能不能从几万名师生员工的成长中，找寻到真正有价值并且值得延续下去的东西呢？所以，百年校庆是有独特价值的。而在百年校庆中校长的办学思想研讨，实际上是送给百年校庆最重要的一个礼物。因为校长和学校的办学思想研讨，意味着能不能真正地从百年的时间里把优良的办学传统提炼出来，怎样把优良的传统在新时代，在全球化的环境下延续下去？所以，校长办学思想研讨是一个分量很重的礼物，也是一个学校百年校庆的贡献和价值可以观察的窗口和指标。

其次，肖建军校长的选题，我认为是有勇气、有专业精神并且能针对当下的痛点的。为什么说有勇气？培养完全的人格，这是教育和人的成长的一个最基本的问题，但也是一个常识性的问题。在现在教育被过度地包装，教育理念漫天飞的情况下，我们到这个百年老校里，我们看到校长做的办学思想研讨是那么朴实，那么接地气，但是这么做在当下的语境里是需要勇气的。当我看到这个题目的时候，我心中就升起敬意，因为在追求高大上的时代，尊重常识是需要勇气的。

此外，表达清楚这个常识需要有专业精神。一个真正有教育理解和教育经历的人，他才能知道什么是常识，什么是真正的常识，所以他需要有专业的精神。

同时作为一所百年老校，这么多的同仁汇聚在这里，校长知道他的办学思想研讨会，实际上是一个大家都可以来分享的精美的菜肴。他要知道他的办学思想对同仁们有怎样的启发和帮助，因此此次研讨会是针对当下教育的痛点进行的讨论。

有的时候常识之所以重要，是因为在当下常识被淡忘，或者说被选择性地淡忘，这是我汇报的第二点。

再说第三点。

说到人格的问题，每当我们看到大树，我们只看到它的枝干，却往往没有看到它的根系，根系就是完全人格，所以说这为什么是一个教育的基础的问题，第一性的问题。我们看冰山，只看到了水面上不到三分之一的部分，冰山多于三分之二的部分隐藏在水下，是看不到的。关于冰山的模型，专家们分析人的才能跟冰山模型是一样的，我们看不到的是背后支撑它的东西，在我看来这些东西就是完全人格，因此这是一个重视常识的问题。为什么我们把完全人格作为教育第一性的原理思维呢？因为第一性原理最早来自于古希腊哲学家亚里士多德，亚里士多德将第一性原理定义为事物被认知的第一根本。第一性原理是基本的命题和假设，不能被省略和删除，也不能被违反，因此第一性原理思维要求我们层层深入地挖掘，只剩下最基础的事实真相，运用第一性原理思考问题，就是要强调在基本事实的基础上探究问题的本源，不被过去的流行的经验和知识干扰。在古代，有一句话叫凡夫畏果，菩萨畏因。实际上完全人格就是教育的因，就是人的因，就是树的根，就是冰山的水面以下。因此研究完全型人格，我认为这就是第一性原理思维在教育上的体现。

我从肖建军校长处学习到的还有他对几个核心概念的厘清，以正确的思想引导办学行为。在这里我们可以看到肖校长对于培养、锤炼、锤造，对塑造、铸造做了不厌其详的条分缕析。在当下，校长是一个实践的教育工作者，但是，随着新课程改革，我认为尽管它带来很多好的东西，但令人担心的是新课程以新理念为开路先锋，导致在教育实践中空谈玄虚的现象比较泛滥。因此我们现在会看到很多的教育理念，让人眼花缭乱，这是我们在美国、德国、英国、日本这些国家的学校里很难看到的现象。肖校长没有过度的空谈或玄虚，他深入研究教育学和心理学，对这三个核心的概念，通过深层次地阅读和研究之后，用自己的语言表达出培养是什么，完全人格是什么，未来人才是什么，这是一种深入浅出的表达方式，在教育的实践者——校长中，这是一个值得提倡的作风，即深入地研读，并用自己的语言表达对教育实践的理解，避免我们做实践的时候产生对概念没有边界，会无穷放大，会把它边缘化的行为，使我们的行动有比较明确的指引。

第四，我从肖校长深入研读创校校长与校史中有所收获。2002 年，我曾经在南师附中组织过百年校庆，在深圳中学我也组织过 65 周年校庆，我们也看到好多学校的百年校庆，在那些学校的百年校庆里，我们说得最多的是我这个学校有多少出名的校友，比如——南师附中，它有几十位院士，有五位副部长，有两位人大常委会副委员长，但是我看了肖校长的文章以后我很惭愧，那时候，我们对校史、对老师研究得远远不够，我们能说出很多的校友，他们的名字耳熟能详，但是我们能脱口而出那个时候有哪些知名的校长和知名的老师吗？他们的教育主张、教育思想是什么？他们留下的历史中有哪些温暖的故事？那些生动的细节我们常常很难说得出来，如果没有这样的校长和老师，哪有那么多杰出的校友？在这里，我们关于艺芳，关于忠恕，关于培养完全人格，关于曾宝荪先生，关于曾约农先生，关于当时的蔡元培先生，我们都能听到很多温暖的故事与生动的细节。我听到这样一段历史，在抵制日货的时候，要求学生不要用日货，但是发现有一个学生帽子的里子是日货，当时就要把它烧掉，可是团长没有这么粗鲁，他把帽子拿下来，把里子撕掉，把帽子还给了那个学生。在那个时候虽然说的是团长，但是不在这样的校风影响下，没有曾宝荪校长就不会有这样的尊重与细致。所以我认为肖校长阅读校史这一点是可亲可敬的。

第五，形成了培养完全人格、作育未来人才的实践系列，这个因时间关系我就不赘述了。

第六，对长沙市实验中学的办学定位探索的价值我用了两个"实"。

"朴实"说明他关注了常识，关注了起点；"厚实"是说他们的行动是丰厚的，是实在的，他们的未来是可持续发展的，是有后劲的，我们可以展望这样的未来，因为这是逻辑的力量，这是厚积薄发的力量。我们完全可以对长沙市实验中学的未来充满期待，因为它有它内在的逻辑，有丰厚的基础，这是我想到的。长沙市实验中学我并不了解很多，但是据我所知，考上清华、北大和竞赛方面，长沙市实验中学可能在长沙不是名列前茅，现在如此多考清华、北大以及竞赛并不靠前的学校，这样的学校，办学的兴奋点、立足点、支点在哪里？我认为长沙市实验中学的办学定位和探索给了我们一个非常好的启示，那就是我们不能陪着公子读书，不能陪着少数精英学校起舞，你应该有自己的定位，应该做真正打基础的事情。

　　长沙市实验中学的定位和探索，我们在另外一本经典的著作里得到了见证。在《学会生存》里明确提出"教育的根本目的是社会的发展和人的潜力的实现，促进人的发展是教育的基本功能和本体功能。"

　　促进人的发展包括两方面的含义：一是使个体社会化，二是使个体个性化。对教育来说，它的本体功能一方面把人类在历史发展中所积累下来的文明传递给年轻的一代，使人类文明得以延续发展，个体得以在社会中生存发展；另外一方面是把每个个体所具有的生物学的可能性转变为现实性，因此我们可以说教育的本质就是帮助学生发现潜能、实现潜能，成为他自己。这一点，我们在肖校长的报告里看到了。办学需要的是"开心果"。"开"是什么？开是需要开悟，要对教育规律有理解，要理解学校运作的规律；"心"就是要用心。肩负使命，用智用力；"果"就是结果导向。做正确的事情是效能，正确地做事是效率，只有这样做才有好的结果支撑办学定位。长沙市实验中学的发展和成就，说明他们具备教育的开心果。马云常说："一般的人，有四种表现，第一种看不见，第二种看不起，第三种看不懂，第四种来不及。"我认为，长沙市实验中学他们是看见了自己的定位，他们看见了自己未来的优势。

　　接下来，我想简单地讨论几个问题，这是我个人对培养完全人格的浅陋理解，提出来一起讨论。

　　首先，培养完全人格需要在教与学的常态中落地，它不是附加的另外的

单独的东西，它在教与学的整体中。香
水 95% 都是相同的成分，就是水，只
有 5% 是不同的，那是它的特质。昨天
我与一个校长交流，他说他现在不知道
基础教育的基础究竟是什么。基础是什
么？我想跟大家分享一个有效学校的特
征，在这个有效学校的特征里，我们会
看到中心是一种共同的使命。

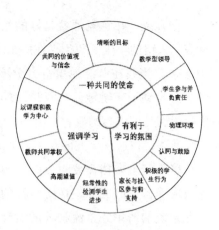

（有效学校的特征）

强调学校有利于学习氛围的营造。
学校以学定教，这是一个学校的常态，
所有的办学特色都应该在这里落地，这是有效学校的特征。

现在新的时代有新的挑战：第一个挑战，全球化时代，学校教育国际
化的课程与学生成长；第二，移动互联网时代学校教育的意义和价值；第
三，公民化时代学校教育的民主化改造；第四，个性化时代学校教育的特
质要求；第五，新课程、新中考、新高考时代，学校教育品质面临新的检
验，甚至有人说重新洗牌；第六，教育混乱扩张的时代，专业效能与信誉
等核心竞争力的重组。有人说中国的基础教育正面临着转型升级的挑战，
因为中国的中产阶层将会有很快的增长，他们对教育的要求超越了以往。
现在有六个变化，我们看到变化的时候，也要看到学校教育永恒的主题——
那些不变的东西。什么是学校不变的东西？人格的发展，专业的教学，个
性化的学习，有适当的营养的课程，以学生的有效学习为中心，这些是不
会变的，不管人工智能发展得如何，这些是学校永恒的主题。

因此，我们说第一个问题，培养完全人格应该在教与学的常态中落地。

第二个讨论的是以完全人格来培养完全人格，这是教师专业发展的新
视角。

教师的专业发展，我们以前基本上停留在空洞的师德与传统的教学上，
实际上对于我们这些传统的校长和老师来说，我们是在贫穷困顿的生活中
走过来的，我们的思维方式带有对现实和未来很大的恐惧感和不安全感，
可以说，我们过去的一代人是在不完全人格的环境下成长起来的，但是我
们要担负培养完全人格的重任，对许多校长和老师来说，我们自己完全人
格的培养是需要补课的，我认为这是教师专业发展的一个新的视角。

有人说：好的老师就是好的教育，那么有完全人格的老师就会培养出有完全人格的学生。我记得在广东时，有一次听钟院士做报告，他说："我70多岁，当我在游泳池里奋力游泳的时候，我的孙辈们在岸上看，他们就可能会自动下来游泳。"我想说的就是这个道理。因此，在肖校长的报告里我得到几个核心的概念：第一，独立人格；第二，个体人格发展；第三，自主发展，在这三个方面我们老师的专业成长怎样落地？

培养完全人格需要点、线、面、体学校教育的闭环，需要连点成线，连线成面，连面成体。在曾宝荪的先生的叙述里，她的完全人格的培养有非常系统的清单式、流程式的设计，因此我们的学校教育从理念、课程、结构、流程、责任、评估方面改进。方向不代表任务，任务不等于结果，因此我们需要有路线图和时间表；因此，需要我们的校长和老师们做一个塑造者，用塑造来完善自己的完全人格。

最后，我想简单地汇报一下体会，我有这样几个体会：

第一，一个新的任务培养一种新的能力，创造一段新的人生体验。从这个角度来说，我们衷心感谢中心的领导、老师和专家，他们让我们做教育思想的提炼，我们都经受了煎熬、纠结甚至痛苦，但这是一个蜕变，没有这样的任务，可能我们对教育的理解，对学校的理解就达不到现在的程度。

第二，"要得到你想要的某件东西，最可靠的办法是让你自己配得上它"，这是巴菲特的搭档芒格说的一句名言。我们要成为一个理想中的校长，办出一个理想的学校，最可靠的办法就是让自己配得上它。

第三，美国有一位管理方面的专家到中国来讲学的时候，在互动的环节里，我们中国的企业家说："你讲的我们都知道啊！"美国专家说了一句话："你们知道了，而我们美国人做到了。"我想，知行合一，这是我们校长成长的一个重要的路径。

再次感谢各位给我这个汇报的机会，请大家多多指正，谢谢！

（摘自王占宝校长在长沙市实验中学肖建军校长教育思想研讨会上的发言，2018年12月2日）

期待建设性的讨论

——致部分校友

最近部分校友对《深中学生特质》有热烈的争议，听到的批评不少，学生媒体也邀请我说点什么。坦率地说，和多数人一样，我不太喜欢总被别人批评，而且我觉得有些"批评"还让人感觉有点严重"内伤"。不过我收到了鸡蛋，但并没有认识下蛋母鸡的愿望。被批评以后，关注的是，批评本身有无价值，至于是谁在批评，并不重要。对那些出于善意的、在事实基础上作出的、能够引发反思并促进学校发展的批评，我心怀谢意。对我而言，这是礼物，只是化了一下妆。

今天我就和部分校友说说收到这些礼物后的思考。

一、反思普通高中教育的定位：全球化背景下高等教育的预备教育

我们应该深刻理解全球化趋势的现状与未来，应该有全球比较教育研究的意识。中国已经成为世界第二大经济体，受益于全球化，国内其实已经成为地球村的一部分，中国经济与社会的发展呼唤与其经济地位相称的、在国际比较视野下的高质量的教育。随着中国（特别是深圳）经济发展水平与质量的提高，劳动力市场对劳动力素质与专业水平要求也相应提高；高等教育的大众化、普及化，促使人们从追求"有学上"到追求"上好学"，院系和专业的选择从"任你定"到"我选择"；在大中城市特别在像深圳这样的改革开放的先锋城市，人们对学校和专业的选择范围更是扩大至世界范围。选择，这是社会文明进步的标志之一。相应的，我们的高中教育，也应该为学生在全球范围内选择高等教育，为学生可持续发展、继续优秀乃至卓越打好基础。在这个背景下，认真、科学地反思高中教育的定位，反思高中的素质教育、反思理想的高中学校教育，是十分必要也是十分迫切的。

如果说，高中教育的定位，不仅仅是过去理解的"义务教育的延伸与提升"，而且是全球化背景下的高等教育的预备教育——这种教育不应该简单地理解为"考大学"，而是为高等教育阶段（成人的开始）的全面、优质发展做好预备和准备，那么，我们怎样有效培养高中学生的学术素养（而不仅仅是考试和分数）、专业精神（而不仅仅是感觉和兴趣）、审美情趣（而不仅仅是说教和流行），是需要超越自我、理性建构的。这，有很长、很艰辛的路要走，但是只要起步了，就有希望；有希望，就会有真正的未来。

（一）拆掉思维里的墙

这种反思，要避免"将自己的偏见重新组织"，需要专业精神与国际比较。有批评者说，学术性高中，是搞应试教育。对学术性高中的理解，之前已经阐述过多次。为什么始终摆脱不掉应试的影子？是中国多年的教育现状在我们思维里砌了一堵墙。许多同学此前的学习经历是压缩饼干式的，"学习"被压缩成了"题目"和"分数"。这导致了提到"学习"，提到"学术"，许多人就想到应试，学习被理解成了一个层次不高、缺乏快乐、追逐功利、以后没用的事（甚至那些认真学习的人被视为单调乏味的书呆子，有同学斥其曰"你的青春在哪里"！）。这是我们思维里的一堵墙，它阻碍我们看到事实。那些我们自己认为很熟悉的、已经做得很多、"很好"的、甚至过度的东西，在现实中，我们未必真正做好。中国基础教育中，教师对学科思维及学生学习过程的研究，学生自己对学科知识系统性的认识及学习能力的形成，还不是很充分，对高中教育来说，甚至很欠缺。教师教学和学生学习往往指向考试和分数。坦率地说，我们对真正的高中教育，对真正的高中学习，理解和实践还是传统的、感性的、中国特色的。要么是"功利的教育"（也是简单的教育、辛苦而缺乏真正价值的教育），要么是"浪漫的教育"（也是娱乐化的教育、热闹而缺乏高中水准的教育）。

现实中的学校，一方面要考虑学生的能力发展和终身发展，另一方面是社会和家长向学校要效能，要升学率，这种兼顾是不容易的，但是作为一所优质高中应该有责任、有勇气、有智慧实现这种兼顾。这就需要避免功利与冲动，遵循教育规律，走出自己的办学之路。

深中从 2005 年至 2009 年高一录取分数线逐年下滑，2004 年高一招生，深中比外语学校高 39 分，比实验学校高 32 分，2009 年高一招生，深中比外语学校低 16 分（退后 55 分），比实验学校低 10 分（退后 42 分），社会声誉逐渐下降，令人扼腕。

社会对深中连续几年做出了选择，我们继续熟视无睹，或者寻觅一些自我安慰的理由，恐怕很难了，而且我们也不该低估社会选择的理性和境界。因为教育的周期长，所以改进（如果希望改进）是需要相当长的时间和艰苦的努力的。

（二）执两用中——走第三条路

我们不能让深中放弃社会，如果这样，社会必将放弃深中；我也不能否认校友们的感受，因为那是他们经历过的生活。

作为深中的领路人，我该将激流中的深中带去哪里？走第三条路，建设学术性高中，就是我的选择。这个选择让很多深中人有些焦虑。焦虑源于不清楚这个选择的真实意图（或者没有去了解），源于对变化的恐惧，源于现实与理想的冲突，源于内心多重价值的冲突，源于对自我的肯定。我今天再强调一次，学术性高中建设的基本价值观念，更加重视学生是"整体的人、统一的人"，深中从来不想培养考试机器，同样支持学生在社会活动领域提升和发展自己。如果我们愿意放弃在以前的教育经历中已经形成的对"学习"这个词较为狭隘的理解，将对"学习"的理解还原到其本来的模样，即人的天性，那么我们就能体会到学习的独特之乐，那么我们就更容易理解，对高中生而言，学科知识的获得就是要优先放进人生这个容器的大石块。人生每个阶段，都有自己的重要任务，知识的学习就是高中阶段的重要任务，是"二八率"中的"二"，必须先做好。进入世界各地名校的校友们，我想，你们已经观察到，或者自己亲身体验到对一所学校、一个学生来说，"学"意味着什么，应该具有怎样的地位。但是，当下我们陷入了分裂。学术性高中的提出和实践，是希望在"应试教育"本质未能真正改变，"素质教育"又被严重扭曲的现实环境中，让教育回到原点，通过学生学习的主要时空——课程与课堂的变革，探索真正的素质教育，探索人的创造性的培养模式。

因此，"学术性高中"，可能是深中历史的选择，也可能会成为中国未来高中教育发展的新的形态与办学模式。

有几组关系是现阶段深中人要思考的。

首先是知识与能力的关系。能力通过何种途径获得？过去我们搭建了较丰富的学生活动平台，有一部分同学在这些活动中获得了能力的提升。这是深中学生教育的重要特点。但是，这个事实，并不能推断出以下结论：重视课堂中教与学的研究，就是在搞应试，课堂不承担能力培养的任务，能力只能通过活动获得；过去的活动设置是完美的，是不需要任何改进的。平心静气地想一下，过去一年来，深中的重大学生活动有什么取消了吗？其实没有。正在进行的校长杯足球赛，总有学生说，今年是最后一届，校方何时发布过这样的信息？就好像去年，有人说心智训练是最后一届，游园会是最后一届，这些相信"最后一届"的同学要问问自己：我从哪里听到的这些信息？是不是事实？这种对"最后"的担心和焦虑反映了什么？这些问题我也会思考，以便建立更完善的信息发布和沟通机制。过去一年在学生活动领域主要的工作是提升质量，推进大型活动课程化，社团分类分级管理，学生活动更有序、更有效了，以保证学生在丰富的活动中获得的不只是经历，还有通过努力发展出的能力和实力。与此同时，对深中课程和课堂的研究在逐步推进。课堂始终是高中学生能力培养的主要阵地，这一点是我一直坚持的。一个优秀的社会人需要的绝大多数能力，在类型丰富的课程中，在设计充分、组织有效的课堂中，都可以得到锻炼和发展。即使是对民主与自由的理解和实践，也应该主要通过课堂进行实践和实现，而且研究性教和研究性学，也只能在民主、合作中实现。学生活动的意义和价值，在于它的差异性、包容性和补充性，尤其是在中国基础教育阶段学生评价标准单一的现状下，对实现学生的多元评价，丰富学生自我认识的意义重大，但是绝不能因为活动是个好东西，就推断课堂不好。人们老在问，今天的中国为何培养不出有创造性的人才？高等教育当然要负责，可是我觉得基础教育更应该负责。创造性不是天上的馅饼，不会自己掉下来；也不是到了大学一夜之间就冒出来了。创造性与知识的厚度具有必然联系，也与学习知识的方式有关。学术性高中的基本策略和核心设计，是在教师教学方式变革的前提下，促进学生学习方式的变革，实现教师"研究性地教"和学生"研究性地学"，创建一种基于课堂的创造性思维培养的教育模式。深中过去的探索对中国教育具有价值，现在是继续探索。不同的是思考问题的角度，以及推进实践的方式。

建设学术性高中，有理想，要坚持，同时也要考虑现实因素。好的中医，都是现实的理想主义者。他们看病，有职业操守、有专业素养，能正确诊断，能开得出药方，还有一点，他还需要保证现实环境中能抓得到那些药。我也是个现实的理想主义者。要带领深中走一条能走通的路。

有时候需要妥协，只要在核心价值上不妥协，比如尊重学生全面发展的需要，不以应试的方式去追求升学率。升学率本身不是罪，在中国让它有罪的是追求它的方式。好比金钱，不是坏东西，问题的核心是通过什么方式得到。2011年毕业的这届学生，进入深中的分数线已经不是第一名了，可是高考创造了深中新的历史，师生和家长扬眉吐气，这个成绩不是靠"好生源"和"题海战术"得到的，靠的恰恰是对学科学习的研究，对学生学科能力的科学培养，以及建立有针对性的支持系统。我坚信深中可以不用应试的方式就超越高考。何况高考也在变化，试题和招生方式都在逐年向"能力本位"推进。2012届的学生，当年入学的分数线已经跌至第三，比第一名低十六分，但是从今年学科竞赛已经揭晓的成绩看，深中也创造了历史新高。这两届的发展，是在社团与活动课程进一步丰富与拓展的基础上实现的。这些是事实，这些也需要专业的、深度的观察。要提高教育质量，就必须应试；要提高"能力"，就只能放弃高质量。这，是多么荒唐和可怕的思维啊！学术性高中，就是追求经历、努力、实力的统一，是一种既精彩又充实的高中生活，华而又实的人生经历。

这里插一句——对我的批评被我分为上中下品，下品之最是这条：占宝要升学率，因为要政绩，有了这个政绩，就可以升官。如果我们不以此来推断，讨论的价值会充分一些。来这里，就是在教育这个领域，想获得更大的空间，做点有价值的事情。我期待的深中，学校是一个学府，老师是一群学者，学生是一群通过学习创造精彩未来的后生，老师、学生、家长、校友成为享受教育、享受学校、享受成长的共同体。这里，有高尚的精神；这里，有求索的学问；这里，有浓郁的书香；这里，有灿烂的生活；这里，有精彩的未来……

另一组是自由、民主等社会性发展领域与学术性课程在高中阶段的关系。

我初来时，说"坚持该建坚持的，改进该改进的，实现该实现的"。深中过去的课程改革，主要是在价值层面和框架构建，对高中生的丰富的成长需求给予了充分尊重。这是应该坚持的。这一年来，"坚持"表现为"优化"：单元和体系功能的区分进一步清晰，体系担负个性化的课程设计与学生教育功能，单元重在学生的自治管理与活动组织。这里，要再一次跟同学们说，没有谁想取消单元。但是这也不意味着单元永远就只能是它诞生之初的那个样子。"单元"从一开始就是开放和变化的产物，它过去的发展也充满了变化，为什么我们不能继续保持开放的心态，成为变化的设计与参与者，而一定要批判现在的变化呢？学生社团和学生活动增量，结构优化，校园充满了生机与活力，深中学生的发展空间并没有被压缩。学校实现了招生方式的突破，第一次用自主招生的方式招进了一批符合我们期待的学生。这些都是坚持的成果。

改进也在持续进行。同学们感受到的，主要是规则。大家都觉得是我来之后，深中突然多了很多规矩，很多批评的声音。但是如果我们理性地看，很多规矩，在我来之前都有。迟到，旷课，学习时间随意使用手机，宿舍里大声喧哗，禁止这些行为的规则，在我来之前深中没有吗？都有，只是没有落实。我做的是执行者和落实者，深中因此较之以前要严谨一些。活力要有，深中不培养死读书的学生，但是深中也不培养目无规则的学生。有人说，深中此前是在进行未成年人公民实验，公民意味着什么？典型的公民国家美国，"重视品格同盟会"1992 年提出推广的青少年道德品格，赖以建立的六大支柱之一就是公民意识 (Citizenship)，包括：遵守法律和集体规则，参与学校和社区事务，合作，好知，睦邻，投票，尊重权威，保护环境。每个国家都重视青少年规则意识的培养，包括号称最自由的美国。2011 年 5 月美国佛罗里达州议院通过 228 号议案，又称为"提上裤子"议案，禁止青少年穿低腰裤，特别是露出内裤的超低腰裤。一旦违规，根据违规程度的不同，将受到不同惩罚。除了管学生穿裤子，目前美国大部分学校不允许学生在校园使用手机，佐治亚州在下午 3 时放学之前严禁学生使用手机；还是美国，学生迟到旷课要追究家长的责任；学生购买酒精将被开除出校。"个性"不代表"任性"，我们都向往自由，但是不讲公共规则的个人"自由"将导致灾难。有人说，中国有些方面比美国人还"自由"，希望这种"自由"不是出于个人目的对公共资源的侵占和对公共秩序的轻慢。而且，中学生，特别是高一高二的学生，与成人的自由民主，是有区别的，需要启发和培养他们的自主意识和能力，但是也要防止他们心智还没有成熟的时候、还没有成为成熟公民的时候，用非理性的狂热替代了理性思考。

（三）批判性思维鼓励开放性的思考

人的思维发展具有阶段性。初中生着重发展的是逻辑思维，高中生主要发展的是辩证思维和批判性思维。深中需要真正的"教育变革"（而且是与高中阶段的知识、能力目标一致的变革），深中应该提供并实现全体学生有价值的成长。那种认为重视学校教育力，就不尊重学生；重视规则，就不民主；重视学业质量，就失去活力的观念，是二元对立的思维方式导致的结论。长期坚持这样的观念，可能导致的后果会是怎样呢？深中的优质性又可否持续呢？当前"浪漫的高中教育"表现出的反智主义、人文泛化与空洞化、改革的任性与低效、批评的非专业化与情绪化，非常让人忧虑——是非也许需要历史来回答，但是现实的代价已经太昂贵了！2006年暑假，中美两国优秀高中生的"素质教育"的较量，高下之分，让人触目惊心，几年过去，还是没有什么改进，而且中国优秀高中生还在这样的"素质教育"中成长着、兴奋着、继续着（我在去年"执两用中"里谈到过这个案例）。

批判性思维也绝对不是鼓励武断评价，不是鼓励人们简单判断道德高下。相反，它鼓励开放，鼓励积极思考，以寻找更好的观点，做出更合适的决定。在经历过漫长专制统治的国家，普遍存有"民主饥饿症"，然而实现真正有效健康的民主，需要勇气、智慧和耐心。在高中阶段，培养民主的意识和能力是非常重要的。但是，要避免用"革命"的思维，避免用狂热去取代理性，避免用运动取代生活，避免用活动取代学业，避免用所谓的"个性"取代尊重，避免用所谓的"自信"取代教养，避免用所谓的"负责"取代成本。那种"文革"式的运动，"广场"式的民主是对真正的民主最大的伤害。民主国家对人类文明的贡献恰恰证明了自由与规则从来就是辩证统一的。对于学校教育来说，要避免一抓就死，一放就乱两个极端负面的治理模式，需要对教育、对自由与民主有真正的理解和科学系统的机制。

促进人的发展，是教育的基本功能和本体功能。包括两方面的含义：一是使个体社会化，二是使个体个性化。一方面是把人类在历史发展中所积累下来的文明传递给年轻一代，使人类文明得以延续、发展，个体得以在社会中生存和发展；另一方面是把每个个体所具有的生物学可能性转变为现实性——发现和实现潜能，使其成为他最好的自己。

假如我们期待自己成为全球视野下最优秀的一群高中生，遵守规则就应该被内化我们的一种价值观，被磨砺成一种自觉的能力，因为具有规则意识是优秀者的共性。国际课程体系有些学生，觉得自己要出国了，就可以不守深中的校规，比如有的高三学生就在上课时间在宿舍里睡半天。关于规则与自由的关系，我已经说过很多，还是希望同学们在实践中用心体会。如今的青年人，都强调个性，这是多元社会的重要体现，可是优秀者的个性，并不以破坏和挑战规则为标志。个性发展，与身体健康及智力发展是辩证统一的，而且个性里面包含着共性。人是社会中的一分子，没有脱离"社会性"的"个性"。

从课程层面上而言，"改进"的核心任务是推进"研究型的课堂"，对教师是研究性地教，对学生，就是研究性地学。前提是学校的课程设计及教师的课堂设计要利于学生研究性地学习。这是让"学习"回归本意的唯一途径，是课程变革最深刻的价值之一，也是课程改革的必经之路。这条路很难走，深中前阶段的课程改革推进到这里就停滞了，遭遇了瓶颈。不突破这个瓶颈，深中的发展就会是沙漠里的草，长不大。将深中比喻成一个充满理想的人，这个人在过去的经历中已经解放了课堂之外的潜能，可是这个人如果还想登上更高的山，就还需要积蓄力量。这股力量，就来源于课堂的微变革。到了高中阶段，有目标有评价，学习肯定不是娱乐和游戏，不会只有愉快的感受，相应的压力感会持续存在，只有非理性的人才要求学习总是快乐的；但是学习如果只有痛苦和压抑，一提学习就恶心就反感，就说明课堂需要变革。通过"课堂的研究化"，让更多学生从鏖战题海，转变到感受学科学习中探索与思考的乐趣，从而体验到更深层次的自我实现，这将是深中登上巅峰的力量源泉，是深中未来很多年发展的"本"。一个人真正的、持久的快乐，来自于对有价值的目标的奋斗。该做的事，面临的挑战，如果长期回避，可能会导致更大的压力和焦虑。

以前推进不够，说明障碍多，阻力大。高考模式，教师观念与技能等等，诸多因素都会影响"研究型"课堂的构建。如何推进课堂微变革，对我，对全体深中师生都是个挑战，需要合作。这也是我前面为什么要再阐述学术性高中的内涵。因为不讲清楚这个，不能让师生们理解这个，在理解和执行学校的一些做法时，大家就会按照自己经验站在预设立场上去评判，去执行，往往就流于形式，就变形了。课堂微变革一定会夭折。

二、培养目标的具体化：批评和回应都应基于理性和进步

课程改革提出的大背景，是让教育回归人，真正实现教育的"以人为本"。课程改革的前提是确立课程目标，而确立课程目标的前提又是确立

培养目标，这样才能避免课程改革的盲目与低效。这就决定了一所学校的培养目标必须具体化，而不能仅仅是一个笼统的表达。

（一）对原有培养目标的疑虑

前段时间有人将《深中学生特质》第一段话发上网络，引发了部分校友对深中原来培养目标的捍卫行动。今天我也就这个问题坦诚地谈谈我的理解。

来深中做校长之前，我作为教育考察团的成员来过深中。对深中的培养目标有印象，因为和著名的莱佛士书院的培养目标很像。

新加坡的教育，实行分流制，从小学四年级考试、小学毕业考试、中学考试等多次分成三个层次。莱佛士书院是新加坡国家名校，学生是名副其实的同龄人中的精英，学校以挑战学术性课程著称。办学条件国家一流，高中每班人数约为 25 人。

Raffles 的培养目标是：

School Mission

Raffles Institution is committed to developing leaders of the future steeped in character, confidence and commitment. Our students are able and eager to bring out the best in their communities. They embody the institution's mission of Nurturing thinkers, leaders and pioneers of character who serve by leading and lead in serving.

中译意为：

莱佛士书院致力于培养未来的领袖，他们有着突出的特点：个性鲜明、充满自信、敢于负责。书院的学生有能力并有热情服务社会。他们体现了书院培养思想者、领导者和开拓者的目标，并用他们的领导力对社会做出最大的贡献。

我们的培养目标：

深圳中学致力于培养个性鲜明、充满自信、敢于负责，具有思想力、领导力、创造力的杰出公民。他们无论身在何处，都能热忱服务社会，并在其中表现出对自然的尊重和对他人的关爱。

将两者加以比较，关键词基本一致，如"个性鲜明""充满自信""敢于负责""热情服务社会""思想者""领导者"等词句，这是否对双方都不太尊敬？而且据了解也确实是在访问莱佛士书院后，在翻译了他们的《学校手册2003》之后提出的。在两校将持续访问交流的情况下，这是一个难以回避的问题。试想一下，假如莱佛士书院在深圳，人们会怎样看待这个问题？

当然，这并不影响我们取他人之长，有些是人类共同的文明财富，所以在《深圳中学学生特质》里我们也解放思想，不过是本土化了。

但是，这并不是提出"深圳中学学生特质"的主要原因。

（二）深圳中学学生特质：传承与发展

来深中一年，听到家长、老师，包括一部分深中学生，对深中学生的描述，惯用的句式是"……如果……那就更好了"。比如说：深中的学生很有能力，如果能自律一点那就更好了；深中的学生很可爱，如果能更努力一点就好了；深中的学生悟性很高，如果高一高二踏实一点就好了；深中的学生很自信，如果再礼貌一点就好了……这促使我思考，一所中学的培养目标应该怎样确立？深中究竟要培养什么样的人？在西南联大时期，梅贻琦曾说："我们做教师做学生的，最好最切实的救国方法，就是致力学术，造就有用人才，将来为国家服务。"如果当时西南联大提出"为自由而战""为独立而生"会怎么样？也许会热血沸腾，也许会让常人眼睛一亮，但，那就不是西南联大了！

这里，我们可以欣赏一下莱佛士书院的"学校使命"：我们的使命就是培养有责任感、纪律严明的人，他们对社会和国家具有强烈的责任意识；同时也培养有活力和有开拓精神的领导者。

古今中外名校以及著名的学者关于中学培养目标的表达值得我们好好研究。他们为什么都强调勤学好问、努力、独立思考、专注、脚踏实地、乐在其中、抵挡诱惑、成就学问等因素（见"诺奖得主对深中学子的寄语"）？在我们有些同学看来（甚至部分老师、家长也是这样），这些可能会显得"老土"，实际上这些正是高中教育、高中生成长的原点。

高中学校的"学生特质"，应该是建立在全面发展、基础素养之上的，这是教育规律、国家教育方针所规定了的，所以这种"特质"只能是相对的。不能剑走偏锋，为了"特"而"特"。

对深中校园文化观察了一年多，对师生看重的深中精神有了较深入的体验后，我提出了理想的深中学生的 12 点特质。这些特质的选取，传承了深中校园文化中体现出的优势，如主动意识、独立意识、批判意识、责任意识，也考虑了过往深中学生文化中表现出的不足，如规则意识相对薄弱，对学科学习的认识相对狭隘，对老师的尊重相对淡漠等。还有一些特质，是在最优秀的人身上一定会有的品质，受到诺贝尔奖获得者们对深中学子期待以及世界优质教育团队对他们学生期待的影响。12点特质塑造了一个理想深中学生的形象，是培养目标的具体化。

网络上对此有很多批评。培养目标的完善与具体化的工作，注定吃力不讨好。对批评我是有准备的。我们通过各种途径在征求意见。这个过程，就是讨论的过程，我期待获得更多对深中未来发展有价值的建议。这个过程中有不同的声音，是很正常的，只是期望这种讨论基于深中发展的现实性，讨论各方都不先入为主，都能独立思考，理性批判，相互尊重。

如上所述，特质12条并没有否定深中文化的精华，而是基于规律与事实的完善。有的老师和同学都没有认真看完12条特质，就向我开炮了。而支持我的观点的人，就被批评为"被校长绑架，是体制的捍卫者"。反对我就可以，支持我就不可以，这就有非理性的意味了，对讨论也不公正。

实际上，征求意见的过程中，除了部分校友的否定批评，我们也听到对深中学生特质12点表达的肯定，认为这是一个系统性强，也比较深刻的表达，在中国中学中还鲜见。还有不少师生提出了修改意见。我们会在以后逐步完善，但是，还是需要一个开始，需要一个草案。

（三）"沉默的大多数"也有权利成为他们最好的自己

现在高一高二的同学，看了有些校友的意见，产生了困惑，甚至有部分同学受到误导，认为过去的深中就是搞活动，只有活动才能培养能力，而学习是很平庸、很功利的事；认为过去深中的自由是没有边界的自由，想干什么就可以干什么，现在的深中规矩落实了就是"堕落"了；认为只有什么都按照自己的意愿行事才叫有个性，才能有创造性，才能成为比尔·盖茨、乔布斯那样的人。所以校友们在发出声音前，应该审慎，因为这些意见会影响到学弟学妹的认识和选择。

一所学校的培养目标，要能照耀到每个人。深中的变革史上，有一个"沉默的大多数"群体，隐匿在优秀的弄潮儿的阴影中，他们在急剧变化中，没有弄潮儿的快速适应能力，迷茫，被动，随波逐流，受到的关注不够，得到的支持不够，逐渐退缩，自信消失，离开深中时未能成为最好的自己。这是深中的遗憾。对我而言，升学率、重点率不是数字，而是在中国的现实环境中，一个一个生命在高中阶段的自我实现的较好的证明方式

（不是唯一方式）。在这个意义上，我的确很在意升学率、重点率。能进入深中的学生，即使他是踩线进来的，是深中最后一名，他也是深圳市数万中学生中前三千名。我希望他们中的每一个人，而不仅仅是这群人中最优秀的那一部分，能够进入优质的大学。理想的教育，在个体层面，就是要让每个人都成为最好的自己，在群体层面，就是要关注、支持到"沉默的大多数"，让他们的理想在深中也能如愿以偿。考察一个学校的发展，应该以全体学生的发展来考量，不能仅仅以少数获益（甚至获得超常的学校教育资源）学生的感受来评估。

所以，我常常对老师们说："学生"，不是一个抽象的、集合的概念，而是一个个具体的生命，一个个具体生命的现实和未来；以人为本，对老师来说，就是以每一个具体的生命为本，这不是一句口号；孩子们当下的发展是非常重要的，失去了现在，可能也就失去了未来；人生没有回程车，教育改革需要慎之又慎，要心存敬畏，要系统设计，要科学论证，还要不断反思优化；校长与老师，不能傍优生，不能赶风潮，要做园丁，不要做卖花的贩子；要引导中学生，俯而读，仰而思，然后才起而行，做有价值的事……

"沉默的大多数"的发展情况，体现出学校和老师的良心。

深中校友马化腾、刘若鹏是在怎样的培养目标下成长的？

因此，作为个体，我能够对深中文化表示出的最大的尊重，就是作为校长，要构建一种能够让深中所有学生都成为他们最好的自己的教育模式，而不仅仅是最优秀的那一群人（要特别注意优生的放大效应——当他们是爱徒或子女，这种效应会更加明显，甚或一叶障目）。

（四）用并存的观念看待差异——开放与包容

最后，真心感谢送这么多礼物给我的校友。没有你们，我可能会少了一些对深中发展的梳理与思考，我的判断与行为可能就会更多受到之前经验的影响，而不是身处其中的深中的影响。我很希望校友们能常常回来看看，用开放的心态了解现在的深中。深中过去创造出许多有价值的东西，但是不能因此就认为过去的选择就是唯一正确的道路。如果把深中64周年历史中某阶段的发展当作一个最好的、不可优化的标本，让深中的未来被过去绑架，让深中"标本化"，深中将会在这种"爱"中萎缩、窒息，实际上这也违背了深中的文化——深中文化最大的魅力恰恰在于开放和包容。深中人在过去的一年多里，在巨大的压力下，做出了艰苦卓绝的努力，深中的变化并不仅仅是标语、规则、学业，在学校制度建设、学科建设、学生活动诸多方面都发生了积极和显著的变化。观察人类社会的发展历史会发现，人总是难以避免地把自己的小圈子看成是世界的中心，把自己特殊的个人生活与体验当作宇宙的标准。阻碍人全面认识自己与认识他者的正是这种个人中心观，也可称为人的唯我性或自我中心观。人固有一种坚持自己的目的、观念、和习惯的倾向，故有一种在某种程度上封闭自身的倾向，而不是进入开放的倾向。人类的进步史也是人超越这种"自我中心观"，逐渐开放、更加包容的历史。多元化、信息速变的社会，用并存的观点对待差异，是一个人获得更好生活的必要心态，当别人提出与你不同的观点时候，不要把他预设为敌人，他并不是在否定和反对，只是在辩证、在补充。这是我面对批评的心态。我希望将深中置于国内经受历史考验的著名高中和世界著名高中的队列中做比较研究，期待深中不断超越自己，而不是停在历史里自吟自唱。因此我们需要要尊重规律，尊重事实与逻辑，尊重历史，尊重当下深中人的思考与选择，就好像当年的深中尊重了你们的选择一样。爱深中，就让她独立思考，就让她自我选择，这是对深中的大爱。

同时，我也希望校友们能通过自己的行为、成就与贡献，引领在校的学生，向社会展示深中、证明深中。这对深中的发展具有极其重要的意义。姚明在休斯敦火箭队时，成为中国人拼搏、友好、善良、谦虚、礼貌的象征。球队所在的休斯敦市甚至宣布 10 月 1 日为中国国庆日。我期待深中的"姚明"涌现在中国和世界的各个领域。

我是深中一员。我期待，在这个校园里，与更多优秀的师生一起实践更理想的教育，建设一个更有教育力的深中，让彼此拥有一个更丰富的人生。

我期待着基于事实的、理性的、开放的、有专业价值的、促进进步的、相互尊重的"讨论"。将他人妖魔化，将他人推向道德法庭，用审判的方式批评，无效且有害。印度哲学家克里希那提穆斯说："不带评论的观察是人类智力的最高形式"，以此与所有深中人共勉。

再次谢谢你们，并代表母校师生诚挚地祝福你们。

（摘自王占宝校长致部分校友的信，2011 年 10 月 11 日）

国际教育，我们需要正视

作为一个有三十多年教龄的老师，作为一个曾经担任过几所学校校长的教育工作者，今天我确实是非常激动。

一所面向全球的名校的诞生，意味着这个城市，极有可能为世界文明的进步做出非常大的贡献。未来在这所学校里，可能会出现一大批杰出的国际公民和影响人类文明进程的伟大的人。这是没有疑问的，因为我曾经担任校长的两所学校——南京师大附中和深圳中学，就是这样。所以，请理解我今天的激动。

但是我今天的激动更重要的是来自近些年来的担忧，这个担忧是什么呢？

在 2009 年，中国就已取代印度，成为在美留学国际学生的第一大来源国。2014 年在美国留学的中国学生已达 28 万，2013—2014 年度，中国在美国攻读学士学位的学生人数是 2005 年的 20 倍。以哥伦比亚大学为例，去年已经有 2849 名中国学生，在所有国际学生中的比例高达 35%。

以前我们零零碎碎听到过一些中国留学生在美国和其他世界发达国家的发展情况，但这些印象还是碎片式的。

今年 5 月 26 日，全球最大的年度教育会议在波士顿召开，在这个会议上第一次发布了《留美中国学生现状白皮书》，这个白皮书里所表达的情况是触目惊心的：去年有 8000 个中国留学生被开除，8000 个学生中，80.55% 的学生是由于学术表现比较差——学术不端，缺乏学术规范；有69.43% 的学生来美国不到两年，有 51.28% 的学生学分 GPA 低于 2.0，而且这 8000 个人中还不包括那些不能毕业、不能完成学业的学生。大家不要以为这是一些成绩不太好的学生，事实上，这 8000 个人中有 60% 是来自于美国排名前 100 的大学。

虽然这些数据受到过一些质疑，但是中国留学生确实存在很多无法掩盖的问题。

今天上午的广播想必大家也听到了，留学生中发生了一个非常大的案件，在公开受审。

以前中国学生在美国有三大公认的特征：一是节俭，二是勤奋，三是高分。但是，现在美国人发现中国来的富家子弟正在颠覆他们印象中的优秀美德。

中国学生学业表现比较差，违法违纪，孤独、抑郁，而且还在呈蔓延的趋势，为什么会这样？实际上这并不奇怪，在我以前做 IB 国际文凭课程跟踪分析的时候就发现，在光环之下的中国留学生有不少为我们所不知的东西。

我个人看主要有四方面的原因：

第一个原因是**用中介代替了学校**。现在中国有多如牛毛的国际学校、国际课程班，他们用中介代替了学校。孩子们忙于 SAT、托福的应试，而把学校的教育全部抛弃了，基础课程的学术能力大大下降。更重要的是，在高中阶段学生必须养成的尊重规则的意识、人际沟通能力、自我控制能力等等，这些全部被中介抛在一边。

第二个原因是**外教代替了老师**。外教水平参差不齐，有的没有教师资

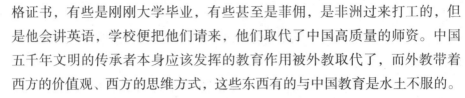

格证书，有些是刚刚大学毕业，有些甚至是菲佣，是非洲过来打工的，但是他会讲英语，学校便把他们请来，他们取代了中国高质量的师资。中国五千年文明的传承者本身应该发挥的教育作用被外教取代了，而外教带着西方的价值观、西方的思维方式，这些东西有的与中国教育是水土不服的。

第三个是**同伴代替了家长**。因为要出国留学，孩子要 SAT，要托福，他要经常在同伴和外教那里，家长爱莫能助，被晾在一边，导致教育缺位。有一位家长曾经说过这样的话，他说我的孩子在美国，一天就两句话，第一句话是今天我吃什么，第二句话是明天我是不是要回国。还有一位父亲曾经这样跟我说，他说从高中到大学，我知道我为世界培养了一个人才，但是我丢失了一个儿子，因为儿子跟他在一起很少有共同语言，这么多年跟他已经很隔膜。现在很多母亲到国外去陪孩子读高中、读初中、读小学，究竟它的利与弊是怎样的？父亲能不能在家庭教育中缺位？父母亲能不能在孩子人格形成的最重要的阶段缺位？

最后一个是**美国代替了世界**。现在很多学 AP 的学生准备到美国去，在他们心中只有美国，美国是最理想的，他们把美国当成了全世界。作为中国人，中国的精神、东方的文明，他们没有，但是他在西方也进入不了主流社会。中国经济在全球是第二大，中国对国际社会政治经济科技的影响力与日俱增，所以整个世界是离不开中国的，绝大多数孩子还要回到中国，还要到中国的圈子里生活，还要到中国的企业工作，但是这些孩子长时间不学习中国课程，不跟中国文化打交道，连中国也陌生了。

国际教育的成就我们已经看到，但是问题是否也被我们选择性忽略？

我们最后培养的是什么人呢？美国的主流社会进不去，自己的根也不太熟悉的人；我们有理由担心，花费了宝贵的青春与不菲的学费，是否有可能培养出来的是"分裂"的人！

我们可以这样说，学位代替不了教育，中介代替不了家长，金钱代替不了责任，这些东西是东方民族的基础。

我们的国际教育让中介代替学校、让外教代替老师、让同伴代替家长、让美国代替世界，因此出现一系列问题也就不足为奇了——很可能这些问题还只是冰山一角。

那么怎么办？坦率地说，这么多年来，深圳中学一直在寻求解决之道，我们怎样才能培养出具有中国精神的世界公民和领袖人才？他们来自中国，他们有中国人的魅力，但是又熟知世界规则，他们懂得普世价值观，在全球范围内可以很好地对话、交流、生活、发展。

我们希望有这样的中学，在未来的万科梅沙书院里，会具有这样独特的魅力：

第一个独特魅力是尊重自己的本土文化和民族精神。如果说你的英语讲得好，在美国一个流浪汉的英语会讲得比你还好，对于国外的大学、著名的企业来说，他们希望你能带着本土的优势、民族的精华来到这个大家庭里，跟他们分享他们所没有的东西。如果我们的教育把自己武装得跟他们一样，拼命地东施效颦，那么他要你去干什么呢？所以我们希望这所学校具有民族的精神，民族的骄傲。

第二，这所学校会高度重视学生的学术能力、批判性思维、创造性解决问题能力的培养。所以我们在毕业要求里设计了学术论文写作的要求。

第三，这所学校重视学生的规则意识、自主意识、交流沟通能力的培养，因此每位学生都会配备中教和外教导师。

第四，这所学校必须把世界作为它的课程资源，我们不仅仅有万科这一种资源，在深中，华大基因、华为、比亚迪、光启研究院都在深中建立创新体验室，我们要把这些引进学校来，作为学校独特的资源。

第五，这所学校将有独特的竞争优势，学生按需选学，学校按需施教，满足每一个学生提出的合理需要。学校为学生开设丰富和可选择的课程，**通过这样的选择性来培养他们特别的长处和优势。**

有人问我"未来这所学校将办成什么样的学校呢？"有人很期待，说办成中国的伊顿公学、美国的杰克逊科技高中，我说NO，我们都不想做，**我们就想做中国的万科梅沙书院！**它的独特课程评价体系将会赢得世界著名高校的尊重。将来世界著名的高校来到中国，他会知道中国有一个建在中国的土地上、但是面向世界、具有国际卓越高中品质的学校——万科梅沙书院，它一定是带有中国特色的，具有中国魅力的，而且是走向世界的。

总书记就任以后到深圳，去了三个地方，第一个是到了深圳的渔民村，老书记接待了他，这个书记是深中50年代的校友。第二个是到腾讯，马化腾，深中 89 届校友；第三个是到光启研究院，刘若鹏，深中 2004 届校友。总书记到一个城市去了三个地方，三个地方接待他的人都来自同一个学校。未来的万科梅沙书院就是深中走向世界的一个新的学校，我想未来联合国秘书长也会来到这个学校。

在这里，我要对万科集团表示尊重和感谢。现在深圳优质教育资源稀缺，家长们饥不择食，要帮孩子找到一个理想的读书之地。作为一个移民城市，我们的优质资源太缺乏，政府要解决学位的问题，压力已经非常大，那怎么样来解决每个学校个性化发展的问题呢？现在除了过去政府办学主体，老板办学主体之外，非常迫切地需要第三类力量出来承担起这个城市、这个转型时期国家的期待，让他们用公益的力量来办一所优质学校。万科集团从几年前的上海复旦万科学校，到北京四中万科学校，他们已经在默默地在探索。他们用自己的公益基金与名校合作，创办优质资源，丰富增量，提供高阶选择，为市民的需要、为民族的未来担当起企业家的责任。

我曾经到上海、北京看过这几所学校，我还陪同发改委、建筑工务署、评估中心、教育局的领导到万科和北京四中合作的学校参观，看过之后我们发自内心地对万科表示尊重，万科对教育的远见深深地打动了我们。深中一直在默默地期盼社会上有一股力量出来做这件事，现在终于万科出来了，我们可以先行先试，可以把这样的社会优质资源吸引过来，为这个城市孩子的教育提供更多、更优的选择。

诸君，国际教育，不能再放任自流，为了孩子，为了未来，我们应该正视，我们应该承担起责任！

最后，我想再次表达一下万科梅沙书院的办学定位：培养具有中国精神的世界公民与领袖人才。

校训：创造成就未来。

为了孩子，为了明天，我们一起努力！

深圳中学一诺千金，跟我们以前任何的承诺一样，我们定位这个学校是深中走向国际的一部分，我们会用我们的努力来回报这座城市，回报国家，回报时代。

（摘自王占宝校长在深圳万科梅沙书院启动发布会上的演讲，2015 年 6 月 13 日）

2020 年 1 月 13 日，王占宝校长前往深圳万科梅沙书院考察

关于基础教育政策制定的
思维方式与实施路径的反思

　　每年的基础教育改革座谈会，是一个独特的机制。由最基层的校长将国家基础教育领域中最突出的问题以及求解，在领导与专家面前坦陈。基础教育改革的座谈会，我连续十几年都参加，这个传统保留下来，大家非常向往参加这个会，每一年是信息交流的会议，也是解惑的会议。

　　今天我也有一个建议想表达，那就是：基础教育的决策应当注意科学论证、系统设计、及时评估。

　　首先说说科学论证的问题。

　　比如，最近全国热议的"幼儿入园难"的问题——这也是全国人民的困惑和愤懑：我们以前有完备的学前教育体系和队伍，经过这么多年的改革反而全国都陷入"入园难"的困境，学前教育质量全国大滑坡，这是为什么！

　　反思近二十多年来基础教育改革，波澜起伏，但是其科学性、效能性需要回头看一看。我们是否进步了。如：对"素质教育"的认识，高初中剥离，春季高考，教育均衡化，初中分科教学，各省的高考方案与命题，优质高中的学位分配等等，许多我们认为理想的、着力推进的改革举措在现实中究竟怎样？我们的教育是否真正更加公平了？孩子们的负担是否真正减轻了？学生的综合素质是否真正提高了？学校的教育力是否真正增强了？

　　我们需要回到教育的原点、教育规律上来，需要有国际比较的视野来审视我们曾经切近的路。最近民国期间的语文课本大受欢迎，一印再印；国外的教材与中小学读物深受青睐；国外留学越来越低龄化、扩大化等现象引人深思。当前由一些"浪漫的教育专家"引导的教育决策，漠视教育科学，人文泛化，极端思维，非理性批判，引发的问题将是永久之痛。

我们已经在纠偏，比如重视教育质量等，但是教育的代价是很昂贵甚至是难以补救的。

我今天有一个问题请教：广东现在全面铺开，把优质高中学位分到初中里边去。当时我在江苏的时候，做过一个案例的调查，同一个街道上有两个孩子，他读书的初衷不同，但是他们都报南京师大附中，一个孩子被分配学位达到录取线。还有一个孩子比他高30分都不能进去。学位分配政策的初衷希望教育公平、希望不同的孩子都有到名校读书的机会，加强对薄弱学校的关注。但是仔细研究，这样的做法是不是真正体现教育公平？是不是通过不公平的方式实现表面的教育公平？一般支持薄弱学校是政府的责任，但是不能采用这种方式。我做校长近20年时间，我感觉到我经历的很多问题是值得反思的。

比如说高初中剥离的问题：有一个阶段是国家基础教育改革的重点，现在过了这么多年得与失，大家可以做出客观的评价，究竟初中跟高中放在一起，受学长影响好，还是跟小学在一起好？哪一种更科学？我们再看素质教育，开始提素质教育的时候，我们都不敢提教育质量。什么是素质教育？素质教育就是活动，课堂、课程不在素质教育之内，很长一段时间人们都在这个范围。很长时间也不敢提教育质量，把提教育质量当作是提应试教育，认为谈怎么提高学生的智能、提教育质量就是教育境界不高的表现。比如教育均等化的问题：刚开始提教育均等化实际就是把对薄弱学校的扶持和建设，放在对原来名校的削弱基础上，用这样的思维方式来做，符合教育规律吗？我们教育政策需要科学论证、需要系统设计，特别是考试评价慎之又慎。这些年教育政策出台和实施路径往往是这样，有一个建议、然后实施，实施以后发现有大面积的走样，然后纠正，但是这个纠正代价是非常昂贵的，甚至牺牲一代人或者几代人。江苏几年前有几个高考方案，80%的校长根本无法接受这个方案，先天性的缺陷都是照样得到实施，对教育政策特别是考试评价方面，应该科学论证、系统设计。

第二个问题，我感到我们的考试评价方面应该需要国际视野。

我们有很多教育理想主义者，有很多教育理想。但是理想转变为现实需要技术的支持，如果没有技术的支持，很多好的想法变成教育的浪漫，甚至在现实当中造成很大的教育不公平。比如不公平的方案、不公平的评价制度，但是我认为美国、英国等发达国家他们考试评价技术是比较成熟的，美国的 SAT 考那么多，也没有出现负担加重，他们为什么做得到呢？我们学西方市场经济，对教育应该解放思想，大胆借鉴美国和英国发达国家教育考试评价制度。

第三个是督导的问题。

我在英国的时候发现英国每一个阶段都要对中小学评价，而且评价要向社会公布，拨款跟奖励是挂钩的，现在高考成绩不允许公布，说这就是素质教育，最后结果是什么呢？高考以后学校就像做地下党一样，但是最后这个消息仍然挡不住，对学校没有全面的评价，最后变成只有一个高考升学率评价，没有公开科学的评价，所以只有民间评价。

国家应该对不同类学校有不同的评价指标体系，而且借鉴西方国家制度，定期将评价向社会发布。有一个科学评价制度，就不会只有高考升学率的评价；有了官方的评价，就不可能只把民间的评价作为指标体系。当前对中小学建立科学评价体系，独立的评价体制是很重要的，这样才能保证国家的教育改革。

只有建立全国几级评估体系，才能使国家教育政策真正落实。

（摘自王占宝校长在民进中央基础教育改革座谈会上的发言，2011 年 3 月）

教育科研与教育领导力模型

今天我要表达的第一个观点是，科高的发展要建立在科研和实验的基础上。

这个想法来源于美国教育部年度计划中的一句话，"要把美国的教育建立在科学研究的基础上"。对中国第一所科学高中来说，这是有深刻启发的。

科高提出"为理解而教，为理解而学"。**教学有三个层次，第一个层次是为了信息传递而教；第二个层次，为了知识而教；第三个层次，为了理解而教。**我们究竟是为了信息传递而教学，还是一种为了知识的教学，还是为了理解的教学呢。通过参加哈佛大学为理解而教课程的培训，我们应思考，目前的教学究竟在哪一个层次。

同样，**教育也有三个层次，第一个层次，让学生知道这个世界是什么样的，成为一个有知识的人；第二个层次，是让学生知道这个世界为什么会是这样的，成为一个会思考的人；第三个层次，是让学生知道怎么样才能让这个世界变得更美好，成为一个能够创新的人。**

科高的教育追求什么样的层次呢？我们的校训"学会理解，创造未来"中的"理解"与"创造"，是建立在教学和教育的最高层次上的，因此，我们的校训起点和目标均是多么的高远宽广！

老师们，无论我们做什么，走得多远，不要忘记我们出发的起点——"学会理解，创造未来"。杜威曾经说过这样一句话，"什么是好答案？一个好答案的标志是它能够生成好的问题"。答案不是为了追求一个最终的结论，而是追求生成一个好的问题，这就是理解的本质。理解不仅仅是知道这个答案，而是产生更好更深层次的问题。

什么是好老师？一个老师站在讲台上，他不是一个官员，不是一个商人，不是一个社会上的闲散人士，不是一个演艺明星，而是代表了他的学科，这就是好老师。一个好老师的爱是什么？仅仅只是对学生嘘寒问暖、关怀备至吗？一个专业的知识分子必须为社会提供专业的贡献。如果一个老师没有为学生提供专业的贡献与帮助，那就失去了他专业的价值。我们常常听到一句话，"办人民满意的教育"，意即人民想要什么样的教育，我们就办什么样的教育。对此我认为还是远远不够的，它忽视了专业知识分子的责任。**作为一名老师，为公民提供你对教育专业的理解与贡献，这才能称作一个真正的教育专业的知识分子。**

打个比方，我们去医院看病，接待的医生笑脸相迎，端茶送水，和你聊天谈心，高兴处还会载歌载舞，请问，你认为这样的医生就是好医生吗？我们到医院去是为了寻求专业的帮助与治疗，如果医生不能正确诊断病情，拿不出好的医疗方案，开不出好的药方，即使他满面春风，嘘寒问暖，又有什么真正的价值和意义呢？对于一个老师来说，最大的爱是什么？不仅仅是对学生扶困济难，更重要的是帮助学生理解你所任教的学科，喜欢上你任教的学科。学科教师是在课堂提供教育的专业价值，生活老师是在生活中提供教育的专业价值。如果离开了这个专业价值和贡献，一个老师就和街头行人没有本质的区别。

因此，最好的答案是能生成好问题的答案，最好的老师是能提供学科专业帮助、让学生喜欢你所任教学科的老师，最大的爱是帮助学生学好你任教的学科。

我们的教育、老师的专业成长需要实验精神。用专业与学术的角度来看今天五位教师的发言，他们注意到一些课堂中的因素是如何在教学中帮助学生理解他所任教的学科的，这是最本质的东西。这样我们才能真正获得一种学术的进步，才能成就教师真正的专业发展。

现在很多地方都在做教育实验，办实验学校，但大多没有真正按照实验科学去做，说到实验：

第一，要成为一个教育的实验项目，第一个实验要素是变量，变量里又有自变量和因变量。你能确切地界定实验的变量吗；

第二，你的实验假说是什么，没有假说就搞实验，或者用"为了培养拔尖创新人才，为了祖国的腾飞"这样笼统的表达，这样空洞的理由等于没有假说；

第三，你的前测和后测呢；

第四，你的实验组和对照组呢？

如果以上四点都没有，我认为很难称之为教育实验。因此，**我们的教育必须建立在教育科研的基础上，一个教师的专业成长必须建立在自己的教育实验的基础上。**

因此，**我们不但要办人民当下满意的教育，更重要的是要引领和提高人民对教育的需要层次，**这个层次应该是尊重教育规律、具有国际视野、有成功的实验依据和专业的前瞻设计的。

对国家和社会来说，教育不仅仅是"民生"，更是"国计"。如果把教育仅仅放在"民生"层面，简直就是历史的退步、与世界的背离！

我要表达的第二个观点是：**什么是领导，以及教育的领导力模型。**

非常欣赏杨晓霜老师"尽管不能轰轰烈烈，但是也要有所作为"的开首语，这是一个年轻老师对自己事业生涯开始时的自觉和警醒，我也借用一下黄海琼老师的发言主题"人是要有点精神的"。是的，特别是人在事业刚开始时，更是要有一点精神的。

为了建设一个现代学校，形成现代学校的管理机制，我们首次向全校老师开放了三个管理岗位，截至今天，通过资格审查、小组考核、360度评价、学校领导讨论、公示，我们确定了三位人选，他们来自科高自己招聘的首批年轻老师。尽管他们初出茅庐，但我们仍然给他们担子和舞台，给他们试错的机会，如此我们才能真正培养出属于科高的经风雨、见世面的管理人才。

那么，什么是"领导"？领者，引领者；导者，导向也。领导是走在前面，引领组织人员去完成团队目标的人。

委任就是信任，接受就要担当。

关于"领导"，我想表达几个概念：

（1）委任一个领导者不是传统的奖励。领导需要肩负使命，完成组织目标。一个领导者首先要是好人，但还要是能人，即"好中选长"，具有引领、组织团队完成任务的能力和贡献之长。

（2）委任一个领导者也不是传统的评先进工作者。领导与定位相连，意味着组织的使命，岗位的任务。

（3）委任一个领导者，主要的不是对过去的肯定而是对未来的期待。

（4）能力，就是做好该做的事，也就是有效性。才能，本身并不是成果，一个人的才能只有通过有目的、有条理、有系统的工作，才能产生成果。再伟大的智慧，如果不能应用在行动上，那只不过是资料而已。

（5）管理，先"理"而后"管"。《黄帝内经》：百病生于气。"不通，则痛"。

（6）学校正在建立全方位的激励体系，每一个岗位都应该有有效的评估与激励，防止学校组织文化的世俗化。

有效的领导者要防止这样的现象：

（1）**防止把智慧变成资料**。有能力并不等于有成果，很多人都有智慧有才华，当智慧和才华没有变成一个个的任务目标，并且发生行为时，你的智慧只是档案上的智慧，是一份资料。而资料如果不用，等于没用。

（2）**防止把资源变成姿态**。科高最初没有理山，没有图书馆里的鱼池，没有果树，处处是空旷的土地，但是这种资源具备一种可能性。经过对资源的设计和使用，今天当我们走进大门，我们看到创校简记，校训，五件大事的铭文，办公楼下供学生讨论阅读的桌椅、理山之巅纪念《2012年学科前沿发展报告》的石桌石凳，校园栽种的果树、银杏树、母亲树，以及我们举办的赏果节……同样是栽树，我们将它变成"种下一棵理想树"的课程；同样是跑步，我们将它变成"任务成就梦想"的实验课题。这就是将资源变成了成果。试想，如果我们办校后什么都没有做，这些资源如今就仅仅只是一个姿态。

（3）**防止把能力变成学历**。能力不用就变成了文凭，变成了学习经历。当我们没有任务、没有运用、没有具体目标的时候，我们的智慧就变成了资料，我们的资源变成了姿态，我们的能力变成了学历。

是的，**一个人就像一把伞，只有打开来了才有意义**。如果这把伞不能打开，不能遮阳挡雨，这把伞有什么实用价值呢？亲爱的老师们，从五位老师，三位新任领导者，七次理山论坛，学校历次活动来看，把我们去年至今老师所有的发言、活动列出来，我们就会找到自己的脚印，我们会找到自己的价值和意义。

所以何为领导，就是将资料变成智慧的人，学历变成能力的人，姿态变成资源的人，就是能够领导自我的人。不能领导自己，何谈领导他人，把自己领导好，是成为一个未来领导者最好的培养途径。老师们，如果你能够每一次都坚持跑完相应的运动量，如果你能够感到每周都有收获，有反思，在努力克服自己的难点，一个个去攻破它，那么你就是有领导力的人。有了这份对自我的领导力，你将来可以做更重要的事，可以领导组织更多的人去完成更重要的任务。

何为科高的教育领导力模型呢？我将其归纳为"三个三"。

第一个层次，三足鼎立。领导力有三个方面，道德领导力，专业领导力，对未来的领导力，这三个三支撑着一个领导者最基层的东西。

第二个层次，三思而行。思想，思维，思路。做任何一件事情，都需要理解它的思想，运用它独特的思维方式，形成具体的完成任务的思路。如果你对自己的职业人生还没有明确的思想、思维方式、思路，那么你就还没有达到这个层次。

第三个层次，三G目标（汉语拼音打头字母）。公正，共赢，贡献。
公正。这是领导力的最高目标。领导水平也许有高低之分，但首要应做到公正，把一碗水基本端平。
共赢。不但考虑自己，还考虑他人，考虑学校，考虑社会，有系统思维。
贡献。贡献导向，是我们学校评价所有老师的基本导向，领导必须对组织有所贡献，**不仅仅是一个偶像派，更重要的是成为实力派；不仅唱功要好，更重要的是做功要好。**实力派，做功，真正有价值的东西，对我们来说，是领导追求的目标。

最后请允许我重申下今天的发言观点：第一，科高的教育应建立在科研和实验的基础上。第二，什么是领导，以及科高教育领导力的模型。

（摘自王占宝校长在深圳科学高中第七期"理山论坛"上的演讲，2013年7月5日）

有效领导自己

有效领导自己，这一要求是基于汉开教育发展的定位：**有真实的改进与独特的贡献的教育机构**。因此，汉开教育的发展原则体现在五个方面：专业性，现代性，国际性，成长性，作品性。

第一，**汉开的教育的发展必须具有专业性**。办学，是专业的行为；育人，基于规律和科学；汉开，致力于教育的优化。因此，办学的专业品质，是汉开书院永恒的追求。

第二，**汉开的教育的发展必须具有现代性**。我们经常说：不要"新"建一所"老"学校，汉开的教育不仅要与时俱进，还要引领变革。

第三，**汉开的教育的发展必须具有国际性**。汉开"是一所办在中国的**国际化学校**"——**中国的国际化学校**（汉开），未来将会发展国际的预科教育。开放包容是任何有价值的事业能够实现成长的必然趋势，而在继承民族优良文化传统的基础上的国际教育又是中国国际化教育的必然趋势。书院目前的外籍教师有三十几位，这是一个国际化的教育社区，我们所有在汉开工作的人都应该有意识地了解外教、了解国际教育，真正把国际教育当做汉开教育重要的组成部分。

第四，**汉开的教育的发展必须具有成长性**。她的每一阶段都有自己的目标，有自己的追求。我们会看得到——目标引领，拿到结果。一切，立足于做到最好，立足于赢得胜利，立足于建立优势。

第五，**汉开的教育必须具有作品性**。汉开所有的专业性、现代性、国际性、成长性都应该体现在汉开教育的作品性中。应该有独特的贡献，独特的价值，这是汉开对自己基本的定位——**有真实的改进与独特的贡献的教育机构**，要牢记初心与使命，实现"好学校，真汉开"的办学目标。

依据汉开的定位，切实提高自己的领导力。

最近两年，我们已经进行了六个专题的干部领导力培训，领导力作为一种素养与能力，已经引起了大家的注意，我们也能看到有不同程度的提高。但是，目前各级的管理者距离汉开发展的定位还是有不同层次的距离，甚至有些管理者习惯于过去的思维定势，对发展的趋势认识不足，对自己的能力危机视而不见。正如我们经常和学生讲的，练武术三年，有的人几近于一个专业的习武者，而有的人三年下来，只是学了一个"广播操"。

在我们的干部中，领导力是目前迫切需要正视的问题。

有效领导自己，是有效领导团队的基础和前提。之前与万科集团接触的时候发现，万科集团的人喜欢登山，而且喜欢登很高的山；他们喜欢跑步，而且还是马拉松——万科的人爱运动，行业领域他们总是站在引领的前列，这和他们的集团文化有关系。万科的董事长郁亮先生是个了不起的人，郁亮先生以前是很胖的，但是现在看到他，精神饱满，与他握手的时候，能够感觉到他肌肉的力量。他说过这样一句话，"不能控制自己的身体，就不能控制人生。"我们引用过来，不能有效领导自己，就不能有效领导团队。所以，有效领导自己，是有效领导团队的基础和前提。

做一个有效领导自己的人，首先需要了解和明确领导的定义，领导，是引领和组织团队拿到团队任务结果的行为，担负这个使命的人，叫领导者。

第二，有效领导自己，要把制度当做一面镜子。制度是组织中成员必须遵守的行为准则，领导者应该做制度的建设者、示范者与优化者。为什么说是建设者，对于一个新的学校来说，从教学管理、安全管理、生活管理等等许多方面都需要从头开始建设制度；第二，示范者，我们要带头遵守制度，进而影响带动整个团队；第三，优化者，汉开的许多制度是从头开始的，在实行当中，会发现问题，这就需要我们在这个过程中不断优化。

第三，有效领导自己，需要学会有效沟通。有效地沟通就是有效地领导，工作成本加大的原因就是没有进行有效地沟通。我们经常以会议代替沟通，以下达任务代替沟通，这是不够的。**有效地沟通第一点就是明价值，**明白为什么要这样做；**第二，给帮助，**明白怎么去做；讲个故事，苏联进入东北打关东军，蒋介石把外蒙古独立作为条件，但是苏联野心重重，打完关东军以后不走了，想把东北变成第二个外蒙古。毛主席及时发现苏联的企图，立即命令华北、华中的野战军迅速向东北进军，夸张到有的士兵连枪和武器都不带，只为了抢时间、占领阵地。毛主席与林彪等人的电报上显示几月几号要到达哪里，指示非常具体明确，这就是领袖，一个领袖是站在最高的层面上俯视这个战局的。因此我们作为各级管理者，不能经常批评、武断地要求，还要给老师们具体的帮助。

有效地沟通就是有效地领导，让老师们明白为什么要这样做、具体怎么去做。

有效的沟通。还需要做到三个不——**不迁就、不讨好、不欺骗。**当我们想建立威信，想拿到好的评价时，我们可能会想迁就老师，但真正有思想有判断力的老师，会从心底里不尊重你。更不能欺骗老师，不能妖魔化组织与他人，水落石出，但是并不意味着石头升高了。应该真实地与团队成员与他人交流。

第四，有效领导自己，还要防止情绪化。每个人都有情绪，但情绪化是一贯的行为，是一种习惯。情绪化就是持久地闭眼，不看自己、不看他人、不看组织、任意妄为，如同在高速公路上闭眼开车。人际效益里面有个"250法则"，一个人会影响到与你有关联的250个人。所以，对于一个干部来说，不能控制自己的情绪，任自己情绪化，是极不成熟极不负责的表现。

今天的交流，又回到了领导力最基本的问题上——**目标与结果，就是自己。**一个有领导力的人，能够有效领导自己，进而有效领导团队，拿到团队的结果。

有效领导自己，首先明白什么是领导；第二，制度在领导力中的重要性；第三，有效沟通的重要性，有效地沟通需要明价值、给帮助，做到三"不"，不迁就、不讨好、不欺骗；第四，有效领导自己必须注意情绪的自我管理。

各位同仁，开学初我们提出——明确核心任务、拿到关键结果、我们每个人要找到令人兴奋的目标。目标是什么？结果是什么？当我们提起邓小平同志的时候，我们想到的就是刘邓跃进大别山、改革开放的总设计师、中国特色社会主义……我们说毛主席让中国人民站起来了，邓小平让中国人民富起来了。

当我们说起一个人的时候，就是目标和结果啊，目标与结果：就是自己。

各位同仁，我们要牢牢记住，这个学期要拿到的关键结果是什么，让人兴奋的目标是什么。任务与关键结果，是价值成长的体现。一个有领导力的人，能够有效领导自己，拿到团队的结果。

在我们的开学会议上说，拿到令人兴奋的目标，做好一件，面对一切。做好一件重要的事，就有信心和实力面对一切事；由此出发，做好令人兴奋的一件件，就能敢于面对人生的一切切。

立春，我们召开了"立春会议"，我们要生长自己；即将迎来立夏，我们要成熟自己；立秋，教师节的时候，我们要收获自己……

各位同仁，今天是 2021 年 4 月 28 日，我们要及时对过去半个学期的工作进行总结，清楚要拿到的关键结果和令人兴奋的目标的进度，并制定接下来的核心任务与关键结果，有效领导自己与团队，**清晰奋斗，科学奋斗，团结奋斗，快乐奋斗，美丽奋斗。**

（摘自王占宝校长在汉开教育期中干部培训会议上的发言，2021 年 4 月 28 日）

现在，就是未来

　　教育的目的，不是培养人们适应传统的世界，不是着眼于实用性的知识和技能，而要去唤醒学生的力量，培养他们自我学习的主动性，抽象的归纳力和理解力，以便使他们在目前无法预料的种种未来局势中，自我做出有意义的选择。

　　教育是以人为最高的目的，接受教育是人的最高价值的体现。

——德国 200 年前发布的《教育宣言》

　　我们有一块牌子，上面写着相约 2029 年。为什么是 2029 年？因为我们第一届学生是 2016 年，13 年后他才研究生毕业，意味着他要正式地走向社会。我们可以提出一个问题，到 2029 年，中国与世界，怎样的人可谓人才？怎样的人生可谓幸福？

　　我们现在所面临的一切，在五年前可能都没有想到，那么十三年以后，中国与世界会变成什么样？现在衡量一个人成功的价值，往往是他积累的财富的厚度和速度，未来还会像现在这样把多买一套房，换一辆好车作为幸福的主要驱动力吗？当那是，每个孩子拥有几套房，几辆车的时候，他的成功，他的快乐来自哪里？所以，对我们现在的孩子来说，我们都需要问这样一个问题。七年级的孩子研究生毕业是 2031 年，六年级、五年级、四年级分别是 2032 年，2033 年，2034 年。请问，当人工智能已经发展到现在这种程度，未来，人类可以在一秒钟之内回答出来的内容，人工智能也可以完成。未来在全世界范围，34% 的职业都会被人工智能取代。有人说中国现在 60% 的职业，将来都会被人工智能取代。

　　那么，我们现在还需要辛辛苦苦地去培养一个未来可以被机器所取代的人吗？当我们牺牲孩子的休息，牺牲孩子的健康，牺牲孩子与大自然的亲近，牺牲家庭亲人的团聚，我们把时间，生命都交给培训机构的时候，请想一想，我们花了这么大的代价，做了这么大的牺牲，难道我们只是为了培养一个会刷题的人？一个会被机器取代的人？我们每每想到这些，都感到非常惶恐，我们的教育究竟是为了培养 13 年之后的幸福的人才呢？还是只会刷题的机器人呢？还是可以完全被机器取代的人呢？但是现在，很多家庭的家长正在这样的道路上狂奔，他们所做的一切，就是为了将来要培养一个可以被机器取代的人。今天，我们把这个问题提出来，值得所有家长和老师们深思，我们培养怎样的人，我们怎样培养人。

汉开对家长的期待

第一，期待您是一位目中有人的家长。

您不是仅仅有分数和成绩的家长，您是一个全面的人，汉开"人"的模型如图：

高高抬起的是孩子的三观，知道什么是好的；一撇是孩子的领导力，一捺是孩子的思辨能力，汉开书院的核心就是致力于培养人的思考力和自我领导力。

鲁迅曾说："你怎样对待孩子，孩子就会成为怎样的人。"我们要目中有人，首先，把孩子当做一个孩子，他在成长阶段有可塑性，我们要容许孩子犯错误，假如孩子现在每次都要得到 100 分，每次都战战兢兢，谨小慎微，生怕丢了一分，名次往后掉一位，在这样惊恐不安的状态中学习，他会成为一个什么样的人？

其次，我们希望您把孩子看作一棵未来的大树，您期待他未来成为什么样的人，请您眼下就这样对待他。您希望他将来是一个有爱心的人，一个有趣味的人，一个有教养的人，一个有自我选择、自我担当的人，那么亲爱的家长，请您现在就这样对待孩子，在您的期待和对待中，他们慢慢成长起来。

第二，我们期待您是一位理解汉开书院教育设计的家长。

现在都是把孩子送到学校，实际上，家长也需要把自己送到学校，您要了解学校。请看，2018 年全国高考一卷，"把时光瓶留给 2035 年的 18 岁青年"，这刚好与书院"致未来的自己——写给 13 年后的一封信"是一致的。2018 年上海高考卷提到"被需要"，我们都知道，汉开有这样一句话"每一个都重要，每一个都被需要"。浙江卷、北京卷等等，我们就不一一举例。看到这些作文题目，您想到什么？是的，多熟悉啊，跟汉开的教育理念是一致的。为什么会这样？这些不是巧合，因为汉开书院的办学设计是着眼于人的发展最核心的环节、最痛苦的环节。因此，亲爱的家长，您要记得，对于汉开来说，每一个学生都重要，每一个学生都被需要，对你们来说，孩子的每一天都重要，每一天都被需要。

汉开的开学典礼，是与太阳一同升起，汉开有一个要求，不睡懒觉，不请家教，希望你们在家庭里面可以和书院保持一致性。汉开的核心教育目标是"把灯点亮""喜欢学习""养成良习"，我们希望家庭和学校能保持一致性。因此，亲爱的家长，请你们在了解汉开教育设计的基础上，尊重书院，尊重班级的任何一个任课老师。在你们的尊重中，孩子可以感受到您对教育的敬畏，感受到您对老师发自内心的尊重。而一个对老师挑剔的家长，孩子会迎合家长，他们会把自己做错的，自己没有做到的，归结为老师和书院的问题。因此，当您在孩子面前，评价书院、老师、长辈时，您一定要有敬畏之心，要思考是否恰当。我们曾经遇到多位这样的家长，我们也感到很痛心。

第三，我们期待您是一位注意"家庭营养"的家长。

亲爱的家长，书院有书院的营养，家庭有家庭的营养，家庭最重要的营养是什么呢？就是"亲"——血缘关系，这个关系是世界上最紧密的关系，所以说，家长是孩子的第一位老师。身教重于言教，如果真正发挥家庭营养，那么你们的家一定是一个和睦、亲近、相爱的家庭。家庭成员之间互相充满爱，孩子就会尊重家长。当一个家庭失去了"亲"和"爱"，家庭的作用就已经没有了。因此，请家长千万不要把家庭当成学校，家庭教育是不可以委托和让渡的。您可以工作很忙，但是家长要承担的责任不能缺。我们希望家庭给孩子的是"亲"和"爱"的营养，不要把家庭当作第二个书院，到家就是做作业。

第四，期待您是一位让孩子把教养当成习惯的家长。

教养力是汉开书院学生的特质之一。一个有教养的人，是被人尊重、被人喜欢的人。您希望您的孩子将来被人尊重、被人喜欢，您一定要从现在开始，让他做一个有教养的人。有这样一句话，我想跟家长分享：意志、品德、胸襟这些最重要的因素，不是通过家长的说教等"显教育"就能产生效果的，而是通过行为的"潜教育"化进孩子的血液里。

孩子回到家，看到家人，他会自发地产生有教养的习惯。今天，孩子看到您会对着您敬礼，那么，请您站定，把您温暖的目光，洒在他的脸上，庄重、微笑、欣赏地看着他。当孩子回来，跟您打招呼："爸爸，妈妈，我回来啦！"请您放下切菜的刀，放下正在洗的洗衣，把手擦干净，走到门口欢迎他回来。孩子上学的时候跟您说："爸爸，妈妈，我去上学啦！"您一定要出来衣着整齐的送孩子："孩子再见，今天晚上吃什么？"通过这样的方式，让他爱上回家。因此，走到家，看到父母，孩子就会像渴的人看到水一样，自觉地产生有教养的习惯。

第五，期待您是一位倾听孩子声音的家长。

你们看到在小学一年级的孩子，院长跟他们拍照的时候都蹲下来了，那连续蹲150多次，可要有点工夫了。我说给家长，你们可以当笑话听，在我有时间锻炼的时候，我一定要做150个高抬腿，就这样练。跟每一个一年级的孩子蹲下来拍照，我要传导出汉开的一种教育的原则——要尊重孩子、倾听孩子的声音。你要倾听孩子的声音，你如果不跟他在同一个高度，你是很难做到的。

有这样一个例子：一位母亲带孩子到商场里去，看到孩子总是焦躁不安，总是要出来，年轻的妈妈认为琳琅满目的商品吸引力非常强，但是孩子却不肯走动，为什么呢？她有一次蹲下身子给孩子系鞋带的时候，她忽然看到，当她跟孩子同一个高度的时候，看到的都是人的脚，人的腿，这就是高度决定了他看到的内容。

因此，亲爱的家长，请您以后先不要说自己的意见，您要把期待的目光投向孩子。您先听他说，不要急于评价他，你可以问孩子："你这样说，你这样做的原因是什么？道理在哪里？"那么我们要用苏格拉底的助产术把这个孩子接出来，把孩子引向事物的深处。

第六，期待您是一位坚持原则的家长。

首先要告诉孩子基本的原则，比如说不能做假，这在家里面是一个基本原则；不能未经人家同意，就拿人家的东西，这也是基本的原则。你要把家里面的底线告诉孩子，这样他就知道"热炉法则"。在管理学里面，滚烫的炉子，不会有人去摸它，为什么？因为你知道一摸它，你就会被烫伤。底线、原则就是热炉，家里面重要的原则是不能破坏的。因此，爱孩子不是迁就，你要学会说"NO"，你要坚持自己的基本原则。

第七，期待您是一位有价值的陪伴的家长。

陪伴，我们都知道很重要，但有没有价值？因此，我们知道对孩子的尊重就是要让他成长，就是要让他去担当。我们要共同面对困难和挑战，把困难和挑战当作一个进步的阶梯。当孩子遇到困难的时候，轻易不要取代他去做，而是启发他，引导他怎么去克服困难，怎么把这件事情做成，这是一个很难得的教育机遇。当他最困难的时候，你陪伴他，他克服了这个困难，那么他的成长是难以用数字表达的。有时候孩子比较淘气，不可爱的时候，可能正是他缺少爱的时候。

第八，期待您是一位"看得见"孩子成长的家长。

在汉开有这样一句话叫"成长看得见"。我是汉开人，请看我可能。每一个任务都是台阶，每一天都是作品。因此，我们希望您不该只看到孩子的成长，您还要看到孩子同伴的成长，看到班级的成长，看到书院的成长，看到世界在进步。怎么表达您看见的呢？在我们书院有效能手册、成长档案、每学期的成长报告书，我们家长要用好这些，它不仅仅可以收入在学校的作品，在家里的作品也能收到。

我在美国的时候，应邀到一个校长家里面去做客。汉开为什么现在有这些设计？是我在美国这位校长家受到的启发。他打开了一本厚厚的册子，那是他的祖母，在他童年的时候收集他成长的片段。他每每看到这些，他说："我知道做一个校长应该要怎么做。"所以请把你们家庭也应该有成长的档案，把孩子的每一步，每个阶段，每一个重要的节点收录下来，然后定期跟孩子回味，让他看见自己的成长。

第九，我们期待您是一个成长型、看得见成长的家长。

我们孩子现在升级了，三年级升四年级，六年级升到初一，我们的家庭教育也需要升级。如果一个母亲教育一年级的孩子跟初一差不多，那说明你还停留在小学一年级母亲的阶段。因此，父母也是一种专业，尽管不要考试，也没有证书，但是仍然是一种专业。

分享也是一种营养。父母亲在家里面经常跟孩子分享一些自己个人工作的经历，人生的经历本身也是一种成长，也是一种分享。

第十，期待您是一位善于抓住、善于创造教育机遇的家长。

今天看到这么多家长来，我们确实开心，座位不够，很多家长要站着欣赏。我们被你们感动，因为你们是知道抓住并且创造机遇的家长。我们的教育不是家长有没有时间，而是有没有这种需要。因此，汉开书院期待我们的家长是一位目中有人的家长，是理解汉开书院设计的家长，是一位注意"家庭教育营养"的家长，是一位注意教养的家长，是一位倾听孩子生命的家长，是一位坚持原则的家长，是一位有价值的陪伴的家长，是一位看得见孩子成长的家长，是一位自己成长看得见的家长，是一位善于抓住，并且能够创造教育机遇的家长。

最后要跟你们分享，在汉开书院墙上写了一个关键的行为特征，翻译成中文，就是勇毅的意思。对我们来说是我想要，还是我一定要，我一定要做到最好？汉开书院的学生，为什么他们小小年纪参加国际武术比赛，就能获得两个冠军？在美国参加 OM 比赛，在提问阶段获得提名？因为他们有一个最重要的、最关键的行为特征：要么不做，要做就要做到最好！我是汉开人，请看我可能。这就是关键的行为。

我想向家长分享三句话：
（1）今天不生活在未来，明天就将生活在过去。
（2）你选择了怎样的行为，你也就选择了怎样的结果。
（3）教育是有最佳机遇性的，让我们一起抓好这个开头的最好的机遇。

（摘自王占宝校长在汉开书院 2018 级第一次家长会上的发言，2018 年 8 月 26 日）

民办学校校长领导力特征

今天很多专家学者分享了关于民办教育的环境、法律、政策方面的解读，收获很多。同时，我也很感叹，做民办学校的校长确实不容易。国外的校长比较单纯，而在中国，民办学校校长不仅要办好学校，还要关注法律、政策、环境，甚至还要预测未来法律、环境的变化，确实不容易，很多事情不是民办学校校长应该做的。但今天我们讨论的主题是"学校的定位与使命"，定位与使命需要通过校长的办学实践来实现。

我曾经担任过南京师大附中校长、深圳中学校长等将近三十年，但是做民办学校的校长才两年多，我感觉以前在做这些学校校长的时候，我是理想主义者，现在我是现实主义者；以前也会写小文章来表达，但现在发声很少，我希望办学实践成为最好的论文；如果说以前我像诗人，那么现在我更愿意做农夫，在实践的环境里探索一个民办学校校长怎样从进校开始办好一所民办学校。对于像我这样一个长期在体制里，而且到了这样的年龄还创办一所民办学校的人来说，挑战非常大，也体会到酸甜苦辣各种滋味。所以今天我最想分享的是：民办学校校长要办好一所学校应该有独特的领导力模型，有领导力的建构。

我希望建构的民办学校校长的领导力模型，用通俗的话概括，叫"开心果"。"开"是开悟，"心"是用心，"果"是追求结果至上。我认为民办学校做到这三点，是办好民办学校的基础。

马云曾经说过一句话，"很多人就输在对很多新兴事物第一看不见，第二看不起，第三看不懂，第四来不及。"我很认同他的这句话并且感同身受。作为民办学校的校长怎么看见、怎么看懂？有一句名言叫"菩萨畏因，凡夫畏果"，所以看到才能拿到结果。

作为民办学校的校长一定要知道自己的使命。从公立学校来到民办学校，不是要高待遇，如果给我们的待遇超过现在，我选择民办学校，就好像我们可以名正言顺地把自己的教育行为动机放在趋利上，就好像我们可以名正言顺地脱离以前的法规制度，就好像我们是生意人，是用教育做生意的人。

有人说教育人有三重身份：生意人、商人、企业家。生意人唯利是图，商人可以靠自己本事赚钱，企业家是肩负使命的人。有一句话说，再大的烙饼也大不过烙它的锅，一个民办学校的校长，当置身民办学校的时候，一定要告诉自己作为校长在这里要做什么，使命是什么，责任是什么。我看到很多民办学校的校长，有些是从以前公立学校过来的，他们的变化超过我们的预料，而且他们认为这种变化顺理成章。

我想作为一个在公立学校工作这么长时间现在到民办学校的人来说，我们的使命就是为了真实的教育改进，向社会提供优质的教育产品，我们要针对当下教育的痛点找到增长的势点，能够把握住发展的节点。如果把这个使命担当起来，办学效率是没有问题的，是水到渠成的，而不是相反的。

开悟的第二个方面，我认为作为一个民办学校的校长格局要大，要知道使命和责任。当我回到民办学校后，接触了很多从公办到民办的校长，也接触过一直在民办的校长，我感觉到，在他们身上狼性的特征非常明显，我认为这正是中国民办教育向高层次跨越时候必须要具备的特征，从中我们可以看到它的从业者是在怎样的环境下成长起来的。

作为民办学校的校长，特别是以前在公立学校工作过的校长，要研究现在的环境和趋势。我们面临的第一个挑战是全球化时代学校教育国际化背景下课程与学生成长的关系，这是我们面临的挑战和难点。国际化并不是在学校设国际班、国际部，而是全体学生怎样在全球的环境下实现成长。

第二个挑战是移动互联网时代学校的教育意义和价值。

第三个挑战是公民化时代学校教育的民主化改造。我认为民办学校应对这些挑战可以做得比公立学校好得多，因为我们以人为本，我们平等、博爱、亲和。刚才有一位老师问在西北民办学校的老师为什么要去民办学校？回答了三条理由：老师很亲切，有水喝，有体育课。民主化改造应该是民办学校的一个增长点。

第四个挑战是个性化时代学校教育的特质要求。一直以来我们对学生学英语很困难，我们从小学、初中、高中学英语，花了很长时间学英语却还学不好，但是在我现在的学校——南京汉开书院，开设了戏剧、演讲等课程，从英国请来戏剧、演讲老师，我认为这对其他课程学习英语有很大的帮助，从中可以看到民办学校的特质是可以比公立学校更有弹性，因为不需要向教育局的领导请示，认为重要就可以做。

第五个挑战是新课程、新中考、新高考时代，学校的教育品质面临新的挑战。

第六个挑战是在专业扩张的时代，专业、效能和信誉等核心竞争力的重组。这两年资本大量涌入了民办教育，但当资本把教育作为逐利工具的时候，就会产生极具的膨胀和水土不服的行为，在这样的情况下怎么考虑专业效能和信誉等核心竞争力。

第七个挑战是相关政策、法律的调整以及走势，这也是民办学校校长要关注的。我们只有比公立学校看得更远，行动得更早，更有效能才能把优势做起来。

开悟的第三个方面是我们都感到这是一个不确定的时代，但是能不能有定力发现教育的有些东西是不变的，我们要敬畏教育的规律和常识，我们提供了一个模型，即有效学校的特征。今天张厅长讲了学校的核心任务是学习，我们国家对素质教育、教育理想等，以前的解读非常具有浪漫的性质，甚至有点违背教育的规律，从有效学生的特征可以看出什么是学校的核心工作、什么是学校不变的东西。

我说的用心就是我们要更加专业化，这个用心不仅仅是态度的问题，而且是要更加专业化，实现学校教育的闭环。当我们有了一个理念，我们要通过一个课程、一个结构、一个流程，通过一个责任评估改进形成闭环，这是我到郜校长学校学习之后获得的经验，在那里，我们看到他们是怎么落实和坚持，即把它转为责任、流程、评估、改进，现在还增加了积分。用心就是用机制和产品形成核心竞争力，一所真正有专业治理的学校一定有独立的产品。

用心的另一方面就是不忘初心，民办教育的初心、校长的初心。

结果至上是什么，就是我们要把追求结果当作方式，拿到应该有的结果是一种思维的方式、一种工作的方式、一种领导的方式。我对这一点时有感慨，因为我以前工作的学校——深圳学校、南师附中都是城市前3%学生读的学校，一个眼神就可以形成一个概念，但对一个新的学校来说非常困难，因此我们要把拿到应有的结果作为一种存在的方式。

怎么实现闭环呢？我们要把做的事形成任务。任务和事情不是一个概念，任务是必须在限定的时间内完成的事情，它不是事情。提出任务以后，要明确任务的效能目标是什么，然后明确它的流程和节点，落实责任人，要进行及时的评估，评估的结果要汇总，要有对应积分，从任务、效能、流程、责任、评估、积分形成闭环，这样就可以拿到应有的结果。

结果至上还有一方面也是非常重要的，就是要有识别关键的驱动力。这是在学校发展当中，起到关键、决定作用的因素，是问题的核心，我们要集中资源专注于关键驱动点，作为解决问题的突破口，直达核心，解决问题。我们把它用一个概念表达，叫关键行为。

今天要向各位汇报的就是我认为一个新的民办学校校长的领导力特征，我把它概括为"开心果"，开悟、用心、结果至上，做到这一点就是做正确的事，正确的做事，做到最好。

还有几句话是我记住的，也想和大家分享。"欲戴王冠，必承其重""配得上你所想要的"，这是巴菲特的搭档芒格说的，要做成一件事情，你必须要配得上它。我作为一所民办学校的校长配得上它吗？那么给我舞台，请看我精彩！

（摘自王占宝校长在首届"中国民办教育发展高峰论坛"上的演讲，2019 年 4 月 20 日）

名家评点

课程：为未来领跑者铺设青春起跑线

——南京师大附中课程改革的要义与特点

成尚荣

南京师大附中是一所以研究、实验推动改革而著称的名校，尤其是课程改革的研究与实验源远流长。一百多年来，积淀了宝贵的经验，形成了一种传统，建构了一种文化。这种历史的积淀，使当下的南京师大附中积蓄了持续改革的能量，站到了时代的新起点上。传统不仅是属于过去的，也是属于现在的和未来的，应该说，继承传统也是一种改革和创新。但是，继承传统，必须对传统作出时代的阐释，使传统具有现代意义；更为重要的是，要在继承的同时，从时代的特点和要求出发，有新的突破和发展。抛弃优秀传统不对，只坚守传统而无创新也不对。南京师大附中正是秉持这样的认识，把握继承传统与开拓创新的关系，把高中的课程改革推到了一个新的阶段，为基础教育课程改革提供了具有深度的又是鲜活的经验，引发了许多极有价值的思考。

基础教育课程改革有一些共同的基本要求，南京师大附中的可贵之处就在于，在认真执行这些基本要求的同时，以前瞻的目光审视教育和课程的现状，瞭望改革与发展的未来，以更阔大的胸怀与智慧描绘课程改革的愿景，以更切实的行动有目的有计划地加以研究，加强建设，体现了不断自我超越的精神，逐步进入追求卓越的境界，彰显着要义，形成了一些鲜明的特色。

其一，主动应答，积极探索，形成了"课改自觉"的品质。对于课程改革，南京师大附中绝不是被动地应对，更不是消极地应付，而是怀有一种改革的使命感和责任感。同时具有改革的敏锐性和洞察力，把课改当作学校自身发展的内在要求，以课改激发、生长学校自身发展的内在力量，把课改当作学校持续发展的机遇，进而当作学校深度发展、卓越发展的战略。这是一种智慧的抉择。没有对改革创新这一时代精神的理解与把握，没有对学校发展的战略思考和理想的追求，就不会有这样的抉择和行动。这样的抉择是充满激情的，又是十分理性的，这样的行动是主动的，包孕着坚定的信念和丰富的内涵。"课改自觉"，抑或"课程自觉"，使南京师大附中的课程改革始终成为一种主动的价值认定和目标追求，成为一种改革的品质和习惯。其实，这种"自觉"的建立，会遭遇到应试教育的无休止纠缠和顽强抵抗，也会遭遇到自身囿于传统习惯的惰性的干扰和惯性的阻碍。对此，南京师大附中的回答是："高质量地实施素质教育"，"仰望星空，明确自己的使命"。在校长看来，"嚼得草根，做得大事"，所谓做得大事，首先是坚定实施素质教育这一大事，积极进行课程改革；所谓嚼得草根，关键是克服人性的弱点，挑战惰性，超越自己。这种基于教育使命与文化自觉之上的"课改自觉"，让南京师大附中始终生长着改革的热情和发展的力量。

其二，坚守理念，坚守目标，把握课改之魂。南京师大附中的课程改革始终以先进的理念来引领，以鲜明的目标来推动。十分可贵的是，在南京师大附中，理念和目标不是"普适性"的，而是校本化、个性化的。在"嚼得草根、做得大事"的引领下，南京师大附中把"促进每一位学生卓越发展——使学生养成在未来全球化社会成功的素质，让优秀者更优秀，让平常者不平常"作为办学的理念。所谓"每一位"，用王占宝校长的话来说："就是我们的教育不是为了'捧出盆景，制造光环'，而是面向所有的学生。"所谓"卓越"，"不是一般的惯性移动，而是特别优秀的自主发展"。这一理念中的"卓越"聚焦在培养目标上就是"致力于培养未来社会的领跑者"。所谓"领跑者"，就是要"以天下为己任"，就是"将自己创造的生命价值奉献于社会"，"创造'大我'"。如此，"以天下为己任""每一位""卓越发展""领跑者"构成了南京师大附中的理念和目标链。这样的理念与目标具有南京师大附中特有的历史文化印记，具有南京师大附中特有的价值追求所彰显的文化意义，同时又具有全球化背景和视野下的特有时代文化特征，因此，这样的理念、目标，是时代精神召唤下的校本化，是"这一所"而非"那一所"，更非"这一批"，这实质上是南师附中办学、教育的核心价值观。这一核心价值观必然通过课程来落实，课程也必定体现这一核心价值观。这样，南京师大附中的课改有了"魂"，有了方向，有了目标，也才会有王校长所强调的课程的"顶层设计"和"高标准规划"，也才会有真正的学校课程，亦即课程的校本化，以及课程的品质、品位，当然，就有了南京师大附中的课程特色。

其三，系统思考，整体建构，形成南京师大附中的课程体系与结构。教育要培养未来社会的领跑者，领跑者又由谁来领跑呢？南京师大附中非常明确，由课程来领跑。"课程：领跑者"这是个隐喻，既生动形象，又极富哲理。确实，课程担负着培养未来者的重任。没有课程的基础性和综合性，何来学生基本素质的全面发展？没有课程的选择性，何来学生个性发展？没有课程的开放性，学生怎能成为对多元文化尊重、吸纳，具有全球胸怀的世界公民？南京师大附中把国家对高中课程的要求具体落实到课程结构上，促进了课程结构的优化，体现了课程的校本化，逐步形成了南京师大附中自己的课程体系。也许，这一要求对所有高中来说显得过高，但是，就学校未来的发展趋势而言，这一要求是应该的。南京师大附中比大家先走了一步，而且这一步走得好。这里，不想对南京师大附中的课程结构、课程体系的本身作一梳理，只想对这一课程结构、课程体系的特点进行点击。其显著特点在于：南京师大附中的课程，除了开设国家在《普通高中课程方案（实验）》所规定的课程以外，还开设了国际课程。这样，"两轨"课程相互促进，既加强了课程的基础性和民族性，又加大了课程的开放性和世界性。全球化背景下的课程改革，在南京师大附中不只是一个口号，而是通过实实在在的课程结构去体现和落实。此外，加大了课程的选择性。南京师大附中不只是开设选修课程，而是把学生的社团活动、综合实践活动都当作选修课程来对待，让学生在自主的选择中，有丰富的、深度的体验。没有选择，就没有个性的充分发展，这一理念和要求在南京师大附中同样进入了课程结构，因此，是落实的。至于必修课的免修，南京师大附中不仅坚持了，而且在理念上有了提升，那就是免修不是不修，而是为了学生更自主地修、更有追求地修。学校给学生的不只是一个游泳池，而是一个巨大的海洋。南京师大附中的课改经验启发我们，系统思考、整体建构学校课程是校长的重要任务，也是学校课程建设成功的关键。

其四，用课程为学生的发展铺设起跑线，建设以青春为主题的课程文化和校园文化。领跑者应当找到自己的起跑线。起跑线是领跑者出发的地方，起跑线在哪里，起跑线如何划定，领跑者在起跑线该做些什么准备，都应在学校的思考与设计之中。南京师大附中用课程来领跑，首先把课程当作为学生铺设的起跑线，是学生的起跳板。在起跑线上，我们看到的是一个个充满活力富有个性的青少年，洋溢着美丽的少年精神和青春文化。

南京师大附中课程孕育的少年精神、青春文化的主旋律是：飞得更高的理想、成为你自己的个性，以及创造性的人格。每一届毕业生都会自己编辑一本毕业纪念册，2008届纪念册的第一页写的是"我们是附中的3/106"，第二、三页，在学校发展的历程坐标中，最后的三个年格注明的正是他们在附中的三年。三年，在他们看来，不仅是个时间概念，而是精神生活的见证。看了，你会震撼，不仅是一种学校荣誉感，更重要的是他们的少年志向、青春追求——在时间的长河中，他们不会虚掷青春年华，不会飘浮半空，而是为学校、为民族、为国家、为这个世界将留下一些什么。翻阅材料，撞击你心灵的是"理想树"，是"成功宣言"，是"沉潜十年、承载一生"的班训，是"根本没有矩"的青春口头禅，是"翔哥"的青春称谓，是青春的组合、青春的刊物，是青春的心声，总之，是青春无悔。这条青春的起跑线的深刻意蕴是："给你一部历史，让你翻阅；给你一种文化，让你感受；给你一些时间，让你安排；给你一个舞台，让你表演；给你一些机会，让你创造；给你一个期待，让你自我成长。"这种从青春起跑线开始的领跑者，追寻的以至成就的是英雄情怀。王占宝校长说："英雄应该是一种品质，它与性别无关，它与身材无关，它与出身无关，它与财势无关，它与比赛无关，它与'知名'无关……但是，它与人生意义选择有关，它与品德有关，它与勇往直前有关，它与超越自我有关，它与创造价值有关。"因此，英雄的内涵是：责任、勇敢、创造。课程建设是文化建构，南京师大附中构建的正是这种蕴含着少年英雄精神的青春文化。

课改的诸多要义与特点都是人创造的，其中包括专家的引领，南京师大附中的课改实践告诉我们：真正的专家在课改的实践土壤里生长。南京师大附中就有一批课改专家，他们把课程开发当作创造，把课程实施当作创造，把课程输入与输出都当作课程的开发。名校、老校要自信，但不能"自恋"；要坚守传统，但不能保守；要有理念，但不能虚空。南京师大附中正是在这些方面为我们作出了探索，提供了价值思考和文化参照坐标。

（作者系原江苏省教科所所长、国家督学）

让我们一起航行……

王殿军

谢谢戴主任的介绍，谢谢刘主任的邀请。我在这里首先要澄清一个概念，我不是点评专家。我觉得我最多算是同行之间的一个互相欣赏或者呼应。因为王占宝校长在深圳改革太孤独不行，必须京城里头有人内应，我是来做内应的。为什么要我来点评呢？我想这个意思很多，一个王占宝个子比我高，他有高度，另一个我们俩都姓王。还有一个，他是班长，我也是班长，所以这样呼应起来比较方便。所以别人一叫王校长，我们俩都乐呵呵的，听到批评都不理，听到表扬都高兴。

我是前几天收到稿子的，我认真读了几遍，都是觉得特别有功力。我今天谈到的可能更多的是一种我自己对他的想法做法的感同身受。因为时间关系，我主要把我的感想，真实的想法和理解与大家分享一下。我想我的水平是没法跟戚业国教授相比的，所以把我放到这儿另一个用意就是为了衬托出我们戚教授的高度。所以如果有讲到见笑的地方，还请各位见谅。

另外，我注意到今天正好是长郡中学建校 110 周年，比我们长好多岁，我们今年才 99 岁，它都 110 岁了，所以我要祝贺长郡中学，办学斐然的成绩，感谢作为东道主对此次论坛有序的组织。

我以前对占宝校长特别了解，这个了解是站在远处的观望，或者是欣赏。这一次近距离地看到他的东西，做了近距离的交流之后，印象非常深。所以我就把我的感受直白的表达给大家。

他是一位充满勇气的校长。

王占宝校长说："高中教育问题多多，但是改革起来又困难重重，面对庞大的系统和根深蒂固的习惯，难以下手，下手又投鼠忌器，吃力不讨好是明摆着的，但是当我们面对孩子们的时候，面对历史的时候，面对那些现在和未来越来越多的用脚投票的家长和学生的时候，我们应该勇敢地向前跨出一步。"他所表达的问题，相信在座的老学校都有。这个习惯，包括社会习惯，包括教育行政部门管理者的习惯，甚至包括我们校内的师生的习惯，你到一个新学校要改一改真的非常难。虽然面对这么多的困难，还是要勇敢地跨出这一步，我认为这就是一个校长的勇气。熟悉他的人都知道，王占宝校长的经历是非常不同的。我们一般在座的校长，包括我，在校长队伍里头是最年轻的，我今年刚刚还不满8岁，我2007年担任校长，到现在7点几岁。而王占宝校长已经担任了21年校长，我觉得真是应该向他学习。

中国教育的问题，实际上大家都是有目共睹的，也是容易达成共识的。对于问题背后的原因，我想大家会说出一大堆来，面对如何破解这些问题的时候，我们的做法更不相同了。而占宝校长用自己的思考以及在深圳中学的实际行动给出了自己的回答。我们听了他的报告，看了他的文章，然后听了他们学术委员会主任的介绍之后，我觉得大家需要一段时间思考和消化。因为他这里头有很多新的想法，新的做法，包括学术性高中和科学高中的提法，我还是第一次听到。这些类型的高中在世界其他国家有，在我们国家是没有的。在我们国家最难的事就是做从来没有人做过的事，所有人都盯着你，有一部分是怀着好意，有一部分是不怀好意，就希望你出事。有一部分是希望你出好事，出大事，我们的形势确实就是这样。

他是一位不断超越自我的校长。

大家看看占宝的经历，我觉得他今天能够勇敢地在这个学校里去践行自己的教育理想，与他的经历有关，与他对教育的理解有关。我从来不敢想象自己去四个学校当校长，然后这么走来走去。从上岗高级中学到南京第十三中学，后来又到南师大附中。我认为南师大附中在全国绝对是响当当的学校，一般人感觉到像王占宝校长，在南师附中做了这么长时间，又把这个学校做得这么有名气，在江苏屈指可数的拔尖的学校，他应该在这个地方好好地享受他的办学成果。没有想到，他做出了一个让我们教育界同行特别意外的事情，就是移师深圳，去担任具有挑战性的改革前沿的深圳中学的校长。当我们看到王占宝校长今天在这个学校里践行的教育实践的时候，我们就能够理解他为什么要迈出这一步，所以我认为他是一个不断超越自我的人。

一般来讲，校长到一定的程度，就会坚守自己的阵地，巩固自己的荣誉，不轻易再去做新的超越和尝试。因为万一出点什么闪失的话，之前的努力都白费了。但是他不是一个满足现状的人，他是一个不断实践，超越自我的人。所以他一次次的迎接挑战，一次次的实现超越，这一切都是源于他的教育梦想——就是在中国，真正建立一所具有国际水平的学校，培养具有国际竞争力的学生。这其实也是我们在座的许多校长的梦想，但是我们不一定有这样的机遇，也不一定有这样的生源，也不一定有这样的环境和条件。在深圳这样一个改革开放的城市，有一定宽松的政策和社会环境，他才能够实现自己的理想，才能够践行自己的追求。

他也是一位有着高远追求的校长。

深圳中学是一个在国内外非常有名的学校，大家都知道，在我们课改的初期，相信在座的许多校长都去过深圳中学，我们也都知道深圳中学在做什么样的改革尝试。这些东西我们就不便评论。总的来讲，它的高考成绩和社会声誉还是非常好的。如果他去保持这样的优势，坚守这样的社会声誉，我认为还是比较容易的。但是他要是这样的话，他就不去了。他去，就是想折腾点事，折腾点改革的事。什么事呢？就是要培养杰出人才，培养具有国际竞争力的领袖人才。他在文章里提到过一次领袖人才，我在我的文章里提了好多次领袖人才，我觉得我们两个是一南一北，遥相呼应。所以今天让我来学习他，欣赏他，我觉得是选对人了。

应该看到，我们中国并不缺少高考成绩斐然，家长和学生趋之若鹜的名校，但是我们缺少那种以培养未来具有国际竞争力的优秀人才为目的的中学。其实这两个真的不一样。我们看到，深圳中学八九十个社团，学生所做的事情，包括他基于项目的学习课程，国际课程的引进，这些东西都与高考表面上是无关的，它与什么有关呢？它与培养学生的视野有关，能力有关，素质有关，国际竞争力有关。这些东西对于校长来说就有一个取舍，你究竟是考虑学生未来的前程，未来的事业，更长远的成就，还是眼前的高考成绩。对于任何一个校长，任何一个学校来说，这都是最难决策的事情。当然最好的状况就是两面兼顾，但是真的有时候是不能够完全兼顾。所以我们必须把握一种平衡，校长在某种意义上，就是和现实在搞跷跷板，谁把谁翘起来都不好，最好是保持一个平衡，高超的平衡，这是一种智慧，也是一种办学的自信。

今天从王校长的报告中我们看到，他就是要把深圳中学和深圳科学高中打造成为具有中国根基、国际品质和学术高度的优质中学。他对学校的课程，学生的评价，学生的活动等都有一个系统完善的设计，他不是说一个概念，然后说归说，做归做，他是言行一致。其实清华有一个行胜于言，我觉得，我给他一个小小的批评，我觉得他做得比他今天说得还要好，他总结的时间太短，没有把最核心的东西提炼出来。为什么呢？因为你看他关于学生特质三个维度，12个条目的描述，是提炼得非常的精彩，而且他的做法和他的提炼是有很好支撑的。

我们很多学校，校训、校风、培养目标非常高大上，但是无论提什么样的目标，做法都不变。我们知道在管理学上有一个过程不变，流程不变，结果是不能够改变的说法。我们有些学校变化的是校训、办学思想、办学目标，不变的是一成不变的强化训练，这样的结果是可想而知的。

但是我想深圳中学，王占宝校长不是这样的。正如他说的，他已经超越了高考，追求他心目中应有的价值和使命。我认为他选择这样一个目标不是心血来潮，是他一直的教育追求和梦想，是他长期思索的结果。所以当他从一个著名的古都南京起程的时候，我想他已经知道他心目中的目标是什么，他心目中的梦想是什么。因为这些东西在新的地方更容易有实现梦想的机会和平台。实际上在中国，我们真的不缺少非常有思想的校长，但是我们缺少把自己的想法变成做法，并且坚持践行的校长；缺少的是把自己的理想变成学生发展成长的现实的校长。就是我们怎么想不重要，我们怎么做更重要。我们自己多强大，想的多高远不重要，我们学生身上真正发生的事最重要。所以今天非常遗憾的是我没看到他的学生，我想我要找机会到这个学校去看看他的学生。但是我们今天看到了他的老师，我觉得我能想见到深圳中学的学生是什么样子的。

我们看到，王占宝校长到了深圳中学之后，构建了五个课程体系、丰富的课程供学生选择，可以说，没有丰富就没有选择。我们现在很多学校说要满足学生的选择，结果就像我们到餐厅里吃饭一样，说我们今天是自助餐，大家好好选，但是我们一共就是两菜一汤，那你也可以有好多种选择，可以吃一个菜，吃两个菜，或者干脆一气之下两菜都不吃，还可以吃多吃少，这不是可以嘛，汤可以喝可以不喝，这也有好多选择，但这是一个假的选择。真正的自助餐可能有几十种菜，上百种菜，真正能够满足你个性化的需求。所以丰富是选择的前提。

深圳中学有丰富的社团、课程体系，所以每个学生都能够找到适合自己学习的课程，适合自己兴趣和潜力的社团，而且我们注意到，他的社团活动是课程化的，每周有两节社团课，这样真正把社团活动落到了实处。这个让我很惊讶，因为我们的社团都是非定期的活动，有些社团活动一次也叫社团，有的社团一个月只活动一次。

深圳中学：培养具有丰富生命力的学生

王校长和学术委员会主任描述和展示了深圳中学的培养目标："为了每一个学生全面发展、个性发展，培养具有丰富生命力的人"。什么是生命力？生命力当然需要旺盛，需要在未来的竞争当中脱颖而出，所以需要全面的素质，更需要一技之长。因为这种竞争，未来还不是学校内部的竞争，甚至不是在一个国家的竞争，它是一个国际竞争，所以我们必须具有国际的品质，有科学的高度，才能在未来富有生命力，富有竞争力。

这种追求和境界也引起了我们的共鸣。我们虽然一南一北，但是我们面对的学生群体和学校是极为类似的，我们在教育追求上也是极为相似的。

所以这也就不足为奇，我们从不同的地方起航，但是我们选择了相同的航线，一样的目标，所以我们必然相遇，必然结伴而行。所以我为什么取了一个稍微有点诗意的题目，就是我愿意与王校长，我们两个合在一起就变成二王了，我们二王愿意一起来扬帆远航。

深圳中学：国际品质，学术高度

深圳中学给我印象特别深的就是国际品质和学术高度，我能够深切体会到的学校真实的现状就是这个样子。那么什么是国际品质的学术性高中呢？我觉得王校长用他的思考和实践，给了一个非常清楚的答案。那就是培养具有国际竞争力，中国文化，而且要服务中国发展的拔尖创新人才。这是我认真学习以后提炼出来的，不一定很准确，以他的原文为准。这几个要点我都非常欣赏，对于学生来说，首先要有国际竞争力，具有国际视野，国际品质，还要传承中国文化，学完以后要为中国的发展服务，另外你要成为卓越的人才，否则你为国服务的能力可能还不够。所以我想，用我自己的逻辑来理解，就是这样一个答案。

为什么要办国际品质的学术高中？

（1）一切为了学生的需要。他为什么要设立这样的育人体系、课程体系，我觉得他有一个深入的思考。我印象最深的是他提到的几个词，一个就是"潜能"，学校怎么样发现学生的潜能，怎么样激发学生的潜能，把它放大。他还要尊重学生的"个性"，为什么有那么多的课程和社团，就是为了适应不同学生个性培养的需求。另外他特别地强调"差异"，他的课程把国家课程、地方课程、校本课程进行融合，然后做了一个分层设计，这个是很有创意的。因为只有承认学生的差异，才会想到把课程进行分层；只有正视学生的个性，才会提供丰富的选择，才有多元和多样，这是一个非常清晰的逻辑。

（2）一切为了时代的需要。对于一所名校来说，什么都不变，今天是名校，明天、后天还可能是名校，但是培养出的人才就不会有什么改变，这不是他想看到的，也不是我们所希望的。所以他勇敢地迎接了挑战，进行了稳健的变革，真正承担了一个名校，一个名校长该有的责任、使命和担当。这也印证了我前面说的，这就是校长的勇气，校长对自我的挑战和超越，所以值得我们敬仰，值得我们学习。

（3）一切为了立人的需要。他做的这些事情，我想都有一个出发点，就是为了立人，为了学生能够具备他所希望的那些素质，最终希望学生能够成为国家的栋梁人才，并且具有国际竞争力。他提出来的三个维度、12项素养、全面之上的特长，我觉得非常好。学生未来的国际竞争力，取决于我们学校今天的培养水平。我们校长应该更多地考虑我们能做什么，而不是该做什么和想做什么。

我欢迎大家到清华附中来，也欢迎大家到深圳中学去，我们两个都有一个共同点，就是适当的挑战一下极限，挑战一下突破的感觉。为什么呢？因为你什么事情都是循规蹈矩，你永远不可能有真正的创新。所以你要有尝试，包括他刚才对宗教课程开设的这种解读。我当然相信他是事先给教育行政部门沟通过的，我们这里头有一个很重要的概念，他说得很清楚，我们不是要教大家去信教，因为宗教已经是全世界一个普遍的文化现象，我们不能不懂它，不了解它。我们需要了解宗教方面的知识，了解全世界都有什么宗教，有什么样的做法，这些内容是一种知识，是一种文化。既然它存在了几千年，我们就不能够忽略它，不能够不知道它，那就显得我们对宗教无知。所以我特别佩服他的这种胆识，这就是我觉得我们学生要有国际竞争力的地方，如果你根本不知道哪些国家有哪些教派，信这个教意味着什么，你出去以后，别人具有国际竞争力，而你却不具有国际生存力。你到那个国家，说错话，做错事，有可能就是摊上大事了，因为你违反了一些他的宗教习惯，那你就没法跟人相处，更谈不上交流。

现实中许多优秀学生逃离了我们的教育体制，留学生群体不断地扩大，要如何破解这样的问题？前几天有个会，王占宝校长也参加了，在会上，清华附中一位校友、哈佛上海中心的主任说了一句非常重要的话，他说："中国现在要做的不是把学生培养好然后送出国，而是在中国办具有国际品质的中学，只有这样才能把我们的学生留下来。我们的名校要为学生做一定的服务，但是不能把这个作为自己的主业。现在有太大规模的学生到美国去了，我们还是应该把更多优秀的学生留在中国读书。但是我们要反思自己的教育，包括高等教育，我们要创办具有国际水平，国际品质的高等教育和基础教育，让我们的家长把学生留下来。只有今天在教育竞争中获得优势，明天在国力的竞争中才能取得胜势。"

深圳中学：顶层设计很有高度的学校

搞清楚什么是国际品质的学术高中和为什么办这样的学校之后，最重要的就如何办这样的学校？如何进行顶层设计？深圳中学的顶层设计包括了育人模式、育人目标体系、课程设置、教师专业发展、学校组织、激励体系、学校文化、办学机制、办学环境等几个方面，这个顶层设计用实际行动诠释了培养什么样的人、如何来培养的问题。

深圳中学的目标体系和所开展的教育行为是有内在的逻辑和支撑关系的。他的独具特色的课程体系令我印象特别深，尤其是分层分类的做法。深圳中学也在实行走课制，有一定的变革，但是现在的变革不是为了变革而变革，是为了实现这样的课程设置而做出的管理上的必要调整。这和以前个别学校的做法是不一样的，有的学校为了引起社会震动，或者产生比较大的影响，就不管不顾，先做一些外在的改革。但是外在的改革一定要服从内在的改革，内涵更重要，形式是它的一种必然的支撑和保障。所以我觉得他在处理传统和国际，内涵和形式的问题上做得非常的好。大家以后不要盲从，不要看到人家学校怎么做就怎么做，你得知道他为什么这么做。他不是为了做而做的，而是为了一个明确的目标才这么做。

在一个变革的时代，其实我们都在经受着考验。不是无动于衷，改革也不是哗众取宠，更不是为了变而变，一切改革的形式都为了内涵的发展需要，都要为了学生的发展需求。我特别欣赏王占宝校长和深圳中学的这种坚毅和稳健，不改不行，乱改更不行。正如他说的，要稳健前行。正确的行动必然有令人振奋的办学成绩，正如今天他轻描淡写地说的，那些升入世界名校、中国名校的学生，他们身上所具有的国际竞争力、学术素养一定会使他们在未来闪闪发光，一定会成为杰出人才的。

今天我们看到的深圳中学，不是校长独自扬帆远航，是在校长引领下，师生一起出海，共同远航，为了共同的价值追求，为了实现学校共同的理想，为了让每一位深圳中学毕业生能具备国际竞争力，能实现自己的人生梦想。

深圳中学：让我们一起远航……

深圳中学坚实的改革，稳步的前行，赢得了专家的好评，同行的高度认可，社会的高度评价。尤其深圳市政府委托它建立了深圳科学高中，我觉得是一个创举，更是一个信任和期待。我想如果我还年轻，我会渴望成为深圳中学的学生，可惜我不年轻了。但是我是一位校长，我渴望清华附中能与深圳中学一起扬帆远航。谢谢大家！

（作者系清华大学教授、清华大学附中校长）

突破围城：卓越高中的使命与追求

戚业国

各位校长，上午好。今天把我安排到这里，我感觉是压力山大。压力大在哪里呢？前面的两位是才哥加帅哥，我后面怎么办？刚才我们在会间休息的时候，几位校长议论到，占宝校长是有名的江南才子，殿军校长是数学家，清华大学数学系的教授，博士生导师。搞数学的人智商都是很高的，所以我们谁也不要跟他比智商。其实殿军校长除了智商高，他的歌唱得非常好，也很美。我想了半天，两位才子帅哥，我在后边怎么办？我想了两个办法，一个办法，把我 40 岁以前买的一套西装，只穿过一次，今天是第二次穿，拿出来了。尽管知道，穿上去也不年轻，也不帅，但稍微装装样子。第二件事，我想了这个办法，我跟他们讲不一样的角度，你们讲办学，我来讲思想。

我点评的题目是《突破围城，卓越高中的使命与追求》，我希望从另一个角度来解读王占宝的教育思想。我理解，王占宝教育思想的核心，在于他是做了一次，不敢说非常成功的，对中国高中教育所面临围城的一个突破。这是值得我学习和欣赏的，这是这一种突破的精神。

我们是谁？

今天在座的都是全国大名鼎鼎的名校长，我们一起聚在这里，我们是不是该追问一个问题，我们是谁？我们每天都纠结在高考的竞争中，其实高考名校，引以为傲的北大清华人数只不过是窝里斗的零和竞争的结果罢了。中国就招那么多的清华北大，升学率、高考，我们天天挂在嘴上，对我们这些顶级的高中来讲，无非就是你多一个我少一个，他多一个他少一个，有什么意思呢？我们承担着民族使命的重点高中，我们需要回到原点，思考我们这些高中，这些名校存在的意义和价值到底在哪里。如果不能确立我们自身的社会意义和价值，如果不能找到我们自己，走向消亡将是不可避免的。

谁杀死了芬兰?

为什么需要重点高中?需要我们这些高中干什么?今天需要回到原点来思考我们的教育。

随着标准普尔将芬兰的主权信用评级从"AAA"下调至"AA+",芬兰总理亚历山大·斯图布(Alexander Stubb)发表了一段话,他说:"我们已经有两个冠军倒下。听起来可能有点荒谬,但我想说 iPhone 杀死了诺基亚,iPad 杀死了芬兰造纸业,但我们会卷土重来。"我倒不想去探究芬兰的教育,芬兰的造纸业和诺基亚,我只想在这里表达一种我的想法,是谁杀死了诺基亚?谁杀死了芬兰的造纸业?是他自己杀死了自己,而不是苹果杀死了它。任何一个社会机构,任何一个社会组织,如果不能适应时代,不断寻找自身的意义和价值,当价值和意义丧失的时候,就是被社会所淘汰的时候。

为什么需要重点高中?

我们顶礼膜拜的芬兰教育,为什么发出这样的感叹呢?所以今天,我们需要回过头来思考,为什么需要重点高中?当然现在的名称有很多说法,但无论怎么改,建立重点高中类似的体制,是世界各个国家通行的做法。

这样的做法有三个基本的社会假设:第一个假设是,我们把最有天赋的学生通过选拔,给予他们最好的公共教育,在他们个人获益的同时,社会将会获得最大的回报。虽然他多占了,但因为他的多占,我们每个人会增加很多,因此我们不妒忌他。

第二个假设是拔尖创新人才的社会价值在不断地增大,培养卓越人才,已经成为一个国家竞争力的一个突出表现。没有这样的高中教育体系,没办法培养拔尖创新人才,没有拔尖创新人才,就难以维持国家的竞争力。

第三个假设,为不同学生提供适合的教育,现代教育是批量生产的教育,那些智商高,情商高的学生,需要不一样的教育。

未来对人才要求的变化

未来科学技术的发展将表现出两个相反趋势:创造和创新变得越来越困难、越来越复杂,所需要的知识、能力准备越来越多、越深;使用或应用变得越来越便利、简单、自动化,作为使用者所要求的知识经验与能力越来越少、越来越低。

为此世界英才教育与大众教育分化越来越明显、越来越突出，英才教育面临更大的学习压力，大众的教育更加强调轻松活泼。

中国卓越高中的当代使命——奠基国际竞争力的中国拔尖创新人才

国际的——以国际的准则评价我们培养的人才，反思我们教育的优缺点；

中国的——具有中国文化的根，服务于中华民族伟大复兴（发出世界中的中国声音）；

拔尖的——智力、精力、勤奋、学力具有突出优势，具有更好个性特征；

创新的——创新思维、创新勇气、创新习惯、创新方法、学力基础。

如何培养这样的人才？

考取更多北大清华不意味培养的学生更有国际竞争力、更有创新能力和素养；

掌握更多知识、考出更好成绩不意味更有竞争力和创新能力素养；

获得更多奖励同样也不意味着更有未来国际竞争力和创新的素养和能力；

让学生成为人，成为对自我价值和意义觉醒的人，成为保有兴趣、好奇和生活热情的人，成为会思考会创造的人。

中国卓越高中的围城

定位的模糊与冲突形成高中密不透风的围城；

普通高中的使命与责任是什么？提升素质？升学和就业预备？还是配置人的社会地位？

"基础性""预备性""配置性"三面高墙围城了普通高中烦恼的围墙。

今天高中突破围城需要对高中使命与责任的明示，需要清楚自己是谁？要做什么？需要什么？

突破围城——王占宝校长和深圳中学的努力

明示自己的使命——建设学术性高中；

国际品质——以国际一流高中、国际对拔尖创新人才认识和理解为育人的基准；

中国精神——坚守中国的本，国家民族教育、中国文化教育、中国振兴使命教育；

学术育人——用学术思想方法、学术知识和探究活动锤炼人（未必以学术为职业，未必都是科学家）；

奠基基础——高中阶段的责任在于奠基；

困难、反思与展望

体制性围墙捆住探索的手脚，只能是"螺蛳壳里做道场"，以"修补"为特征的改革探索；

卓越高中到了对自身定位与使命重新认识的"破壳期"，外部和内部都有了突破的需要和呼声；

国家政府对现状的容忍越来越接近极限；

家长"要卓越成绩不要应试教育"呼声越来越强；

学生对成绩的期望开始降低，多样观念形成中；

卓越高中学校和教师越来越怀疑自己"荣耀"的意义和价值，开始进入价值反思期；

3.0时代的教育思想理念助推（1.0的教育给予知识、2.0的教育给予用途、3.0的教育关注体验）；

技术在推动教育全面反思：时间空间打破后的教育该怎么办？资源全面丰富的教师怎么做？交往无限的学生该怎么"管"？

高中难、卓越高中更难，做突破围城的卓越高中校长更更难。

因为困难，我更加敬佩王占宝校长和深圳中学的探索与尝试，更呼吁社会和同行给予更多支持理解和支持！

（作者系教育部中学校长培训中心教授）

南京师大附中：课程教学改革的领跑者

王铁军

南京师大附中是国内知名学校，是普通高中课程教学改革的一面旗帜。在历任校长带领下，始终坚持"促进每一位学生卓越发展""培养以天下为己任，具有创造性人格特征的人"的办学宗旨，坚定不移地继承与弘扬学校优良传统，坚持不懈地开展教育实验，走课程教学改革之路，逐步形成独树一帜、特色鲜明的人才培养模式。在 2006 年，我与占宝校长一同参加由苏浙沪三地教育报刊社筹划、组织的首届长三角校长高峰论坛活动。占宝校长在论坛上的精彩发言得到与会校长的赞评，南京师大附中课程教学改革的经验与做法得到大家高度评价。

南京师大附中的成功之路，给我们一个重要启示，名校之所以成名，就在于他的实验性和示范性。师大附中从诞生之日起，就把教育实验作为学校发展之本。该校前身是 1902 年张之洞奏设的三江师范附属学校，1917年改为南京高等师范学校附属中学，时任学校主任的教育家廖世承先生就实行了分科选课制，并提出"三三"中学制的主张，成为全国最早施行"三三"制的中学之一。当时，南京师大附中便成为教育改革走在全国前列的著名中学，成为全国最有影响的中学之一。1923 年改为东南大学附属中学，廖世承先生在东大附中办学时积极实验美国柏克赫斯特女士的道尔顿学制。在《东大附中道尔顿制实验报告》中就详细介绍了实验的方法与过程，并对该学制进行了评价，他认为，"道尔顿制的特色，在自由与合作"，"打破班级教学的制度，各个儿童得随自己的量进行，不受同班的牵制"，并"在功课指定的范围内，儿童得自动的研究"。廖世承先生认为，一所中学只有坚持教育实验，才有生命力，教师应具有实验精神。抗日战争时期，艾伟在该校主持开办中学六年一贯制心理实验班。新中国成立之后，南京师大附中继承发扬优良办学传统，课程教学改革始终走在全国前列。20 世纪 50 年代，进行高中文理农分科教学实验和四三制试点班教学改革。80 年代中期，基础教育专家胡百良校长认为，人才素质是教育目标的核心，并提出了素质教育的十条具体目标，即坚定的信念理想、广博扎实的文化基础知识、开拓创新精神、身心健康、务实作风、合作品格、社交才能、个性特长、自主能力和丰富的生活情趣。在此目标基础上，进行了普通高中课程结构改革实验。当时就提出改革必修课程，增设选修课程，开设劳动技术课课程和社会实践课程，并建立了课外活动体系，把以往只有必修课的单一课程结构改变为由必修课、选修课、劳技课、社会实践课和课外活动相结合的复式课程结构，在全国产生一定影响，得到教育部的重视。1992 年第 4 期人民教育杂志发表了《树人——南京师大附中 10 年课程改革纪实》的长篇文章，系统介绍了该校课程改革的经验与做法。20 世纪 90 年代学校进一步提出素质全面、基础合理、个性鲜明的培养目标，先后在胡百良、闵开仁、姚振松、陆一鹏等人的带领下，开展了必修课程分层次教学的改革实验。1995 年修订完成《南京师大附中高中阶段分层教学的研究与实验方案》。分层次教学就是根据教育对象发展水平的差异，通过分层要求、分层指导、分层训练、分层考评等途径，实施因材施教，促进各个层次的学生在原有基础上都得到应有发展，对每一个学生负责。分层次教学推动了教育个性化的进程，改变了几百年延续下来的传统班级授课制度与模式。回顾南京师大附中发展的轨迹，可以说是一个坚持改革与实验的历史。教育实验使师大附中这一百年老校始终焕发生命的活力，为国家为民族培养了一批又一批的杰出人才。

在新的历史时期，师大附中提出"培养未来的领跑者"的教育目标。培养"领跑者"，需要在人才培养模式上"领跑"，需要在校本化课程体系与校本化教学体系上"领跑"。顾明远先生认为，课程是实现学校教学目标而选择的教育内容的总和。日本学者则认为，课程是整个教育系统的软件。可见，课程对于学校发展，对于学校办学特色的形成、对于实现全面发展教育目标起着至关重要的作用。有什么样的课程，就有什么样的学校特色。一所学校的办学特色，在很大程度上是由学校课程结构和课程特色所决定的。南京师大附中的领导和老师充分认识到课程的价值，具有强烈的学校课程意识，长期以来致力于课程改革与教学改革，形成本校独特的办学特色和优良的办学传统，形成校本化的课程体系与教学体系。令人欣慰的是，在王占宝校长的带领下，近些年来，南京师大附中的课程教学改革又迈出可喜的步伐，取得了丰硕的成果。通过以江苏省教育科学规划"十五"重点课题"以培养创造性人格为核心的普通高中课程改革研究"、江苏省教育科学规划"十一五"重点课题"以培养拔尖创新人才为目标的普通高中校本课程实践研究"等为抓手，探索新课程的时代性、选择性与校本化，深入开展以实施新课程为特征的课程教学改革实验研究。着力打造学校课程超市，打造校本精品课程，如生涯规划课程、生命教育课程、意志力培养课程、IB国际文凭课程、创造性思维与实践课程等，并进行对话式、探究式、合作式教学模式的探索。努力做到"校长不为金钱而办学，老师不为分数而教育，学生不为考试而学习"。在"素质教育喊得轰轰烈烈，应试教育搞得扎扎实实"的今天，南京师大附中咬定青山不放松，坚定不移地走自己的路，积极开展课程教学改革实验，真正体现了名牌学校的宽广的教育视野和胸襟博大的气魄，体现了学校高品位的文化追求和深厚的文化底蕴与气质。有视野、有作为的校长也应该像南京师大附中这样，走自己的路，做课程教学改革的弄潮儿，真正成为学校课程的领导者。

（作者系江苏教育学院教授）

普通高中多样化发展的可贵探索

袁桂林

2010 年是中国教育改革年。这年 7 月，《国家中长期教育改革和发展规划纲要》正式面世了。这年 3 月，王占宝校长从南京师大附中来到了深圳中学担任校长。带着干一番事业的雄心壮志，以其多年累积的独到的教育思考，到任深圳中学不久，王校长就提出了"建设学术性高中"这一响亮的口号！恰逢其时，王校长的办学思想与《规划纲要》提出的普通高中多样化发展方向完全一致。如果说王校长的办学理念犹如开动了冲向大海的航船，那么《规划纲要》则是大海中的灯塔，大船刚刚驶离岸边航标灯就亮起来了，有了明确的明亮的前进方向，这样的航海人怎么不心花怒放！

多样化发展，特色学校建设使普通高中在混沌的"追求升学率"乱象中看到了发展机遇和前景。深圳中学这几年在全体师生共同努力下，与时俱进，不断探索"学术性"高中发展路径，总结经验，锐意进取，逐步得到国内基础教育同事的认同，并且取得了初步成效。

由于我目前承担的一项国家重大课题攻关项目是研究普通高中多样化发展，所以有幸去过两次深圳中学。如何读懂学校，读懂校长。如何实现教育家办学，摆脱千校一面，形成学校自己的特色不仅是理论研究的课题，更是实践探索的过程。

今年年初深圳中学王校长牵头申报的，全国教育科学十二五规划课题"学术性高中育人模式对创新人才培养的作用研究"得到批准，5 月 19 日召开了规模较大的开题会议。该课题是落实《规划纲要》，培养创新拔尖人才，不辱国家民族赋予学校教育时代使命的一项具体行动研究，意义很深远。王校长很善于学习，学术性高中思想的萌发和不断形成体系的过程，实际是校长带领一班人学习和专研的过程。以科研带动学校发展建设是深圳中学的一个突出特点。他们认为"学术性高中育人模式"的主要创新点是，从关注知识的受授式学习（learn）到关注思维和思想的研究性教和学（study）；从孤立的创造力课程或创造性教学到有利于创新人才成长的学校整体育人模式构建。学术性高中的育人模式，主要体现为学术性课程开设，研究性教和学过程、学术性文化氛围，以及学者型教师坚持不懈的努力等方面。要从目标、课程、评价等领域为学生打造创造性学习的环境。

现在呈现在读者面前的这本书，我读了之后感到有几个显著特点。首先，作者的坚毅不拔精神跃然纸上。有些人在质疑"学术性高中"提法是不是准确，是不是科学之际，深圳中学已经在学校工作的方方面面推进创新人才培养了。其次，宽阔的国际化视野。地处改革开放前沿的深圳，国际交流频繁多样，为学校的建设奠定了很高的平台。第三，以人为本，以生为本。建立新型师生关系仍然是当前学校工作关注的重点。书中体现的价值导向，学校工作改革思路，基于学生发展需要，真切感人，有很多创新。基于学生发展的学校社团文化，注重环境熏陶，润物细无声的师生关系等成了亮点。第四，文章体裁广泛。除了理论研究论文、发言、致辞、调查报告、心得、访谈，各展特长，反映了校长，以及深圳中学全体师生的精神风采。其中的真知灼见和典型实践案例，必将引起所有读者的共鸣，引发深入的讨论和探索。

长期以来，校际之间差别很大，加强薄弱学校建设将是我们国家一项长期的教育政策。与此同时，所谓的优质（重点）学校也应该端正办学思想，不居高自傲，要清醒地认识到，一所学校是历史形成的，是各种因素造就的，现实中，因为生源差距造成的校际差距普遍存在，在这种情况下，各级教育部门对学校评估必然要进行改革，不应该把生源的差距看作是学校业绩的差距。一个成功的学校往往是能够促进不同基础，不同起点的学生有尊严的健康发展的学校。学校的改革要从学生发展需求出发，没有最好的学校，只有最适合学生的学校。学校再也不能批量生产同样的大脑，把不同的人培养成同样的人，学校要有多种培养模式，给学生提供多种多样的选择。让生命之花如其所是地绽放！

总之，本书的出版，将为教育界同仁，以及一切关注教育事业，关注教育改革和发展的人们，带来了新鲜的空气与清新的景象。不积跬步无以至千里。深圳中学刚刚迈出步伐，王占宝校长带领的改革实践，恰似"飞鸿踏雪泥"！其敢为天下先的精神将在中国教育史上留下浓重的一页！

（此文为王占宝校长著《学术性高中的创办之路——思考与构建》一书的序言，作者系国家督学、北京师范大学教授）

媒体访谈

让学生成为载着梦想领跑的人

——访南京师范大学附属中学校长王占宝

在共和国53岁生日的时候，南京师大附中迎来了百年的庆典。35位院士校友中有17个代表光临，来自海内外的各界人士和附中师生员工一万多人济济一堂，盛况空前。

1956届校友、北大中文系教授钱理群先生的一段话特别让我心动："附中人"和"北大人"其实是有一种内在联系的，这就是永不停止对未知世界的探寻、不断有所发现的创造精神，附中是一个能够让人自由做梦的地方。

能够自由地做梦，很挥洒，很诗情，也很温馨，这应该是教育所追求的一种精神文化的品格，也应该是教育所指向的一种至真至纯至美的境界。

但自由做梦，不等于飘浮在幻想与虚无之中，现实的根基扎得越深，做的梦才会越绚烂，也才越具备实现梦想的能力。

努力为学生提供一个可以多元选择的自由做梦的宽松环境，努力让学生具备在现实中领跑的能力，南师附中就是这么一种地方。

2002年10月13日 王占宝校长在南师附中百年校庆典礼致辞

记　者：据我所知，南师附中一直以慎聘良师、锐意实验、校风诚朴、善育英才而著称，从诞生的那天起，就肩负着为国家和民族培育英才的重任。《南京高等师范附属中学简章》的第一章便写道"附属中学应社会之需要，施以切实应用之教育，养成社会中坚人物"。一个世纪的薪火相传，今天附中学生的培养目标依然是："以天下为己任，做一个领跑的人"。请问王校长，您是如何理解"领跑"的内涵的？

王占宝：领跑，从领域来说，是全方位的；从过程来说，是动态的。国家的振兴与富强，迫切呼唤各个领域涌现出一批领跑者。

附中是一所发展中的百年老校，江苏省首批国家级示范高中，中国基础教育十大名校之一。英才辈出，名家云集，校友中有顾作霖、杨超等革命先烈，有汪道涵、彭佩云、巴金等享誉世界的学者、政治家，有严济慈、袁隆平、韦钰等35名两院院士，但更多的还是数以万计的普通劳动者。他们的职业也许是平凡的，他们的成绩也许不那么惊天动地，但他们做人的态度是真诚的，做事的态度是认真的，在平凡中始终保持着高尚的追求。在他们看来，即使是扫地也要做得最好，我认为这就是最令人瞩目的领跑。

鲁迅先生说过：在运动会上，优胜者固然可敬，但虽然落后而仍飞跑至终点不止的竞技者，和见了这样的竞技者而肃然不笑的看客，正是中国的脊梁。我们就是要培养这么一种人：积极争取做"优胜者"，在做不了优胜者时，也能成为这样的"脊梁"。

记　者：领跑是一种意识，一种精神，更是一种能力。南师附中的学生来自全省各地，还有不少国外和境外的孩子，他们大多是经过层层"突围"而选拔出来的各方面基础都不错的学生，应该说具备了比较好的领跑条件。

王占宝：附中的学生的确都是经过了一定的选拔而择优录取的，但是也应该看到，一方面，各个学生的知识基础、能力水平、勤奋程度、兴趣爱好、情感态度等智力与非智力的发展水平是有差异的，另一方面，社会对人才的需求是多层次的。高中阶段作为基础教育的最高层次，在打好基础的同时，应该促使学生的兴趣特长得到充分的培养与发展，最终形成学生鲜明的个性。正因如此，我们时时感到肩上担子的沉重，每个孩子的后面有多少双眼睛在盯着，我们不能只给他们100年的辉煌历史，更得提供一种适合他们的教育。

人的发展有两种，一种是习惯性的"跟着感觉走"，一种是牵引式的"跟着目标走"。南师附中的学生是骑着自行车冲刺初三进入我校的，我们有责任、有义务给他们一个新的动力，让他们以汽车、火车的速度向前奔。这种新的动力主要指的是全面均衡而又富有个性的高层次的素质教育。

记　者：全面均衡而又富有个性，这两方面往往是鱼与熊掌难以兼得，南师附中是如何将这两者有机地融合在一起并共同作用于所有学生的？

王占宝：我们努力构建一个塑造学生创造性人格的现代育人模式，以适应学生的发展，牵引学生的发展，培养学生高质量的自我发展的意识和能力。

记　者：为什么要把"创造性人格"的塑造放在重中之重的位置？"创造"这个词现在点击的频率非常高，南师附中的"创造"与其它学校有什么不一样的地方？

王占宝：创造，原本是人类生存发展的重要特征和手段。培养学生的创造意识与创造能力应该是教育的本质追求。但是，目前我们基础教育阶段的创造教育似乎在相当程度上走向了形式主义，缺乏生命力。原因我认为有三方面：一是把创造教育定位在技术层面，有着非常明显的功利性，常常是作为盆景捧出来的；二是对实施创造教育的设计不够系统，或者说没有从教育科学的角度进行整体设计；三是缺乏操作性。

美国心理学家马斯洛认为：创造力可以分为两个层次：一种是"特殊才能的创造力"，另一种是"自我实现的创造力"。前者是具有社会价值的创造力，后者是每个人都应该具备的个人价值的创造力。对学生来说，"新的"，前所未有的，就是一种创造。但是，如果仅仅把创造理解为一些小发明小制作，或者仅仅满足于对自我的一种低层次的突破，那也是比较偏狭的。我们觉得，一个人的创造性只有将其置放到人格的平台上进行塑造才能真正形成。

我校学生的培养目标是"以天下为己任，做领跑的人"，"领跑的人"从某种意义上讲，就是具有创造性人格特征的人。因此，我们将"创造性"作为附中学生人格塑造的价值指向，努力构建起"塑造创造性人格"的育人模式，这种模式包含了培养目标、教育管理、教育内容、教育方法、教学评价等诸多方面因素的整合，它们是一个完整的系统。

记　者：培养学生的创造性人格，构建一种适合学生发展的育人模式，对一个学校来讲，应该算是庞大的工程了，它牵涉到学校工作的方方面面。对这样一个系统工程，你们选择的突破口或者说着力点是什么？

王占宝：课程的改革。因为课程在学校的一切工作中处于核心地位，教育的目标、价值都要通过课程得以实施。开什么课，选什么内容，什么样的教师以什么样的理念什么样的方式上课，这些都是课程所关注的，也是学校用以牵引学生（包括教师）、培养创造性人格的关键所在。

锐意改革是附中的传统。回顾百年教学改革的历程，20年代，我校就在全国率先实验影响至今的"六三三"新学制，率先实验中国的"学分制"，实验"道尔顿"制，推动了全国中学的学制和课程改革。此后，我校又开办了中学六年一贯制学习心理实验班，进行了高中文理农分科教学实验、四二制试点班教学改革等等。"七五""八五""九五"期间，我校连续承担了国家级的重点课题，在选修课程、活动课程、环境课程的增设、强化、开发方面，在必修课的分层次教学方面，为中国基础教育课程改革提供了比较有价值的经验。进入新世纪以来，我们又在培养学生创造性人格等方面进行了卓有成效的探索。

记　者：这种探索落实到在课程方面，有些什么特点？

王占宝：主要表现在多样性、层次性、选择性上，即建立起符合时代发展趋势的、满足学生个性发展的、具有多样性、层次性和选择性的课程结构。

首先是开设了选修课程。我校的课程改革是从1980年开始的，那时刚刚恢复高考，许多人正忙着补课，我们已经在全国率先增设选修课程、压缩必修课程了。最初选修课每周4节，占总课时的11%，到1992年，可选择的课程（包括必修课）已占总课时的72%。当不少学校至今还在为师资、课时、教师精力等方面的困难发愁而无法开展选修课的时候，我们已经在选修课的道路上义无反顾地行进了20年，共开设了113门选修课，目前每学期平均都有55种左右。我校的选修课程，按照时间分，可分为长期（以学年计）和短期（以周、月或学期计）、定期与不定期；按照规模分，可分为大型（50人以上）、中型和微型（20人以内）；按照课程内容分，可分为学科类课程、活动类课程；按照授课方式分，可分为以课堂讲授为主、以课外活动为主、课堂与课外相结合等等。

其次是增设了社会实践活动课程。1983年，我校在全国率先开设了为期一周的社会实践课；1985年，推出5月文化节等大型校园文化活动；1989年，初步形成文化节、科技节、合唱节等校园文化系列活动。现在，我校的综合实践活动课程已形成体系，包括学校大型活动、学科性活动、社团俱乐部或兴趣小组等三大板块。如学校体育节、科技节、文化节等大型活动，诗词诵读比赛、话剧表演、英语短剧会演、演讲比赛等体现学科特点的学科性活动，学生剧社、树人文学社、记者团、天文活动小组、航模活动小组、环保活动小组、无线电测向小组、头脑奥林匹克活动小组、机器人俱乐部、民乐团、摄影爱好者协会等数十个学生社团和课外活动小组。

第三是必修课的分层次教学。1992 年，我们开始将国家规定的每门必修课目按课程水平的标准，分为 A、B、C 三个层次。其中，A 层次的科目，学校单独制定相应的教学大纲，高于国家课程标准，鼓励教师综合国内外优秀的教材进行编写和组合，培养学生研究、分析并创造性解决问题的能力，以及将自己探索到的规律或结论以论文、科技实验的形式表达出来的能力。B 层次的科目，其标准参考国家教委颁布的必修与选修的综合要求，允许部分学科在可接受的原则下适当增补内容，如英语学科，增加新概念英语、欢乐英语、原版国外教材等。C 层次的一般是参照国家教委颁布的必修教材，并在此基础上增加趣味性、应用性知识，特别注意增加与学生生活密切相关的、与社会进步经济发展密切相关的内容，重在培养学生积极参与的意识、全面发展的能力，初步领略到科学研究的一般方法与途径。比如文科学生选的理、化课程，理科学生选的史、地课程。当时附中的学生并不参加会考，没有高考预选落榜的危险，在文理分科的时候，这些都不是考试的科目，但我们还是开了这一个层次。实验 10 年以来，我们多次研究、调整各层次的培养目标和教学内容，大范围的修正就有 3 次，力求科学合理，力求与时俱进，力求进一步适合学生的发展。

记　者：有不少学校把分层教学搞成了功利性的选拔教育，面对的是少数尖子学生，一些在 B、C 层次学习的孩子，常常自卑灰心，家长意见也很大。南师附中的每一个学生都有一张个性化的课程表，这种分层教学是真正的以学生为本的按需施教。我想，为什么钱理群教授说附中能够让人自由做梦，很大一部分原因就在于附中为学生高质量的人格成长提供了更多的选择。

王占宝：中国现行的教育太多地桎梏了人的创造性和灵性。中学生正处于一个应该自由做梦的年龄，却被我们的一些学校塑造成了只会背书、做题目以应付考试的"机器"，他们接受的是大一统的教育，他们的梦缺少色彩，缺少激情，缺少诗意，这是教育的悲哀，也是民族的悲哀。胡适先生说：生命本没有什么意义，你要能给他什么意义，他就有什么意义。

南师附中就是要给学生创造性发展的意义。

实施必修课的分层次教学以后，打破了原有的一本大纲、一个教师、一间教室、一张试卷的班级授课制，按照学生的选择重新组织教学班，不同层次的教学班在教学大纲、教学内容、教学要求上有所不同，但最低的层次仍高于国家的要求。我们鼓励学生根据自己的兴趣、爱好、志向、能力、综合水平等进行自主选择，并且允许学生根据自己学习的状况不断调整学习的层次。这样，学生真正成为学习的主体，同时，教师的课程实施水平有所提高，工作责任感也不断加强。因为每个教学班的学生来自各个行政班，学生之间交流的空间扩大了，可以更方便地了解每位老师的教学情况，随时通过本行政班的同学索要其它层次班的有关资料，有目的地选择任课教师和课程内容，绝大部分学生对这种一到课间就拎着书包满楼跑的有选择的学习生活充满了兴趣。

记　者：这种可以让学生自由选择的"课程超市"，为丰富和完善"因材施教"的教学组织形式提供了范例。历史上，我们有那么多宝贵的经验，现实中，我们也有很多人孜孜以求，比如说"因材施教"，应该是最符合教育本质规律的，但是，一碰到"应试"，教育的一种本源的东西就被忽略了，价值观念就发生了偏差甚至扭曲。

王占宝：在高考压力的挤压下，我们的价值观念也曾发生过漂移，也有过许多困惑。在新一轮课程改革的背景下，我们进行了全校性的认真反思，大家认为，课程是学校有意识地对学生施加影响的总和，这种综合影响只能从符合社会发展需要和学生个人发展需要的原则出发，而不能从其它的原则出发。因为，一旦屈从于世俗的价值观，一旦把学生的和谐发展抛在脑后，我们就再也不配做一个教育工作者！

所以，进入新世纪后，我们在课程框架的构建和课程内容的整合方面又做了一些新的探索，这种探索和调整主要体现在课程的校本化方面。也就是通过与时俱进的校本化课程的创设与实施，努力促进学生高质量的人格成长。

校本课程大致有两种形态：一种是"校本的"课程开发，这是学校对课程的实施进行整体决策、在符合国家课程标准的前提下，对国家规定的课程进行适应性的选择、改编和新编。近年来，我们提出要从创造性人格培养的角度，以问题解决为中心，将研究性学习的理念、策略和方法引进正常的课堂教学。教师们付出了很多心血，对国家规定的核心课程进行了创造性的校本化实施。从这个意义上讲，我校内部所有的课程都是校本的。

校本课程的另一种形态，是根据国家规定的校本课程开发比例进行的课程开发，这是相对国家课程而言的课程板块。这一块比较灵活，有较大的空间，也更能体现出学校的个性和特色。对此，我们进行了一系列的思考与实践。

首先是国际视野的拓宽。我们认为目前教育的国际化是教育现代化的重要突破口，因此，我们注重在学科中设置突出国际文化理解、进行中外文化比较、尝试双语教学的课程群。在选修课上，可以直接用国外优秀的原版教材进行授课，平时的教学中，也注意将国内外先进的成果糅合起来。这对教师的要求是比较高的，为了提高教师的素质，我们把教师的出国培训作为一项重要的工作来抓。全校 138 个专任教师，近些年来有 79 人到国外讲学、考察、进修、工作一年以上，一般是美国、日本和澳大利亚，每个人回国后都要提交一份考察报告或开一个讲座，介绍国外的经济社会和文化教育情况。另外，还有 37 个外籍教师先后在我校工作一年以上，近三年来在我校留学、访问交流的外国学生 3500 多人。附中学生的英语素质比较高，不少学生参加大学四级英语的测试，通过率一般保持在 90% 左右。

第二是网络选修课程的开设。为了进一步帮助学生关注社会发展、关注科技动态、增加人文修养，我们特别重视在传统的课堂教学中引进计算机技术和网络资源，发展网络课程。2002 年，我们在全国率先推出了四类网上课堂："世界风云"主要面向对政、史、地有兴趣的同学；"科技动态"侧重于选修数、理、化的同学；"附中绿网"则注重对学生进行环境教育；"艺术触点"大部分是由语、音、美三科的教师开设。充分利用网络信息，提供 24 小时在线学习的可能，实现了无时间限制、无教室限制、无班级限制、无年级限制、无人数限制的共同学习的网上教育，体现了以网络为教材、以网络为教室、以网络为教师的信息时代的教育理念。当然，目前开设的这些课程内容上还单薄了些，教师工作的难度增加了很多，学生由于种种原因的限制浏览得也不很普遍，但作为一种引导、一个方向，应该是很有价值的。

第三是在校本课程中加强了培养学生意志力方面的内容。"领跑的人"首先必须具备百折不挠的顽强意志，有时候，苦其心志、劳其筋骨、饿其体肤、空乏其身也是很有必要的。近年来，我校成功开发了高中学生 10 公里跑、31 公里跑、51 公里跑递进的系列课程，车辆的安排、道路的确定、医疗、纠察、安全等所有工作都是学生独立完成的，这对锻炼学生的意志、培养学生的团队合作精神起了比较大的促进作用。

我们在课程形态的开放性上也做了一些尝试。我校的课程常常是跨班级、跨年级、跨学校的，注重与职业高中的沟通，与非重点中学的沟通，与高等院校的沟通。根据学校课程由教师开发与充分利用社会资源相结合的原则，我们广泛借助社会教育资源，争取南京市其他学校的教师，包括职业教育类学校的教师、在宁高校和研究所的教师、特殊课程的社会各界专家的鼎力支持。仅2001—2002的一年间，就有40位专家教授到我校开设讲座。最近，我们将钱理群、王元、杨乐、龚昇等著名学者的讲座内容编辑成书，出版了一本《在南京师大附中听讲座》，许多学生爱不释手。另外，我校的学生还可以选学南京大学的部分课程，适应了学生多层次、多选择的需要。

至于校园环境，我们也是将其作为一门课程进行开发的。事实上，南师附中的文化本身就可以成为一门具有独特个性的、影响力甚大的课程，其历史、校友、个性、精神包括校园环境，都有很大的生成性。一年来，为了庆祝学校的百岁生日，我们在环境建设方面投入的资金比较多，建设的宗旨是以人的充分、优质发展为本。校史室是比较气派的两层的玻璃大厅，面积有近千平方米，可随时向社会开放，市民可以参观，学生可以在里面上课、散心；校园内有一条蜿蜒的小河，造型各异的石块一直通到清浅的水中，学生可以在水边赏景、读书；绿茵如丝的草地任由学生徜徉，还有林间的鹅卵石小路，小路边色彩绚烂的休闲椅，以及严济慈、袁隆平、巴金、鲁迅等的塑像，这些其实都是一种开放式的课程，默默地又是生动活泼地散发着陶冶情操、愉悦身心、放飞理想的力量。我校的门卫是比较宽松的，星期假日，周围的居民们携儿带女，像逛公园一样地品味其间，兄弟学校的中、小学生来得更多，他们并不一定是要考附中，而是为了感受这一种氛围。附中民主、宽容、开放、大气的文化精神由此可见一斑。

记　者：南师附中在课程框架的建构和课程内容的整合方面的确探索出了一条很有特色也很有价值的路径，促进了学生生动活泼的发展。但从另一个角度讲，自由度太大，有时是否会失之散漫，缺少规范？听说附中的教师是不坐班的，这在全国来讲似乎并不多见，你们对教师如何进行考评？附中的学生因为可选择的课程比较多，占了一大半，他们的学业成绩又如何计算？这就涉及课程的评价与管理的问题了。

王占宝：学校层次的不断提高，肯定是由科学高效的管理体系和评价体系支撑的。宽松不等于放松，自由不等于放任。我校的宽松自由，是教师、学生在学校科学而具体的指导与规范下的自主状态。他们在精神上是宽松自由的，学术上是宽松自由的，人生的状态是快乐向上的；但是他们的抱负是远大的，治学是严谨科学的，为人是正直诚信的。在充分信任教师和学生、建立了一整套师生自我成长激励机制的基础上，对教师的评教制和学生的学分制，成了学校管理的两块基石。我们制定了学生评教师的12项指标，其中课堂氛围是否宽松，学生思维能力是否得到培养，提问能否让人耳目一新等项占了很大的比例。在学生方面，我们从2002年开始，在全国率先试行新的学分制，以帮助学生科学地规划人生，完善自己的素质结构，同时，也力求以此科学地评价学生自主发展的状况。

　　记　者：现在中学生中流行着一句被篡改了的歌词："起得最早的是我，睡得最晚的是我……最苦最累的是我是我还是我。"附中的学生既要面临着严峻的高考，还要参加这许多的选修课和课外活动，他们感到累吗？我在高中部班主任的办公桌上看到每个学生都有一本成长记录，作为他们必须完成的作业之一，每天、每周、每月都要填写相应的内容，这对学生来说，是不是又多增加了一重负担呢？

　　王占宝：南师附中学生的课业负担相比较而言是属于轻的。我们注重提高课堂效益，双休日从不补课，也不搞题海战，死的作业不多。但是，有利于学生全面均衡而富有个性的发展的活的作业，我们觉得一点也不能少。

　　创造性人格的重要特征之一，就是积极的自我主体成长的意识和能力，这种意识和能力是需要养成的，而养成又必须依靠一定的机制，《南京师大附中学生成长记录》和《南京师大附中学生成长佳作集锦》的配套使用，就是激励学生自觉成长、高质量成长、高效率成长的一种方式。人的成长，有的靠的是目标牵引，有的则是随波逐流，《学生成长记录》很明显是属于前者。比如，高一年级的开篇就是"在附中，我种下一棵理想树……"，内容包括本学年目标、高中阶段目标、支撑理想树的素质要求、与家人老师同学好友共同探讨你的设计等几个部分。另外，每周都有自我规划和总结，每天都有经历、体验的简要记载。而《佳作集锦》则搜集了学生的读书笔记、各种活动方案的设计、活动照片、获奖证书等。学生不是在做作业，而是经常点数自己进步的果实，在点数中不断自我激励，不断提高自信心。这不是作业本，而是一本学生自己的成长史。试想一下，老师、家长翻阅《学生成长记录》的心情吧，再试想一下，当学生中年甚至老年时欣赏自己在附中时的成长记录的心情吧。成长中的一切其实都是生命历程中的一笔宝贵财富，即使眼前需要多花些时间，也是值得的，因为它是培养学生创造性人格的一条有效的途径。

记　者：您讲的这些，凝结着长期以来您对教育的许多思考，很理性，又不乏诗情。听说您曾经在苏北的江苏省上冈中学做了 6 年的校长，后来调到南京第十三中学当校长，现在又任南师附中的校长。这三所学校虽然都是省和国家级的重点中学，但办学条件、培养目标、知名度毕竟不太一样，所以有人说您在比较短的时间内完成了中学校长位置上的"三级跳"。请问，南师附中这一"跳"对您来讲意味着什么？您有没有一种压力感或者其它的感觉？

王占宝："三级跳"的说法其实不怎么准确。1998 年我从上冈中学到南京市十三中时，是一位任教双班课的高中语文老师，半年后经组织考察，才担任了校长工作。其实，我觉得自己最适合的还是做语文教师，每上一节课都有一种创造的快乐，跟学生在一起自己感觉到永远充满青春的活力，又感觉到精神上的宁静，做校长没有这么多的自信。

我非常喜欢惠特曼一首诗中的两句：我把我自己赠给泥土，然后再从我所喜爱的草叶中生长出来。我像小草热爱土地那样热爱我的工作，又像小草那样把自己看得很轻，所以，得失之类的就不很放在心上了。

记　者：您到南师附中做校长，是否也是这样一种心态？

王占宝：在这样一所学校当校长，我感到非常自豪，同时也有一种沉甸甸的责任感。事实上，任何一个附中人，面对着百年的历史，面对着昔日的辉煌，面对着前辈和贤达，面对着这样一批优秀的老师和学生，都会产生一种强烈的责任感。但是，我并不茫然，也不恐惧。还是刚才那个比喻，我是小草，在附中的丰厚历史底蕴和充满勃勃生机的现实的土壤中，我是一棵小小草。我给自己的定位也不高，但我热爱这所学校，我热爱这份事业，我会努力汲取各方面的营养，不断地充实自己，和附中的全体师生员工一起，争取实现学校新的跨越。

附中的小草应该是从附中精神的土壤中生长起来的。百年附中，其一脉相承的精神到底是什么？如何继承并发扬这种精神？这是我到附中之后最先要思考的。所以在到附中不久的一次晨会上，我作了题为《附中精神的追问》的演讲，表达了我对附中精神的理解。

南师附中被称为"中学里的北大"，她的校长不应该是"一言堂"、"家长制"式的校长，这样做太容易了，但这是对附中品格的降低，也是对我人格的降低。因为一个人要让别人盲目地服从以维护自己的尊严，体现自己的价值，说明你已没有了其它的招式。校长的价值在哪里？教师和学生高质量、高层次的发展，就是我校长的价值。

我现在每天都要在校园里走几趟，感到最快乐的时光就是早晨学生在长椅上读书，中午学生老师家长在老树下交流，傍晚许多老教师和校友坐在河边的椅子上，年轻的教师抱着孩子在校园中散步，阳光洒在他们或者花白或者乌黑的头发上。我常常问自己：我能为教师们的发展做些什么？我能为学生们的成长提供些什么？我这任校长应该为学校做些什么？为此，我不敢稍有懈怠，深恐辜负了附中几千名学生和教师。最近，我们在江宁风景优美的九龙湖畔有一个占地 512 亩土地的新校区已经奠基，我们将努力把新校区办成一所能够充分满足学生和教师高质量发展需要的，在国内有重大影响、国际上有一定知名度的现代化、实验性、示范性的学校，一个宁静、朴素、开放、充满生机活力与文化内涵、能够促使学生全面和谐发展的场所。这是附中新百年事业发展的一个重要的起步。

记　者：南师附中是一个百岁的老者，睿智、大度、沉实，又是一个年轻的小伙子，通体散发着青春的活力。听了王校长的这番介绍，的确有很多的感触。教育原本是一件非常有意思的事情，教师与学生都是一群活泼泼的生命，每天都在与未知的世界对话，每天都应该在充满艰辛而又快乐的创造中获得共同的成长。我觉得，附中之所以能够让人自由地做梦，又能让人回到现实做一个领跑的人，这是学校百年来延续并发扬光大的一种朴实大气民主科学、锐意改革敢为人先的文化精神的必然。衷心地祝愿附中把握发展的机遇，实现新的超越。

衷心祝愿南师附中把握发展的机遇，实现新的超越。感谢王校长接受我的采访。

（刊于《江苏教育研究》2003 年第 1 期，记者 宣丽华）

未来不是我们要去的地方，
而是我们要创造的地方

《涅槃周刊》（以下简称"N"）：可以请您谈谈在南师附中担任九年校长的一些经历和想法么，甚至是关于它的优势和劣势。

王占宝校长（以下简称"W"）：南师附中是一所历史很悠久的学校，建校于1902年，当时是我们国家新学制以后的首批现代性学校。它的前身是国民党政府中央大学的附属中学。我一直希望可以秉持它原本的传统。这个学校的学生也很有社会责任感。他们校歌的第一句就是"社会中坚，学校栽成众"，他们的校训是"嚼得菜根，做得大事"。

这让我印象很深刻，一个目标如此远大的学校的校训竟然如此朴实，一点也不咄咄逼人。

这可能和南京这个城市是六朝古都，文化积淀非常深厚有关系。

2015年6月24日，王占宝校长面对海内外著名设计师发表《面向未来的深圳中学》演讲

可以说新学制以后，我们国家课程改革都是在这个学校开始的，比如说现在的"六三三学制"（小学六年，初中三年，高中三年）。这个学校可以说是中国现在教育发展的缩影。但这个学校也有令我困惑的地方。南师附中被称为"中国中学里面的北大"，自由、民主、批判是它文化的主导。但它也有一种"为了争论而争论"的气氛，尚清谈，不尚实干。而且由于它的时间很长，也形成了一定的程式化，有些欠缺活力。这点我感到深中和南师附中可以互补。

N：您今天早上的演讲里面就有提到深中的学生"丰富、自主、活力、灵动"，想请问您是如何得出这个结论的呢？

W：罗亦龙给我看了你们的《涅槃周刊》，之后我又看了《新深中》、《深中日报》和《绿屋》等媒体，也和王秋人同学（《新深中》主编）接触过，我的第一感觉就是这里的学生很主动。他们对自己所从事的工作有一种宗教般的情怀，他们不是为了学分，而是出于对这些事情的喜好。我还觉得他们很具有专业性。我看了你们对薛老师和江老师的采访，觉得薛老师是一个对深中的教育改革充满热情，而又能理性思考的人。江老师也很有热情，但他的热情是迸发出来的，如果能更"有序"一些就更好了。当然我不是在点评这两位老师，而是在点评你们的采访。我也和单元主席接触过，还到咖啡屋喝过咖啡，可是没喝成，到我喝的时候刚好咖啡机就坏掉了。比起喝咖啡，我更关注他们怎么处理。他们就告诉我说"咖啡机坏了，你是不是换一杯其他的"。

很多东西我现在了解得还不是很深入，但至少目前我的印象就是这个学校很灵动、很有活力。虽然我已经快要到"知天命"的年龄了，但是我内心、还是希望可以创造一些灵动丰富的生命。我刚来深中时，有一天坐在办公室里听到楼下球场的呐喊声，我都热血沸腾啊，也很想加入他们。

N：在刚宣布了您是下一任深中校长的时候，学校里充满了对您到来的"狐疑"和"不安"，正如您今天在晨会所说的那样，您知道这些舆论么？有什么想法或回应呢？

W：知道的不是太多，但我上贴吧看了看。我想根据我在贴吧上看到的和我自己的猜想，同学们可能会有些担心，因为我来自南京，在他们眼里是"内地"来的校长，可能会比较保守。第一，怕我会改变现状；第二，怕我会专制；第三，觉得我是不是想"有所作为"。你们觉得呢？能不能说说你们的想法？

N：很多人都关心一些比较具体的事情，比如校服、头发、手机这些东西会不会被限制。也有很多人关心深中的改革会不会因为换校长而夭折了。

W：关于这个问题我想系统地说一下。铮哥走了，大家都希望来的是"宝哥"。这个称呼可以看出同学们希望我会平等地、近距离地接触他们。但我也要说，我希望我是"吉祥三宝"。

第一个是"宝哥"，这是没有疑问的，如果我不认同（深中），那我来这里做什么呀？

第二个，我自己的孩子现在在英国读研，所以我对于你们来说应该是叔叔辈的，也就是"宝叔"。我对你们的态度有宝哥的，也有你们父母辈的。我也希望把我们这一代人对生活的体验，对你们有用的东西提供给你们选择，但不逼迫你们接受。我跟我儿子交流得还是不错的，所以我也能理解你们这个时期的一些想法。

第三个就是"宝师"，我是个老师啊，我需要耐心的倾听学生的表达，我需要尊重你们；但是我不能迎合你们。我不能因为你们叫我"宝哥"我就迎合你们。我也更不能迁就你们。为什么呢？因为这是"宝叔"和"宝师"应该承担的责任。作为一个长辈，我应该对孩子们负责任；作为一个老师，应该对学生起一个引领、指导的作用。这也是一个学校的"教育力"。如果我们一个学校对孩子们没有引导没有指导，那这个学校的教育力就很成问题了。我希望尊重你们，也希望把正确的意义告诉你们。我也希望为你们提供有用的帮助和指导。

我认为真正的教育不是让学生现在感到很 OK、很开心就行了。如果一个学生到了高三的时候对高一高二没有什么追悔了，一个高三的学生离开深中以后觉得自己没有什么遗憾，一个学生到了大学以后还觉得深中的教育对他专业和未来的人生有积极的作用，那我认为这就是成功的教育了。而不能说仅仅你们在高一的时候感到高兴、感到开心，这是一方面，但这不是真正的自由、真正的开心。希望同学们不要担心发型、校服、手机、外卖这些问题了。如果同学们感到这些很好、很开心，并不影响我们的成长和健康，那为什么校长要做大家都不欢迎的事情呢？那是脑子进水了。但我也要举个例子，上一个礼拜一的单元集会让我比较失望。那已经是集会开始了，迟到的同学很多。老师和同学已经开始在台上讲话了，台下有些同学在玩手机，有的在若无其人的交谈，甚至有同学在教室里跑来跑去。当然这个责任不能怪我们的学生。第一，我们集会的内容对学生的重要性怎么样？是不是有意义的？第二，我们开始的时候有没有把规则告诉大家。第三，他开始违反规则和不尊重其他人的时候，我们的老师和单元内阁有没有担负起管理和规劝的责任？

我这样说，我会坚持应该坚持的，好的东西为什么不坚持呢？最反对中国改革的"瞎折腾"。我们政府的力量太强大，没有去计算折腾的成本。有些桥和房子，才建了几十年又要炸掉了，这些还算进GDP里面。我要坚持该坚持的，绝不瞎折腾。这是一个领导该有的理性。

第二，改进该改进的。有些东西是需要改进，如果不改进，我们怎么发展呢？

第三，实现该实现的。我们要有目标。我希望同学们不要担心我们一些充满活力的、甚至代表深中精神的东西会被改变。

N：您对深中过去八年的改革有多少了解呢？对其中一些措施，比如说走课制、单元制，有没有什么想法或评论呢？

W：我对走课制也有一些了解。走课制也叫"分层次教学"，就是跑班上课。南师附中也是最早实现这一措施的学校之一。单元制呢，深中是首创。不知道你们对单元制有什么想法呢？

N：单元制是学习了英式私立学校的"学院制"，您如果看过《哈利波特》就会知道，单元制就像里面的四个学院。每个单元都有自己的价值和意向。比起班级，单元能有一个纵向的传承。而且现在单元和体系是挂钩的，一到四单属于常规体系，五、六单是自主体系，七单是竞赛体系，八单是出国体系。

W：深中有好些方面不是一种渐变的改革，是一种突变的改革。就像你用一个榔头在墙上砸洞。但把洞砸开不是我们的目的，我们还要安上一个窗子。我会尽快地了解更过。但我相信教育这个东西是共通的。我也想问你们一个问题，你们是因为深中是一个改革的学校，所以才报考深中的吗？

N：也不一定，其实当时我初中的老师是极力反对我报深中的。

W：我希望你们把这个问题反映一下，我们学校现在所面临的社会压力是空前的。

希望大家不要不知不觉地政治化、意识形态化。认为我们是改革所以就有自豪感。可能你们在这方面（改革）的意识比较强烈，但是大部分沉默的同学不是来改革的，他们是来通过深中使自己人格健全，最重要的是学业得到发展。这点是不可否认的。

N：其实我们选择深中也不是因为想要参与改革，而是选择她自由开明的环境，并不是说我们真的那么有献身精神要来参与改革。我之所以选择深中是因为她所倡导的公民教育是我很认同的。

W：你说的这个可能也是其他很多同学的想法，你们都希望有思想自由、环境宽松，

希望学业进步，希望为美好的人生打下基础。在这些方面里，对于普通的学生和家庭来说，学业可能才是最重要的。你刚才说初三的时候有人动员你不要报考深中，这是一个很严重的问题。我来了之后开通了校长信箱，接到了很多家长的意见，大多是来自初中的家长。

08 年的时候我们学校少招了一百多人，我们的分数线低于外语一分。去年我们比外语低 16 分，比实验学校低 10 分。那意味着什么？整个深圳市一大批优秀的学生没有选择深中。以前是我们比他们高十多分，现在居然比他们低十多分。有些学校就拿这个做文章了。从高考来看，就我所知，在全国的这么多名校里面，如果重点率低于 80%，一般来说是不会得到一流学校之间的认可。在这些名校里面，重点率 85% 是很平常的，低的也有 80% 左右。那我们广东省的华南师大附中是 85%，省实是 80% 左右，我们是 65% 左右。当然我们招收的人数比较多。深圳中学是深圳市一流的学校，广东省一流的学校，还是我们中国的一流的学校。所以我想只有学业发展才是一个学生发展的基础，

一个人的全面发展只有建立在学业发展的基础上，这个全面发展才具有更深刻的意义和更长持久的价值。如果没有这个学业发展，那技术学校不是比我们更宽松么？艺术学校、体育学校不是比我们的艺术、体育更专业么？我为什么今天上午提出一个学术性高中。我们的定位是什么？是培养未来具有学术素养、专业精神的人。我们说深中学生是中国最有活力的、最自由的、最有个性的，是这样的吗？放眼全国有这么多的名校，北京四中，人大附中，成都七中，华南师大附中，灿若星河啊。这些学校多少年来培养了多少基础的人才，为国家和民族做出了很大的贡献。你说他们学校的学生都没有活力吗？没有自信吗？没有个性吗？不是的。这些都是名校学生共同具有的特质，但到了高校以后，到了社会以后，最重要的还是专业素养。只有高的学术素养和专业精神才能在更高的层次为这个国家和这个社会做贡献。所以这一点我始终希望通过你们告诉我们的学生，我们是自由的、个性的、有活力的，但我们深圳中学并不是唯一的。中国有许多的

名校，他们培养了很多基础的人才，我们不能过分地自我欣赏，不能忽略了我们学业成绩。

像美国这样自由的国家，他们对学业的重视程度是怎样的？今天早上我提到的例子（中美优秀高中毕业生PK），这不就是我们一直在鼓吹的素质教育吗？我们现在的素质教育脱离了科学文化的素质。以为一些表演性的东西就是素质教育的全部。这就是我们民族未来的精英吗？跟美国总统奖的获得者一比，美国孩子的那种成熟干练专业，立马就让人感觉到了落差。看到你们的报道以后我是蛮欣慰的，我也看过附中学生写的东西，作为一个校园媒体，你们给我的感觉有一种专业性。假如以后你们真的从事这个行业你们就会知道，一般的记者实在太多了，真正有分量的记者是具有学术素养和专业精神的。

你一看著名的记者拍的照片就是不一样的。我看过"影响世界的一百张照片"，其中一张就是越南战争一个小女孩哭着跑的照片，就这张照片影响了整个美国对越战的态度。

我听说每年我们学校不少学生考上深大，是吗？

N：一百五到两百吧。

W：太多了，我们应该有更多的学生考到更好的学校。你们应该都是移民的后代，你们的父母之所以能在深圳立足，也是因为他们的专业能力吧？随着社会分工时日渐明细，专业素养也越来越重要。这是我们深中学生在全面发展之余所最不能忽视的。

N：您来到深中也有一个多礼拜了，您觉得您所看到的深中学生是您预想中的样子吗？

W：没有什么太多的感觉。这里的学生活力灵动是很明显的。但有一点我没想到，周一单元集会的时候迟到的学生那么多，而且那么多的学生对老师和同学很不尊重，今天早上的升旗也有很多人迟到。

N：这的确是我们一直以来做得不是很好的地方。

W：而且我认为同学们意识到了（这些问题）以后完全是可以做得更好的。

N：那么您现在对未来的工作有些什么样的计划么？可不可以具体谈谈。

W：目前没有很具体的计划。我希望我们深中将来的发展就是大胆设想，小心论证，有力地执行。教育这个东西我觉得它不宜突变，宜渐变。我们这个学校面对的是一个个的个体，比如你们学生，还有老师和家长。我们要对这些生命的当下和未来的发展有一种敬畏的态度。我不能忽然就叫你们去做这个做那个，有什么理由呢？

我们的学校不是为了创造生命、创造盆景，而是一个原野，各种生命都可以在这里生长发育。我理想的教育就是让学生发现他的潜能，我们要帮助他实现潜能。我们教育的目的就是把你潜能变成一种现实。所以为什么我觉得活力是很重要的。没有弹性就没有灵性，你说把一个人捆起来，他怎能能有灵性呢？所以我们需要宽松的环境，但宽松不等于放松。这也是为什么我对同学们迟到和不尊重老师、同学不满意。我理想的学生是做早操之前三三两两地在谈话，很随意，但一旦音乐声响起，就马上站到该站的位置开始做操。我们是宽松的，自由的，但规则出现的时候，我们会很快地知道我们该怎么做。如果我们不知道自己该做什么，那就是过度自由，导致的后果就是失去自由。

N：最后您能不能挑一句您最想对深中人说的话？

W：我还是比较欣赏这句话：未来不是我们要去的地方，而是我们要创造的地方。

（深圳中学学生刊物《涅槃周刊》对新任校长王占宝的采访）

敢为人先，只因追求教育本源

在全国第一个提出创建"学术性高中"，

独创五大课程体系供学生选择，

在全国第一个开设"学校文凭课程"，

设立全国第一个学生事务中心，

创立"先锋中学生国际圆桌会议"平台，

创建全国第一所科学高中，

……

地处得改革开放风气之先的广东省深圳市，深圳中学近年来在校长王占宝的带领下，在教育改革创新方面进行了一系列大胆的探索，而这一切努力的目标是培养更多拥有"学术素养""专业精神""审美情趣"的"具有丰富生命力的"创新型人才。

前不久，记者赴深中考察学习，探究了学校敢为人先背后的深刻思考，体悟了学校改革创新行动之下对教育本源的追求。

一、一所中学敢称"学术性"

当你走进深中的校园，看到墙上张贴的考上国内外知名大学的长长的学生光荣榜，橱窗里展示的令人惊叹的学生创造发明，以及在国内外各顶级学科竞赛中的获奖名单，你便能够感受到深中作为深圳市唯一一所直接以城市名称命名的学校，其承载的意义与肩负的使命：城市的名片，教育发展的排头兵，学生心目中的殿堂。

但 2010 年王占宝刚来到这里时，看见的却是另一番场景：迟到、课堂上散漫、半夜在宿舍打游戏的学生不在少数。与之相对应的，学校的重点率下跌到 65%，不少家长写信来抱怨，自己的孩子以高分进入深中，却没有进入理想的高校。

当年在接受媒体采访时，王占宝提出了"创建学术性高中，培养创新型人才"的办学定位，在当时的背景下，一石激起千层浪：一些人表示，中国的许多大学都搞不出像样的学术，一所中学居然敢称"学术性"，是否自不量力？一些人认为中学有什么学术可言，只不过又回到应试的老路上去了。

当时的压力可想而知，但王占宝坚持自己的信念。在他的著作《学术性高中之路——思考与构建》一书中，你可以看到他在各种场合的演讲稿和接受媒体采访的记录，他一遍遍地向学生、教师、家长和社会阐释自己的想法，以求得理解。

在他看来，全世界最优秀的高中都有一些最基本的共同特征：丰富的、具有挑战的学术课程体系；学生大都进入一流高等学府；学生的发展以个性化方式实现。在美国，这些高中就直接被称为"学术性高中"。他发现，深中有建成学术性高中的较好条件，比如优秀的学生、较好的教育资源支持、包容性强的校园文化。而在中国高中同质化严重、国家又提出培养拔尖创新人才目标的背景下，他希望通过在中国提出"学术性高中"这个概念，并首先将深中建成一所卓越的学术性高中，探索创新人才的培养之道，回应国家和社会对教育的殷殷期盼。

对于质疑其"自不量力"的观点，他回应说："'学术性高中'和'研究型大学'有较大不同，'学术性'包含某种学术因素，其核心价值是用研究、探索的方式学习，而不是'学术型'。"而对认为他搞应试教育的观点，他表示：应试教育是把考试作为教育的目的，而学术性高中是把培养学生的学术素养、专业精神、审美情趣作为目的。在美国、日本等发达国家和地区，都把研究促进学生学业发展作为教育科研极其重要的方面。实际上，科学文化素质是素质的重要方面，学术素养的培养是素质教育的重要组成部分，而学术素养提高了，考试成绩的提高应该是水到渠成。

面对质疑和批评，除了阐明想法以正视听外，更好的办法是做出一番成绩来。深中将自身与世界优秀的学术性高中进行比较，发现最主要的差距体现在课程的丰富性、课程的学术水平和学生的学术素养方面。于是，课程的改革成为学校迈向"学术性"之巅的一块重要基石。

二、独一无二的课程体系

目前在国内，或许找不到另一所中学的课程体系比深中的更丰富、更多元。厚厚的一本《课程方案》让记者深切感受到了学校的良苦用心：希望为学生提供更多选择和机会，以课程内容、课程水平和课程修习期限等的多样性，适应学生学习的个性化和发展的多样化需求，同时促进各种类型的创新型人才的好苗子"冒"出来、长起来。

简单来说，深中的全体学生首先都会学习"本校的课程"，即适合本校培养目标的课程，包括基础学术课程和深中文凭课程两部分，前者主要为学生升入大学做准备，后者则更着眼于学生未来长远发展。此外，每个学生进校时，都可以从学校提供的五大课程体系中自主选择加入一个体系，这五大课程体系分别是标准体系、实验体系、荣誉体系、国际体系和3+2中学整体教育体系。每个体系又分别开设了众多特色课程。可以发现，深中希望培养出的学生既有扎实的知识根基，又有较高的素养和技能，更有鲜明的个性特点，即"学术素养""专业精神"和"审美情趣"的有机统一。

具体来看，基础学术课程由语数外等9个高考科目的若干模块组成。深中文凭课程则由认知技能、自我成长、文化审美、体育健康、实践服务、研究创造6个课程群组成。每个课程群都包括多门课程，有选修和必修两种，其中选修类就达到90多个模块180多节次，为学生提供丰富选择。

据介绍，学校未来几年在这一块将重点建设一批高端校本选修课程，目前已有创新体验课程、中国大学先修课程、中芬合作课程等，并面向社会招募优质客座教授。其中创新体验课程利用深圳地域优势，引入社会资源，建设了华为创新体验中心、比亚迪创新体验中心、华大基因创新体验中心、腾讯创新体验中心等8个创新体验中心，为实验、社团活动、研究性学习提供支持。

而五大课程体系的设置很具创造性和启发性。标准体系在高考机制下运行，人数最多，有固定班级、固定教室和班主任，有16门学科100多门课。实验体系是为能够或渴望自主飞跃的学子量身定制的发展"特区"，关注学生的人文素养、科学素养及思辨能力。荣誉体系是深中针对性培养拔尖创新人才的实验基地，学术要求严格，学生在高中完成高阶课程的学习，进而参加更多全球学术竞赛课程。国际体系是为有出国意向的学生专门开设的体系，其目标瞄准世界名校，教学全部由外教担任，提供完整的美国中学课程，目前还提供17门美国大学先修课程（AP）。中学整体教育体系减少了中考环节对初、高中教育教学的阻隔与干扰，有利于学生学科知识、能力和素养的衔接。如果学生在进入某一体系学习一段时间后发现并不合适，每个学期都有一次转换体系的机会。

"标准标准，特别认真""实验实验，走在前面""荣誉荣誉，超越自己""国际国际，世界高地""整体整体，法天求己"，这句有趣又好记的口号也让人一下就看出各课程体系在培养目标和实施重点上的不同。较强的指向性和针对性使得学生能更快地实现自我定位，教师能更及时地发掘学生的潜力和特长，并着重培养。

"以生为本"的课程改革带来丰厚的回报：深中近年来高考重点率保持较高水平；被北大、清华等国内名校录取的学生人数持续走高，而考入国外大学的人数也是同样走势，2013 年达到 127 人，比 2009 年翻了近一番；学生在国际奥林匹克竞赛等世界级大赛上频频拿奖，更直接参与了 MIT 发明创新比赛、IYPT 国际青年物理学家锦标赛、USAYPT 美国青年物理学家锦标赛、IGEM 国际遗传工程机器设计竞赛等 18 项国际学术活动……

此外，实验体系成为学校教学和评价改革的"试验田"。记者了解到，实验体系的教学采用研究性教与学的模式，改变以教师为中心的"目标·达成·测试"的教学结构，代之以学生为中心的"主题·探究·表现"结构；不搞题海战术，摒弃简单重复的作业，减少纯训练性的作业，大部分是作品式作业；学术课程单位课时延长为 90 分钟，物理、化学、政治、历史、地理、生物采用集中授课的方式开设；评价方面结合过程性评价和终结性评价，过程性评价占 40% ~ 60%，还特别设置奖励分 3 分，以鼓励学生参与课程建设，促进深度学习；今后还可能取消高二文理科分班，试行小班化。

三、一所学校影响一个社会

来自美国的唐纳德·侯德 2000 年来到深中教书和从事学校管理工作。他发现这里的学生有些与众不同。"他们身上有一种很强烈的社会责任感和独立性，非常敢于开拓并付诸实践。他们关心环保和公益事业，很多同学都在休息的时候参加各种义工活动，活跃在深圳的各个角落。除了学习，他们丰富的课余生活也是很多学校不能比的，他们所表现出来的组织能力和领导才能也让我暗自佩服。"唐纳德说。

学生的社会责任感和独立性离不开学校提供的自由、民主的氛围。走进深中的校园，你会发现一些新奇之处：体育馆只有门洞，没有大门，学生可以自由出入；两栋教学楼之间用巨大的雨篷连接起来，雨篷下的地面上摆着十几张木制小桌，桌旁坐了不少学生，这个地方来往的人很多，但学生倒是能不受外界干扰地看书或三三两两地讨论问题；社团五颜六色的海报贴满了一大片墙，甚至蔓延到了教学楼上下楼台阶旁的墙面上，而在其他学校这些墙上贴的都是名人名言或学校口号……

深中现有注册社团90个，分为专业、公益、体育、科技、媒体、实践、艺术七大类，其中许多优秀社团的影响力已扩散至全市范围，如街舞社、话剧社、模拟联合国社团等。媒体社团学生们的作品令记者大开眼界：《VISIONARY》是中国第一本由学生编写的全英文杂志，《NOVA》月刊翻译世界知名媒体就某些热点问题发表的高质量文章，《涅槃周刊》是一份完全由深中学生编辑发行的中文杂志，并是深圳最具影响力的学生媒体之一，《深中日报》是中国首家由高中生创办的报纸，《思想界》"关注那些被隐藏压抑的社会空间"，其内容之丰富、排版之专业已不亚于市场上的各种报刊，而实际上，这些学生媒体独立于学校行政干预，完全市场化运营：刊物在校内外公开发行，就连学校需要也必须出钱购买。

"在这所学校里，学生不再是过客，在这里，学生是主人。"已被美国知名大学录取的深中学子陈子凌这样描述母校。正是秉持"学生是主人"的理念，深中变管理为服务，一直致力于提升学校的服务能力，其中2010年学生事务中心的建立具有里程碑意义。在学校B楼一楼最东侧的108室，是全国第一家学生事务中心，房间的一侧摆满了各种表格，课间和放学后常有学生进进出出，办理学籍管理、课程调整等各种事务。也就是说，学生办任何事务不需再奔波于不同的部门，而只需来到这里，将表格递交，即可由教师代劳。此外，学校还开设了类似的教师事务中心，让师生都摆脱烦琐的办事流程，更专注教与学。

在为本校学生服务的同时，为了让优质的教学资源服务社会，深中还成立了社会教育服务中心，免费向社会提供名师答疑、招生咨询等服务。"这是一个对全社会敞开的窗口，为深中以外的学生和家长提供优质服务，是学校回馈社会、报答社会的体现。"王占宝说。

"社会责任感"是王占宝常挂在嘴边的一个词，"服务社会、资源共享是名校的应有责任"。自2010年开始，王占宝将本来属于校内的北大、清华招生推荐权交给了社会，每年都在学校体育馆召开现场推荐答辩会，邀请校外教育专家、中小学校长代表、学生家长及校友、学生和教师代表，以及教育与主管部门和媒体代表，近百名成员参与并见证整个推选活动。

积极承担社会责任也是深中对学生的要求。2012年深中发起举办了

"先锋中学生国际圆桌会议",来自全球 30 所卓越高中的青年才俊们齐聚鹏城,畅谈全球化背景下青年先锋的责任与担当。2013 年第二届会议的主题为"一所理想的学校"。王占宝认为,对中学生来说,"先锋"不仅仅体现在学业方面,而是要做各个领域的领跑者。先锋不一定已经身处前卫,但他们一定是向往前卫,积极地发现自己、实现自己、贡献人类的人。

"先锋"不仅是对学生的希冀,也是深中对学校自身的定位,2012 年深圳科学高中的建立就可以被视为深中为进一步推进本地区和全国基础教育的改革发展所作的一次"前卫"探索。深圳科高是中国第一所科学高中,旨在培养以科学、技术、工程和数学见长的创新型高中生,是对世界高中教育发展之历史与趋势,以及国家"普通高中多样化发展"与"创新人才培养模式"之呼唤的一次有力回应。王占宝兼任该校校长并设计了办学理念、课程体系与学校文化,同时选派优秀教师和管理团队支持科高发展。

在深中优质资源的辐射下,办学两年的科高已硕果累累,创造四个全国第一:独立研制并发布中国第一所科学高中的办学理念体系,中国第一部由一所中学师生合力完成的《全球学科前沿发展报告》,中国第一个由一所中学师生家长合力完成的《公众与中学生科学素养调查报告》,中国第一个《科学高中课程标准》;师生已获得 18 项国家创新发明专利。

"未来不是我们要去的地方,而是需要我们去创造的地方",王占宝在很多场合都提到这样一句话。四年的时间,他带领深中的师生创造了众多"第一",这些"第一"通往深中的未来,或许其中也蕴含着中国教育的未来。

（刊于《上海教育》2014 年 3 月,记者 徐星）

要建卓越的学术性高中

2002 年，北大人王铮带着一身改革锐气，南下出任深圳中学校长，深中随即掀起一股改革风潮。8 年来，深中已经深深刻上改革烙印，走课制、导师制、单元制等一系列举措，让有些家长击节赞赏，也被一些家长视为"洪水猛兽"。

而今，王铮带着未竟的"深中自主招生"之梦北上，取而代之的是原南师大附中校长王占宝。新"王"甫一上任，深中内外关于改革的讨论更为激烈。究竟深中改革之路是否继续？深中将往何处去？深中的改革对于深圳乃至全国有何意义？3 月 24 日，新任深中校长王占宝接受本报专访，对这些问题一一作答。

一、不为改革而改革　考虑学生发展

记者（下简称记）：你来深中已经有一段时间了，觉得这里的学生和南京的学生比，有什么不同？

王占宝（下简称王）：南师大附中有 108 年的历史，那里的学生更志存高远、大气朴实一些，深中的学生更有活力、更灵动。如果两学校的优势结合起来，未来深中的学生将会在事业上获得成功，同时收获生活的幸福。

记：你在升旗仪式上说，深中肯定会有变化，现在你有一些具体的"变"的计划了吗？

王：深中的未来将会继承该继承的，改进该改进的。我提出不要为了改革而改革，改革要尊重教育规律，以充分考虑学生学业发展为前提和基础。

记：我看到不少深中学生发帖，他们还是担心深中出现大的改变。

王：他们为什么担心呢？因为他们自己对改革也不踏实，他们也感到深中的问题。我想，学生和家长选择深中可不是来改革的，他们对改革充满热情，是因为他们认为改革能使人格和学业得到更好的发展。如果深中没有教学质量做基础，那就背离了改革的目的。纪伯伦曾说过"我们走得太远，以至于忘记了我们当初为什么出发。"

记：你还是很重视学生的学业发展？

王：深中现在的重点率只有 65% 左右，但在中国称得上名校的，那要 80% 左右吧。如果只是在一个重点率只有 65% 的学校当校长，我认为对不住我自己。

另外一个问题，我们 2009 年高一招生，录取分数线比第一名低 16 分，比第二名低 10 分。有这么多优秀的同学不选择深圳中学，我们对此还熟视无睹，那我认为是违背了一个教育者基本的良心了。善良，有时比真理更重要。

记：你理想中的深中应该是怎样的？

王：我们要建设全球化时代中国卓越的学术性高中。在这个社会里，边缘化、普通的人太多了，我们需要具有学术素养、专业精神的人。

记：这似乎是比较新的一个口号。

王：现在中国还没有提出学术性高中的概念。但国家提出培养拔尖创新人才，首先要有培养人才的一流大学。而要有这样的大学，必须有世界一流的中学。如果中小学没有形成培养拔尖人才的体系，那就无以站立了。所以深中要率先建设一个全球化时代中国的学术性高中。

二、学术素养提高　重点率水到渠成

记：你说到学术性高中，又说到以学业为基础，也提到重点率的问题，有学生以为你是来搞应试教育的。

王：这不一样！应试教育是把考试作为教育的目的，而学术性高中是把培养学生的学术素养、专业精神、审美情趣作为目的。在美国、日本等发达国家和地区，都是把研究促进学生学业发展作为教育科研极其重要的方面。但很奇怪，在我们国家谈教育质量，就被说是应试教育。就好像我们每天都要吃饭，但有人反而说吃饭是错误的。

记：但提高学术素养，也不一定能够提高重点率吧？

王：不，凡是学术素养高的，考试应该没问题。科学文化素质是素质的重要方面，学术素养提高了，那高考成绩应该是水到渠成。过去我们以为素质教育就是唱唱跳跳、蹦蹦闹闹，所以一搞（素质教育），都摸不到北。现在孩子全面发展，却导致全面平庸。

记：你的意思是说，深中要打造成学术素养很高的学校，而重点率上升是自然的，不是你的目标？

王：重点率是水到渠成的，这也是目标之一，但我不是为了重点率而来到这个学校。如果把重点率当成我们办学的最终指向，那就是应试教育了。因为我们不单关注现在，还关注未来。我们的教育不是把孩子抱到大学的门口就完了。我们是一个接力者，是将火炬交给大学。

记：但深中给人的感觉是比较灵动，以前也着力培养学生的公民意识、领袖能力、社会服务精神等，你强调学业、学术，是不是跟这些有矛盾？

王：我认为这不是二元对立的。深中的社团，不单具有活力，还要有实力，要有专业性。如果学生整天动个不停，但仅有浅层的热闹，那不是深中所追求的。像摇椅，它让你有事可做，却不能让你前进。所以我希望将来的社团要成为我们建设学术性高中的一个重要途径和载体，社团也会得到更好的发展。

三、按照教育规律办学　不追求惊鸿一瞥

记：你觉得家长会认同你的观点吗？

王：我相信尊重规律的东西，大家是可以理解和接受的。凡是促进学业发展的，家长应该会认同。深中的改革要广泛听取学生、家长、老师的意见，大胆设想，小心论证。如果改革老师不参与，家长又反对，那就成了校长和学生的小合唱，不是大合唱。

记：我看过一个深中家长批判深中改革的帖子，说学校"放牧式"的管理，让学生无所适从，高一、高二的时候文化课很少，最终影响了他们的高考成绩。

王：我觉得家长的担心有道理，因为确实有一部分学生迷失了。我们将来要完善这种改革，学生在传统教育模式和深中的教育模式之间，将来可能要开发过渡性的课程。

记：你选择来深圳实现你的改革之梦，深圳有哪些优势呢？

王：首先，深圳这个城市本身就代表了创新和活力。第二，深圳的家庭大部分是移民，家长往往更具有创新精神。所以无论是社会、老师还是家长、学生，都为进一步改革提供了很好的条件。

记：现在深圳正在争创国家教育综合改革示范区，但谈得比较多的是南方科技大学，是大学制度改革，在中学这一块好像谈得不多？

王：实际上我认为中学的改革更重要，因为中学改革下可以影响小学，

上可以倒逼大学改革。我们首先要有世界一流的中学，不然世界一流的大学是难以成立的。

记：你来深圳后立刻成为标志性的人物，和朱清时校长一样被寄托了很大的期望，很多人期望你掀起中学改革的高潮。

王：我是一个普通的人，我不追求惊鸿一瞥、仙风道骨，去迎合某一种期待。如果我说深中要进一步改革，把改革的大旗举得更高，可能领导和专家以及一部分学生是比较期待。但我放弃了这种选择，我认为还是按照教育规律来办学。

记：深中走的路是唯一的吗？深圳其他高中会走这样的路吗？

王：建设学术性高中，不是每个学校都能做到的，也不适宜每个学校。特色办学的价值就在于每个学校找到自己的定位。

记：你觉得深中更适合？

王：是。深中有很强的师资队伍，有课程改革的基础，深中的学生充满活力，可塑性、主动性很强。深圳政府、市民对学校也有期待。

（刊于《南方都市报》，2010 年 4 月 1 日，记者 庄树雄）

深圳中学校长王占宝畅谈办学理念

——建设学术性高中，探索教育"第三条路"

作为我市老牌的名校，深圳中学最近再次成为社会关注的焦点。根据我市今年推出的中考中招改革政策，深圳中学和深圳实验学校一起，高中部实行自主招生。自主招生进展如何？效果怎样？深中对自主招生的学生有什么要求……这些都是社会各界普遍关心的问题。

与此同时，深圳中学一直致力于"学术性高中"的打造，与之有关的好消息也纷至沓来。前不久，深中学子入选"国家队"，代表中国参加国际大赛，最近又有 5 位诺贝尔奖得主赠言深中，激励深中学子……这些消息让深圳中学更加令人瞩目。

近日，记者带着众多问题，采访了深圳中学的校长王占宝。王校长对对社会关注的自主招生、学校理念、学生培养目标等问题一一给予解答，其详尽的说明、清晰的分析，有助于家长和同学进一步了解深圳中学。

一、教育改革

（一）"顶层设计"是为打造学术性高中

记者：作为一名名校的管理者，您曾经提出"顶层设计"的重要性，您认为深中的"顶层设计"是"打造学术性高中"，其中考量的要素有哪些？

王占宝：一开始我对这个问题是回避的，但后来又感觉到，名校对社会有不可推卸的责任，它要引导社会对教育有所思考。

"顶层设计"是个工程学的概念，它是系统的、自上而下的一种建构。深中的"顶层设计"是"打造学术性高中"，它是以学术性教师、学术性行为和学术性环境为主导，实行研究型教与学。一个学校是一个系统，如果没有自上而下的建构，很多时候会"只见树木不见森林"。

也许我可以间接回答你关于我们考量的要素等问题。国家对于基础教育的改革，有很多问题值得反思。比如说国家大费周章剥离高中和初中，但是分离后，初中向小学靠拢还是向高中靠拢？另外，现在很多人以为把高中的优质学位分到初中去，认为这是教育公平，其实不然。我在南京的时候曾经看到，同一条街道上的2个孩子分别在2所初中上学，其中一个通过优质学位分配进入南师附中，另外一个孩子比他高30分，却不能进入。这是不是鼓励孩子和家长，要进名校，就要去分配名额多的初中上学呢？把学校的资源拿出来平均分掉，用牺牲教育规律、牺牲公平的办法来追求教育公平，这不是教育公平。

（二）希望探索教育的"第三条路"

王占宝：还有以前说搞素质，好像均分掉，用牺牲教育规律、牺牲公平的办法来追求教育公平，这不是教育公平。还有以前说搞素质教育，好像就是唱唱跳跳、蹦蹦闹闹。课堂好像就不是素质教育，谁提课堂、谈教学质量就是应试教育。学生不研究学业，学校不注重教学质量，这是教育的主要职责吗？

去年我刚到深中的时候，特别提到2006年美国总统奖获奖者与中国名校学生的PK。他们都研究如何帮助非洲的困难儿童，中国的学生是唱歌、朗读、跳舞，甚至希望筹备资金建希望小学，而美国的学生做了非常周密的讨论，包括如何帮助年轻的母亲防治艾滋病，提高医疗水平，帮助家庭致富，甚至连预算都有，一看就是很有价值的、专业的方案。我们学生的方案就是文化大革命之后的产物，搞形式主义，这种素质教育让我们非常痛心。

现在教育存在两个极端，一个是人文泛化，我称之为"浪漫的教育"，这种教育过于理想化；第二种是"功利的教育"，这种教育就是通过挤压空间、挤压时间和知识灌输而获得高分，导致"目中有分"而"目中无人"。能不能抛开两者走第三条路呢？基于基础教育种种问题的思考，我们提出打造"学术性高中"，希望有所超越。

二、学术素养

（一）"学术性高中"的核心是有价值的学习

记者：您觉得"学术性高中"的核心价值在哪里？最重要的是，这样的设计有没有普遍性的示范意义？

王占宝：很多时候，我们对教育的理解是偏离的，教育的本质是导致学习产生的一种行为。一个学校的最重要功能，就是促进学生的学业发展。传统的教学往往是用单线灌输的办法来传授知识。但知识是表层的，知识背后的思维，思维背后的思想才是最重要的。学生要学习，不仅仅是因为受考大学等功利驱动，更重要的是让学生意识到审美也是认知的一种方式。"学术性高中"的培养目标是"学术素养、专业精神、审美情趣"。

"学术性高中"的核心之处，就是有价值的学习，或者说学习有价值的东西。人生的光阴有限，而生活中的诱惑很多，我们要选择有价值的东西，做有价值的事，有专业的贡献，否则只会成为时代边缘的人。

（二）学术素养是优秀高中对学生的基本要求

记者：为什么要赋予学生"学术素养、专业精神与审美情趣"这些特质呢？

王占宝：学术素养是全世界几乎所有优秀高中和著名大学对其学生的基本要求。蔡元培先生就曾对学生反复强调：你们"应当有研究学问之兴趣，尤当养成学问家之人格"。普林斯顿大学的"本科教育战略计划委员会"对本科生提出的期待的前三点是：一是具有清楚地思维、谈吐、写作的能力，二是具有以批评的方式系统地推理的能力，三是具有形成概念和解决问题的能力。这些都和学术素养相关。全世界摘取了最多学科奥赛金牌的高中——台湾建国高中，明确提出了学生要有挑战高难度学术课程的素养。

而哈佛大学文理学院为通才教育制定的 5 项标准中，要求学生"在某些知识领域应当具有较高的专业水平"，这和普林斯顿大学一致；我们期待深中学子，在观察和表达问题时，应该"不痛不痒不讲，泛泛之谈免谈，人云亦云勿云，哗众取宠莫弄"。专业性的观察和表达，应该是建立在深入实践与充分理解之上的；而充分理解往往就发生在"具有某一领域知识的深度"之后。

（三）学术素养需要专注和纯粹的努力

王占宝：很多认知心理学家的研究显示，获得科学与艺术上的创造性的杰出成就，并不需要用神秘的或者独特的机制去解释。简单的"知识基础加深入思考"就是创造的秘籍。这其实就是学术素养。学术素养，是学生的天性，只是需要努力与专注，才能形成。

对某些知识领域有兴趣、有热忱、并且具有较高的学术素养，对问题有专业性的观察、研究和表达，需要我们专注与纯粹。中国形容一个人成功之前的艰辛，常常用"十年磨一剑"这句话。杰出人才一定是能够在一个领域里持之以恒努力的人，他们具有批判什么意味着彻底理解某种东西的能力。这种持之以恒，这种专业训练，积淀了学术素养，形成了专业精神。

（四）生活学习中应当拥有审美追求

王占宝：那么，凭借什么力量，在某个领域"十年磨一剑"呢？我想就是在这个过程中感受了别人没有体验到的快乐，发现了一些别人没有发现的美，能够享受这个"磨剑"的过程，这就是审美。普林斯顿对本科生的期待中第九点是："熟悉不同的思维方式（定量、历史、科学、道德、美学）"。美学首先应该被理解为发现生活，理解世界的一种思维方式，我们要在生活学习中积极运用这种思维方式。有些人回忆自己的高三生活，是黑色的，可是也有很多人发现了高三生活独特的美丽。那些用审美的心态度过高三的同学，一定是学业和个性品质双丰收的人。

回到我们的培养目标。深中致力于培养具有思想力、领导力、创新力的公民。何以有思想力、领导力、创新力？纵观古今中外，无论是在自然科学领域还是社会科学领域，对世界和人类社会的发展产生影响的人，莫不因为其具有在某一领域深厚的学术素养和成就，凭借专业力量做出了巨大的贡献。思想力、领导力、创新力绝非无根之木，无源之水，一定奠基于学术素养和专业精神。

三、办学理念

（一）在"研究"中培养创新型人才

记者：深圳中学是通过何种途径和方式培养出这么优秀的学生呢？

王占宝：新的历史阶段，深圳中学确立了"敢为人先，学术见长"的办学理念，将"建设学术性高中，培养创新型人才"作为育人模式。通过教师"研究性地教"与学生"研究性地学"的基本策略，增强学生的学术素养，进而培养创新型人才。深中的教化与育人特色体现于——在"研究"中培养人，耕耘一片"研究"的土壤，创造一种"研究"的气候，促进每一位学生充分发展——发现潜能，实现潜能，成为他自己。因为要走在前面，所以需要学术支撑，因为学术的优势，所以更加领先。因为自主，所以有活力；因为专业，所以有魅力。深中学子凭借自主与专业的优势实现自我、奉献社会。

（二）"学术性高中"不同于"研究型大学"

记者："学术性高中"的提法让我们想到另一个问题。从我们国家今年大学生就业的情况看，由于绝大多数高校的专业培养模式都以所谓的学术型培养为主，导致每年数百万大学生毕业后眼高手低，无法就业，您怎么看待这种情况？

王占宝：我们国家的人才结构上确实存在问题，这和我们国家的文化也有关系，社会对学术人才和技能人才的待遇不一，对学术人才总是高看一眼。这和我们国家的高等教育也有关系，如果培养的是真正的学术型人才，我相信全世界都欢迎。问题是很多毕业生"有名无实"，没有学术素养，又缺乏专业技能，导致上下不能。

我们提出的"学术性高中"和"研究型大学"是有比较大的不同的。"学术性高中"最核心的价值是指用研究、探索的方式去学习，这和高校里专家、学者的研究不太一样。"学术性"是包含着某种学术因素，但又不完全是"学术型"。高中生就是培养学习素养的最好时机，就好像学习舞蹈一样有最佳学习期，如果学生到了大学才开始，那他的思维模式可能固定了。

（三）时代和社会给人才提出更高要求

记者：随着世界经济的发展，未来社会对人才的需求在发生不同以往的变化。比如您和学生交流时谈到几个大的发展中国家的国际组织，如"金砖四国"、"景色五国"等，其中"金砖四国"在今年已变成了"金砖五国"，原来的 BRIC 增加了一个南非，变成了现在的 BRICS，这凸显了什么？您能否谈谈世界经济发展与人才需求和教育质量之间的关系？

王占宝：我举这个例子是想告诉学生，我们所处的这个时代是一个不断创造未来的时代。过去我们的世界是一两个精英国家主宰的世界，现在"金砖五国"、"景色五国"等跨国经济体的相继崛起，他们加起来占了地球很大一部分的人口和面积。新兴国家、新兴经济体的大量产生，导致文明的进程也在加快。在这个过程中也伴随着竞争，人才将在世界范围内流动。所以现在对人才的需求更迫切，门类要求更多。当过去一种稀缺的东西变成一个普遍的东西时，他们对每一个世界公民自身的素质都提出了更高的要求。

世界科学发展的舞台也扩大了，我们可以在更大的范围内有所作为。所以我们要告诉孩子，深圳不是以前的深圳，世界不是以前的世界，时代和社会给我们提出来的要求更高。在这么一个环境里，未来的人才群体中要有敢为人先的人，要有大有作为的人，这对我们也是一个很大的挑战，我们认为，光在书斋里读书是不够的，而基础教育阶段要特别重视这些问题。

四、教育　服务

（一）"社会教育服务中心"提供四类服务

记者：我们注意到，深圳中学最近成立了"社会教育服务中心"，那么请问这个机构为社会提供什么样的教育服务呢？

王占宝：教育是一个社会问题，是一个系统工程。为了向社会提供与教育相关的优质、高效服务，共享教育资源和教育成果，实现国家级示范高中对社会的积极影响和引领作用，深圳中学成立了"社会教育服务中心"。社会教育服务中心免费为市民和学生家长提供以下服务：

（1）名师答疑：针对学生及家长的各类教育问题，包括教育方法、学习方法以及具体学习内容，安排深中名师答疑解惑。

（2）招生咨询：相关入学、招生等方面的现场咨询、资料查询等。

（3）教育、教学政策法规的查阅与咨询以及社会教育资源管理。

（4）学校教育评估；先修课程的开设与管理。

此外，社会教育服务中心也是一个学校事务接待平台。包括学生家长的接待以及后期跟踪；家长办理的部分学生事务；收集和反馈市民对学校教育、教学和管理等方面的各类意见与建议。

为了解决以前办理学生事务时部门较多、耗时较长等问题，学校对有关部门的职能进行整合，还成立了全国中学第一家"学生事务中心"。我们把相关事务都安排在一个机构处理，提高了服务效率，提升了服务的专业水平，方便市民，希望实现深中作为国家级示范性高中的积极引领作用。

五、自主　招生

（一）不是"掐尖"，更注重学习态度

记者：深中和实验的这次自主招生改革是深圳基础教育改革中的一件

大事。现在回过头来看，您如何评价这次招生改革的得失？它有没有达到您预期的效果？

王占宝：在传统的教育当中，我们的学校、学生和家长基本没有选择，而自主招生对学校选择合适的学生，或学生选择合适的学校，是一种自由和民主的体现。

中国社会的文明进程必然带来教育的民主化。从这次考试来看，有些家长感到纳闷，有些在班里或年级排名前三的没考上，排在第五、第十的学生反而被录取了。这正是自主招生带来的积极现象。自主招生不是"掐尖"，它更不是增加学生的课业负担，引起学校之间的恶性竞争。恰恰相反，它应该让学生对学习产生兴趣，形成专注、深度的学习态度。

回过头看，我们这次有 2650 个孩子报名，最后录取 100 个，应该说这是令人非常兴奋的。从教育者来说，得天下英才而育之，不亦乐乎？

遗憾的是，自主招生在全市还需要形成共识。我们感觉到，教育行业的法律法规、教育伦理还是很脆弱的。有些孩子来深中参加评估背着很大的压力，甚至还有一些质疑或指责，我们也感到深深的不安。孔子说，"君子以行言，退而相爱。"这是我们的期望和态度。

我还是认为，教育应该是以学生为本，而不是以学校为本。我们学校就有个老师的孩子非常优秀，但她最后却报考了外国语学校，学校的领导和老师都没有异议。为什么呢？孩子喜欢这个学校，喜欢这个专业，我们教育者是乐见其成的。

（二）深中学生应形成独特的魅力

记者：我想很多家长和学生都很关心，深圳中学对学生具体的要求和期待是什么？

王占宝：我希望深圳中学的学生将来要形成的独特的魅力，主要体现在 3 句话。第一句话是"规划＋规则"。我们希望每个学生都能发展成为一个规划者和设计者，明白自己要成为一个什么样的人，要创造什么样的未来，对学业有什么目标。我们的教育应该激发受教育者能生起发自内心的成长渴望。同时我们需要规则。没有规则，学生就得走弯路。

第二句话是"选择＋责任"。深中的教育给了学生很多选择的机会，包括课程的选择。我们还提供了多样的社团选择，"责任"就是学生要为自己的选择负责。

第三句话是"活力 + 实力"。深中是充满活力的，它崇尚一种开放的文化，但是同时爱强调学业的实力。

六、获奖　反响

诺贝尔奖得主的赠言激励深中。

记者：日前，5 位诺贝尔奖得主给深圳中学的学生写了宝贵的赠言。您能介绍一下具体的情况吗？

王占宝：是的，这是一件激动人心的事情！4 月 25 日，我校生物科组全体教师参加了第二届国际 DNA 和基因组活动周大会。本次国际会议还包括"第四届工业生物技术大会"等 5 个部分。六会联动，旨在打造全球科学家同庆生命奥秘辉煌里程碑的世界级舞台。本次大会邀请了 9 位诺贝尔奖得主进行专题论坛发言，与会的还有来自世界各地的知名学者，包括美国科学院院士、瑞典皇家科学院院士、中国科学院院士等数十名，以及来自世界各地的知名生物企业家。

深圳中学是全国唯一一所派出教师参加会议的中学，深中的与会教师向获得诺贝尔奖的科学家们介绍了深圳中学的办学理念和特色，并幸运地获得了其中 5 位诺贝尔奖得主的珍贵赠言。同学们从这些科学家研究者的寄语中感受到对研究的真诚和热情，这会给我们带来持续不断的驱动力，将会激励深中人创造新的辉煌。

（刊于《深圳教育报》，2020 年 6 月，记者 李可心）

办出一些好学校，是我的爱好也是我的宗教

"王占宝校长的头发全白了！"这是近些年熟人见到王校长的第一反应。

除此之外，你好像又看不出他与五年前有什么区别：虽然年近六十，他的身材还是保持得很好，他对教育还是那样充满热忱，他的演讲还是那样深具高度、深度和温度，还是那样充满独特的"占宝式"魅力。

不过，正如他的头发从"开始泛白"到"鬓已星星"，人们或许可以感受到这些年创办一所全新国际化学校的压力与艰辛。——这种感受，在看这篇问答的时候尤为明显。

但没有人非议他这种选择。如果说，每一位奋不顾身的奋斗者都值得尊重，那么，功成名就后仍奋进不息的人，更值得敬佩。记得当年退休后"出山"筹建南方科技大学的朱清时校长身陷舆论漩涡时，评论员笑蜀曾写过一篇催人泪下的文章《争议南科大 何须尽责朱清时》，其意，还是在向迟暮的英雄以及英雄的时代致敬。

王占宝校长在汉开书院成美馆参与媒体采访录制

当然，今天占宝校长的境遇与昔日朱校长的情况不同。从汉开书院（王占宝校长离开深圳后创办的全新学校）公开的消息看，学校的一切工作都在有条不紊推进，并努力成为一所"让校友们骄傲与欢笑的学校"。只是，前进中的阻力与杂音是任何时候、任何环境下都会有的。

一

办出一些好学校，是我的爱好也是我的宗教，甚至可谓"我执"，乐在其中，没办法，也许这就是"命"。

好长时间听不到您的声音了，好像很少露面了，看您头发也几乎全白了，是不是有些倦了？

我在校园里啊，经常有同学看到我时会说他（她）今天是第几次说院长好了。

但是，确实是"演讲"少了（特别是大场合下），多了些交流讨论，感觉以前理念、道理说得太多了。

大场合下的露面也少了，往后移动了一些，将前台、讲台交给年轻人、管理团队与老师。再好的理念也需要理解的人去践行——践行、力行是真正的理解。

我有个习惯（即使在我年轻的时候），就是大力培养年轻人，这既是为了当时任务的完成，也是为了学校的未来培养后备人才，更是为了年轻人的进步——换位思考，自己不也是期待被领导者赏识、提供平台进而大有作为吗！

更何况，现在的学校领导者与老师是在传统的学校教育与家庭中成长起来的，他们对教育的理解、学生观、教学观、家长观、儿童成长规律、儿童情感与思维等要达到汉开的期待，需要平台需要机会需要磨合，这些"需要"的产生来自于具体任务中的困窘、冲突、挫折甚至失败。

队伍的成长，比我个人的露面重要得多，我期待家长能从"我们是因为王院长才选择汉开的"能转到"我们是因为王院长的队伍而选择汉开的"。在汉开团队中有这样一句耳熟能详的话："我们是一支球队，赢球是我们的责任和荣誉。我，就是汉开；现在，就是未来。"

而且，现在教育领域的空谈、炫富、比酷时常可见，语不惊人死不休；

泡沫、失真、妄为明显存在。此时，更需要明辨，更需要力行，一个有价值有效能的实践胜过一打理论。"常德不离，复归于婴儿"。所以朴实地表达有价值的教育，朴实地践行有价值的教育就是我们应该做的。

我的头发以前就开始泛白了，只不过近几年成长得太快了，"鬓已星星也"。遇到困难和挫折时也每每"悔教夫婿觅封侯"，但是办出一些好学校，是我的爱好也是我的宗教，甚至可谓"我执"，乐在其中，没办法，也许这就是"命"。

二

汉开的教育设计是属于"游猎型"的，有目标，但是主要通过"唤醒、自主、良习、反馈、乐在其中"的策略与节奏，尽量避免竭泽而渔、杀鸡取卵、牺牲未来换取当下分数的行为。

听说汉开有学生转出，这好像与人们的期待不符，我感觉家长对汉开的评价也比较分裂，您怎么看？

谢谢您这个让我有些脸红的问题。

确实每学期都有学生家长提出要将孩子转走，当然也有家长申请转入汉开，家长事务中心每学期都会登记、排队、安排评估。

汉开办学的原点是基于当下教育的痛点、未来人生与人才在全球化环境下的趋势而确立的，她追求真实的教育改进，有比较先进而可行的顶层设计，每学年都在优化与进步，但是过程还不完美，遗憾与瑕疵并不鲜见，我要诚恳地向转走的家长与学生致歉，我会定期翻阅转走学生的登记簿，那时自责与反思就会包围着我……

我们有些过于理想化、甚至有些虚荣，有些师资还达不到我们的期待，制度与流程还不够系统、还不能完全实现落地与拿到应有的结果，制度性的优化与进阶的机制效果还没有达到设计……

另一方面，家长不同的经历与阅历，自己与孩子不同的教育体验，对人生与幸福的理解，原生家庭的基础，现在的职业（事业）、与经济支配水平与能力，对教育的理解、对好学校好老师的期待、对孩子的未来与当下的目标的设计、对实现目标的策略与节奏，差异性还比较大。

汉开的家长群体，对于目标、结果、效能、节奏有明显的"上升型"

阶段的阶层特性，形象地说有些可谓"打猎型"，有些甚至可谓"捕猎型"，而汉开的教育设计是属于"游猎型"的，有目标，但是主要通过"唤醒、自主、良习、反馈、乐在其中"的策略与节奏，尽量避免竭泽而渔、杀鸡取卵、牺牲未来换取当下分数的行为，这是基于儿童成长规律与当下学校教育的痛点的。

但是有时也不能免俗，因为汉开存在于系统中。塘里有几条鱼病了，可能是这些鱼的问题；而塘里鱼绝大多数病了，大概率是塘的问题了。所以我对教务部门提出不能把八城区联考的成绩看得太重，特别是基础年级。

我在南师附中、深圳中学、梅沙书院任职时，家长、学生的意见与建议也很多，高出其他学校，这跟他们的认知水平、格局与学校的民主氛围是分不开的。这些学校的问题往往更加深刻、剧烈而且影响深远，越是名校，心理、个性要求、标准层次、结果期待等越是超越同侪；国外也是一样，因为名校是社会的期待，是丰碑是理想是未来，所以尽管看起来有些苛求，但是是可以理解的，而且小成靠赞同，大成靠批评（理性而专业的）。

因此汉开将会秉持闻过则喜、从善如流、持续优化的态度，而且用制度化、流程化与及时评估来实现进阶。

这些年来，汉开的家长群体在不断地自行调节，基于吸引力法则，观点相近者的比例在提高。此时保持冷静与专业、防止同质化的思维、倾听有价值的批评就更为重要。

只有起步，才有进步。一个有使命、热情、专业、乐在其中而且持续优化的组织，超越，是有逻辑力量的。

汉开书院，不想成为一所"新"建的"老"学校，她会努力成为"让校友们骄傲与欢笑的学校"的，实力与微笑，汉开可以做到。

我过去一直在公办热点高中工作，离开南京、江苏也有一段时间了，而且一直在学校工作，因此对民办教育我是一名新生、一名小学生，现在成绩一般，但是我会好好学习天天向上的。造船，不是为了自己留恋港口，而是为了陪师生远航……

三

以牺牲健康、亲情、自然、社会与阅读等更有价值的内容，来换取将来人工智能可以轻易取代的内容与方式，真是可惜了。

汉开的活动课程很多,感觉让人眼花缭乱,而且有家长感觉性价比低,这也是让人费解的,您的理解?

汉开的主题活动课程,作为汉开营养服务于培养目标、培养策略与节奏,有内在的逻辑与图谱。

活动性课程,需要时间、需要条件支撑,有难以完全避免的风险,还需要相关方面的理解、配合与包容。

但是活动课程具有独特的、难以取代的、最佳机遇期的价值。

活动,在活动中玩,是儿童的天性;儿童时期应该充分儿童化,过早社会化、成人化,将会导致成人以后他(她)人格发育不良,需要用多种方式来补课,但是收效甚微,那些没有比较充分儿童化的人成人以后常常掩饰、转移、爆发、压抑、积患。

玩,因为有趣,这是成人后成为一个有趣的人的基础。

玩,丰富,避免单一性;团队合作,团体中的我,我与大家;与培训机构的上课、闭门刷题的感受是不一样的——那是孤独的我,比拼的我。

玩,是有层次、专业的——是形成爱好、优势的基础;从汉开的评价表中可以感受到。

活动课程,是培养学生的品德与领导力的重要载体。

玩,当然需要适度与引领。

对"玩"的概念的建构,怎样正确理解"玩",是原点。

以牺牲健康、亲情、自然、社会与阅读等更有价值的内容,来换取将来人工智能可以轻易取代的内容与方式,真是可惜了。

龙应台曾经说过,上一百堂美学的课,不如让孩子自己在大自然里行走一天;教一百个钟点的建筑设计,不如让学生去触摸几个古老的城市;讲一百次文学写作的技巧,不如让写作者在市场里头弄脏自己的裤脚。

当他的工作在心中有意义,他就有成就感。当儿子的工作给他时间,不剥夺他的生活,他就有尊严。成就感和尊严会给儿子带来快乐。

四

书院实施的是"水涨船高"而不是"水落石出"的策略,书院的唤醒、高峰体验、激励与强化,无所不在,但是其边界是柔和的、开放的,每一

个人都有可能发现、实现、进阶地再现更美好的自己。

汉开教育的增值有目共睹，但是在"让优秀者更优秀"方面并不亮眼，为何？新的学年会有"优化"吗？

书院基于对人才成长规律的认识，把学生的成长当作未来的一棵大树来设计。一棵"大树"一样的人生，需要具备几个条件：

（1）期待

"取法乎上，仅得为中，取法乎中，故为其下。""豪迈的大树"的愿景是汉开送给所有学子的礼物，根据二八率，汉开学子对世界的贡献应该在前 20% 区间的。

（2）时间

（3）不动

（4）根基

（5）向上长

（6）向阳光

书院实施的是"水涨船高"而不是"水落石出"的策略，书院的唤醒、高峰体验、激励与强化，无所不在，但是其边界是柔和的、开放的，每一个人都有可能发现、实现、进阶的再现更美好的自己。

在真正文明发达的国家，中产阶层是决定的因素，其国家的治理理念、制度与文化是内在保证；而法治不健全、公平不落实、市场化不充分的国家往往是寡头决定众生，财富的占有者缺少稳定与健康的心理、环境与预期，他们要么麻痹，要么恐惧，要么逃跑。

优秀的学生如何产生，如何乐在其中，如何可持续性发展，未来是否可谓人才、人生是否可谓幸福，现在的一切是否走在正确的道路上，真是"不可忽也"，只要走在正确的道路上，或许有快慢，但是未来是可期的。

也就是说，汉开的"让优秀者更优秀"，是在健康、平衡、循序渐进、自觉自主、乐在其中的基础上实现的。从汉开首届到 2020 届，我们欣赏到了学子们的"实力与微笑"，更让人眼睛一亮的是到了高中阶段的后劲、志气、担当、积极的情感与思维方式——汉开的营养逐步绽放出独特的芬芳，每当他们回到母校与老师分享成长时，在现场，那欣慰与自豪真是扑面而来……

汉开的生源质量的整体提高，初中部招生规模的调整，南京市招生（特长生）政策的现状与趋势，大学少年班招生的预期，汉开书院"让优秀者更优秀"的教育策略从新的学年开始，将会系统升级，但是这仍然是在遵循教育规律与汉开顶层设计的基础上的，在"最近发展区"的循序渐进，不会用奇奇怪怪的方式去培养奇奇怪怪的人，汉开之问——未来不会被机器轻易取代的真正人才与幸福人生是我们的办学宗旨，也是汉开存在的价值，只有这样，才会是一所"让校友们骄傲与欢笑的学校"。

五

如果说人类文明可以分为东西方两大类型，那么，生活在 21 世纪的我们应该比唐朝人更开阔，比清朝 1872 年派出第一批留学生更明白。

计划赶不上变化，你怎么看国际化教育的前景？

1983 年，邓小平同志为北京景山学校题词"教育要面向现代化，面向世界，面向未来"。

格局思维，把重要的问题，在空间上放到世界全域上去看，在时间上放到历史长河中去看。

可以讨论五个问题：

全球化的大趋势会不会停止？

中国改革开放会不会收窄或停止？

未来具有全球竞争力的人才，是否需要国际化教育来培养？

国内大学是否能满足学生国际教育、国际体验的需要？质量能否达到国际认可？

那么多国际学校、国际课程项目会关门走人吗？

答案仁者见仁智者见智，但是，人类、时代与世界的大势是需要明辨不惑的。

正当中美在夏威夷修复关系的时候，6 月 18 日，中国重量级的财经大员齐聚上海，出席第 12 届陆家嘴论坛，并发布了对经济形势、货币政策、资本市场的最新观点，其中最引人注目的是刘鹤副总理的书面演讲，在这个致辞里，透露了高层对当前国际经济形势的一系列最新判断。

致辞中明确提出：中国将坚定不移深化改革、扩大开放，加快出台和落实金融改革开放举措，保护在华外资企业合法权益。应创造条件和氛围，排除干扰，共同实现中美第一阶段经贸协议。

你懂的，如果中国关上大门、回到从前，那不是正中有些人的下怀吗？那不是逆潮流而动吗？地球人都知道，新时代政治家的智商应该高山仰止的。

如果说人类文明可以分为东西方两大类型，那么，生活在21世纪的我们应该比唐朝（公元618—907年）人更开阔，比清朝1872年派出第一批留学生更明白。

教育，传承人类文明，排斥、拒绝人类的文明是匪夷所思的，其后果是有前车之鉴的。

任何一种危机，一定会结束，规律的作用，不用远说，近三十年的就可以观察到。现在需要我们保持正确的判断，保持专注，保持精进。

选择国际课程，选择了一种认识世界（而不是"听"别人"说"世界）、认识自己的方式，选择了在世界范围内学习、生活与体验的可能，选择了发展个性、开阔眼界、培养优势的可能。

六

这也许是选择国际课程的真正价值：学习方式、思维方式、人际沟通方式、对生活与人生的理解。

但是，也有人认为，选择国际课程的是成绩不怎么好的，有些家长感觉孩子进入国际课程体系以后，学习很轻松，而且不像以前那样尊重家长了。

学生不苦，家长心堵，但是关键是"苦"得是否有价值。

家长所熟悉的"勤奋"的学生是这样的：桌上堆积如山，口中念念有词，手中奋笔疾书，走路小跑，不苟言笑，累得病倒。而国际课程体系的学生不是这样的。

实际上学习国际课程的要比其他的孩子投入的精力更多，只不过由于感受到尊重、鼓励、成就体验，所以乐此不疲——苦得有价值，就不觉得苦。这也许是选择国际课程的真正价值：学习方式、思维方式、人际沟通方式、对生活与人生的理解。

家庭教育同样也是有能力危机的，我们期待孩子学会独立思考有主见，但是当孩子真的长大，不像以前一样听话，有些家长往往因为权威与恐惧就会简单地回到从前——错过了成长的最佳机遇，甚至造成终生之憾。

当准备为孩子选择国际课程的时候，家庭中就应该创造国际化的氛围与体验，家长就应该培养国际化的思维、采用国际课程的评价标准了。对于有比较正确主见的孩子（有个培养与试错的过程。次次 100 分，很难有完美的人生），家长明智的做法是：要么说服，要么祝福。

仁者乐山，智者乐水，仁智者乐山水。为人家长，应该配得上你想要的。

愚子（女）思维，乃愚己也。

我们做教育的、做家长的，对孩子身心健康、积极思维，要打好底子，对孩子、对家庭，对国家与人类的未来负起责任来啊。历史会问我们，你们这一代人是怎么做家长的，是怎么做老师校长的！

菩萨畏因，凡夫畏果。

七

我们习惯从中国看世界，但是更需要从世界看中国、看自己，这样我们才能正确理解世界、融入世界，为世界作出更大的贡献。

有人认为国际化就是去中国化，甚至有家长认为越去中国化才越国际化，您怎么看？

确实有家长是这样理解国际化教育的。我曾经与一位家长交流过，她告诉我当初为何将孩子从南京送到常州一所高收费的国际学校，因为第一次访校时参观学生宿舍，走廊里站着一排老外，西装革履，风度翩翩，一刹那就把她震住了，全部说英文，不管她是否听明白，让她更觉得这才是国际学校，这个钱花得值。

现在她把孩子转回来了，因为许多"外教"，不是老师，而是客串的，搞活动时才出场；课程也是对着考试的几门，很单薄；教学以考试得分为目标，经常有翻译成中文讲解直接刷题的现象；于是学生的流动性也越来越频繁了。

中国本身，就是世界的一部分，就是全球化的重要组成部分。教育国际化，是教贯中西，汲取中西教育之精华。

教育国际化，不是教育西方化，更不是教育欧美化。中国拥有五千年的文明史，创造了独特的东方思维与智慧。国外高校，期待中国学子能分享中国的智慧与独特的魅力。

英语，如同吃饭的筷子，如果没有饭菜，筷子的价值何在呢？英语国家的流浪汉英语都比我们好得多。试想一下，我们要引进一个仅会说简单汉语的外国"人才"吗？所以，汉开鼓励学生"用"英语深度学习与表达（这也是选择剑桥英语的原因），引导学生走第三条路，走到太平洋的中间，汲取东西方的智慧，内化为自己的独特优势。

汉开旨在将学生培养成为具有中国精神的世界公民与未来领袖。校名"汉开"，而不是"开汉"，乃"从大汉走来，向世界盛开"也。"汉开"，教贯中西之谓也。

即使不出国学习与生活，也需要提高国际素养。以汉开为例，目前有25位专职外教，汉开校园就是国际化的学习社区，需要学会怎样与不同国家、不同肤色、不同语言、不同文化与习俗的人相处、交流、合作。放眼我们的环境不也是这样吗？但现实是有外国人，但是未必是一个团队，未必是一个社区。

我们生活在地球村里，未来的世界公民需要国际化的教育来培养。我们习惯从中国看世界，但是更需要从世界看中国、看自己，这样我们才能正确理解世界、融入世界，为世界作出更大的贡献。

这只是我的一孔之见。

（刊于搜狐"名师说（mingshishuo）"，2020年6月25日）